최종 옥중 통신

最終獄中通信

최종 옥중 통신
最終獄中通信

다이도지 마사시 大道寺将司 지음

강문희 · 이정민 옮김

오타 마사쿠니 太田昌国 해제

EDÍTUS

차례

다이도지 지하루의 서문

다이도지 마사시 군과 사회를 잇는 교류지 「기타코부시」에 대해

나는 1984년 다이도지 마사시와 우연히 만나게 되었다. 보수적이고 경계심이 강한 부모에게 시달리는 생활이 지겨워져서 스물다섯 살이 되던 해에 반대를 무릅쓰고 독립 생활을 막 시작한 즈음이었다. 독립 생활에서 오는 해방감에, 뭐든 닥치는 대로 읽어 보자 싶어 손에 든 것이 다이도지 마사시가 쓴 옥중 서간집 『새벽녘의 별을 올려다보며』였다. 그때까지 막연하게 생각하던 '피도 눈물도 없는 폭탄마'라는 범인상은 만들어진 것에 불과하다는 점을 깨달았다.

옥중에 처음으로 편지를 보내고 면회 약속을 잡은 후, 회사의 여름 휴가를 이용하여 상경했다. 구금 시설인 도쿄 구치소의 문을 통과했을 때의 긴장감과 직원의 거만한 태도에 강렬한 위화감을 느꼈던 일을 기억한다. 한편, 세간에서 과격파라고 불리는 사형수는 시원스럽고 차분하면서도 인상이 온화한 사람이었다. 서신 교환을 거듭하면서 마사시가 참여하고 있던 '일본 사형수 회의: 보리의 모임'의 기관지 발행을 돕거나 집회를 준비하게 되었다. 언젠가 사형이 집행된다고 한다면 그것을 내 눈으로 똑똑히 지켜보자고 생각하여, 마사시의 어머니와 양자 관계를 맺고 사형수인 마사시의 여동생이 되었다.

모든 것은 20대 초반에 일본의 리브=여성의 운동과 만나면서 시작되었다. 어떻게 살아가야 좋을지에 대한 방황, 사회에 대한 수많은 의문 등을 연상의 여성들과 대화를 나누며 생각할 기회를 얻었고, 그곳에서 사물에 대한 사고방식과 생각에 대한 도리를 배웠다고 말해도 좋을 정도이다. 30년여 이상에 걸친 마사시와의 교류도 마찬가지로 나를 성장시켰다. 나는 마사시와 교류를 시작하고 나서 곧바로 "(마사시를) 우러러보는 듯한 일은 하지 않겠다" "대등한 관계를 구축하는 것이 중요하다"고 전했다. 마사시도 가능한 한 대등하게 대하려 한 것인지, 연하의 여성이라서 업신여기는 듯한 일은 한 번도 없었고 나의 의견을 존중해 주었다. 마사시가 우등생처럼 보여서 "별로 재미가 없다"고 말하는 사람도 있었지만 대개는 좋은 인상을 가지게 되는, 고지식한 호한이었다.

마사시의 사형이 확정된 무렵, 1986년에 체르노빌 원자력 발전소 사고가 있었고 특히 여성들의 원자력 발전 반대 운동이 활발히 일어났다. 그 기세는 옥중에도 전달되었고 마사시도 크게 자극을 받아 힘을 얻었다. 스스로 시민으로서 운동에 참여한 작가 마쓰시타 류이치 씨[1]와의 교류도 시작됐고, 그가 마사시와 동료의 투쟁을 그린 『봉화를 보라: 동아시아반일무장전선 '늑대' 부대』는, 시민운동에 참가한 사람들이 멀리하던 과격파에 다가가는 계기가 된다. 그들의 중층적인 연결 고리로부터 교류가 확대되고 있었지만, 사형이 확정되자마자 일변하여 가족과 변호사 이외에는 면회도 서신 교환도 불가능해지는 것이 일본의 사형수 처우다. 이때, 사형이 확정된 1987년부터 옥중과 옥외를 잇는 장으로서 「기타코부시」가 탄생했다. 「기타코부시」는 직접 교류가 불가능하더라도 지면상으로 교류를 지속하기 위한 소책자이다. 많은 사람들이 이 옥중과 옥외를 잇는 시험적 장에 참여해 주었기에, 그리고 다채로운 필자와 독자, 발송인(편지의 입력과 발송 작업을 돕는 협력자. 여성이 많았다)이 응원해 주었기에 장기간에 걸쳐 「기타코부시」를 발행해 올 수 있었다. 30년간이나 지속될 줄이야 예상도 하지 못했지만, 사형이 집행되지 않고 마사시가 살아남았기

---

1 마쓰시타 류이치松下龍一(1937~2004). 오이타현 출신의 소설가. 태어나고 얼마 지나지 않아 고열로 인해 오른쪽 눈을 실명하였다. 결핵에 걸려 요양을 하느라 제때 고등학교에 진학을 하지 못하고 요양하던 중 모친의 급사로 인해 부친의 두부 가게 일을 돕게 된다. 이때의 일을 다룬 자전적 시가가『두부 가게의 사계절豆腐屋の四季』로, 큰 호응을 얻었다. 이후 사회 문제를 정면으로 다룬 논픽션 소설을 쓰다가 동아시아반일무장전선을 다룬『봉화를 보라狼煙を見よ』(1987)를 쓰기도 했다. 2004년 뇌출혈로 사망. 본문에서 다이도지가 말하는 "마쓰시타 선생松下センセ"은 그의 애칭이다. – 역자 주.

때문에「기타코부시」는 지속될 수 있었던 것이다. 이『최종 옥중 통신』은 마사시가 「기타코부시」에 게재하기 위해 쓴 하루하루의 기록을 모은 것이다. 사형이 확정되고 나서 10년이 지난 1997년 9월부터 다발성 골수종으로 숨을 거둔 2017년 5월까지 20년간 써 온 매일의 기록 중에서 선별하여 게재했다.

내 부모는 사형수의 가족이 되겠다니 말도 안 되는 소리라며 반대했지만, 나는 그의 동생이라는 이유로 불이익을 받은 적은 없다. 오히려 많은 분들이 따스하게 대해 주셨고, 자유롭게 살아올 수 있었다.

아들이 사형수가 되었다는 커다란 시련을 맞이한 마사시의 어머니 '사치코' 씨도 많은 사람들에게 존경과 지지를 받았다. 그녀는 단아하고 유머러스한 여성으로, 사형수들이 직접 사형 폐지를 목표로 결성한 '일본 사형수 회의: 보리의 모임'에 마사시가 참여하게 되자 여러 사형수들을 면회하여 차입을 하거나 집회에 참가, 외국 미디어의 취재에 응하는 등 60세를 넘어서도 활약의 장을 넓혔다. 체력이 쇠하여 전차를 몇 번이나 갈아타고 가야 하는 면회가 불가능해지자, 차로 자택과 구치소를 이동하는 '앗시 부대'[대학 시절의 동료들이 결성한 Sien[2](지원 × 지원[2]. 지원 운동을 지원하는 모임)의 멤버]의 협력을 얻어 가며 도움을 받아 면회를 계속해 나갈 수 있었다. 그런 사치코 씨와 마사시의 신뢰 관계는 마지막까지 흔들리지 않았다. 만년의 사치코 씨와 마사시는 서로가 닮은꼴이었던 진정한 모자母子였다.[3]

2020년 여름 끝 무렵에 정원에서 커다란 장수잠자리를 발견했다. 포도 가지에 앉은 채 움직이지 않았다. 크기를 비교할 수 있도록 내 손가락과 함께 촬영했다. 잠시 시간이 흐른 후에 그 잠자리는 마사시였던 게 아닐까 생각했다. 마사시는 종종 자신을 곤충에 비유한 하이쿠를 지었기 때문이다.

---

2   '지원'을 뜻하는 일본어 '支援'의 발음이 '시엔'이다. - 역자 주.
3   다이도지 마사시와 사치코 씨는 혈연으로 이어진 부모-자녀 관계가 아니었다. - 역자 주.

다이도지 마사시는 『최종 옥중 통신』이 한국어로 번역되는 일을 기뻐하고 있을까. 물론 싫어할 리는 없을 것이다. 마사시는 한국의 민주화 투쟁 때 체포되어 장기간 구금되어 있는 분들의 수기를 읽고 격려를 받았다고 말했다. 군사 독재 정권하의 가혹한 탄압에 분노를 느끼면서도 "한국의 형무소에서는 악기를 연주할 수도 있나 봐"하며, 그 관대한 처우에 놀랐다. 어느덧 자신(마사시)이 장기간에 걸친 구금 생활을 이어가면서, 점점 인간미를 잃어 가는 일본의 감옥 실태에 체념할 수밖에 없었을까. 한국의 젊은이들이 자신의 옥중 생활 기록을 어떻게 읽어 줄지, 어떤 감상을 지닐지 궁금해할 게 분명하다. 아직 살아 있었더라면, 격변하는 세계에서 투쟁을 지속해 나가는 사람들과 엮여 나가기를 바랐을 것이다. 그 사람들과 연대하는 마음을 담아 이 기록을 남긴 것으로 이해해 주시면 감사할 따름이다.

「기타코부시」 발신인 다이도지 지하루

[번역·책임: 강문희]

번역자 서문

강문희 (도시샤 대학)

본서는 다이도지 마사시大道寺将司(1948~2017)가 생전에 동료들과 뜻을 주고받은 교류지 「기타코부시」(1987년 5월 창간, 2017년 11월 종간)에 보내온 서신을 모은 책이다. 2017년 5월 24일에 8여 년을 앓아 온 다발성 골수종으로 도쿄 구치소 내부의 병동에서 사망하기까지 다이도지 마사시는 끊임없이 자신이 읽고 본 것, 주위에서 일어난 일들, 교류, 자기 자신에 대해 적었다. 본서에 실린 마지막 서신은 2017년 5월 9일자이지만, 다이도지 마사시의 유품 속에서 발견된 메모의 날짜는 2017년 5월 8일, 9일, 10일, 11일이었다. 마지막 메모에는 이렇게 적혀 있다.

"바지, 티셔츠, 파자마로 갈아입다. / 망고 젤리 / 휴지 입수 / 특별 발신 1"

다이도지 마사시는 동아시아반일무장전선東アジア反日武装戦線의 중심인물이자 식민지 지배에 책임을 묻고 비판하는 운동을 전개해 왔다. 다이도지 마사시와 동료들이 감행한 1974년 8월 30일의 미쓰비시 중공업 폭파 사건과 몇몇 사건(본서 말미의 '연보'를 참조하길 바란다)이 상징하듯, 그들은 아시아-태평양 전쟁 전과 후를 통틀어 아시아에 경제 침략을 자행한 일본의 기업에 그 책임을 추궁했다. 이는 경제적 침략을 자행하여 근현대 일본의 경제적 풍요로움을 가져온 기업 자체뿐 아니라, 그 기업과 관련한 일본인 노동자, 방관해 온 일본인 민중 또한 그 책임에서 벗어날 수 없다는 경고를 포함하고 있었다.

다이도지 마사시와 동료들의 운동은 1975년 5월 19일 일시 검거 이후에도 이어졌다. 그들은 자신들이 행한 일에 대한 반성과 통찰, 고뇌, 갈등, 격렬한 내부 비판을 거쳐 옥중에서도 운동을 전개했다. 원고인 분리 재판을 거부하며 공동 재판을 주장했고 이 과정에서 이들은 일본의 사법 폭력을 경험한다. 긴 인내의 시간을 버텨 낼 수 있었던 것은 오로지 감옥 바깥의 지원과 격려, 그리고 운동을 함께해 주는 수많은 동료, 가족들의 덕택이다. 나는 바로 이 점이, 다이도지 마사시 개인뿐 아니라 동아시아반일무장전선을 생각할 때 가장 중요한 점이라고 생각한다. 사형 폐지 운동뿐 아니라 옥중 처우 개선을 위한 옥중 투쟁은 그들의 운동이 지금 자신들이 서 있는 곳에서 전개되어 왔으며, 언제나 사법/국가 폭력에 약자인 이들을 염두에 두고 있음을 뜻한다. 사형 폐지 운동도 이러한 맥락에서 이해하면 되겠다. 이 책을 통해 다이도지 마사시라는 개인뿐 아니라 그와 함께 운동과 교류를 이어 온 이들의 모습이 보일 수 있다면 참으로 다행이겠다.

본서에는 이러한 운동과 관련하여 수많은 인명과 단체명, 에피소드들이 등장한다. 시중의 문헌과 자료로는 알기 어려운 정보가 많았다. 대개는 다이도지 지하루 씨와의 인터뷰를 통해 얻은 정보, 관련 문헌 등을 참고하여 '역자 주'에 담고자 노력했다. 그가 전개해 온 활동, 운동, 그리고 가족, 동료들과 지원자들의 온기가 느껴지는 교류와 「기타코부시」에 대해서는 본서에 함께 실린 그의 여동생 다이도지 지하루大道寺ちはる 씨의 글을 참고하길 바란다. 사형 판결이 확정된 사형수에게는 면회와 서신 교환이 '친족'과 그 외의 다섯 명(다이도지 마사시의 옥중 생활 중 처우 개선 운동을 벌인 결과, 2007년에 면회와 서신 교환이 가능해져 세 명까지 허락되었고 2010년에 다섯 명으로 늘었다)으로 제한된다. 다이도지 지하루 씨는 보다 많은 사람들과 교류하고 운동을 전개하기 위해 1986년에 다이도지 마사시의 어머니 다이도지 사치코大道寺幸子(2014년 별세) 씨와 양자 혈연관계를 맺어, 다이도지 마사시와 남매가 되었다.

역자 서문을 쓰기에 앞서 "다이도지 마사시"라는 인물을 어떻게 소개해야 할까, 혹은 어떤 방식으로 독자들에게 전할 수 있을까 고민했다. 본서에 나타나 있듯, 그는 40년이라는 지난한 세월을 구치소 안에서 생활하며 읽고 쓰고 운동하고 교류했다. 수많은 책을 읽었으며 그 독서 목록은 방대하다. 또한 현 정치에 대한 가감 없는 비판은 그저 비판으로 그친 것이 아니라 현 정치를 만들어 낸 정치가들의 역사 인식까지 소급한다. 이 책을 번역하는 중에 일본은 또 다시 날치기하듯이 정권이 교체됐다. 코로나 사태로 드러난 일본의 정치 시스템의 문제점과 역사 인식을 목도하며, 다이도지 마사시의 책을 손에서 놓지 못했다. 그의 비판과 그를 통해 보이는 교훈이 무엇보다 소중했다.

또 신랄하고 통쾌한 그의 시선 저편에서 따스함을 느꼈다. 본서에는 그가 읊은 하이쿠도 함께한다. 미쓰비시 중공업 폭파 사건의 피해자와 유족을 비롯하여 세계 각국에서 일어난 거대 자연재해, 2011년 3월 11일 발생한 동일본 대지진의 이재민들과 행방불명자, 유족들에게 매년 잊지 않고 반성과 통찰, 온기 어린 위로를 전한다. 함께 분노하고 함께 눈물을 흘린다. 2014년 4월에는 한국의 세월호 침몰 사건에 대하여 하이쿠로 위로를 건넨다. 그는 「기타코부시」에 전해 온 소식에 이렇게도 적었다.

"한국의 여객선 사고는 참으로 안타깝습니다. 선내에 갇힌 학생 등 270여 명을 구하는 방법은 없는지요? 후쿠오카와 사세보는 서울보다 진도에서 더 가깝지 않나요? 해상 보안청과 긴급 원조대는 한국 정부의 요청이 오길 기다리지 말고 이쪽에서 먼저 준비를 하고 움직여야 할 게 아닌가요. 한국 정부에게 비난받고 있으니까 적극적일 필요가 없다고 생각하는 거라면 참으로 한심하네요." (2014년 4월 17일자)

구치소 안에서 언뜻 보이는 벚꽃나무에 가슴 설레고, 우연히 날아와 창문에 붙은 박쥐(일본에서는 도심부에서도 저녁 무렵이면 박쥐가 날아다니는 것을 심심치 않게 목격할 수 있다) 한 마리를 귀한 손님으로 여긴다. 계절이 바뀌면 피고 지는 꽃과 나무, 생태를 달리하는 동물, 곤충들…… 그 마음, 그 감각까지 번역으로 전하고 싶었다.

본서는 이정민과 강문희가 각각 대만과 일본에서 번역했다. 코로나 바이러스의 전 세계적 확대로 인해 하늘길 또한 차단되어 물리적으로 만날 수 없었기에, 번역 회의와 상담을 온라인으로 진행했다. 전반과 후반을 분담하여 번역한 후, 윤독하며 역자 주를 달고 문장을 매만졌다. 그 과정에서 다이도지 지하루 씨에게 크게 신세를 졌다. 빈번한 이메일 연락과 만남은 물론, 자전거로 달려 10분 거리에 거주하는 지하루 씨에게 불쑥 찾아가 번역상의 질문과 고민을 나눈 적도 있는데, 언제든 흔쾌히 들어 주셨다. 말하자면 우리들로서는 '뒤늦게' 참가한 셈으로, 관련된 정보의 축적량은 어마어마했다. 그 정보들을 전부 본서의 번역으로 담아낼 수 있을지 염려도 했다. 물론 번역의 책임은 두 번역자에게 있다.

다이도지 마사시의 사촌이자 동료인 연구자 오타 마사쿠니太田昌国 씨는 이 번역에 응원을 보내 주셨다. 매일같이 그가 온라인에 게재하는 글을 읽으며 다이도지 마사시와 공명하는 문제의식을 느꼈다. 본서의 후반에 실린 그의 글은 다이도지 마사시와 동아시아반일무장전선의 문제의식과 배경을 이해하는 데 큰 도움이 됐다. 독자들도 반드시 정독하기를 권한다.

번역을 제안하신 에디투스의 연주희 님께 감사 말씀을 드리고 싶다.

역자를 대표하여
2022년 여름 교토에서 강문희

한국어판 번역자 일러두기

- 이 책은 다이도지 마사시大道寺将司의 『最終獄中通信』(河出書房新社, 2018)을 번역한 것이다.
- 옮긴이의 부연 설명에는 '역자 주'라는 표시를 덧붙였다. 이 표시가 없는 경우 모두 원주거나 서지 사항이다.
- 다이도지가 언급하는 서적과 음반, 영화 등의 명칭은 한국어 번역판이 이미 있는 경우 기번역된 표현을 따라 사용했다.
- 하이쿠 번역의 경우 가능한 한 5-7-5, 7-5-5, 5-5-7 운율에 맞추어 번역하였다.
- 일본어판에 실린 일러스트(K·미나미 등이 그린)는 그대로 사용하였다.
- 인명이나 고유명사를 번역할 때는 가급적 국립국어원의 '외래어 표기법'에 맞추었다. 다만 현지 법인명이나 언중의 용례가 고정되어 있을 경우(예: 후지쯔 – 후지쓰) 예외를 두었다.
- 본문 중 고딕체로 강조된 정치가의 이름은 본명인 경우와 별명 등 그렇지 않은 경우도 있으나, 어느 쪽도 저자에 의한 풍자와 비판의 의도가 담겨 있음을 일러둔다.
- 단행본류의 서적은 『』, 잡지 등의 정기 간행물은 「」, 영화와 기타 영상물은 〈〉로 표기했다.

일본어판 편집자 일러두기

이 책은 「다이도지 마사시 군과 사회를 잇는 교류지 기타코부시大道寺将司くんと社会 をつなぐ交流誌キタコブシ」⁴에 게재되었던 다이도지 마사시의 편지를 편집한 것이다. 다 이도지는 당초 어머니 사치코 앞으로 편지를 보냈고 어머니 사후에는 여동생 다이 도지 지하루 앞으로 보냈다. 일본의 사형수는 판결이 확정됨과 동시에 가족과 변호 인을 제외하고는 친구, 지인과 교류가 불가능해지며 사형 집행만을 위해 신병이 구 속된 상태로 연명한다. 직접적인 교류가 불가능해져 버린 수감자와 형무소 바깥의 사람들을 이어 주기 위해 발행을 시작한 기타코부시 지상에서 30년간 여러 교류가 이어져 왔다. 책의 말미에는 최근의 하이쿠집 『지새는 달殘の月』에 게재되지 못한 마지막 60구를 계간 「무요六曜」에서 가져와 실었다. 또한, 본문 중 편집부에서 단 각 주는 [ ]로 표시했다.

---

4 여기서 "기타코부시"란 목련과의 꽃을 가리키는데, '코부시'에 북쪽을 가리키는 '기타(北)'가 붙은 것은 이것이 코부시의 북방형으로 변종된 품종이기 때문이다. 「기타코부시」는 다이도지 마사시의 아버지 지인인 아라자와 쇼타로가 쓴 책 『구시로 습원의 꽃』(홋카이도 신문사, 1986)에서 다이도지 마사시가 직 접 골랐다. 1987년 5월 20일 창간 이래 오랜 시간 동안 편집을 맡아 온 여동생 다이도지 지하루는 몇 년 전 '북쪽의 옛날 무사'('北の古武士」로 쓰고 '기타노코부시'로 읽는다)라는 말이 문득 떠올랐다고, 「기타코부 시」의 마지막 호인 178호(2017년 11월 24일 발행)의 「편집 후기」에 썼다. ─ 역자 주.

キタコブシ VOL.11

1988年3月30日　3月号

☎連絡先　埼玉県新座市栗原6−6−4　太田方　キタコブシ係
郵便振替　東京8−132916　キタコブシ
☎連絡先　03（601）4610　大道寺　＜深夜・早朝可＞
誌　代　1部　100円　＜郵送の場合　170円＞

1997년

• 9월 3일

「주간 금요일」에 나가야마 노리오永山則夫 군[5]의 변호사였던 엔도 씨가 8월 1일에 있었던 사형 집행에 항의하면서 사형 폐지를 호소하고 있습니다. 그 와중에서 나가야마 군이 죽기 직전에 재심을 청구하고 싶다고 엔도 씨에게 편지를 썼던 일이 밝혀졌습니다. 나가야마 군에게 사형이 임박했음을 감지하게끔 만든 어떤 움직임이 있었는지도 모르겠습니다. 신변에 말이지요.

• 9월 11일

얼마 전에 영치품을 줄이기로 했다고 고지하는 방송이 있었습니다. 그리고 그 일환으로 오늘 감방 안에 있는 침구와 의류 검사가 있었습니다. 사형수의 경우 신변

---

5 1968년 연속 권총 사살 사건을 일으킨 당사자. 1968년에 미 해군 요코스카 기지에 침입하여 22구경 회전식 6연발 권총과 탄약 50발 등을 훔친 후, 10월에서 11월에 걸쳐 도쿄, 교토, 하코다테, 나고야에서 경비원과 택시 운전사 네 명을 사살하였다. 후에 오키나와 출신의 여성과 옥중 결혼을 한다. 1979년의 도쿄 지방재판소에서 사형 판결이 언도되었는데, 변호인 측의 공소로 사형 판결이 파기되어 무기 징역 판결이 내려졌지만 검찰이 상고하여 1983년 최고재판소에서 다시금 사형 판결이 내려졌다. 이후 1987년과 1990년 각각 한 차례에 걸친 상고심 판결에서도 사형 판결이 유지되어 사형이 확정되었다. 1983년의 제1차 상고심 판결은 사형 판결의 기준으로 9개항을 제시하면서 각각을 종합적으로 고찰한 후, 형사 책임이 지극히 중대하며 죄와 벌의 균형, 범죄 예방의 관점에서 부득이하다면서 사형을 결정했다. 이 9개항은 '나가야마 기준Nagayama Criteria'이라 불린다. 이는 범죄의 성질과 동기, 행태, 살해 방법의 집요성 및 잔학성, 결과의 중대성, 유족의 피해 감정, 사회적 영향, 범인의 연령, 전과, 범행 후의 정황을 포함한다. – 역자 주.

정리를 하도록 요구받는 모양인데, 이걸로 당국의 의도를 꿰뚫어 보기에는 어려운 점이 있습니다. 게다가 제가 가진 영치 물품은 22년여 동안 받아 온 것이기에 힘이 듭니다. 어제 오전 중에는 체중 측정이 있었습니다. 평상시에는 사형을 집행할 때의 참고 자료가 될 것이라 생각하여 거부했지만, 요즘은 건강 상태를 자가 진단하기 위해서라도 응하고 있습니다. 봄에 측정했을 때보다 1킬로그램 정도 빠졌기에 여름을 타서 그럴까 하고 생각하며, 오늘도 한 구句를 남깁니다.

여윈 육신을 / 저울질하여 보는 / 나 귀뚜라미[6]

· 10월 7일

올해는 체 게바라가 죽은 지 30년이 되는 해입니다. 당시 일본에서는 제1차, 제2차 하네다 투쟁[7]이 전개되고 있었습니다. 저도 그들이 살아가는 방식에 이끌렸지요.

게바라 상중喪中 / 자그만 목소리로 / 부른 혁명가

· 11월 12일

어제, 여기에 와서 처음으로 이불 건조를 했습니다. 이전에 있던 곳은 안뜰의 빨래봉에 쉽게 널 수 있어서(2층 이상은 베란다에서) 날씨가 좋으면 잡역수(잡일을 도맡아 하는 재소자)와 마찬가지로 날마다 널 수 있었습니다. 그러나 여기의 베란다는 닫혀 있기도 하거니와 안뜰도 없습니다. 게다가 여기는 이전에 있던 곳보다 두 배 가

---

6   원문의 '가마도마かまどうま'는 원래 '곱등이'인데 한국에서는 혐오스러운 벌레로 여겨지기에, 곱등이가 일본에서는 '화장실 귀뚜라미'로 불리기도 한다는 점에서 '귀뚜라미'로 번역했다. - 역자 주.

7   1960년대 중반 사토 에이사쿠佐藤栄作 내각은 베트남전 당시 일본 내에서 미군의 군사 기지와 야전 병원의 사용을 묵인함으로써 미국의 군사 행동을 간접적으로 지원했다. 1967년 10월 사토 수상은 동남아시아 방문이 예정되어 있었는데 그중에는 베트남도 포함되어 있었다. 이에 학생을 중심으로 하는 신좌익 세력이 이를 저지하기 위해 사토 수상이 출국하는 하네다 공항에 난입했고, 이로 인해 학생들과 경찰 간의 무력 충돌이 발생했다. 같은 해 11월에는 미국 방문을 저지하기 위한 학생 행동대와의 무력 충돌이 발생했다. - 역자 주.

까운 70여 명 정도가 수용되어 있고, 담당이나 잡역수 모두 하루 종일 영치 물품 구입 접수와 차입품 교부, 식사 배당 등으로 바쁘기 때문에 어떻게 해야 할지 고민하던 참입니다. 그러던 중 여름 내내 풀베기를 하고 있는 외부 청소반의 징역수 몇 명인가가 와서 조금 떨어져 있는 이전 건물의 빨래 건조터로 옮겨 준 모양입니다. 앞으로도 그러한 조력자를 얻어 가야 하겠지요. 전에 있던 곳에 비한다면 횟수는 적겠지만요. 지금처럼 온기가 적은 때는 괜찮지만 장마철 등에는 곤란할지도 모르겠습니다.

　사형수의 '특권'으로 감을 샀습니다. 한 개에 175엔. 생각했던 것보다 크기는 크지만 비싸죠. 매년 뜰에 열리는 감을 보고 맛있겠다고 생각하고 있었는데, 구입 품목에는 없고 차입 매점에도 없기에 지금까지는 그저 바라보기만 했던 참이었습니다. 막상 사고 보니 먹을 기분이 아니어서 냄새를 맡거나 만지면서 즐기고 있습니다. 이 방에서는(옥상의 운동장에서도 그렇지만) 이전에 있던 곳처럼 정원의 나무를 볼 수도 없기에 감을 보면서 초겨울 경치를 떠올려 보고 있습니다.

독방 구멍을 따라 / 좇아가 보는 / 감 한 알 풍경

- **11월 18일**

　제 하이쿠가 "재미없다"든가 "고지식하다"면서 몇몇 사람들이 비난하고 있는 모양인가 본데, 그런 의견이 나오는 것도 이해합니다. 저는 경쾌하고 오묘한 하이쿠의 맛도, 유려한 화조풍영[8]도 싫어하진 않습니다. 잘 쓴 하이쿠는 솔직히 잘 썼다고 생각합니다. 그러나 제가 직접 쓴 경우, 사형수라는 입장에 놓인 상황을 일탈해서 쓰면 거짓말이 됩니다. 실없는 하이쿠도 쓰지만 그런 것밖에 없다면 너무 작위적이고 흥이 깨지지 않을까요? 제가 염두에 두고 있는 것은 경애파境涯派[9]라고 불린 하이

8　원문은 "花鳥諷詠". 하이쿠 시인 다카하마 교시高浜虛子(1874~1959)가 제시한 하이쿠 이론의 근본 이념으로, 아름다운 자연의 경치를 찬미하고 이를 즐기는 풍류를 강조한다. – 역자 주.

9　주로 자신의 처지, 신세, 인생에 대해 하이쿠를 지은 사람들. 질병과 역경, 빈곤을 노래한 것이 많다. –

쿠 시인[10]들입니다. 하이쿠 시인 중에서는 장애가 있거나 질병 때문에 누워 있을 수밖에 없었던 사람들이 적지 않았습니다. 시키[11]도 만년에는 척추 우식으로 누워 있기만 했죠. 청각 장애를 가진 무라카미 기조[12]와 가난한 집에 태어난 데다가 걸을 수도 없었고 결국 스물일곱 살에 요절해 버린 도미타 못포[13]의 하이쿠에 특히 끌립니다. 그들의 하이쿠 세계가 넓지 못하다고 평하는 사람들도 있지만요. 그래도 힘껏 노력하여 기량을 닦고 하이쿠 감상도 게을리하지 않고자 합니다. 그럼 여기서 사양 않고 한 구 올립니다.

지나간 과거 / 생각하고 있자니 / 돌연 가을비

· **12월 25일**

아직 1주일 정도 남았지만 이것이 97년의 마지막 편지입니다. 올해도 또 1년간 물심양면으로 감사했습니다. 연초부터 안팎으로 소모적인 뉴스가 연이었습니다. 그러던 중에 『사형 확정 중』[14]이 출판된 것은 침체된 기분을 날려 버리는 "유쾌한 일"이지 않겠습니까. 어떻게든 이 책의 힘을 빌려 연내 사형 집행을 저지할 수 있다면 좋겠지만요. 최근 몇 년간 연말에는 반드시 사형 집행이 있어서 무거운 기분으로 신년을 맞이해야 했기 때문에 98년은 밝게 맞이하고 싶습니다. 크고 작은 도산이 잇따르는 불경기 속에서, 또 많은 동료들이 중년에 접어들고 있는 중에 구치소

역자 주.

10 원문은 "俳人". - 역자 주.

11 마사오카 시키正岡子規(1867~1902). 일본의 하이쿠 작자이자 가인, 국어학 연구가. 하이쿠뿐 아니라 단가, 신체시, 소설, 평론, 수필 등 다방면에 걸쳐 창작을 했으며 일본의 근대 문학에 다대한 영향을 미친 메이지의 대표적인 문학자이다. - 역자 주.

12 무라카미 기조村上鬼城(1865~1938). 일본의 하이쿠 작가이자 사법 서사. 마사오카 시키에게 하이쿠를 배웠다. - 역자 주.

13 도미타 못포富田木歩(1897~1923). 태어난 이듬해 고열을 앓은 후 두 발이 마비되어 걸을 수 없게 되었다. 하이쿠명 못포木歩는 그가 직접 만든 목발에서 따왔다. 그는 보행 불가능과 폐결핵, 빈곤, 무학력의 4중고에 견디며 하이쿠를 지었다. 1923년에 발생한 간토 대지진 때 사망했다. - 역자 주.

14 大道寺将司,『死刑確定中』, 太田出版, 1997.

바깥도 고생이 많겠지만 모두들 건강하게 신년을 맞이하면 좋겠습니다. 98년도에도 잘 부탁드립니다. 건강한 모습으로 다시 만납시다!

1998년

• 1월 5일

1998년의 첫 서신입니다. 건강하게 신년을 맞이하셨습니까? 저는 작년 말에 걸린 감기가 계속 낫지 않은 채 "아무것도 하지 않으면서 그저 울적하게 감기에 걸려 있는 연말"을 보냈습니다. 그래도 걱정했던 12월 사형 집행은 없었으며(26일 오후까지 신경이 쓰였습니다), 연내에는 불가능하리라 생각했던『사형 확정 중』을 26일 저녁 손에 넣었기에 기분 좋게 신년을 맞이할 수 있었습니다.

「굳게 잠겨진 / 감방에도 활기찬 / 봄기운이여」. 신년 들어서 독방의 분위기가 달라진 듯한 기분이 듭니다. 받아 든 연하장은 우치다 씨와 다카하시 고 씨, 니미 씨, 나카미치 씨, 후루타 씨, 와쿠다 씨, 마사쿠니 씨로부터 온 일곱 통. 받을 수 없었던 연하장을 보내 주신 분들을 포함하여 감사의 말씀을 올립니다.[15] 후루타 씨의 연하장에는 제가 쓴 책을 읽고 있다는 놀라운 정보가 있기에 한 구 읊어 보겠습니다. 「여덟 줄 끄적 / 써 본 자필을 / 실은 연하장이네」. 그리고 서둘러 밥을 먹는 사이에 새해 첫 사흘이 끝나 버렸습니다. 「그저 식사로 / 사흘이란 시간을 / 흘려보냈네」. 원래 구치소 내의 식사 시간이 짧긴 하지만 여기는 가장 북쪽이라 재건축 공사 관계로 식사 운반로가 먼 길을 돌아야 하는 탓에 원래보다도 30분은 더 짧습니다(빨

---

15 다이도지 마사시가 옥중에서 받았다는 연하장은 대개가 변호사와 여동생인 다이도지 지하루, 오타 마사쿠니 씨에게서 받은 것이다. 그 외의 사람들이 보낸 것은 간수가 보여 주기는 하나 교부받을 수 없다. 2020년 8월 19일 다이도지 지하루 씨 인터뷰 중. - 역자 주.

리 가져오고, 빨리 가져간다는 의미입니다). 그렇기에 점심은 오전 11시쯤, 저녁은 오후 3시 지나서입니다. 이 조급한 식사 중에도 31일 저녁에 배식된 "와리고 메밀"[16] 팩과 신정 점심의 참마(40그램 팩)는 맛있었습니다. 참마는 체포된 이래 처음으로 먹었는데, 그리운 맛이었습니다. 『살아가기 위한 도구 만들기』[17], 『일본 대사관의 범죄』[18], 『붓 가는 대로』[19], 「하이쿠」 1월호를 읽었습니다. 연말에는 감기로 몸 상태가 좋지 않아서 매일 저녁 일찍 잤기 때문에 그다지 많이 읽지는 못했습니다. 아, 그리고 보니 그 외에도 「주간 금요일」 몇 권과 『수국의 노래』[20]도 있습니다.

『사형 확정 중』은 디자인도 세이타로 씨의 일러스트도 좋지요. 전체적으로 수수한 모양새가 마음에 들었습니다.[21] 어떻게든 한 권이라도 많이 팔려서 사형 폐지 운동을 후원하고 싶습니다. 책 속에서 언급한 죽은 이들(루이 씨[22], '히가라 짱'[23]과 같이 병사한 지인들, 슈지 군[24]을 비롯해 처형된 동료들, 그리고 피해자)을 떠올리면서 읽었습니다.

---

16 시마네현 이즈모 지방의 향토 요리로, 풍미가 강한 메밀가루를 사용한 색이 진한 메밀국수를 와리고라고는, 3단으로 겹친 붉은 색의 둥근 그릇에 올린 것이다. - 역자 주.

17 光野有次, 『生きるための道具づくり』, 晶文社, 1988.

18 浅野健一, 『日本大使館の犯罪』, 講談社, 1997.

19 正岡子規, 『筆まかせ抄』, 岩波書店, 1985.

20 石坂洋次郎, 『あじさいの歌』, 新潮社, 1962.

21 『사형 확정 중』의 표지는 도쿄 구치소의 외벽이다. - 역자 주.

22 이토 루이伊藤ルイ(1922~1996). 아나키스트 오스기 사카에와 이토 노에의 4녀. 부모는 1923년 발생한 간토 대지진 직후 헌병대 사령부에 연행되어 살해당하고 우물에 던져졌다. 당시 이토 루이는 생후 1년 3개월밖에 되지 않았다. 이토 루이의 이름은 세 번 바뀌었다. 원래 이름인 '루이즈'는 아버지 오스기 사카에가 프랑스의 여성 무정부주의자인 '루이즈 미셸'의 이름을 따서 지어준 것이다. 부모 사후에 조부가 '루이코留意子'로 바꾸었고, 패전 후에는 '루이루이'로 칭했다. 후쿠오카에서 히나 인형에 채색하는 일을 했다. 기록 문학 작가 마쓰시타 류이치와도 교류가 있었고 이는 책(마쓰시타 류이치 『루이즈— 아버지에게 받은 이름』, 고단샤, 1982)으로도 엮였다. 1980년대에는 기미가요 소송, 오키나와 일장기 소각 사건 등의 집회 참가 및 지원을 했다. - 역자 주.

23 나카무라 에이코中村英子. "사형 폐지 운동과 저자들을 지원했으나, 유방암 수술을 받고 몸 상태가 좋지 않은 와중에도 콘서트의 기획을 세우고 그 원동력이 되었다. 저자는 '히가라 짱'이라는 애칭으로 부르고 있다." 여기서 말하는 콘서트란 1988년 〈2월 7일은 사형 폐지 기념일〉에서 열린 콘서트로, 주로 "사형수의 노래를 부르는 싱어송라이터 가와시마 에이고河島英五 씨가 출연한, 사형 폐지를 테마로 열린 콘서트"를 가리킨다. '히가라 짱'은 유방암이 전이되어 1989년에 사망했다. 『사형 확정 중死刑確定中』(오타 출판, 1997, 국내 미번역), 76쪽 각주 69와 70, 127~127쪽 참고. - 역자 주.

12월에는 사형 집행이 없었다고 썼는데 "집행하지 못하게 했다"고 써야 했습니다. 사형 폐지 포럼과 같은 행동을 통해 집행하지 못하게 한 결과이니까요. 법무성은 몹시 신경이 곤두선 모양이지만 집행 정지 상태를 하루라도 연장해 가도록 합시다.

올해도 잘 부탁드립니다.

- ### 3월 16일

오늘 아침, 오타 출판으로부터 현금(인세의 일부?)이 들어왔음을 확인했습니다. 말뿐만 아니라 현실이 되고 나니 조금은 신기한 느낌이 듭니다. 감사합니다. 티셔츠 소송[옥중의 사람과 외부의 사람이 공동 원고가 되어 변호인에게 의탁하지 않는 본인 소송으로, 부당한 대우의 개선을 호소하며 제소. 일부 승소 판결 확정 후에 전국의 구치소에서 사형 확정수에게 현금과 우표를 차입할 수 있게 되었다][25]의 1심 판결을 받아 몇 분들이 현금을 차입해 주었음에도 불구하고 모두 불허되었습니다. 때문에 오타 출판에서 보내 준 것이 어떻게 될지 흥미진진했는데 의외로 간단히 허가가 내려졌습니다. 골탕을 먹은 느낌이 없지 않습니다. 여기까지 적었을 때 인세의 일부를 보낸다는 오치아이 씨[26]의 편지를 받았습니다. '특별 허가' 도장이 찍혀 있는데, 가족과 변호인 이외에는 일변연[27]이라든지 우정 감찰국 등에서밖에 편지가 오지 않았기에 실로 신선한 느낌이 듭니다. 인세도 그렇고, 오치아이 씨께 감사

---

24 기무라 슈지木村修治. 1980년 12월 2일에 아이치현 나고야 시에 거주 중이던 여대생을 납치 살해. 1987년 사형이 확정되었다. 1995년 12월 21일에 나고야 구치소에 수감 중이던 기무라 슈지를 포함하여 도쿄, 후쿠오카 구치소에서도 각각 한 명씩 사형이 집행되었다. - 역자 주.

25 원래 감옥 바깥에 있는 지원자들이 자신의 이름을 티셔츠에 써서 전달하려던 것이 구치소 측에 의해 저지되어 일으킨 소송. 이는 지원자들의 글을 종이에 쓰는 것보다 티셔츠에 적어 전달하는 방법이 현장감이 있기에 선택한 방법이다. 티셔츠 소송은 감옥에 있는 사람과 바깥에 있는 사람이 공동 원고가 되며, 변호사를 선임하지 않으므로 서면이 아닌 자기의 의견을 직접 재판장 앞에서 진술할 수 있다는 점이 특징이다. 또한, 재판이 끝난 후 반드시 옥외 보고회를 마련하여 재판 중의 모습이나 내용을 보고하고 이야기를 나눈다. 이러한 장이 마련되었다는 의미에서 티셔츠 소송은 중요한 의미를 가진다. 2020년 3월 31일 다이도지 지하루 인터뷰 중. - 역자 주.

26 오타 출판의 발행자인 오치아이 미사落合美砂. - 역자 주.

27 일본변호사연합회日本弁護士連合会의 약칭. - 역자 주.

드립니다.

봄날 초저녁 / 예기치 못한 편지 / 내게 왔으니

- **6월 1일**

  오후, 여기 임시 수용동으로 온 후 처음으로 정기 이동이 있었습니다. 바로 옆방 (제가 있는 층에는 복도에 환기 통풍구가 둘밖에 없는데, 그 중 하나를 낀 옆)이기에 짐을 운반하는 건 그다지 힘들지 않았지만 청소가 힘들었습니다. 전에 있던 사람은 회사의 탈세 혐의로 체포된 전직 경찰 간부임에 틀림없는데, 청소한 흔적이 없습니다. 사회에서는 청소를 해 본 적도 없고 곧 가석방이 될 테니 더럽히기만 했던 걸까요. 난처합니다.

- **7월 13일**

  참의원 선거에서 자민당이 참패했습니다. 이유는 여러 가지가 있겠지만, 제 입장에서 본다면 참의원 선거의 공시일에 세 명의 사형을 집행하는 정부와 자민당의 교만함에 있다고 하고 싶습니다. 무슨 짓을 하든 용서받을 수 있다고 과신한 정부와 자민당에 대한 비판인 것이죠. 어쨌든 그 포마드로 번쩍번쩍한 머리 사진을 안 보고 넘어갈 수 있단 사실만으로도 다행입니다.

- **8월 13일**

  히카타 씨[28]가 졸저에 대해 언급해 주셨다는 이야기. 식은땀을 흘렸습니다. 슈지군이 아직 처형되지 않았더라면 한마디 했겠지요. 반드시 말입니다. 가끔, 그라면

---

28 히카타 히로코日方ヒロコ(1936~). 사형수 기무라 슈지의 누나. 『死刑囚に出会って 今、なぜ死刑廃止か』(インパクト出版会, 2010), 『死刑・いのち絶たれる刑に抗して』(インパクト出版会, 2010) 등의 저서를 냈다. - 역자 주.

분명 웃으면서 비평했을 거라고 생각하면서 하이쿠를 지을 때가 있습니다. 그리고 비평을 받으면서, 그에게도 하이쿠를 권했으리라는 생각도 합니다. 하이쿠 말입니다만, 여름에는 못 짓겠습니다. 몸뿐 아니라, 머리도 감성도 더위를 먹어서요.

문신도 울상 / 넋두리 늘어놓는 / 더운 늦여름

- 8월 18일

요즈음 밥을 남기는 양이 늘었습니다. 식사를 마치면 잡역수가 커다랗고 파란 플라스틱 양동이를 손수레에 싣고 각 방의 잔반을 회수합니다. 서늘한 때에는 제가 있는 방에 와도 양동이의 반 정도만 차 있었지만 요즈음은 산더미처럼 쌓여 있습니다. 얼마나 더위가 혹독했는지, 이 일화로 아시겠지요. 식욕 없는 사람이 저뿐만이 아니라는 점에 안심(?)했지만, 취사장도 더울 때에는 좀더 식욕이 솟을 만한 것을 만들어 주었으면 좋겠습니다.

늘어만 가는 / 죄수의 잔반 / 여름은 무더워라

- 8월 22일

이러한 일을 염려해 왔는데 아니나 다를까 당했습니다. 수단과 아프가니스탄에 대한 미국의 미사일 공격 말입니다. 이는 대통령의 스캔들에서 눈을 돌리게 하고 정권의 낮아진 위신을 만회하려는 군사 행동이겠지요. 동서고금, 위정자는 무언가 불미스러운 일을 저지르면 반드시 대외적으로 군사 행동에 나서고 국내에서는 반체제파를 탄압하여 해결을 보려고 해 왔으니까요. 그러나 클린턴의 불장난을 무마하기 위해 무고한 사람들이 봉변을 당하는 것은 견딜 수 없습니다. 테러를 비난한다면 미국의 국가 테러야말로 엄격하게 탄핵되어야 합니다.

북아일랜드의 오마Omagh에서 다수의 인명을 살상한 사건은 IRA[29]의 분파인 RIRA[30]가 일으켰던 모양입니다. RIRA는 비판을 받아 무장 투쟁을 무기한 정지한다는 성명을 낸 듯한데, 그렇게 할 수밖에 없었겠지요. 그렇다고 해도, 런던의 관청가라든지 금융가를 폭파하는 것이 아니라 근거지인 북아일랜드 소도시의 쇼핑 센터를 폭파한다는 것은 너무나 안이합니다. 무장 투쟁은 양날의 검이기에 그것을 통해 무엇을 얻어 낼 것인가, 그러기 위해서는 무엇을 해서는 안 되는가를 제대로 생각해야만 합니다.

- **11월 5일**

법무성이 사형 집행 사실을, 사형수의 이름과 집행된 구치소명을 감춘 채로 공표할 방침이라네요. 요 근래 신문도 정면으로 사형 폐지를 주장하고 있지 않기 때문에 강경하게 나온 것인지, 아니면 사형에 대한 법무성의 비밀주의가 국내뿐 아니라 UN 인권 위원회로부터도 강하게 비판받고 있기에 공격의 화살을 돌리려고 하는 것인지, 어쨌든 또 다른 사형 집행을 저지하고 그러한 사실을 공표하지 못하게 합시다.

점심 전에 장기 구금자의 정기 건강 진단이 있어서 진찰실까지 다녀왔습니다(여기 임시 수용동 안에는 없기에 원래 수용되어 있던 동까지 100미터 이상이나 걸어야 합니다). 사형수의 건강 진단이라니 이게 도대체 무슨 소리인가 싶지만, 사형 폐지를 목표로 삼고 있으므로 모순은 아닙니다. 혈압은 130-80이라네요. 피와 소변 검사 결과는 내일입니다.

피 뽑아 내는 / 가느다란 손가락 / 차디차구나

---

29 Irish Republican Army. 아일랜드 공화국군. - 역자 주.

30 Real Irish Republican Army. 아일랜드 공화국군 진정파. - 역자 주.

- 12월 8일

아사히가 야스다 변호사[31]에 대해 그가 인권파 변호사라는 것, 그리고 "부당 체포"라고 했다는 그의 변호인의 코멘트를 실었습니다. 하지만 그러고 나서는 그가 어떻게 불법적인 일을 지시하고 고액의 리베이트를 얻었는지에 대해 쓰고 있습니다. 악덕 변호사라는 뉘앙스인데, 이는 경찰의 발표(혹은 정보)를 그대로 기사로 받아쓴 것이겠지요. 문제입니다. 하지만 야스다 씨가 체포되었다는 사실에 모두들 충격을 받으면서도 그를 신뢰하고 이 탄압에 반격하고자 하는 것을 알게 되어 안심했습니다. 사형수마저도 그를 응원하고 있다는 사실이 전해진다면 좋겠지만요.

- 12월 25일

1998년의 마지막 편지입니다. 『사형 확정 중』을 작년 말에 출판함으로써 새로운 동료가 생기고 많은 격려를 받았습니다. 그렇기에 개인적으로는 즐거운 한 해였지만 세상은 참담한 모양새였습니다.

지구 환경이 악화됨에 따른 세계적인 이상 기상. 더욱 불거진 미국의 오만방자함과 변함없는 일본 정부의 대미 맹종. 요전의 이라크 폭격으로 민간인 희생자는 상당수에 이를 것이라 봅니다. 그럼에도 미국 정부와 군은 그들의 존재 따위를 전혀 문제 삼지도 않습니다. 국제 금융 자본에서 생명 보험금의 부정 수급까지, 돈에 사로잡힌 사건이 다수 발생한 한 해이기도 했습니다. 내년은 어떤 한 해가 되는지요.

부디 건강하게 신년을 맞이하시길 바랍니다. 「기타코부시」의 편집 스태프와 동료들에게도, 모쪼록 잘 부탁드립니다.

---

31 야스다 요시히로安田好弘(1947~). 일본의 변호사. 가마타 도시히코, 연합적군파의 마루오카 오사무와 사카구치 히로시 등의 변호를 맡기도 했다. 옴 진리교의 교조 아사하라 쇼코의 국선 변호인으로 선임되나, 이 사건과는 무관한 강제 집행 방해의 피의 사실로 인해 체포되어 해임된다(일명 '야스다 사건'). 1985년에는 아이누 초상권 재판의 변호인을 지냈다. 이 재판은 1969년 출판된 사라시나 겐조更科源蔵의 『아이누 민족지』에 자신의 사진이 무단 도용된 사실을 알게 된 치카프 미에코チカップ美恵子가 제소하여 벌어진 재판이다. 치카프 미에코는 다이도지 마사시와 교류를 이어 온 친구이기도 하다. - 역자 주.

1999년

• 2월 4일

오늘 오후 세무사인 G 씨와 면회를 가졌습니다. 첫 대면인 저는 굳은 기색(?)이었지만 그녀는 형무소 안에서 면회를 한다거나 더욱이 사형수와 만나는 것이 처음이었음에도 불구하고 실로 씩씩하고 시원시원했습니다. 직업상 그런 것인지 모르겠지만 총명한 사람입니다. 사형수의 확정 신고 절차는 처음이라고 했는데, 그렇겠지요. 참고로 저는 완전한 '세금치' 라서 일이 좀처럼 진척되지 않았습니다. 여러모로 머리를 싸매게 했던 모양인데(제 주소와 주민 등록 소재지 등은 잘 해결되었습니다), "세대주는 누구입니까?"라는 질문에는 무심코 웃어 버리고 말았습니다. 그런 건 생각해 본 적이 없으니까요. 과연 누구일까요. 그녀는 질문하면서도 우스운 듯했습니다. 어쨌든 잠깐의 시간이었지만 비일상적인 자극을 받은 날이었습니다. 감사합니다.

• 3월 6일

『이공간의 하이쿠들—사형수 목숨의 삼행시』[32]는 하이쿠에 흥미가 없는 사람이라도, 아니, 오히려 그러한 사람이야말로 읽어 주길 바라는 책입니다. 또 평소에 사형수들이 가해자로서만 다루어지는 경향을 불쾌하게 생각하던 사람도 읽어 주길 바랍니다. 여기에 하이쿠를 게재한 사람들의 반절은 이미 사형이 집행되어 필명과

32　異空間の俳句たち編集委員会,『異空間の俳句たち—死刑囚いのちの三行詩』,海曜社, 1999.

향년밖에 모릅니다(그마저 불명인 사람들도 있습니다). 그렇기에 그들이 남긴 하이쿠가 독자의 마음속에서 살아 숨쉴 수 있는 기회를 얻게 되어 더욱 다행이라고 생각합니다. 또한 76구 모두에 해설과 감상이 덧붙여져 있어 하이쿠에 익숙하지 않은 사람이라도 이해하기 쉽도록 궁리한 흔적이 엿보입니다. 그 감상은 실로 적확합니다. 실은, 저도 마사시라는 필명(!)으로 여섯 구를 싣고 있어서 완전히 제3자적인 입장에서 평가할 수는 없는데, 그렇다고 해서 저자라고 자칭할 수도 없기에 이상한 글이 되고 말았네요. 아무튼 저의 하이쿠를 제외하고 이야기하자면, 일독 후 마음이 동요해서 다시 한번 더 읽고 또 세 번째까지 읽었습니다. 저명한 하이쿠 시인들을 능가하는 솜씨를 가진 사람들부터 미숙한 하이쿠까지 옥석이 완전히 뒤섞여 있지만, 미숙한 하이쿠일수록 가슴에 와닿아서 울게 되고 맙니다. 하이쿠를 읽고 이렇게 감동을 받은 적은 없었습니다. 많은 사람들이 읽어 주셨으면 좋겠습니다.

• 3월 10일

3월 4일의 "재회" 제2회에 대해서 보고드리겠습니다. 이 날도 오전과 오후에 주로 하자마구미[33]와 한산연[34], 오리엔탈 메탈 제조[35]에 대한 검찰 측의 심문이 있었습니다. 저의 증언이 수사 단계의 진술과 미묘하게 혹은 크게 달랐기에 검찰 측도 나름대로 심혈을 기울여 온 듯합니다. 그리고 저는 피로와 집요함에 초조해진 나머

---

33 하자마구미間組. 현재는 '주식회사 하자마'로, 1889년에 하자마 다케마間猛馬가 후쿠오카현에 하자마구미를 창업한 이래 굵직한 토목 공사와 댐 건설을 주로 맡아 온 일본의 대표적인 건설 회사이다. 1975년 2월 28일에, 도쿄의 아오야마에 있는 본사 건물과 사이타마현에 있는 오미야 공장이 동시에 폭발했다. 아시아·태평양 전쟁 시기, 하자마구미가 하청을 받은 나가노현의 온타케 수력 발전소의 중국인 노동자 문제와 관련하여 늑대, 대지의 엄니, 전갈 부대가 전부 가담한 폭파 사건이었다. 4월 27일에는 지바현에 위치한 하자마구미의 에도가와 작업소, 5월 4일에는 도쿄의 에도가와 작업소의 컴프레서도 폭파했다. ― 역자 주.

34 한국산업경제연구소. 한국과 대만, 말라야 연방 등에 일제 기업의 침략을 알선한 기업이라는 이유로 폭파 대상이 되었다. ― 역자 주.

35 1975년 4월 19일 대지의 엄니 그룹이 일으킨 폭파 사건으로, 효고현에 위치한 오리엔탈 메탈사가 한산연이 주최한 한국 공업 시찰단의 필두 기업이라는 사실이 계기가 되었다. 효고현에 위치한 오리엔탈 메탈 본사와 도쿄 도에 있는 한국산업경제연구소의 동시 폭파를 감행했다. 한밤중에 일어난 폭파였기에 사상자는 없었다. ― 역자 주.

지 성급한 발언을 해서 그들에게 빌미를 제공해 버렸습니다. 수사 단계에서 진술한 것과 마찬가지로 반성하고 있습니다. 변호인 측이 심문할 때 이 마이너스를 만회해 주길 바랍니다. 한편 예상 밖으로 집요했던 검찰 측의 공격은 유키[36]에게 장기형을 구형하려는 심상치 않은 의지를 보여 준 것이겠지요. 어떻게 해서든 검찰 측의 의도를 꺾어 줘야만 합니다. 유키의 웃는 얼굴은 지난번과 똑같이 빛나고 있었습니다. 증인 측에서 보고 있는 한(!) 그녀는 대단히 젊어 보였습니다. 세계 각지에 약혼자가 몇 명이나 있었다(있다?)는 것도 수긍이 갑니다. 앞으로 세 번 정도 만날 수 있는 모양인데, 그녀의 웃는 얼굴을 분명히 기억해 두려고 합니다. 증언 준비에 쫓기고 있는 사이에 일장기와 기미가요를 법제화하려는 움직임이 활발합니다. 어떻게 해서든지 저지하고 싶습니다.

아 경칩이여 / 방문을 두들기는 / 퍼런 기결수[37]

• 3월 17일

도쿄 구치소 안에서 세 번째 증언을 끝마쳤습니다. 오전에는 검찰관이 압수된 약품류와 개조 권총을 확인했습니다. 그리고 진술 조서의 서명을 확인하러 왔었습니다. 오후부터는 변호사의 심문이 있었습니다. 정반대 입장에서 하는 심문이므로 머릿속에서 입장을 전환시키느라 고생했습니다. 또 우치다 변호인의 심문은 미쓰비시 중공업 폭파의 잘못과 무지개 공작 = 천황 특별 열차 폭파 미수에 관한 것 등 무거운 주제이기도 했고, 천황제와 일본의 근·현대사 등에 대해 이론적인 전개를 자

---

36 에키타 유키코浴田由紀子(1950~). 야마구치현 출신 전 동아시아반일무장전선 '대지의 엄니' 부대 멤버. 1973년부터 여러 투쟁에 참가하였으며 1974년에 정식으로 멤버가 되었다. 이후 1975년에 체포되었지만 1977년 일본 항공 472편 납치 사건(일명 '다카 납치 사건')에서 일본적군파가 그녀를 포함한 아홉 명의 석방을 요구하였고, 당시 총리인 후쿠다 다케오福田赳夫가 초법적인 조치로 그들을 석방하였다. 그 후 일본적군파에 가입하게 되면서 국제 수배된다. 1981년 마닐라에 위장 신분으로 입국하다가 다시 체포되어 일본으로 송환되었고, 이후 2002년 20년의 징역 판결을 받고 복역하다가 2017년 형기 만료로 석방되었다. - 역자 주.

37 '퍼런 기결수': 원문에는 '퍼런 머리青頭'가 '구치소에서 잡역을 맡아보는 기결수의 민 머리'라고 되어 있다. - 역자 주.

주 요구해서 나가떨어져 버렸습니다. 그리고 머릿속에 맴돌아도 말로 하기에는 불가능한 그런 경우가 몇몇 있어서 약간 불만이 남는 증언이었습니다. 유키는 사이토 군[38]의 죽음을 떠올렸는지 저의 증언 중에 눈물을 보이기도 했지만 오늘도 훌륭히 웃는 얼굴을 보여 주었습니다. 감사하고 있습니다. 다음번은 5월 10일입니다.

• 3월 29일

『치유와 화해를 향한 여행』[39]은 살인 사건으로 목숨을 빼앗긴 피해자의 유족과 살인을 저지른 사형수의 가족이 매년 가을에 전미 각지에서 모여들어 숙식을 함께하고 차로 이동하면서 시민에게 자신들의 체험을 전달하는 '저니 오브 호프Journey of Hope'[40]의 르포르타주입니다. 피해자 유족의 체험과 슬픔, 괴로움, 그리고 그것을 치유해 가는 과정을 보는 것은 가해자이기도 한 저에게는 괴로운 일이었습니다. 가해자를 향한 증오와 복수심으로부터 화해와 용서로 나아가는 한 걸음, 사형에 반대하는 참가자들의 인간성에 머리가 숙여집니다. 몇 번이나 울었습니다. 사형수 가족의 슬픔 또한 무겁게 받아들여졌습니다. 여기서는 저와 같은 입장의 사형수인 로버트의 인터뷰에 대해 언급하려고 합니다. 저자가 "사형수라도 변할 수 있다고 단언할 수 있습니까?"라고 물으니 로버트는 "모두가 그렇다고는 말할 수 없어요. 변하지 않는 사람도 있으니까요. 변하지 않는다는 선택을 스스로 하는 사람이 반드시 있는 거

---

38 사이토 노도카斎藤和는 1975년 5월 15일 여덟 명 동시 체포 당시, 자택에 지니고 있던 청산가리로 음독자살했다(그의 이름인 '和'는 '노도카'로 읽는 것이 정확하다. '가즈'라는 호칭은 동아시아반일무장전선 내 동료들 사이에서 통용되던 호칭이다. 이에 대해서는 마쓰시타 류이치의 책에 그 근거가 서술되어 있다). 동아시아반일무장전선 부대원들은 1975년 동시에 체포된 후 공판의 진행 과정을 둘러싼 부당한 처우에 대해 항의하여 '동아시아반일무장전선 옥중 병사단'을 결성하는데, 이를 'KAZ 병사단'이라 약칭하자고 다이도지 아야코가 제언한다. 松下竜一,『狼煙を見よ東アジア反日武装戦線'狼'部隊』,河出書房新社, 1987, p.228. - 역자 주.

39 사카가미 가오리坂上香는 다큐멘터리 영화 감독으로, 2005년부터 오타 마사쿠니, 가가 오토히코, 기타카와 후라무와 함께 〈다이도지 사치코 기금: 사형수 표현전〉의 심사 위원을 역임하기도 했다. 대표작으로 2004년의 장편 〈라이퍼즈Lifers〉, 2013년 〈토크백 침묵을 깨는 여자들〉, 최근 2019년에는 〈프리즌 서클〉을 제작했다. 그 외에도 TV 다큐멘터리, 관련된 저서가 다수 있으며『치유와 화해를 향한 여행』은 그중 하나이다. 坂上香,『癒しと和解への旅—犯罪被害者と死刑囚の家族たち』, 岩波書店, 1999. - 역자 주.

40 원제는 〈저니 오브 호프 ~사형수의 가족과 피해자 유족의 2주간~ジャーニー・オブ・ホープ~死刑囚の家族と被害者遺族の2週間~〉이며 NHK 일요 스페셜로 1996년 제작, 문화청 예술제 우수 작품상을 수상했다. - 역자 주.

죠"라고 대답합니다. 동감합니다. 그리고 사형 제도가 여전히 존재함으로 인해 그 (녀)가 사형수가 되었기에 변화가 불가능해졌다고 생각합니다. 사형을 선고받은 후 모든 희망을 잃고 자기 변혁의 의욕을 잃어버림으로써, 혹은 그저 사형을 받아 들임으로써 자신이 저지른 살인의 죄악감을 '지워' 버리니까요. 사형은 그러한 사 상적 퇴폐를 초래합니다. 저자는 스스로 중학교 시절에 집단 린치를 당한 경험으로 부터 온 피해자 감정과 그것이 후에 가해자 감정으로 변해 버릴지도 모른다는 점 에 입각하여 폭력의 악순환을 근절할 방도를 모색합니다. 그리고 피해자는 어떻게 치유되는 것인가, 가해자의 가족은 어떻게 살아갈 의미를 찾아내는 것인가, 나아가 가해자 본인은 어떻게 죄를 끌어안으면서 새로운 인생을 살아갈 것인가를 묻습니 다. 그것은 사형수인 저의 질문이기도 합니다. 좋은 책입니다.

• 5월 14일

　5월 13일 오후, 새로이 재심 변호인이 되어 준 K 변호사와 면회를 가졌습니다. 그 녀(맞아요. 아직 스물아홉 살의 여성입니다) 앞으로 편지를 보내면 막히거나 다시 써야 만 했던 적도 있기에, 면회도 방해받을 우려가 있었지만 문제는 없었던 모양입니 다. 그녀의 목소리가 알토 톤이라서 더 그렇게 여겼는지도 모르겠지만 실제로는 대 단히 침착했습니다. 그와는 반대로 저는 처음 마주하는 젊은 여성이라는 점에 조금 흥분해서 두서없이 띄엄띄엄 말했습니다. 나이도 먹을 만큼 먹었건만, 정말이지 난 처했습니다. 아무튼 마음이 든든합니다(이제부터 방대한 기록을 읽어야만 하기 때문에 그 녀에게는 미안한 마음뿐이라고 생각하면서). 감사드립니다!

기미가요를 / 갉아먹어 버리자 / 거염벌레여

• 5월 30일

　NATO의 유고슬라비아 공격은 민가와 버스, 중국 대사관, 병원, 그리고 형무소로 확대되고 있습니다. 형무소는 반유고슬라비아 정치범과 게릴라가 수용되어 있는 곳인데 그들 대다수가 희생되었다고 합니다. "아군"을 죽이고 있는 셈입니다. 이만큼 '오인 폭격'이 계속되면 '오인 폭격'이야말로 전쟁의 실태임을 깨닫습니다. 밀로셰비치[41]도 용서하기 힘들지만 클린턴을 필두로 한 NATO도 죄가 있습니다.

전쟁이라 하니 전쟁 법안인 신가이드라인 법이 제정되었습니다. 그런 다음 도청 법안인 통신 감청법[42]이 성립할 듯합니다. 나아가 일장기와 기미가요의 법제화가 계획되어 있습니다. 반체제파를 탄압, 관리해서 전쟁 준비 태세를 가다듬고 나서는 천황제 이데올로기를 강제한다는 것이죠. 정말로 아시아-태평양 전쟁 전으로 역행하고 있습니다. 매스 미디어는 물론이고 위기감이 너무나 희박합니다. 경비와 공안 경찰이 도청을 하고 있음은 상식이지만, 이제부터는 아예 활개를 칠 수 있다는 말인 셈이지요. 반격의 투쟁이 필요합니다. 그건 그렇고 창가학회도 예전에는 탄압을 받아 옥사자도 나오곤 했는데, 더 이상 도청되지 않을 거라 생각하는 걸까요.

전쟁 전으로 / 후퇴하기만 하는 / 아 개미지옥

• 6월 28일

영화 공부를 하는 젊은이들과의 교류가 시작된 참인데, 그들은 자신들이 태어나기 훨씬 전부터 감옥에 구금되어 있는 사형수인 저에게 흥미가 있는 걸까요? 아니면 동아시아반일무장전선의 투쟁을 알고 싶다는 걸까요? 혹은 둘 다일까요? 아마도 저는 그들의 부모와 동세대이거나 조금 위의 세대겠지요. 그렇다면 그들 부모 세대의 삶의 방식 혹은 일상과의 대비에 흥미가 있는 걸지도 모르겠네요. 이 나이

---

41 슬로보단 밀로셰비치Слободан Милошевић(1941~2006). 세르비아 태생의 정치가. 세르비아 사회주의 공화국과 유고슬라비아 연방 공화국의 전 대통령이자 독재자. '발칸의 도살자'로 불렸다. 집권 기간에 크로아티아, 보스니아, 코소보 등 발칸 곳곳에서 전쟁을 벌이고 인종 학살을 자행했다. 난민을 다수 만들어 냈으며 유고슬라비아의 경제 파탄의 주범으로도 지목된다. - 역자 주.

42 원래 명칭은 「범죄 수사를 위한 통신 방수에 관한 법률犯罪捜査のための通信傍受に関する法律」이다. - 역자 주.

가 되어서도 아직 혁명적 "망상" 속에서 살고 있으니까요. 미결수 시절에는 고교생과 면회를 한 적도 있고 편지도 주고받았는데, 사형이 확정된 이래 거의 12년간은 젊은이들과의 교류가 전혀 없어서 '왜 그런 젊은이들이 나를?'이란 생각을 하게 됩니다. 사진을 보니 정말 모두가 젊어요(당연하겠지만). 그런 그들이 제 생일을 축하하는 케이크를 사서 들고 와 주었다는 점도 기쁜 일입니다. 저를 "조사"함으로써 그들이 하는 공부에 성과가 있으면 좋겠습니다. 그리고 그들이 앞으로 제대로 살아가기 위한 무언가를 손에 넣으면 좋겠습니다만.

야스다 변호사의 보석 청구가 기각됐습니다. 그의 공판 때의 모습을 보면, 검찰 측은 구금 연장만이 목적인 것처럼 보입니다. 체포된 지 벌써 반년 이상 지났습니다. 어떻게든 하루라도 빨리 출옥하여 감옥 바깥에서 활약해 주기를 바랍니다.

- **7월 9일**

『나가이! 이리 와 봐』[43]를 손에 넣었습니다. 그가 죽은 지 10년. 좋은 책이 나왔습니다. 전쟁법과 도청법, 그리고 기미가요와 일장기의 법제화 책동처럼 반동적 익찬[44] 세력이 전쟁과 탄압 체제를 만들기에 매진하고 있는 이때, 다시 한번 "우치게바"[45]가 활발해지고 있다고 보도되었습니다. 안타까운 일입니다. 히로유키 씨의 죽

---

43 나가이 히로유키永井啓之(1946~1989). 일본 사회주의 청년 동맹계의 혁명적 노동자 협회(이하 혁노협) 하자마파의 간부였으나 하자마 요시아키가 이끄는 무장 투쟁파 노선과 대립하여 온건파 노선을 견지한다. 1989년 6월 25일 사이타마현의 자택에서 납치되어 같은 날 이바라키현의 고속도로 터널 안에서 침낭 안에 담긴 채 사체로 발견된다. 이는 혁노협 하자마파에 의한 범행으로 판명되었다. 다이도지는 1997년 『사형 확정 중』에 실린 1989년 6월 27일자 서신에서 "지난 밤에는 나가이 히로유키 씨에 대한 애석한 마음으로 잠을 이루지 못했습니다. 왜 살해당해야만 했던 걸까요. 노선이 다르다고 해서 같은 동료라고 생각할 수는 없는 걸까요"라고 쓰고 있다. 永井啓之追悼集編集委員会, 『永井!こっちに来い』, 永井啓之追悼集編集委員会, 1999. - 역자 주.

44 앞으로 등장하는 '익찬翼賛'이라는 표현은 1940년부터 1945년까지 있었던 관제 단체 '대정익찬회大政翼賛会'에서 온 말이다. 대정익찬회는 군부와 관료 조직, 민간을 결집하여 고도의 정치력을 구사하기 위해 조직된 단체로, 태평양 전쟁 당시에는 총동원 체제를 완성하고 군부를 지원하는 데 힘을 쏟았다. 본문에서는 '극우' 정도의 의미로 사용된다. - 역자 주.

45 内ゲバ. '내부内'와 '폭력'의 독일어 'Gewalt'의 합성어. 동일 조직, 진영 안에서 사상의 차이 등을 이유로 상대방에게 물리적 폭력을 행사하는 것을 의미한다. - 역자 주.

음을 헛되게 해서는 안 됩니다. 그의 추도집을 들고 보니 그 생각이 더욱 강해졌습니다.

문부성은 고식적입니다. 외국인 학교 학생에게 국립 대학 입학의 기회를 부여한다고 결정한 일 말입니다. 전면적으로 허용된 것인가 생각한 순간, 대학 입학 자격 검정[46] 합격이 조건이라고 말합니다. 왜 그러한 장벽을 세워 놓는 걸까요. 유럽을 볼 필요도 없이 국경의 장벽이 점점 낮아지는 추세임에도 일본 정부와 익찬 여당은 일장기와 기미가요의 법제화 등 내셔널리즘을 선동하며 물고 늘어지고 있습니다. 이번의 문부성 결정은 배외주의 비판을 피하면서도 내셔널리즘을 고집하는 자세를 드러낸 것이겠지요.

지금 있는 방으로 옮겨졌을 때 베란다가 콘크리트 벽으로 되어 있어서 햇볕도 안 들고 바람도 통하지 않는다고 보고했는데, 날이 더워짐과 동시에 그것을 다시금 통감하고 있습니다. 방 안과 복도, 그리고 방 밖은 5도 정도의 온도 차가 나는 게 아닌가 싶을 정도로 열과 습기가 꽉 차 있습니다.

• 8월 18일
변변한 논의도 없이 점점 반동적인 법률이 만들어지고 있습니다. NHK 뉴스에서 기미가요와 일장기가 법제화되었다고 보도되었던 밤, 여기저기서 항의의 목소리가 빗발쳤습니다. 옥중에서 목소리를 낸다 한들 어떻게 되는 건 아니지만 항의하지 않을 수 없었습니다. 당리당략과 머릿수의 폭력을 통해 악법이 그렇게 졸속으로 결정돼도 괜찮은 걸까 하고요. 국회의 무책임한 짓은 생각할수록 혈압이 오르지만 열심히 무덤을 파도록 둡시다. 그리고 모두 비국민이 되는 것 아니겠습니까.

---

46 일본의 대학에 입학하기 위한 학력의 유무를 판정하여, 합격자는 고교 졸업자와 동등한 자격이 부여되는 국가시험. 2004년에 폐지되어 현재의 고등학교 졸업 정도 인정 시험으로 바뀌었다. - 역자 주.

제 건너편 방에도 TV 카메라가 설치되어 있는데, 이는 '요주의' 인물용입니다. 요전까지는 일본채권신용은행인가 일본장기신용은행인가의 관계자가 수감되어 있었는데 그가 보석으로 풀려나니 자살 미수자가 옮겨 왔습니다. 그 사람은 도쿄 구치소에서 지낸 지 얼마 안 됐는데, 도쿄 구치소에 이감되자마자 자살을 시도한 거겠지요. 아침 저녁으로 검사를 받고 의류와 펜, 젓가락 등을 방 안에서 압수당합니다. 징벌이 길어질지도 모릅니다. 사형과 무기 등의 장기형은 아닌 모양이고 또 가족과 친구들의 면회, 차입도 있는데 왜 그랬을까요. 마음을 강하게 먹고 앞으로의 옥중 생활을 보내길 바랍니다.

• 8월 28일

김희로 씨가 가석방된 모양입니다.[47] 그의 사건이 1968년[48]이었으니 감옥에서 31년을 보낸 것이지요. 잘 견뎌 냈습니다. 제가 도쿄 구치소에 이감되었을 때 그도 같은 층에 수감되어 있었습니다. 그는 상고 중이었을지도 모릅니다. 그로부터 24년간입니다. 당시 김희로 씨 외에도 오쿠보 기요시 씨[49]와 나가야마 노리오 씨, 연합적군의 요시노 마사쿠니 씨[50] 등 신문지상을 뒤흔든 사람들이 함께 있었는데, 저와 도시아키[51] 군 외에는 모두 출소했거나 처형되고 말았습

---

47 김희로金嬉老(1928~2010). 본명은 권희로權嬉老. 1999년 9월 7일에 가석방되었다. 32년 만의 출소였으며, 3개 항목이 포함된 서약서에 서명을 하는 조건으로 가석방되었다. 서약서에는 1. 지금까지 당국에 신세를 진 것에 대한 감사, 2. 가석방으로 출소해서 한국에 돌아가도 일본 정부가 했던 일을 나쁘게 말하거나 비난하지 않을 것, 3. 귀국 후에는 어머니의 묘소를 지키고 승려 박삼중 곁에서 여생을 보낼 것이 쓰여 있었다. 가석방 직후 나리타 공항에서 한국행 비행기를 타고 한국으로 출국했다. 이것이 김희로의 첫 한국행이었다. 김희로는 그 후 한국에서 지내다가 2010년 부산에서 사망한다. 김희로의 자서전 『われ生きたり』, 新潮社, 1999 참고. - 역자 주.

48 1968년 2월 20일 밤에 시즈오카현 시미즈 시의 바에서 빚 독촉을 하는 폭력배 세 명 중 두 명을 권총으로 쏘아 죽인 사건이다. - 역자 주.

49 1971년 3월부터 5월까지의 두 달간 차 안에서 말을 걸어 유인한 여성 여덟 명을 살해한 연속 살인범. 1973년에 사형 판결을 받았다. - 역자 주.

50 신좌익 활동가로, 연합적군의 간부였다. 현재는 지바 형무소에 복역 중. - 역자 주.

51 마스나가 도시아키益永利明(1948~). 호세이 대학 입학 후 베트남전 반대 운동과 전공투 활동을 거쳐 다이도지와 만나게 되었다. 당시의 이름은 가타오카 도시아키片岡利明. 동아시아반일무장전선에 참가하여 미쓰비시 중공업 폭파 사건을 일으켰고 1975년 5월 18일에 체포되었다. 2019년 현재 도쿄 구치소에

니다.

제가 유키와 다시 만났을 때 옛 애인과의 재회 혹은 선을 보는 자리 같은 심정이 아니었나 하고, 하세가와 도시히코 씨[52]가 「코스모스 통신」 36호에서 추측하고 있습니다. 나잇값도 못 하고 들뜬 글을 쓴 탓에 그런 인상을 주었던 것이었을까요. 그녀에게 사랑하는 사람과 아들이 있다는 사실을 알고 있었기에, 도시히코 씨가 추측한 그런 것은 아닙니다. 조금 부끄러운 표현이지만 동지애라고 생각합니다. 예전 우리들은 세 부대가 합쳐서 열 명 남짓 되었습니다. 모두 25세 전후의 젊은이로 혁명에 목숨을 걸었지요. 그리고 유키와 함께 체포되어 2년 정도 통일 공판의 피고석에 앉았습니다. 그들이 출국하는 바람에 다시 만날 것이라곤 생각도 못 했습니다. 그녀가 안타깝게 재차 체포되었지만, 또 다시 만날 수 있게 되었습니다. 게다가 저는 사형수여서 변호인과 친족 이외의 사람들과 만날 수 없었기에 실제로 그녀와 재회하게 되어 기뻤습니다. 그러나 본인만 흥분해서 읽는 사람은 별 재미도 없는 그저 그런 글이었을지도 모르겠습니다.

• 9월 5일

민주당의 당 대표 선거에 입후보한 하토야마 유키오가 헌법 9조(전쟁 포기, 군비·교전권의 부인)의 폐기를 목표로 개헌을 주장하고 있습니다. 제1야당의 당 대표를 노리는 자가 자민당과 자유당, 공명당의 익찬 정치 비판과 실업 대책을 제언하는 것이 아니라 개헌을 주장한다니, 그 센스를 의심하게 됩니다. 하기야 하토야마는 특권 계급의 3대째로 일장기와 기미가요의 법제화에 도움을 준 자민당의 아류에 불과하지만 말이지요. 하토야마의 주장은 다른 개헌파와 마찬가지로 이미 자위대가 존재하니까 국군으로서 인정하자는, 현실에 대한 추인일 뿐이라지만 전쟁법이 제정된 직후라는 점만으로 악질입니다. 천황제 폐지를 염두에 두고 "국민 통합의 상

<hr />

수감 중이다. – 역자 주.

52 1979~1983년 나고야 보험금 살인 사건의 범인 중 한 명. 2001년 사형이 집행되었다. 당시 51세. – 역자 주.

징"인 천황 규정을 폐기하는 개헌 논의라면 바람직하지만요.

동티모르의 주민 투표에서 독립파가 78퍼센트를 획득해서 압승했습니다. UN의 잠정 통치를 거쳐 독립의 수순을 밟는 모양인데 이제부터가 관건입니다. 일본 정부는 인도네시아가 동티모르를 무력 병합하고 나서도 금권 부패의 수하르토 정권과 유착하여 인도네시아를 지지하고 지원해 왔습니다. 그로 인해 얼마나 많은 동티모르 인민이 죽거나 체포, 구속되었는지요. 이번 선거 결과를 보고 일본 정부가 독립 원조로 방향을 바꾸겠지만, 지금까지의 자세에 대해 명확히 자기비판해야만 합니다.

낮 동안은 아직 혹독한 더위가 기승을 부리고 있지만 아침 저녁으로는 선선해졌습니다.

「사형수들의 / 끊임없는 말다툼 / 무더운 여름」에서 「가을이 선뜻 / 옆방에서 들리는 / 웃음소리네」로 바뀌었습니다.

• **12월 19일**

12월 16일인지 12월 17일에 다시 사형 집행이 있었던 모양입니다. 그 가운데 도쿄 구치소에 재소 중이었던 사형수가 포함되어 있지는 않았나요? 12월 18일자 신문은 평소보다 한 시간 정도 늦게 배부되었는데, 아사히의 12월 17일자 석간 1면과 12월 18일자 조간 사회면이 말소되어 있었습니다. 그리고 점심 식사 전후로 이곳 신관 북측 수감동과 옆에 있는 구 북측 수감동 여기저기에서 사형 집행을 규탄하는 목소리가 들렸습니다. 안타깝게도 고층화 공사 소리와 전동차가 지나가는 소리 등에 방해를 받아 "사형 집행을 용인하지 않겠다" 정도밖에 들리지 않았습니다. 때문에 어느 구치소에 수감되어 있는 누가 처형되었는지 등은 알 수 없습니다. 9월에 있었던 집행 이래 고작 3개월이 지났습니다. 2000년까지 가능한 한 많은 형을 집행해 버리겠다는 걸까요. 그게 아니라면 검찰이 사형을 구형하며 상고한 두 건을 최고

재판소가 기각하며 무기형을 지지한 것에 '앙갚음'을 한 걸까요. 어찌 되었든 용납하기 힘든 일입니다. 실은, 매년 연말에 작은 봉사회에서 사형수에게 차입하는 카드와 과자(알사탕과 가키노타네[53])가 올해는 12월 16일에 배부되었습니다. 다른 해에는 일러도 12월 20일이 지나서였으니 몹시 이른 셈입니다. 그리고 마침 임시 국회가 종료했기에 "혹시?" 싶었던 참입니다. 사형 폐지파가 의지를 잃도록 정부와 법무성에서 획책하고 있는 이상 굴해서는 안 됩니다. 상황이 혹독하면 혹독한 만큼 힘을 내서 사형 폐지를 실현시켜 나갑시다. 이번에 처형된 분들의 명복을 빕니다.

흩뜨려지고 / 마구 짓밟혀 버린 / 단풍이구나

· **12월 24일**

사쿠마 게이코 씨가 「주간 금요일」에 쓴 「내가 살았던 조선」[54]을 읽었습니다. 이 잡지의 보고 문학상에 선정되었다는 것이 수긍되는 작품입니다. 느슨함과 팽팽함이 공존하는 작품이었기에 읽을 만합니다. 작품 속의 '나', 이케다 마사에[55]는 일제 지배하의 조선에서 양심적인 교사였지만 식민지에 대해서는 양심적인 인간이 되려는 가해자일 수밖에 없음이 분명해집니다. 조선과 중국 동북부, 그리고 대만 등 일찍이 일제 식민지에서 살았던 일본인이 이케다처럼 자신의 역사를 솔직하게 말한다면 자유주의 사관 같은 엉터리를 용인하는 일은 없어지겠지만요. 이케다는 자신이 가해자였던 점을 제대로 받아들이고 있어서 감동적입니다. 사쿠마 씨가 앞으로도 건필하시기를 기원합니다.

---

53 감의 씨 모양을 한 쌀과자. - 역자 주.

54 소설. 논픽션 「내가 살았던 조선」으로 제6회 주간 금요일 르포르타주 대상 우수상(보고 문학상)을 수상. 「空に縛られた鳥」로 제30회 신일본 문학상 가작. - 역자 주.

55 이케다 마사에池田正枝(1922~2006). 일제 강점기 조선에서 국민학교 교사였던 이케다 마사에는 조선인 학생들에게 창씨개명을 적극적으로 권유하고 학생들을 감언이설로 설득하여 일본에 '여자 근로 정신대'로 보냈다. 패전 후 자신이 한 일에 대해 양심의 가책을 느끼고 후회한 이케다는 자신이 한 일을 포함하여 일제 강점기 일본의 책임을 묻는 행동에 나섰다. 오랜 시간의 교사 생활로 받은 연금을 아껴 강제 연행 보상 운동에 보태는 등, 눈을 감는 날까지 적극적으로 일제의 사과와 보상을 촉구했다. 1999년에는 『두 개의 조국―21세기의 어린이들에게』(해방 출판사)를 펴냈다. - 역자 주.

「살아남아서 / 다시 맞이하게 된 / 정초의 아침」이라고 금년 연하장에 적었는데, 1999년을 지내고 2000년을 맞이하려는 이때 그 생각이 점점 더 강해지고 있습니다. 그러나 올해도 몇 명인가의 사형수가 목숨을 잃었습니다. 특히 신년을 눈앞에 두고 처형된 사람들의 원통함을 생각하면 같은 입장에 처한 저로서는 살아남았음을 마냥 기뻐할 수만은 없습니다. 다른 확정수들은 달관하거나 체념할 것이 아니라 꿋꿋이 살아가기 위해서라도 재심과 특사를 청구하는 등 수단을 강구하길 바랍니다. 사형 폐지는 한 사람 한 사람의 사형수가 계속 살아가기 위한 의욕 없이는 실현 불가능하니까요.

아무튼, 올해도 많은 친구들에게 힘을 얻었습니다. 진심으로 감사합니다. 감옥 바깥의 생활도 힘들겠지만 올해도 아무쪼록 잘 부탁드립니다.

지나간 세월 / 살아남아 알게 된 / 괴로움이여

2000년

- ## 1월 6일

　작년 12월 17일에 사형이 집행된 사람은 오노 씨[56]와 사가와 씨[57]였습니다. 해가 바뀌고서야 알았습니다. 9월에 세 명이 처형된 직후이고, 법무 장관이 교체되자마자여서 왜인지 궁금했는데 연말에 있었던 법무성 고관의 인사 이동과 관계가 있었는지도 모릅니다. 사형 집행 수속을 진행하는 책임자인 형사국장도 포함되었으니까요. 그의 영전에 "두고 가는 선물"이었을까요. 그리고 1년에 두 번, 연말 사형 집행을 정례화하자는 의도에서 집행되었을 수도 있습니다. 후쿠오카 구치소의 오노 씨는 재심 청구 중이었음이 분명합니다. 법무성이 재판소의 판단을 받아 집행한 걸까요. 만일 그렇다고 해도 기다렸다는 듯이 집행한 방식은 용납하기 힘듭니다. 만약 재판소의 판단을 기다리지 않고 집행한 것이라면 중대한 문제입니다. 도쿄 구치소의 사가와 씨는 분명 한 층 위에 수용되어 있었는데, 당일에 그런 기미는 없었습니다. 혹시 다른 곳으로 이감되었을 수도 있겠네요. 그는 공범자가 계속 도주하고 있을 때는 집행이 없으리라 생각한 모양인데, 공범자의 사망이 확인되자 완전히 의기소침해 있었습니다. 형사 소송법적으로는 어떤 근거도 없지만 공범자는 그에게

56　오노 데루오小野照男(1937~1999). 1977년 나가사키에서 발생한 살인 사건의 범인. 비를 피하기 위해 집에 들여보내 준 여성을 강간, 살인하고 금품을 갈취한 사건이다. - 역자 주.

57　사가와 가즈오佐川和男(1951~1999). 오미야 모녀 살인 사건의 범인. 1981년 금전적 곤란을 이유로 중학교 시절의 친구를 끌어들여 사이타마현의 오미야에서 피해자 자택에 침입하여 60대와 30대의 모녀를 살해하고 금품을 갈취하여 도주했다. 사가와는 체포되었지만 친구는 16년간 도주 중에 병사했다. - 역자 주.

일말의 희망이었던 것이지요. 미결수 시절에 사가와 씨와는 자주 편지 왕래도 했고 그의 개인지 「안개꽃」도 읽곤 했습니다. 사형 폐지 운동 등에 대해서 의견이 맞지 않는 점도 있었고 친구라고 말할 수 있는 관계는 아니었지만, 사적인 일까지 알고 있던 사이였기에 참 안타깝습니다. 당하고만 있으니 분할 뿐이지만 주저앉지 말고 사형 폐지를 실현시키기 위해 힘냅시다.

새해의 도쿄는 따뜻하고 날씨가 좋습니다. 노숙을 할 수밖에 없는 사람들, 또 난방이 되지 않는 옥중의 사람들에게는 적어도 은혜로웠습니다. 저는 오랜만에 몸이 상하지 않은 채로 연말연시를 보냈지만, 12월의 집행 탓에 기분이 무거운 정월이었습니다. 그러나 2000년을 맞이하여 결의를 새로이 하고 있습니다. 어리석고 둔한 인간이지만, 올해도 잘 부탁드립니다.

형장 입구에 / 의연하게 서 있는 / 가도마쓰[58]여

• 1월 11일

『길 위의 눈동자』[59]를 한번 읽어 보시기를 권합니다. '브라질 어린이들과 지낸 400일'이란 부제가 달려 있듯이 상파울루와 리우데자네이루 같은 대도시의 스트리트 칠드런, 그리고 파벨라라고 불리는 거대한 슬럼가에서 태어난 아이들과의 교류를 그린 르포르타주입니다. 대여섯 살 먹은 아이들이 집을 나와 혼잡한 도시와 공원에서 노숙을 하거나 먹을 것과 푼돈을 구걸하는 모습에 가슴이 에는 듯했습니다. 한편으로 버스를 타고 해수욕을 하러 가는 슬럼가의 아이들이 온몸으로 기뻐하는 모습에는 안타깝기도 했습니다. 저자가 찍은 아이들의 사진을 보는 것만으로도 이 책을 읽는 의미는 충분합니다. 저자의 행동력과 감성, 삶을 살아가는 방식에도 끌립니다. 실로 강하고 유연합니다.

58　가도마쓰門松는 정월에 현관 등에 꾸미는 소나무 장식. - 역자 주.

59　木村ゆり, 『路上の瞳—ブラジルの子どもたちと暮らした400日』, 現代企画室, 1999.

- **2월 16일**

오스트리아에서 극우 정당과의 연립 정권이 탄생했습니다. 정당 이름도 같아서 일본의 자유민주당-자유당-공명당 익찬 체제를 보는 듯합니다. 일본에서도 가해 책임을 직시하고 자기비판하는 것을 '자학'이라고 규정하며 배외주의적인 '자유주의 사관'을 제창하는 풍조가 일찍부터 있었습니다. 역사 인식의 문제를 모호하게 생각한다는 것은 우익 민족주의가 함부로 설치는 것을 용납하는 일이겠지요. 그런데 민족주의란 것은 사상적 마약과도 같은 걸까요. 원래 좌익 안에서도 민족파로 전향한 사람이 있어서 한탄스럽게 생각하고 있지만요.

도쿄 구치소에도 뒤늦게나마 컴퓨터가 도입된 모양인데, 지난주부터 구치소 내에서 물품을 구입하는 방식이 바뀌었습니다. 종래에는 품명이 인쇄된 용지가 있어서 구입하고 싶은 품명에 동그라미를 치고 그 아래에 개수를 기입하면 됐습니다. 그러나 이제부터는 마크 시트 방식이 되어서 안내에 따라 숫자가 나열된 용지에 숫자를 칠하는 식이 되었습니다. 세밀하게 기입해야 하기 때문에 시간이 걸립니다. 그만큼 담당 직원의 부담은 줄어들겠지만 잉여 인원은 어떻게 되는 걸까요?

약 열흘 전 일요일 밤 8시경, 갑자기 쾅- 쾅- 하는 폭발음이 들렸습니다. 꽤 큰 소리로, 몇 번이나 말이지요. 누가 도쿄 구치소에 박격포라도 쏜 것일까(!!) 하며 '술렁이고' 있으려니, 정문 방향의 상공에 불꽃놀이를 쏘아 올린 것이 아니겠습니까. 그것도 거리의 완구점에서 파는 것이 아닌 진짜라 해야 할까요, 불꽃놀이 대회에서 쏘아 올리는 그것입니다. 제가 있는 방은 구 북측 수감동의 그늘에 있기 때문에 일부밖에 보이지 않았지만, 그래도 25년 만에 10분 정도 불꽃놀이를 보았습니다. 아라카와강의 하천 부지에서 쏘아 올리는 것 같은데 대체 누가 쏘아 올린 걸까요. 마침 구정이라 그것을 기념하는 것이었을까요. 도쿄 구치소에 수용된 상당수의 중국인들에게는 기분 전환에 도움이 되었겠지요.

여전한 추위 / 감방에 울려 퍼진 / 잠금 쇠 소리

- **3월 5일**

　제1차 티셔츠 소송의 판결이 확정됨에 따라 친구들이 현금을 차입할 수 있게 되어 3월 1일 저녁에 쓰쓰이 씨, 히라노 씨, 그리고 돗토리의 A코 씨로부터 차입이 들어왔다고 알림이 왔습니다. 도쿄 구치소의 창구에서 차입할 경우 그 사람이 기재한 차입표(용지)가 그대로 전달되기 때문에 쓰쓰이 씨와 히라노 씨의 필적을 볼 수 있었습니다. 그리웠습니다. 또 A코 씨같이 우편으로 보낼 경우에는 현금 봉투가 교부되기 때문에 당연히 본인의 필적을 만날 수 있습니다. 그리고 이번에 동봉되어 있던 A코 씨의 편지도 교부되었습니다. "…… 적은 금액이지만 세뱃돈 겸 자금입니다. 부디 건강히"라는 짧은 편지였기에 허가가 났던 것이겠지만, 예상치도 못했던 편지를 받게 되어 기쁩니다. 쓰쓰이 씨와 히라노 씨, A코 씨, 감사합니다.

　그런데 도쿄 구치소 당국은 "무조건, 무제한으로 인정하기는 어렵다"고 하고 있습니다. 또 허가가 나지 않을 경우, 당국이 불허 사실을 저에게 고지하지는 않기 때문에 이번에 수령할 수 없었던 차입이 있었는지도 모릅니다. 생각해 보면, 쓰쓰이 씨를 비롯해 세 명 모두 제2차 티셔츠 소송의 공동 원고입니다. 그러니까 허가가 난 걸지도 모르겠네요. 하지만 그렇다고 해도 문제입니다. 감옥 바깥의 친구들과 공동 소송을 벌이지 않은 사형수는 그 누구에게서도 차입을 받을 수 없게 되는 셈이니까요. 현 시점에서 구체적인 사항은 모르기 때문에 분명해진 시점에 또 쓰겠습니다. 이번에 차입된 현금을 수령할 수 있었던 건(짧막하긴 하지만 편지까지도) 티셔츠 소송에서 10년여에 걸쳐 분투해 준 감옥 바깥의 원고들 덕분입니다. 다시금 감사드립니다.

- **3월 16일**

　이 층에는 십수 명의, 즉 대여섯 명에 한 명꼴이지만 외국인이 수용되어 있습니다. 그중 가장 많은 것은 중국인인데, 이란과 이라크 같은 서아시아 출신의 사람이 그 뒤를 잇습니다. 저는 일본어 습득이 빠른 그들을 보고 놀랐습니다. 수용되고 난 직후에는 단편적인 일본어밖에 모르던(대화는 불가능) 그들이 1~2개월 만에 간수와 당당히 논쟁할 수준에 이를 정도이니까요. 재판소로부터 서류가 올 때라든가 상소하는 경우 통역이 와서 설명하고 있긴 하지만 그 외에는 모두 혼자서 해결하고 있습니다. 필요하니까 배울 수밖에 없는 것일지라도 대단합니다.

널어 둔 이불 / 사자에게서 받은 / 목숨이구나

- **4월 18일**

　이시하라 신타로[60]의 "삼국인" 발언[61]이 보도되었는데요, 이건 단순한 망언이 아니라 확신범의 배외주의입니다. 간토 대지진 때의 조선인 학살이란 사건을 알면서도 "외국인이 흉악 사건을 반복하여 저지르고 있으며, 큰 재난 시에는 소요 사건이 예상"되기에 자위대의 치안 출동이 필요하다고 말하는 건 이미 권력자와 동일한 발언입니다. 게다가 만화가나 TV 캐스터 등이 아니라 도지사의 발언이라서 어찌할 수도 없을 정도입니다. 그리고 이시하라가 일장기 배외주의자인 것이 분명함에도 그를 지사로 선출한 도민이 백수십만 된단 뜻이니까요. 그 사람들은 이시하라의 이번 발언을 지지할까요. 그건 제쳐 두고서라도 이시하라는 문학가치고는 말의 품

60　이시하라 신타로石原慎太郎(1932~2022). 1956년에 『태양의 계절』로 문단에 데뷔하여 제34회 아쿠타가와상을 수상하였다. 해당 작품을 원작으로 한 영화에는 그의 동생인 이시하라 유지로가 출연하여 큰 인기를 끌었다. 이로 인해 '태양족'이라는 신조어, 사회 현상이 크게 유행했다. - 역자 주.

61　당시 도쿄 도지사인 이시하라 신타로가 2000년 4월 9일 육상 자위대 네리마 주둔지에서 열린 창대 기념 식전에서 "삼국인, 외국인이 흉악한 범죄를 반복하여 저지르고 있으며, 큰 재난 시에는 소요 사건도 예상된다. 경찰의 힘에 한계가 있기 때문에, 여러분이 출동하여 치안의 유지를 커다란 목적으로 삼고 수행해 주길 바란다"고 발언한 것. 이때 '삼국인'이란 '일본 통치하에 있던 재일 조선·한국인과 대만인을 가리키는 용어로서 패전 직후에 사용되었고, 독립 민족으로서의 지위를 모호하게 만드는 차별 용어'이다. - 역자 주.

성이 천박합니다.

지난주부터 징역수의 옷이 바뀌었습니다. 원래는 어두운 회색이었는데 새로운 의복은 녹갈색. 당국은 담녹색이라고 말하고 있는 모양인데 아무튼 밝아지기는 했습니다. 그래도 어딘가 차분하지 못한 색깔이라, 저는 도저히 입고 싶지 않습니다. 수인복이라서 사회에서는 입지 못하겠지만, 이런 색으로 결정한 관료들의 센스는 참 별로입니다.

몇 명인가의 수인 / 봄날의 이슬 / 머금은 벚꽃

· 4월 26일

오타 마사쿠니 씨의 4월 21일자 소식을 보니 니시무라 씨가 하이쿠집 만들기에 조금씩 착수하고 있다고 합니다. 사이토 신지 씨[62]에게 해설을 의뢰하여 흔쾌히 승낙을 받아낸 모양인데 부끄럽기 짝이 없습니다. 사이토 씨는 아득히 먼 곳에 우뚝 서 있는 존재이니까요. 마사쿠니 씨는 "겸손만 떨지 말고, '자신'을 가져도 좋겠는데"라고 말씀하셨지만 좀처럼 그렇게 되지는 않습니다. 하지만 하이쿠집은 니시무라 씨에게 부탁하겠습니다. 니시무라 씨와 사이토 씨께 감사드립니다.

· 5월 7일

드디어 3,000통입니다. 사형 확정을 받고 딱 13년이 지났으니까 이 정도 분량이 되어도 이상하지 않지요. 하여간 용케 쌓아 왔습니다. 매번 비슷비슷한 글로 만나기에 읽으시는 어머니도 힘드셨을 겁니다. 조금 더 변화를 주고 싶다는 생각은 하고 있습니다. 앞으로도 계속될 테니 잘 부탁드립니다.

---

62 하이쿠 시인이자 편집자, 문예 평론가. 1939년 조선의 경성 태생. - 역자 주.

과테말라에서 현지 주민이 일본인 관광객을 살상했다고 하더군요. 이 보도를 접하고 어떤 여행자가 홋카이도의 관광지에서 아이누 민족을 사진으로 찍고 있었던 것을 떠올렸습니다. 주저하는 기색도 없이, 마치 진귀한 화초나 동물이라도 찍듯이 말이지요. 이번에 피해를 입은 일본인 관광객은 과테말라 선주민족의 언어를 몰랐겠지만 사진을 찍겠다고 손짓 발짓으로라도 양해를 구했어야만 했습니다. 관광객들(그 대부분이 미국과 유럽, 일본에서 온 관광객일 테지만)은 민족의상을 입은 선주민족을, 오만하게도 단순한 피사체로밖에 생각하지 않았던 게 아닐까요.

우리들도 언급되고 있는 듯하여 『일본의 공안 경찰』[63]을 읽어 보았습니다. 이미 알고 있는 것이 대부분이었지만 공안 기관의 현재 동향은 의외로 흥미로웠습니다. 예컨대 공안조사청은 일본교직원조합과 좌익 법조인, 앰네스티, 사형 폐지, 인권 옹호, 원자력 발전 반대, 기지 반대, 식품 안전, 환경 보호 등을 외치는 대중 운동과 시민운동까지도 조사 대상으로 삼고 있다네요. 즉 공안 경찰도 그렇다는 뜻이겠지요. 그런 다음에는 자동차 넘버 자동 인식기＝Ｎ 시스템의 전국 보급과 도청법, 옴 신법[64], 개정 주민 기본 대장법[65]의 제정 등 관리와 감시가 한층 심해지고 있습니다. 사회의 감옥화를 더 이상 용납하지 않는 반격이 필요합니다.

꽃 그림자여 / 죽음은 교묘하게 / 찾아오는 것

---

63 青木理 『日本の公安警察』, 講談社, 2000.

64 「무차별 대량 살인 행위를 행한 단체의 규제에 관한 법률」의 통칭. 1995년 3월 20일 오전 8시경, 도쿄의 아침 통근 지하철 안에 신흥 종교 단체인 '옴 진리교'의 신도가 신경가스의 일종인 사린 가스를 무차별적으로 살포하여 승객과 역무원 14명이 사망, 6,300명이 부상을 입었다. 위 법은 이 사건을 계기로 제정된 법률로 1999년 12월 공포, 시행되었다. - 역자 주.

65 행정 단위별로 전산화되어 온 주민 기본 대장을 전국 네트워크화하여 정부가 일괄 관리하기 위한 법이다. 주민 기본 대장은 시정촌이 주민에 관한 기록을 정비한 것으로, 이름과 생년월일, 성별, 주소, 국민 건강 보험과 국민연금의 피보험자로서의 자격, 아동 수당의 수급 자격 등이 기재되어 있어 주민세 과세와 공증, 선거인 명부, 학령부 등을 작성할 때 기초가 된다. 1999년 이 법이 개정됨으로써 2002년 8월부터는 정보 중 이름과 생년월일, 성별, 주소에 열한 자리의 주민표 코드가 추가되었다. - 역자 주.

- ## 5월 19일

1975년 5월 19일에 체포되었으니까 오늘로 옥중 생활 26년째에 접어듭니다. 사회에 있었던 시간만큼을 이 독방에서 지낸 셈입니다. 달리 말하자면 그만큼 긴 시간 동안 많은 친구들이 버팀목이 되어 준 것입니다. 다시금 감사드립니다.

피해자와 유가족분들은 25년이 지나도 상처가 치유되지 않는 나날을 보내고 계시겠지요. 정신 단단히 차리고 살아가겠습니다.

어머니의 날[66]에 삿포로의 M 씨가 은방울꽃을 보내 주셨다더군요. 매년 고맙습니다. 그리고 은방울꽃이라니 참 기쁜 선물입니다. 저의 감사 인사도 전해 주셨으면 합니다. 또 이 날은 다쿠코 씨가 방문하여 식사도 차려 주셨다는 모양이네요. 고마운 일입니다.

「사형과 인권」 111호를 보니 3월 말의 비 오는 날, 도쿄 구치소에서 달팽이회[67] 여러분들이 "사형 집행을 멈추라"고 호소했다고 합니다. 목소리를 내지 않으면 사형을 용인하는 꼴이 되어 버리지요. 감사합니다. 그런데 『그린 마일』[68]을 차입하면 말소되는 게 아닌가 하는 질문이 있습니다. 저는 책으로 읽었습니다. 아직 영화화되기 2년 전쯤에 문고본으로 전권(여섯 권 정도였나요)을 읽었지요. 처형 묘사도 전혀 말소되지 않았습니다. 도쿄 구치소에서는 국내의 사형 실태에 대한 언급은 말소되지만, 국외라도 처형 방법이 약물 주사와 전기의자 등, 교수형만 아니라면 서술이 말소되지 않은 채로 읽을 수 있습니다. 『그린 마일』은 영화화도 되어 신문의 영화평 란에서도 크게 다루어졌기에 오사카 구치소에서도 불허되지는 않겠지요. 사형 확정수라도 말소된 부분 없이 책을 읽을 수 있으니 미결수가 그런 방해를 받는 일

---

66 일본은 5월의 둘째 주 일요일이 이에 해당한다. 아버지의 날은 6월 셋째 주 일요일이다. – 역자 주.

67 간사이 지역을 중심으로 활동하여, 사형 폐지를 목표로 지원 및 운동을 벌이는 그룹. 주로 오사카 구치소에서 사형 집행이 있을 때 구치소 간부의 관사에 가서 항의를 하거나 사형 확정수에게 면회, 차입 등의 지원을 해 오고 있다. – 역자 주.

68 Stephen King, The Green Mile, NY: Pocket books, 1996. 한국어판은 스티븐 킹, 『그린 마일』, 고려원, 1996.

은 없을 겁니다. 또, 문고본이라도 돌려보낼 수 있으니까[69] 다 읽은 후에는 회수도 분명 가능할 겁니다. 『소보そうぼう』[70]를 보니 가마타 씨[71]도 옆방에서 나는 소음 때문에 골머리를 앓고 있는가 봅니다. 형무소에서도 귀마개를 사용할 수 있는지요? 그리고 옛날에 검은 헬멧 그룹[72]의 아지트가 누마부쿠로와 아라이야쿠시[73]에 있었다네요. 의외로 같은 아파트였을지도 모릅니다.

신키로[74]는 그저 마초 같다고만 생각했는데 "일본은 천황을 중심으로 하는 신의 나라"라는 발언을 보고 기가 찼습니다. 그런데 "제삼국인" 발언을 했던 이시하라 도지사도 그와 마찬가지로 일찍부터 청람회[75]의 멤버였습니다. 망언을 거듭하리라 예상했던 바 그대로입니다. 너무 저열하긴 하지만요.

비오는 아침 / 체포돼 버린 그날 / 아 5월이여

---

69 수감자가 옥중에서 소지하고 있던 의류, 책 등을 가족과 친구나 동료, 변호인에게 건네는 것. 면회 후의 창구 반환과 우편 송부 반환이 있다. 다이도지 마사시, 『사형 확정 중』, 11쪽의 각주 2를 참고했다. – 역자 주.

70 무기 징역수인 가마타 도시히코가 형무소 안에서 쓴 자신의 이야기와 아버지 앞으로 써 온 편지를 실은 뉴스레터. 무기 징역이 확정되어 직접 교류할 수 없게 된 가마타 씨가 동료들과 교류하는 장이다. 참고로 'そうぼう'는 '蒼氓'의 음독이며 '민', '창생' 등을 의미한다. 가마타 씨는 '인민'이라는 의미로 해석하여 뉴스레터의 이름으로 삼았다. 『사형 확정 중』, 133쪽의 각주 119 및 『소보』174호의 안내 참고. – 역자 주.

71 가마타 도시히코鎌田俊彦(1943~). 검은 헬멧 그룹의 리더로 1971년에 도내 연쇄 파출소 폭파 사건을 일으켰다. 1971년 12월 24일에는 통행이 많은 신주쿠의 이세탄 백화점 앞에 크리스마스 트리로 위장한 폭탄을 터뜨렸다. 이로 인해 경찰관 한 명이 중상, 통행인과 경찰관 열한 명이 중경상을 입었다. 다이도지 마사시와 동료들은 인명에 해를 가하지 않는 투쟁으로서 폭파를 준비하며 실행하던 시기였기에, 자신들의 투쟁과 겹쳐서 생각하는 계기가 되기도 했다. 가마타 도시히코는 무기 징역을 선고받고 미야기 형무소에 수감 중이다. 마쓰시타 류이치,『봉화를 보라』, 118~121쪽 참고. – 역자 주.

72 1968년에서 1970년 전반의 학생 운동 중 검은색으로 착색한 헬멧을 사용한 조직 혹은 경향을 가리킨다. 검은색은 아나키스트의 색이라 불린다. 이 색깔을 사용한 조직으로는 논섹트 래디컬이라 불린 무당파無黨派 그룹, 즉 와세다 대학 반전 연합과 호세이 대학의 전공투가 있다. – 역자 주.

73 양자가 모두 도쿄 도 나카노 구에 위치. – 역자 주.

74 모리 요시로森喜朗라는 이름을 일부러 음독하여 '신키로シンキロウ'로 읽은 것이다. 2000년 제85대 내각 총리대신 취임. 2020년 3월 현재, 도쿄 올림픽, 패럴림픽 경기 대회 조직 위원회 회장. – 역자 주.

75 1973년 결성된 자유민주당의 파벌. 보수파의 중의원과 참의원 소장파 31명이 소속된 정책 집단. '이시하라파'라고도 한다. 한국의 박정희 정권과도 우호적인 관계를 맺고 있었다. – 역자 주.

- 5월 28일

    모리 수상의 "신의 나라" 발언에 대한 해명 회견은 궤변의 본보기라고 해도 좋을 것 같습니다. "오해를 부른 것은 사죄한다"고 반복하고 있지만 그 누구도 오해 따위 하지 않았지요. "신의 나라" 발언은 오해의 여지가 없고, 결국은 태도를 뒤집을 테니까요. 현 시점에서 내각 지지율이 급강하고 있는 듯한데 과연 이게 총선거 투표 결과에 반영되는지 모르겠습니다. 이 나라 사람들은 쉽게 망각하기도 하고, 권력자에게 쉽사리 거스르지 못하는 경향이 강하니까요. 또 제1야당 당수는 개헌파인 데다가 덴엔초후[76]에 사는 부르주아라서 선택지가 좁습니다. 하지만 어떻게든 막무가내인 자민당과 공명당, 보수당을 과반수 미달로 몰아넣고 싶군요.

- 6월 11일

    비밀로 남길 작정이었지만(!) 6월 5일에 쉰두 살이 되었습니다. 머리가 하얗게 세고 시력도 떨어지는 등 육체적으로는 늙어 버렸지만, 마음은 전혀 성장하지 않아서 지금도 유치한 사고방식을 가지고 있습니다. 감옥에 구금되어 있는 바람에 사회의 고생에서 벗어나 있기 때문이라고 하실지도 모르지만요. 모든 이가 세상 물정에 너무 밝은 나머지 현실주의가 아무런 거리낌 없이 통하는 세상에 살아 있는 한, '극소수·반대파'의 입장을 견지해 나가고자 합니다.

- 6월 18일

    작년까지 서로 총구를 겨누던 남한과 북한의 수뇌가 회담을 나누며 통일까지 언급하고 있는 걸 보니 역사적이라 할 만합니다. 냉전 구조가 계속되고 있다곤 하지만 회담이 현실화되고 나니 왜 이렇게 시간이 필요했나 하는 생각이 들 정도입니다. 이번 회담의 성과는 북측의 경제와 식량 사정, 김대중의 열의 등의 조건이 겹쳐진 결과겠지요. 남북한이 대립에서 화해, 나아가 통일로 전진한다면 주한, 재일 미

---

76 도쿄 도 오타 구에 위치한 고급 주택가. - 역자 주.

군은 존재 이유를 잃어버립니다. 작년에 제정된 전쟁법도 마찬가지입니다. 이는 북한을 적국으로 전제했기 때문입니다. 미일 양측 정부의 속임수를 배격하고 안보 체제와 미군 기지 폐지를 실현해야만 합니다. 그리고 관점이 다소 낙관적일 수는 있겠으나, 김대중은 구속되어 사형 판결을 받았던 적이 있어서인지 이번 연설을 읽으니 어떤 철학과 깊은 사려가 느껴집니다. 반대로 웅변 대회 출신 일본 수상들의 말은 어쩜 그리도 가볍고 빈약한지요.

장마철에 들어서 음울한 가운데 6개월 만에 방을 옮겼습니다. 이번에는 1년 반 정도 전에 지내던 방으로 오게 되었습니다. 은행나무는 더 이상 볼 수 없지만, 구 북측 수감동 그늘 밑의 위치가 아니기에 밝아지긴 했습니다. 또 원래는 출입구 가까이에 있어서 하루 종일 간수가 출입할 때마다 시끄럽거나, 위층에 떠들썩한 사람들이 모여서 짜증스러웠는데 여기는 비교적 조용합니다. 지난달 말에 다친 허리가 지금은 거의 나았지만, 짐 운반과 청소로 허리를 또 다치지 않을까 불안했습니다. 그래서 이사 전에 대담하게 짐을 줄여 버렸습니다. 짐은 대개가 소송 서류와 각종 팸플릿을 철한 것으로, 20년 전과 10년 전의 팸플릿을 몽땅 처분한 셈입니다. 귀중한 자료지만 돌아서면 안 보니까요. 그렇게 대비한 결과, 당일은 잡역수의 도움도 받으며 허리를 다치지 않은 채 끝마쳤습니다. 방이 이만큼 밝으면 이른 아침부터 책도 읽을 수 있으니 열심히 공부하겠습니다.

희망이란 것 / 무릇 변혁의 의미 / 아 여름 만월

- **7월 15일**
7월 11일에 티셔츠 소송 공동 원고인 나가이 씨로부터 현금 차입을 받았습니다. 그리고 7월 12일에는 서류 봉투와 함께 "나가이입니다. 소송 관련 비용과 여름철 건강 관리를 위한 자기 부담 비용을 보냅니다. 자유롭게 쓰세요"라는 짧은 편지(7월 4일 소인)가 교부되었습니다. 감사합니다. 개 일러스트가 그려진 편지지도 반갑습니다(?!). 이미 여름을 타는 중 같지만(장마철이 아직 끝나지 않았는데도 연일 더워서) 활력을 되찾을 수 있도록 쓰겠습니다.

7월 11일자의 소식을 7월 14일에야 손에 넣었습니다. 감사합니다. 건강하시다니 마음이 놓입니다. 오쿠자와 씨가 예전부터 하이쿠집을 주문했다고 하네요(반년 정도 걸리는 모양이에요). 그리고 제 하이쿠가 "능숙해졌다"고 칭찬해 주셨다고 합니다. 기쁘기 그지없습니다. 만약 제 하이쿠가 능숙해졌다면, 그건 처음에는 '하이쿠 한 구를 쥐어 짜내서……' 하며 심심풀이로 시작했다가 경애파나 사회파라 불리는 사람들의 하이쿠를 읽고서 눈을 떴기 때문일까요. 하이쿠가 화조풍영의 세계만이 아니란 걸 깨닫고, 사형수로서의 감개와 제가 놓인 상황을 읊는 일에서 적극적인 의미를 찾으려고 했기 때문인지도 모릅니다. 그렇다지만 곧잘 막히기도 하고 같은 패턴을 반복할 때도 있어서 아직 멀었습니다. 또, 오쿠자와 씨에게 받은 『세시기』는 지금도 건재(?)합니다. 상당히 의지가 되었습니다.

초목 첩첩이 / 녹야에 반기 들고 / 운집하여라

- 7월 23일

일본 정부가 오키나와 정상 회담에 800억 엔을 들였다네요. 해외에서도 아주 신랄한 비판의 목소리가 나오고 있다고 합니다. 지금까지 독일과 영국에서 개최한 회의에서는 7억이나 11억이었던 모양인데 자릿수가 아예 다릅니다. 잔치 준비하는 꼴이 졸부 나라 같네요. 도쿄 구치소에서는 그저께 저녁에 정상 회담을 분쇄하라는 구호가 여기저기에서 들렸는데, 진짜로 분쇄할 수 있었으면 얼마나 좋았을까요. 그러나 "분쇄"하려는 자들이 옥에 갇혀 버린 상태이니 참 안타까운 일입니다.

• 8월 27일

『마쓰시타 류이치 그의 작업 22 · 봉화를 보라』[77]를 손에 넣었습니다. 마쓰시타 {선생님}[78]이 기증해 주신 모양입니다. 감사합니다. 『봉화를 보라』는 「문예」에 게재된 후 단행본으로 출판되어 현대교양문고 시리즈에 수록되었고, 요미우리 신문사에서도 출판되어서 이번 전집 중 한 권이 되었으니 주기적으로 간행되어 왔다는 뜻이 되겠습니다. 그리고 증쇄 간행될 때마다 갖가지 위기를 이겨 내 왔다는 느낌이 드는군요. 후기인 「극적인 재회」는 병상에 누워서 집필했다기에 자세를 고쳐 잡고 읽었는데, 한 가지 마음에 걸리는 부분이 있습니다. 제가 확정수라서 "사형 집행에 대한 불안"에 매일같이 시달리고 있다고 기술한 부분입니다. 그런 불안감은 전혀 없다고 말하면 거짓말이 되겠고, 또 기껏해야 오기를 부리는 것처럼 보이겠지요. 그리고 대개의 독자는 사형수가 집행에 대한 불안에 떨고 있다고 상상하고 있어서, 그 상상에 맞춰 어필하는 것이 사형 폐지에 효과적이라고도 할 수 있습니다. 사실상 저 자신도 그렇게 쓴 적이 있습니다. 그러나 저는 매일매일 불안에 떨고 있지만은 않습니다. 불안해서 어쩔 줄 모르는 사형수가 적으나마 존재하기도 하고, 그렇기에 정신적으로 병든 사람도 있지만 저는 매우 담담하게 지내고 있습니다. 제가 너무나 태평해서 젊은 간수가 저를 사형수라고 여기지도 않을 정도입니다. 그럼에도 성대가 약해지고 종종 말을 잊어버리는 건 집행을 불안히 여기는 사형수라서 기보다는 장기간, 그것도 TV 카메라가 설치된 자살방에 구금되거나 외부와의 소통을 제한당해 온 탓이라고 생각합니다. 또 하루하루 사형 집행에 불안해하지 않는다는 말이, 이미 달관하여 집행을 용인하고 있다는 뜻은 아닙니다. 자신이 사형수라는 사실을 정면으로 바라보고 대결하고 있다는 의미겠지요.

얘기가 길어졌습니다만, 본서의 해설문 「천황·사형·인권」을 읽고 야마구치 이즈미[79] 씨가 6월 9일에 닥친 폭풍우 속에서 도쿄 구치소 앞에 계셨다는 사실을 알게

---

77 松下竜一, 『松下竜一 その仕事〈22〉狼煙を見よ』, 河出書房新社, 2000.

78 원문은 "センセ"이며, 방점으로 강조하고 있다. 가까운 지인들 사이에서 불린 명칭. – 역자 주.

79 소설가. 도쿄예술대학 미술학부 재학 중인 1977년, 소설 『밤이여, 천사를 수태하라夜よ、天使を受胎せよ』로 제13회 다자이 오사무 상을 수상. – 역자 주.

되었습니다. 감사합니다.

마사미 군이 후쿠오카 구치소의 하마다 씨에게 보낸 운동 자금이 반환되었다네요. 한번은 하마다 씨에게 건네졌고 그가 감사의 편지까지 보냈다던데 이상하지요. 후쿠오카 구치소는 처음만 특별히 허가하고 두 번째부터는 불허하겠다는 취지를 하마다 씨에게 고지했고, 마사미 군에게 보낼 답장(운동 자금에 대한 사례와 더 이상 보내지 말아 달라는 내용)을 허가했는지요. 그게 아니라면 법무성 교정국이 각 구치소에 도쿄 구치소와 보조를 맞추도록 지시라도 낸 걸까요.

삶의 나날들 / 매일같이 보내는 / 가을밤 무렵

• 9월 17일

저번에 마사쿠니 씨가 차입해 주신 각종 이벤트의 전단지를 보고 볼리비아 우카마우 집단[80]의 감독 호르헤 산히네스$_{Jorge Sanjinés}$가 10월에 일본에 온다는 것을 알았습니다. 도쿄 구치소 당국에 비디오 차입을 허용하도록 요구했으나 받아들여지지 않았고, 때문에 〈제1의 적〉도 〈인민의 용기〉도 시청하지 못했지만 안 된다는 대답을 들으면 도리어 보고 싶어지는 법입니다. 비디오라고 하니 최근에 시청한 걸 편지에 쓴 적이 없네요. 〈미토 고몬 스페셜〉[81]이라든가 〈드리프터즈 스페셜〉[82] 등, 너무나도 한심스러워서 쓸 기분도 안 났기 때문입니다. 그리고 안 보기도 했고요. 적어도 각지의 풍경을 감상할 수 있는 프로그램이나마 있으면 좋겠습니다.

---

80 El Grupo Ukamau. 남미 볼리비아에서 1960년대 중반부터 영화 제작과 상영, 배급 등에 관련된 일을 한 그룹. - 역자 주.

81 에도 시대의 미토 번주 도쿠가와 미쓰쿠니의 별칭, 또는 그가 은거하여 일본 각지를 만유하며 행한 권선징악을 그린 창작 이야기. - 역자 주.

82 일본의 음악 밴드 및 콩트 그룹이다. 1969년부터 활동을 시작하였고 텔레비전에도 등장. 멤버는 계속해서 바뀌었다. 2020년 3월, 드리프터즈의 멤버였던 시무라 켄이 코로나 바이러스 합병증으로 사망했다. 시무라는 2004년부터 〈천재! 시무라 동물원〉이라는 방송을 맡아 오는 등, 국민적으로도 인지도와 인기가 높았다. - 역자 주.

신문에 광고가 나와 눈길을 끌던『살아 있습니다, 15세.』[83]는 감동적이었습니다. 7월에 출간되어 9월에 13쇄를 찍었으니 읽은 사람도 많겠지요. 500그램이라는 초미숙아로 태어나 인공호흡기의 영향으로 눈이 멀어 버린 소녀의 기록입니다. 미유키 양도 의지가 대단하지만 미유키 양의 어머니도 상당히 대담한 사람이라서 모녀가 "충돌"하면 엄청납니다. 그런 점까지도 감동적입니다. 보통 사람인 저를 돌이켜보게 됩니다.

도카이 지방에 내린 호우가 심각했던 모양이지요. 친구와 지인들 모두 피해는 없었는지요. 피해를 입은 분들께 위로의 말씀을 드립니다. 약간 여름 감기 상태입니다. 지루하게 질질 이어지는 더위에 체력을 소모한 탓이겠지요. 이른 아침부터 얇은 옷차림으로 책을 읽어서 감기에 걸린 것 같습니다. 환절기입니다. 모쪼록 건강하시길 바랍니다.

눈 멀어 버린 / 한 소녀의 씩씩함 / 때까치 운다

· 10월 1일

체코 프라하에서 개최된 IMF 세계은행 총회에 대한 항의 데모에 수천 명 규모가 모여 화염병을 던지는 등, 경비진과 충돌이 있었다고 보도되었습니다. IMF 세계은행은 미국의 세계 지배 전략인 시장 원리 지상주의와 세계화의 동반자이자 그 별동대로서, 경제 파탄에 빠진 나라에 시장 원리를 중시할 것, 규제를 완화할 것, 국유 기업을 민영화할 것, 관세 장벽을 철폐할 것 등을 강요하며 미국의 세계 전략에서 첨병 노릇을 하고 있습니다. 이번 반대 행동은 개인과 단체가 미국의 일극 지배와 그에 따르는 '북쪽'의 횡포를 용납하지 않겠다는 것이겠지요. 자신들이 '남쪽'으로부터 수탈한 '북쪽'의 일원인 점을 직시해서요. 생각해 보면 과연 일본에서는 그런 반대 행동을 일으킬 수 있을까요. 약간 신경이 쓰이는 점입니다.

---

83   井上美由紀『生きてます、15歳。』ポプラ社, 2000.

- ## 10월 7일

  돌을 던지는 팔레스티나 민중을 향해 이스라엘군이 총을 쏘고 거기다 미사일까지 발사했다고 보도되었습니다. 사망자가 이미 80명, 부상자는 1,500명이나 된다고 합니다. 사람을 죽이는 훈련을 일상적으로 받는 군대가 치안 출동에 나선다면 이런 일이 벌어진다는 것이겠지요. 그렇다고는 해도 팔레스티나 민중에 대한 이스라엘(군)의 증오는 이해할 수 있는 범위를 넘어섰습니다. 팔레스티나 민중에게 둘러싸였다는 공포감과 그들에 대한 차별 구조의 결과인 걸까요. 유고슬라비아의 정권 교체가 국외의 지지를 배경으로 한 압도적인 민중의 봉기를 통해 이루어졌듯이 팔레스티나 민중을 지지하고 이스라엘을 몰아내고 싶은 심정입니다.

  청대추 계절 / 거센 저항의 돌도 / 드높이 날다

- ## 10월 9일

  제국 은행 독살 사건[84]의 용의자로 지목되어 옥사한 히라사와 사다미치 씨가 누명을 썼다고 생각해 왔는데, 『히라사와 사형수의 뇌는 말한다』[85]를 읽고 나선 그 생각이 한층 더 강해졌습니다. 이 책에 의하면 히라사와 씨가 광견병 백신 접종의 부작용인 코르사코프 증후군에 걸렸다는 사실이 그의 뇌 해부를 통해 밝혀졌습니다. 코르사코프 증후군은 작화증[86]과 판단력 저하 등의 증상을 보이기 때문에 그가 용의자로 지목되었을 때 유일한 증거였던 '자백'의 신빙성이 밑바닥부터 무너집니다. 그렇다고는 해도, 날조임에 분명한 히라사와 씨의 사형 언도와 재심 청구가 번번이

---

84 히라사와 사다미치平沢貞通(1892~1987). 1948년 도쿄 도시마 구에 위치한 제국 은행에서 발생한 독살 사건으로 은행원을 비롯한 총 열두 명이 사망했던 제국 은행 독살 사건의 용의자. 그가 용의자로 지목된 후 1955년 사형이 확정되고 체포 후에는 3회에 걸쳐 자살을 시도했다. 1987년 향년 95세, 폐렴으로 인해 하치오지 의료 형무소에서 병사했다. - 역자 주.

85 平沢武彦, 『平沢死刑囚の脳は語る—覆された帝銀事件の精神鑑定』, インパクト出版会, 2000. 저자인 히라사와 다케히코는 히라사와 사다미치의 양자이다. - 역자 주.

86 리플리 증후군과 같이 기억나지 않는 빈틈을 메워 넣기 위해 사실에 근거가 없는 이야기를 꾸며 내는 것. - 역자 주.

최종 옥중 통신最終獄中通信

기각되었던 것은 사법에 대한 불신을 더욱 깊게 만들었습니다. 한 번이라도 날조되면 어지간히 행운이 따르지 않는 한 누명을 벗고 감옥 바깥으로 돌아가는 일은 불가능에 가까우니까요.

바람에 맞선 / 저기 코스모스에 / 연대하면서

· 10월 15일

친구들로부터 영치금을 받아서 기쁜 건 성공과 실패를 고려하지 않고 책을 살 수 있다는 점입니다(영치금의 용도는 대개가 책값입니다). 영치금에 여유가 없을 때 산 책이 '별로다' 싶을 때는 낙담하고 마니까요. 요즈음 산 책은 『일본의 경제 격차』[87], 『불평등 사회 일본』[88], 『세이프티넷의 정치 경제학』[89], 『컬트 자본주의』[90], 『투팍 아마루의 반란』[91], 『극비조사』[92], 『하이쿠 감상 세시기』[93] 등입니다.

10월에 들어서도 더운 날이 계속되고 있는데요, 지난번에는 이불을 빌렸습니다. 6월까지 사용하던 이불은 다시 가져갔는데, 파손된 것은 수선하고 아주 더러워진 것은 세탁한다고 합니다. 한데 보급된 이불은 더러운 데다가 천에 때가 타서 반짝(!)거렸습니다. 그래서 다음날 아침 교환하려고 했지만 담당자가 휴무더군요. 그리고 사흘 연휴가 이어지는 바람에 그 다음 주가 되어서야 교환했습니다. 그런데 전에 쓰던 것보다 한층 더러운 것이 아니겠습니까. 우유인지 주스를 엎지른 흔적이 있어서 이불 천이 버석버석할 지경이었으니까요. 게다가 지독한 냄새가 났습니다.

---

87 橘木俊詔,『日本の経済格差—所得と資産から考える』, 岩波書店, 1998.

88 佐藤俊樹,『不平等社会日本—さよなら総中流』, 中央公論新社, 2000.

89 金子勝,『セーフティーネットの政治経済学』, 筑摩書房, 1999.

90 斎藤貴男,『カルト資本主義』, 筑摩書房, 2000.

91 寺田和夫,『トゥパク・アマルの反乱—血ぬられたインディオの記録』, 筑摩書房, 1997.

92 麻生幾,『政府・警察・自衛隊の〔対オウム事件ファイル〕 極秘捜査』, 文藝春秋, 2000.

93 山本健吉,『俳句鑑賞歳時記』, 角川書店, 1993.

그래서 다시금 교환을 요구했습니다. 세 번째가 되어서야 겨우 제대로 된 것이 왔습니다. "관용 물건을 빌리는 것이니 아무거나 쓰라"고 하지만 말고 제대로 배급하는 게 어떨까요.

내쫓긴 새여 / 쓸쓸함 사무치는 / 피안이구나

- 11월 19일

11월 13일 아침, 베란다의 블라인드에 검은 덩어리가 붙어 있는 걸 발견했습니다. 큰 거미 같기도 하고 먼지 같기도 했습니다. 어쩐지 기분 나쁜 색과 형태를 띠고 있었는데 자세히 보니 세모난 귀가 달렸고, 기다란 손이 살짝씩 움직이고 있음을 눈치채고 나서야 자그마한 박쥐임을 알았습니다. 여름날 저녁에 팔랑팔랑 날아다니는 모습을 자주 보곤 했지만 멈춰 있는 모습은 처음 봤습니다. 이 귀한 손님이 다음날에도 그 다음날에도…… 계속 같은 곳에 머무는 겁니다. 그러니까 여기를 동면할 자리로 정했나 보다 싶어서 기뻐했는데, 11월 17일 저녁에 어디론가 날아가 버렸습니다. 날씨가 좋은 날은 양손으로 눈을 가리고(!) 있었는데 너무 눈이 부셨기 때문일까요. 베란다는 간수의 시찰 코스이기도 해서 좀더 안전하게 동면하기 좋은 장소를 찾아 간 거라면 좋겠지만요.

11월 17일에 받은 「샤코 통신」 32호에 의하면 샤코[94]가 비어 있는 보통방이 없어서 TV 카메라가 설치된 자살 방지방에 수용되고 말았다는군요. 여기 같은 층에도 그런 사람들이 있으니까요. 그는 TV 카메라 작동음을 그렇게까지는 신경 쓰지 않는 모양인데, 운 좋게도 조용한 방으로 갔나 봅니다. 혹은 당국이 작동을 막아 놓았거나요. 제가 이 임시 수용동에 이감된 지 3년이 좀 넘었습니다. 반년마다 방을 옮

---

94 우가진 히사이치宇賀神寿一(1952~) 도쿄 출신으로 고등학교 시절부터 부락민과 재일 코리안의 문제에 관여하기 시작했다. 이후 메이지가쿠인 대학에 입학했고, 동아시아반일무장전선 전갈 부대의 멤버가 되었다. 현재는 체포당한 사람을 지원하고 공권력의 탄압에 반대하는 구원 연락 센터救援連絡センター의 사무국원이다. '샤코シャコ(갯가재)'는 그의 애칭이다. - 역자 주.

겼던 탓에 TV 카메라가 설치된 방을 몇 번 경험해 봤는데 몹시 시끄러운 방도, 조용한 방도 있었습니다. 야간 소등 후 옆방에서 불만이 나올 정도로 시끄러운 방도 있었습니다(제가 매일 밤마다 소음을 낸다고 생각했던 모양이에요). 물론 푹 잘 수 있을 만한 방이 못 됩니다. 지금까지 머물렀던 신축 수용동에는 TV 카메라가 시끄러운 소리를 냈던 적이 없었기 때문에 조금 놀랐습니다.

오른팔 향해 / 식기구에서 나온 / 틈새기 바람

- 11월 29일

  이 층의 사형수가 또다시 저 한 명만 남고 말았습니다. 임시 수용동으로 옮겨졌을 때 동료 다나카 군이 위층으로 옮겨갔기 때문입니다. 그의 사형이 확정된 지 1개월이 지났기에 가까운 시일 내에 옮길 거라고 예상은 했지만 조금 외롭습니다. 환경이 바뀌어 얼마간은 허둥지둥할지도 모르겠지만 건강히 잘 지냈으면 좋겠습니다. 오후, 건강 진단차 흉부 뢴트겐 촬영을 위해 진찰실에 다녀왔습니다. 알몸이 된 상반신을 보더니 고참 간수가 "다부지다"고 하더군요. 만사는 생각하기 나름입니다. 체포된 이래 체형은 변하지 않았으니 기뻐해도 괜찮을까요.

- 12월 1일

  지난밤 간수들이 자꾸만 들여다보러 오는 데다가 천장에 달린 TV 카메라가 제동작에 맞춰서 시끄러운 소리를 내는 바람에 안 좋은 예감이 들긴 했지만, 후쿠오카와 나고야에서 세 명의 사형이 집행되었네요. 올해는 열심히 저지해 왔는데, 안타깝습니다. 오늘 국회가 폐회하고 바로 새 내각이 발족하기까지의 시간이 위험스럽다고 생각했는데, 법무성은 저지 행동이 일어나기 전에 형을 집행해 버린 것이지요. 다음 세기까지도 사형 제도가 계속된다는 이야기겠지만, 끈질기게 투쟁해 나가자는 의미로 받아들이겠습니다. 하나오카 사건이 화해를 이룬 모양이네요.[95] 감개무량합니다.

또 받아드는 / 사형 집행의 소식 / 얼어붙은 밤

• 12월 4일

변호인 등 당국의 허가를 받은 17명에게 연하장을 발신. 글은 "요즈음 많은 좌파들이 헤겔주의에 빠져 현재 상황을 인정해 버리고 있지만, 우직하게 소수 반대파를 유지해 나가겠습니다. 올해도 잘 부탁드립니다. 2001년「새로운 해를 / 꾸준히 갈고 닦는 / 온 세상 민중あらたまの年を磨かむよものたみ[96]」입니다.

• 12월 6일

아침 식사 후에 방을 옮긴다는 고지가 있었기에(정기적으로 옮깁니다) 서둘러 화장실과 싱크대를 청소했습니다. "떠나는 새는 흔적을 남기지 않는다"라고 해 두지요. 그런 후 바로 반년 전에 머물렀던, 출입구에서 매우 가까운 방으로 이사했습니다. 이번에는 햇볕이 오후에만 잠깐 들어 추운 데다가, 출입할 때 나는 이런저런 소리

---

95 중일 전쟁과 태평양 전쟁이 장기화하는 가운데, 아키타현의 하나오카 광산에서는 가지마구미(현 가지마 건설)가 부족한 노동력을 충당하기 위해 현지로부터 중국인을 동원, 이주시켰다. 그러나 가혹한 환경 속에서 노동을 해야만 했던 중국인 노동자들이 견디지 못하고, 1945년 6월 30일 밤에 800여 명이 봉기하여 일본인 감독 등 네 명을 살해하고 도주를 시도했다. 이후 7월 1일 헌병과 경찰단, 경방단의 출동에 의해 진압되었고 체포, 고문이 실행된 결과 419명이 사망한다. 이에 대해 패전 후 봉기 주도자인 국민당 장교 경준耿諄을 비롯한 네 명이 손해 배상 청구와 사과를 요구하나 가지마구미는 말을 번복할 뿐, 도쿄 지방재판소는 공소 시효에 의한 기각을 결정, 도쿄 고등재판소에 공소한 결과 원고의 증인 심문도 없이 화해만을 권고한다. 이에 대해 2000년 11월 29일 피고인 가지마구미 측은 5억 엔을 '하나오카 평화 우호 기금'으로서 지불, 원고와 유족의 국내외에서의 청구권 폐기를 조건으로 도쿄 고등재판소에서 화해가 성립한다. 그러나 그 후 원고 측은 화해를 바라지 않고 변호인단의 독단으로 진행된 결정이었음이 밝혀져 논란이 일었다. – 역자 주.

96 이 부분에서 다이도지는 'よものたみ'라는 구를 넣어 '혼카도리'라는 방법을 채용한 것으로 보인다. 혼카도리本歌取り란 일본의 와카를 짓는 방법의 하나로, 유명한 노래 한두 구를 자신의 작품에 삽입하여 짓는 방법이다. 후지와라노 데이카藤原定家라는, 헤이안 시대 말기에서 가마쿠라 시대 초기에 걸쳐 활동한 가인의 노래「슈이구소拾遺愚草」의 1,000번째 구「秋津嶋よもの民の戸をさまりていくよろづよもきみぞもたむ」에서 'よもの民'(民는 다미たみ라 읽는다)를 채용했다. – 역자 주.

가 시끄럽습니다. 그러나 반년 만에 은행나무와 재회를 나누었고 감옥탑의 시계도 볼 수 있어서 썩 나쁘지는 않습니다(옥중에서는 차임벨과 라디오를 시계 대신 쓰는데, 일어나기 전에 시계를 볼 수 있게 되어 마음이 놓입니다).

- 12월 8일

  오전에 책을 읽고 있으려니 무언가 큰 목소리가 들린 다음에 한 젊은이가 간수 네 명에게 양팔을 붙잡힌 채 연행되고 있었습니다. 보안방에 격리되는 것이겠지요. 이 방 앞을 지날 때 그 젊은이와 간수들 모두가 아무 말 없이 입을 꾹 다물고 있었습니다.

- 12월 24일

  저녁 식사 후에 케이크가 배급되었습니다. 젊은이들과 옥중에서 처음으로 크리스마스를 맞이하는 사람들은 한결 적적하게 느끼겠지요. 참으로 고요한 밤입니다.

- 12월 25일

  아침에 마사쿠니 씨와 면회를 하고 든 생각인데,「기타코부시」의 독자 중 하이쿠에 흥미가 있는 사람은 아마 거의 없을 텐데 매번 하이쿠를 읽게 해서 민폐였겠군요. 그리고 서툰 하이쿠를 짓는 주제에 하이쿠집 출판을 진행하고 있다니 어처구니가 없었을지도 모르겠네요.

  어찌된 걸까 / 상념에 젖어드는 / 크리스마스

2001년

• **1월 1일**

21세기가 시작됐습니다. 작년까지는 안팎으로 이런저런 일을 떠안고 와 버렸지만 올해는 희망찬 한 해를 보내고 싶습니다. 저녁에 와쿠다 씨와 간치쿠寒竹 씨, 우치다 씨, 후루타 씨, 가와무라 씨, 나카미치 씨가 보내온 연하장을 받았습니다. 연말에는 니미 씨에게서 상중 결례 엽서를 받았습니다.[97] 옆방의 외국인에게는 연하장이 한 통도 안 온 듯하네요. 일본인 중에도 받지 못한 사람들이 있습니다. 그래서 그런지 사형수 제가 몇 통이나 연하장을 받게 되어 기쁜 한편으로 복잡한 기분도 듭니다.

정월이라서 옥중에도 나무 상자에 담은 도시락이 배급되거나 평소에는 먹기 힘든 음식이 나옵니다. 도시락 안의 말린 청어알(두 개)은 몇 년 만인지. 또, 껍질이 흙색이고 과육이 녹색인 과일은 아보카도인가요? 처음 먹어 봤는데, 어린 시절에 먹어 본 다래와 비슷한 맛이었습니다.[98] 오징어 회도 옥중에서는 처음 먹어 봤습니다. 살이 올라 맛있었습니다. 섣달 그믐날에 배급되는 과자 상자도 예년의 배 이상으로 커서 연간 식비의 반절을 쓴 건 아닐까, 뭐 그런 생각마저 들 정도였습니다. 1년 동

---

97 일본에서는 가족이나 친족이 사망하여 상중일 때는, 돌아오는 해의 신년 맞이 연하장을 주고받는 것을 삼간다. 상중 결례 엽서란 이를 알리는 엽서이다. 따라서 보통은 연하장이 대대적으로 발송되는 시기보다 앞선 11월 중순에서 12월 상순까지 상중 결례 엽서를 보낸다. - 역자 주.

98 아보카도가 아니라, 키위인 것으로 추정된다. - 역자 주.

안 건강하게 목표한 일을 해내자고 결심했습니다. 동료들의 건강을 빕니다.

월동에 써라 / 친구가 고이 보낸 / 정월 연하장

- 1월 11일

　유고슬라비아 내전에서 적군 아군으로 갈린 크로아티아와 세르비아, 보스니아 사람들이 하이쿠를 그러모아 하이쿠집을 만든 모양인데, 그중의 열 구 정도를 마사쿠니 씨가 편지에 써 주셨습니다. 「펜스의 양측 / 자란 민들레처럼 / 자라나는 봄」, 「온종일 찾던 / 어린이들 어제의 / 무지개 아치」라는 하이쿠가 인상 깊었습니다. 독일과 프랑스에서는 널리 퍼져 있지만 구 유고슬라비아에도 하이쿠를 짓는 사람들이 있다는 건 몰랐습니다. 하이쿠를 통해 교류하기만 해도 좋지만, 합동으로 하이쿠집을 만드는 것은 구원과 희망이라고 생각합니다.

아 첫눈이여 / 탁세의 바닥에도 / 구원은 있네

- 1월 17일

　오치아이 씨에게서 받은 『NAM 원리』[99]를 책상에 놓아둔 채로 운동을 갔다가 돌아오니, 젊은 간수가 "{가라타니 고진} 책은 재미있습니까?" 하고 물어 옵니다. 요즘 간수들은 대개가 대학 졸업자인데 가라타니 고진에 흥미가 있을 줄이야. 문예 오타쿠(?!)일까요. 아무튼, "정말 재미있으니까 사서 읽어 보라"며 한 권 영업하고 왔습니다. 모리 수상이 한신 아와지 대지진[100] 6주기 추도 집회에 불참했습니다. 일본이

---

99 柄谷行人, 『NAM―原理』, 太田出版, 2000.

100 1995년에 일어난 대규모의 지진이며 이 지진으로 서일본의 효고현, 아와지시마가 커다란 피해를 입었다. 사망자의 대부분은 목조 가옥의 붕괴에 의한 압사였다. 고베 시는 당시 공항, 대형 시설의 개발 정책을 적극적으로 추친하였으나 그 화려한 단면의 이면에 남겨진 외국인 노동자와 일본인 하층 노동자의 주거지와 공장이 큰 피해를 입었다. ‒ 역자 주.

란 나라가 얼마나 의욕이 없는지 그대로 드러납니다. 피해자 대부분이 저소득자층과 외국인이 아니었더라면 대응도 달라졌겠지만요. 엘살바도르에서 일어난 지진의 희생자들도 거의가 중하층 민중이었던 모양입니다. 안팎을 가리지 않고, 부유층은 자연재해를 비껴가는데 저소득층 사람들은 큰 타격을 입는다는 이야기입니다.

- **1월 18일**

이른 아침에 샤코가 이감된 것 같습니다. 아직 어둑한 5시 좀 넘어서 터벅터벅 하고 복도를 걷는 소리가 들렸으니까요. 앞으로 3년 정도 지나면 출옥할 수 있으니 건강에 유의하면서 힘내길 바랍니다.

해 뜰 무렵의 / 갑작스레 쌓인 눈 / 장엄하구나

- **1월 21일**

필리핀 대통령인 에스트라다[101]가 실각했습니다. 시간 문제라고 생각하고 있었는데 항의 집회에 50만 명이나 모였던 것이 결정적이었습니다. 같은 날 미국에서는 부시의 대통령 취임을 인정할 수 없다며 2만 명이 워싱턴에 집결했다네요. 양쪽 다 빈곤층은 아니더라도 민중이 직접 행동에 나선 사례입니다. 일본의 민중은 도대체 어디에 있는 걸까요.

- **1월 29일**

금, 토, 일 사흘 밤을 새서 하이쿠집 제2고를 체크했더니 눈이 가물가물합니다. 제가 쓴 하이쿠는 좀체 객관적으로 읽을 수가 없어서 아이우에오[102]를 이리저리 굴

---

101 Joseph Ejercito Estrada(1937~) 필리핀의 영화배우 출신 정치인. 1998년 대통령 선거에 출마하여 최다 득표수로 당선되었으나 2000년 뇌물 스캔들이 불거졌고, 2001년 탄핵 직전 자진 사임하였다. - 역자 주.

102 일본어 모음. 여기서는 한글의 '가갸거겨……'와 같은 맥락으로 쓰였다고 볼 수 있다. - 역자 주.

려 보는 것도 여간 어려운 일이 아닙니다. 그리고 처음 배울 때 썼던 하이쿠에서는 결점만 보입니다. 생각해 보면 하이쿠를 시작한 지 약 5년이 되어, 마냥 초심자라고 둘러대며 슬쩍 넘어갈 수는 없게 되었습니다. 히로시 군에게 소식과 차입금을 받았습니다. 사형 폐지 운동의 선두에 서 준 것은 팸플릿을 통해 알고 있었는데, 몸 상태는 어떠한지요. 저보다도 훨씬 고생하고 있는 건 아닌지 마음에 걸리면서도 기쁩니다. 감사합니다.

- 2월 6일

사형이 집행됐을 때 슈지 군이 끝까지 저항했다는 사실을 알게 되었습니다. 특별 사면을 청원 중이었던 것이 저항의 직접적인 계기였을지도 모르지만, 사형 폐지를 요구하는 생각이 근저에 있었음은 틀림없습니다. 아무런 힘이 되어 주지 못한 것을 안타깝게 생각합니다. 사형 폐지를 향한 그의 의지는 어떻게 해서든 살려야만 합니다. 제2차 티셔츠 소송의 구두 변론(2/14) 출석을 불허한다는 답이 돌아와서 할 수 없이 후쿠오카 지방법원에 출정할 수 없다고 연락했습니다.

- 2월 9일

하이쿠집의 타이틀이 『친구에게友へ』로 결정됐습니다. 마사쿠니 씨는 헨미 요[103] 씨가 서문을 써 준다고 했습니다. 게다가 사이토 신지 씨가 해설을, 마사쿠니 씨가 약력을 써 주시기로 했으니 쟁쟁한 사람들이 모인 셈이지요. 하이쿠가 맥을 못 추게 되었군요. 이제서야 큰일을 벌였음을 깨달았는데, 니시무라 씨와 미야코 씨의 노력과 수고에도 감사하고 있습니다.

---

103 헨미 요辺見庸(1944~). 일본의 작가이자 저널리스트. 1970년 교도통신사 입사 후 북경, 하노이 등의 재임 시절을 거쳐 1996년 퇴사. 1991년 『자동 기상 장치』로 아쿠타가와상 및 각종 상을 수상. 다이도지와는 면회 등을 통해 교류를 이어 갔다. 한국에 번역된 그의 저서로는 헨미 요 저, 박성민 역, 『먹는 인간―식과 생의 숭고함에 관하여』, 메멘토, 2017(辺見庸, 『もの食う人びと』, 角川文庫, 1997)이 있다. - 역자 주.

- 2월 16일

『죽음은 불꽃과도 같이』(양석일 지음)를 읽었습니다. 문세광 씨가 박정희를 저격한 사건을 소설로 쓴 것인데, 동아시아반일무장전선이 아시아민족해방전선이라는 이름으로 긴밀한 연관을 갖고 그려져 있습니다. 세부 내용이 허구인 것처럼 보이지만, 주인공인 송의철이 재일 조선인들의 운동에 불만을 품고 "내 손으로 역사를 바꾸어 주겠다"고 결심하는 과정에는 공감이 갑니다. 한미일의 어둠을 관통하는, 공안의 끝을 모르는 권력의 실태가 잘 묘사되어 있습니다.

녹아내리는 대지 / 죽은 자들의 / 신음소리여

- 2월 28일

「샤코 통신」 38호에, 샤코가 저와 같은 층에 수감되었다는 사실을 두고 당국이 서비스를 해 주었나 하는 분석이 있습니다. 그런 일이 있을 수 있단 말인가?! 실수였던 건 아닐지. 도쿄 구치소에서는 동상 때문에 고생했다는데, 그의 수의 차림은 추워 보였습니다. 스웨터와 잠바를 입고 있는 걸 미안하게 여기기도 했고, 편두통이 있어 그것 때문에 손난로까지 구입했다니까요. 또 그는 제가 너무 야위었다면서 더 잘 먹으라고 썼더군요. 오랜 세월의 습관 탓에 많이 먹을 수는 없습니다.

- 3월 14일

아프가니스탄의 탈레반 세력이 바미얀의 마애 불상 등 현지의 불상을 파괴했다고 보도되었습니다. 죄도 없는데 1,500년을 넘게 존재해 온 마애불을 인위적으로 파괴하는 것은 어리석은 짓이라고, 저는 생각합니다. 다만 국제 사회가 탈레반만을 비난하고 있음은 어떻게 생각해야 할까요. 탈레반을 훈련시켜 무기를 쥐어 준 것은 파키스탄의 군사 정권이고 또 그 배후에 있는 미국이니까요. 그리고 UN은 탈레반이 이슬람 게릴라의 훈련 기지를 설치했다는 등의 이유로 경제를 봉쇄했습니다. 군량의 보급로도 차단당해 궁지에 몰린 그들이 마애불 등을 파괴하여 국제 사회의 이목을 집중시키려고 했음은 쉽사리 짐작이 갑니다. 미국을 비롯한 국제 사회가 그 원인을 만들어 두고 이제서야 탈레반의 어리석은 행동을 비난하는 것은 염치없다고 생각합니다.

석불의 흔적 / 무참한데 3월의 / 열반의 바람[104]

- 3월 21일

터키 정부가 유럽 연합의 가맹 조건인 사형 폐지를 각의 결정했다고 보도되었습니다. 다만 즉시 폐지하는 게 아니라 5년 이내에 폐지한다고 하니 현재의 사형수가 어떤 취급을 받을지를 주시해야겠습니다. 쿠르드 민족에 대한 박해와 차별에 대한 대책은 아직 충분치 않지만 오랜만에 좋은 뉴스입니다.

- 3월 22일

어제 터키의 사형 폐지 결정에 기뻐했는데, 일본은 아직 갈 길이 멉니다. 도쿄와 사이타마, 그리고 오사카에서 네 명에게 사형 판결이 내려졌습니다. 보도된 사건의 내용은 참혹하지만, 그렇다고 해서 사형이 내려져야만 하는 이유 같은 건 없습니다. 그저 사형 제도가 있음으로 인해 사형을 언도하고 있다는 생각밖에 안 듭니다. 그건 그렇고 세 건 모두 금전에 얽힌 사건이군요. 안타깝습니다.

바람배 타고 / 황천서 돌아오는 / 도중이려니

---

104 열반의 바람: 원문에는 "열반서풍". 3월 15일경에 부는 바람을 가리킨다. - 역자 주.

• 4월 10일

『눈의 탐색』[105]을 손에 넣었습니다. 감사합니다. 제가 주문한 책은 아직 교부되지 않았기 때문에 그건 그대로 영치해 두겠습니다. 그런데 네 쪽에 걸쳐서 약 열다섯 줄이 검게 칠해져 있었습니다. 11쪽, 114~115쪽의 네 줄이 처형을 서술[106] [107]하고 있다는 것은 알겠는데, 문고판 출간에 부쳐 쓰인「무지개를 보면서」중 290쪽의 첫째 줄에서 아홉째 줄[108]은 어째서일까요? 처형에 관한 서술을 읽는 것보다 검게 더럽혀진 책을 읽어야만 하는 데에서 오는 '심정의 불안정'화가 더 큰데, 도쿄 구치소는 이걸 전혀 모르고 있습니다. 아무튼 헨미 씨가「무지개를 보면서」에서 무지개 작전과 제 하이쿠에 대해 언급해 주셔서 감격했습니다.

헨미 씨는 다니가와 간谷川雁이 "비유로서의 사형수"라고 쓴 것에 대해 멀쩡히 숨을 쉬고 있는 사형수 입장에서 보자면 태평한 말투처럼 들린다고 쓰셨는데,

---

105 辺見庸,『眼の探索』, 朝日新聞社, 1998.

106 문제가 된 11쪽의 넷째 줄은 "1997년 8월 1일 오전, 이 담 너머 안쪽의 북동 방위에 있다는 형장의, 1제곱미터의 철로 된 디딤대가 갑자기 굉음을 내며 갈라지는 소리. 찰나, 거의 30년 전에 양민 네 명을 죽인 적이 있는 남자 나가야마 노리오가 지하로 낙하했으며, 묶은 마 끈이 팽팽하게 옥죄어 목을 조르고 목뼈를 산산조각 내는 소리. 아마도 이 세상의 처음과 마지막의 울림과도 같은 굉장한 소리가 났을 것이다." 辺見庸,『眼の探索』, 朝日新聞社, 1998. 11쪽 - 역자 주.

107 114~115쪽의 전후 맥락에서 헨미 요는 사형 제도를 비판하고 있다. 114~115쪽에 걸친 문단은 사형이 집행되기까지의 흐름을 서술하고 있다. "사형 집행이 내려지고 나서 그것이 확정되고, '사형 집행 기안서'가 법무상에게 제출되어 법무상이 '사형 집행 명령서'에 날인하고, 동 명령서가 구치소에 도착하여 집행 담당 형무관들이 결정하고, 소장이 해당 사형수에 '언도'를 거행하여 집행의 순서가 확인되고, 사형수에게 눈가리개와 수갑이 채워지며 집행관이 목에 밧줄을 걸고 양 무릎을 결박하여 교수 장치 손잡이를 당기거나 버튼을 누르거나 하여, 철로 된 디딤대가 두 개로 갈라져 사형수가 지하로 낙하하고, 팽팽하게 당겨진 로프가 목뼈를 깊이 옥죄어 평균 10분 정도 지나면 절명할 때까지……" 辺見庸,『眼の探索』, 朝日新聞社, 1998. 114~115쪽. - 역자 주.

108 290쪽의 문장은 289쪽의 마지막 줄부터 이어져 있다. "매스컴은 때로는 군중의 재생산 장치이다. 망각을 장려하고 잔학, 엽기성, 증오, 슬픔을, 언제나 새로이 그것을, 사고팔곤 한다. 그 매스컴이―나의 기우이겠지만―다이도지 처형의 예정 원고를 슬슬 준비하고 있는 기색이 있다. 더욱이 결국은 실행되지 않았던 저 무지개 작전 즈음에는 아장아장 걷기 시작했을, 무지개도 뭣도 모르는 기자들이 다이도지 씨의 사형 집행에 대해서 아직 집행도 되지 않았는데 써 버릴 가능성이 있다. 체포 이래 사반세기 이상이나 기억의 되새김질을 요구받고 몇 번이나 몇 번이나 불의의 처형을 상상하고, 돌연한 액사를 매일매일 상기하게끔 강요된 다이도지가 최종적으로는 말을 빼앗기고 흘러넘칠 정도의 기억을 몽땅 빼앗겨 버린 일을, 기억도 없는 기자들이 도대체 어떻게 표현할 수 있을 것인가." 辺見庸,『眼の探索』, 朝日新聞社, 1998. 289~290쪽. - 역자 주.

동감합니다. 확실히 건방지기는 합니다. 그다지 반발하지는 않겠으나, "비유로서의 사형수" 같은 표현을 쓰는 사람을 보면 언어유희를 벌이고 있다는 인상이 들고, 그 사람의 사상과 언어에 신뢰를 가지기 어렵습니다. 또 헨미 씨는 사형수는 "기억이라는 것에 대해 밤낮으로 고뇌하는 자"라고도 쓰셨는데, 정말 그렇습니다. 속세와 단절되어 버렸기 때문에 그렇게 될 수밖에 없지만, 그것뿐만 아니라 한사코 기억을 되새김질하고 그것과 대면해야만 하기 때문입니다.

다시 말씀드리지만, 서툰 하이쿠를 호의적으로 읽어 주신 데다가 격려까지 해 주셔서 기분이 좋습니다. 감사합니다.

- 4월 27일

고이즈미 신내각이 발족했습니다. 즉 모리 내각이 전원 사직했습니다. 사직에 맞추어 다카무라 법무상이 집행 도장을 찍지 않을까 걱정했지만 그런 사태는 면한 것 같습니다. 도쿄 구치소에서는 간부가 여느 때와 같이 오전 시찰을 돌았기 때문에 집행이 이루어지지 않았음을 알았습니다.

- 5월 3일

매스 미디어는 이제서야 고이즈미 수상의 개헌 의지에 엉거주춤한 태도를 취하면서 우려를 표하고 있습니다. 하지만 그렇다고 한다면 고이즈미의 인기를 부추긴 것에 대해(하시모토가 총재 선거에서 이길 것이라 잘못 짚었던 일에 더해서) 자기비판을 해야 합니다. 그야 어찌 되었든 간에 아사히의 여론 조사에서 고이즈미의 지지율이 78퍼센트에 달하고 있다던가요(다른 미디어의 조사에 의하면 88퍼센트라고도 합니다). 야비한 전 수상을 마침내 사임하도록 만들었다는 점, 그리고 고이즈미가 말주변이 좋고 깨끗하며 새로운 인상을 주는 점 때문에 지지율이 상승한 건 납득하지만서도 이 정도일 줄이야. 전 정권에 대한 불만이 얼마나 강했는지를 생각해 보면, 이로 인해 뭐든지 가능하다는 오해를 심어 주지 않도록 해야 합니다.

• 5월 15일

『친구에게』를 드디어 손에 쥐었습니다. 미야코 씨가 막 인쇄한 책을 들고서 일부러 찾아와 주셨습니다. 신경 써 주셔서 감사합니다. 쭈뼛쭈뼛(?)하면서 봉투에서 꺼내 보니, 표지의 색(도쿄 구치소의 담을 찍은 사진일까요?)도 제목 글씨의 크기도 수수하면서 마음에 듭니다. 정성스럽게 완성해 주신 미야코 씨와 오사무 씨[109], 그리고 디자인을 담당한 나카지마 씨에게 감사드립니다.

그런데 서문에서 헨미 요 씨가, 그리고 해설에서는 사이토 신지 씨가 황송할 정도로 좋은 평가를 내려 주셔서 감격했습니다. 게다가 헨미 씨는 책의 제목이 죽을 때 지어서 남기는 시가辭世 같으니, 끝까지 살아남아서 하이쿠를 계속 읊으라고 질타하셨습니다. 감사합니다. 안일하게 사형을 벗어나기보다는 끊임없이 사형과 대치하겠습니다. 사이토 씨는 장문의 해설을 써 주셨을 뿐만 아니라, 사형 폐지에 대한 의지를 보여 주시고 60년 안보 세대로부터도 연대의 인사를 받아 주셨습니다. 감사합니다. 서툰 하이쿠에 대한 평가가 과분했음을 주지하고, 나아가 해설해 주신 여러 부분들을 앞으로 하이쿠 짓기에 반영하겠습니다.

어떻게든 한 권의 책이라도 더 팔아서 가이요샤 출판사가 적자를 면할 수 있었으면 좋겠습니다.

• 5월 19일

오늘부터 옥중 27년째가 됩니다. 스물여섯 살에 체포되었으니 조금만 더 있으면

---

109 쓰쓰이 오사무筒井修(1948~2020). "변호사에게 지지 않을 만큼의 법률 지식을 가졌으며 노동 쟁의, 인권 침해와 싸웠다. 티셔츠 소송의 공동 원고 중 한 사람." 2020년 1월 18일 사망. 다이도지 마사시, 『사형 확정 중』, 142쪽 각주 129 참고. - 역자 주.

옥중 생활 기간이 속세에서의 삶보다 길어집니다. 긴 시간 동안 지지해 주신 데 감사드립니다. 스스로 목숨을 끊은 동료, 병으로 쓰러져 간 동료, 그리고 피해자와 그 가족분들의 원통함, 비통함을 가슴에 새기며 앞으로를 살아가겠습니다.

치료소 문을 / 꽉 차게 덮은 / 넓디 푸른 들판아

이른 새벽녘 / 붉은 꿈에 이끌린 / 푸르른 바람

- 6월 30일

오키나와에서 미군이 부녀자를 폭행한 사건이 또 일어난 모양인데, 미군 기지가 존재하는 한 이런 사건이 계속되겠지요. 미군 기지는 본토에도 있지만 오키나와에서 이런 사건이 빈발하는 것은 오키나와에 기지와 병사가 압도적으로 많이 모여 있는 탓이기도 하고, 또 미군이 오키나와(민중)에 대해 식민지 종주국 의식을 가지고 있기 때문이기도 합니다. 기지 철거 외에는 근본적인 해결책이 없음에도 불구하고 고이즈미는 오키나와 민중에게 희생을 강요하고 있습니다.

뜨거운 태양 / 말없이 견뎌 내는 / 짐승들이여

- 7월 1일

제 하이쿠「간수 모두가 / 마주치기 꺼리는 / 서늘한 장마」는 사형 집행 직후를 읊은 것입니다. 제가 무언가를 한 것은 아니지만 간수들은 사형 확정수인 저와 눈을 마주칠 수 없었겠지요. 지난번에 도쿄 고등재판소에서 여자 어린이를 유괴하여 살해한 혐의로 소추된 미야자키 군에게 사형 판결이 내려졌습니다. 그는 4년 정도 전부터 같은 층에 있었는데 왜인지 저에게 인사를 했습니다. 제가 사형수 '선배'라서 그랬는지, 아니면 머리가 흰 노인이니까 그랬는지는 모르겠습니다. 어쨌든 그는 2심 판결 후에도 변함없이 제게 인사를 건넵니다. 그러나 저는 하이쿠에서 쓴 간수처럼 눈을 마주치기가 어렵습니다.

• 7월 5일

오키나와에서 일어난 미군 병사의 부녀자 폭행 사건으로 인해 고이즈미와 다나카는 미국에 대해 애매한 입장이 됐습니다. 고이즈미는 방관할 뿐이며 다나카는 미국 측에 "부탁하고 있다" 운운하는 형편입니다. 그동안 저질렀던 실언과 폭언에 비난을 받아서 이리저리 도망치는 것인지, 중요한 때에 큰 목소리를 내지 않는 것은 대체 무슨 뜻일까요. 고이즈미는 성역 없는 구조 개혁을 하겠다고 말합니다. 그렇다면 미일 안보 체제의 재검토는 피할 수 없습니다. 그런데도 대미 종속적인 지위 협정 앞에서 그저 멍하니 서 있는데, 뭐가 개혁이란 말인지요.

• 7월 13일

중국에서 강제 연행되어 13년 동안이나 홋카이도의 산야에서 도주 생활을 하던 고 류렌런劉連仁[110] 씨의 국가 배상 청구 소송에서 국가에 책임이 있다며 배상 명령이 내려졌습니다. 강제 연행을 둘러싼 전후의 배상 소송에서는 획기적인 판결입니다. 그러나 재판관에 의해 판결이 180도 바뀌어 버릴 수 있으니, 이번 판결에도 마냥 기뻐할 수만은 없네요.

---

110 류렌런劉連仁(1913~2000). 중국 산둥성 출신으로 1944년에 징용되어 1945년 7월에 동료 노동자와 함께 탈주를 시도, 그 후 13년간 단신으로 홋카이도의 산 속을 헤매며 지냈다. 1958년 2월 8일, 도베쓰當別의 산속에 숨어 있던 그를 농민이 발견하면서 진상이 밝혀졌다. 그 후 고향으로 귀국하여 지내다가 1996년 도쿄 지방재판소에 강제 연행 사실을 들어 일본 정부를 상대로 소송을 걸지만 2000년 사망하고, 아들이 소송을 이어받아 2001년 1심에서 승소 판결을 얻어 낸다. 하지만 2005년 도쿄 고등재판소는 제소를 기각한다. - 역자 주.

- 7월 23일

　1년쯤 전부터 수개월 동안, 가쓰시카 구 고스게小菅[111]에 계신 기타무라 유키에 씨의 하이쿠가 하이쿠 종합지에 실린 적이 있습니다. 심상을 읊은 것이 아니기에 하이쿠는 기억을 못 해도 이름은 기억하고 있었습니다. 지난번에 그녀의 이름이 신문에 나왔습니다. 무기형이 확정되었다고요. 결혼을 약속한 남성이 그녀를 속였기 때문에 그 남자의 집에 불을 지르고 남자아이와 배우자를 살상했다는 사건입니다. 그런 사건이 있었네요. 주간지 등에서도 소란스럽게 보도되었습니다. 그런데 그 기타무라 씨가 하이쿠를 짓는 사람이었습니다. 앞으로의 긴긴 형무소 생활에서 하이쿠가 활기를 불어넣어 줬으면 좋겠습니다.

- 7월 25일

　제2차 티셔츠 소송의 피고였던 국가 측의 서증書証[112] 16점이 떡하니 교부되었습니다. 제1차 소송에서 부분적이긴 하나 패소했기 때문에 우려가 되겠지요. 국가 측 대리인인 공무원들이 제법 긴장하고 있음이 틀림없습니다. 다만 제출된 서증은 몇 번이나 본 적이 있기 때문에 보람이 없을 뿐입니다.

- 7월 30일

　참의원 선거는 보도 기관의 예상대로 자민당이 이겼습니다. 선거에 참여한 사람들은 '아이돌'을 지지한 셈입니다. 실업 따위는 그냥 견디라고 하는 데다 홈리스를 거지라고 부르는 고이즈미에게 기대를 거는 것은 큰 잘못이라고 생각하지만, 이것도 '민의'입니다. 어떻게 될는지요.

---

111 도쿄의 지명. 도쿄 구치소가 있는 곳으로, 그 이름을 따서 도쿄 구치소를 가리키기도 한다. - 역자 주.

112 일본의 민사 소송 절차에서 분쟁이 있는 사실을 입증하기 위한 증거 조사의 한 유형으로, 재판소가 문서를 열람해서 거기에 기재한 의미 내용을 습득하는 일을 이른다. 또 실무상 문서 그 자체를 서증이라고도 한다. - 역자 주.

- **8월 1일**

오늘부터 1개월 동안 혹서 대책으로 낮잠 시간이 두 시간 사십오 분으로, 한 시간 사십오 분 연장되었습니다. 27년여를 도쿄 구치소에 구금되어 있는데 처음 있는 일입니다. 그만큼 올해 더위가 각별하다는 뜻이겠지요. 그리고 몸 상태가 좋지 않다고 호소하는 사람이 많았습니다. 이 방 건너편에 있는 사람들은 6월 말부터 누워 지내고 있습니다. 게릴라(?)처럼 말이지요.

- **8월 2일**

도쿄 도 교육 위원회가 후소샤扶桑社판 역사 교과서를 공립 학교에서는 처음으로 채용해서 특수 학교용으로 사용할 방침이라고 합니다. 지적 장애인과 병약한 어린이들을 발판으로 이용하려는 실로 비열한 행위입니다. 채용 철회를 요구함과 동시에 채용에 찬성한 도 교육 위원의 성명을 만천하에 폭로해야만 합니다.

- **8월 24일**

「풀뿌리 통신」[113] 8월 호에 실린 「북쪽의 형무소에서」에서, 가마타 씨가 제 졸저를 언급하며 "새로운 신인의 탄생을 기뻐하고 있습니다"라고 써 주셨습니다. 가마타 씨는 만만찮은 사람이기도 하고(?) 글을 쭉 읽어 나가면 마지막에 반전이 기다리고 있는 경우도 적지 않기에 비꼬는 건 아닐까 하고 의심을 품지만서도, 감사드립니다. 가마타 씨에게 졸저를 알려 주셨다는 야마구치구미 간부에게도, 부디 잘

---

113 『봉화를 보라: 동아시아반일무장전선 '늑대' 부대』를 쓴 마쓰시타 류이치가 1973년 4월, 화력 발전소 반대 운동의 회보로 창간하여 지속적으로 여러 사람들과의 교류의 장으로서 존재해 오던 교류지. 뇌출혈로 쓰러져 사망한 2004년 6월에 끊기고 말았으나 통산 380호인 7월 호를 끝으로 휴간할 예정이었다. ─ 역자 주.

부탁드립니다. 유키가 말하길, 시게노부[114] 씨도 제 하이쿠집을 읽어 주셨다네요. 그것도 주간지 등에 실린 것을 한 구씩 적어 두면서 말이지요. 게다가 노래까지 읊어 주셨다니, 감사합니다. 심신의 상태가 회복되면(상태가 나쁘다고 할 정도는 아니지만, 8월은 자기비판을 심화해야만 하고 또 지난달의 극심한 더위로 입은 피해의 여파가 아직 남아 있습니다) 시게노부 씨에게 답신 하이쿠를 어떻게든 써야겠습니다. 옥중의 반응이라 하니, 마루가「꿈과 희망 통신」에서 "나는 구어를 사용하여 하이쿠를 짓는다. 문어를 사용하는 것은 어색하다"는 취지의 글을 썼는데 이는 제 하이쿠에 대한 비판이겠지요. 저는 구어(현대어), 자유율[115], 무계[116]의 하이쿠를 부정하지 않습니다. 다만 저 자신이 그런 것으로 하이쿠를 짓기가 어려운 데다가 사실 그러한 작품들에 거의 끌리지 않습니다. 저는 하이쿠와 같은 극단시형極短詩型에서는 문어의 음률이 가지는 힘을 살려야 하지 않나 하고 생각합니다.

매서운 태풍 / 한가운데에 있어 / 즐거웁구나

· 8월 30일

미쓰비시 중공업 폭파로 인해 돌아가신 분들께 진심으로 애도의 마음을 아뢰며 동시에 사죄드립니다. 느닷없이 생명을 잃고 만 분들의 원통함과 애통함, 분노를 생각하고, 또 지금까지 27년간 유가족이 겪은 무게를 생각하면 드릴 말씀이 없습니다. 다만 자기비판을 심화할 뿐입니다.

---

114 시게노부 후사코重信房子(1945~). 메이지 대학 문학부 재학 중 적군파에 가담, 적군파 창립 멤버가 되었다. 이후 일본적군 최고 간부를 역임했으며 팔레스타인과 일본 등을 오가며 테러를 실행했다. 그는 2000년 오사카에서 체포되었고 징역 20년 판결을 받았다. 2020년 현재 복역 중. ─ 역자 주.

115 5·7·5의 정형 하이쿠와 달리, 정형에 속박되지 않고 짓는 하이쿠. 계절 주제에도 구애받지 않고 감정의 자유로운 율동을 표현하는 일에 무게가 놓인다. ─ 역자 주.

116 하이쿠에서 그 계절을 나타내는 말로서 사용되는 '계절어'가 없는 하이쿠. ─ 역자 주.

- 9월 4일

  IT 혁명이란 것이 회자되고 있는데, 정말로 하찮은 이야기였네요. 미국 IT 불황의 여파를 완전히 뒤집어쓴 결과, 국내 IT 대기업인 NEC와 후지쯔, 히타치, 도시바 등에서 대량 정리 해고 계획이 발표됐습니다. 당연히 관련 중소기업에도 파급이 있었습니다. 대기업에서는 퇴직금이 지급되지만 중소기업에서 해고되는 사람들은 문자 그대로 길거리에 나앉는 꼴이 되는 겁니다. 그리고 대부분의 기업이, 국내보다 해외에서 해고하는 노동자가 압도적으로 많습니다. 명백히 일회용이지요. 경영자들의 낙관적인 전망과 경영 실패를 캐묻지 않고 노동자들에게 이 사태를 뒤집어씌우는 것은 용납하기 어려운 일입니다.

- 9월 11일

  아침 8시. 열 명 남짓한 간수들이 우르르 몰려왔습니다. 제 방 앞에 말입니다. 드디어 올 것이 왔나 싶었습니다. 하지만 의외로 침착하게 "오늘은 화요일인데 왜지?"라든가 "이렇게 이른 시간에 오는 건가" 같은 두서없는 생각을 하고 있었습니다. 그런데 태세를 갖출 새도 없이 문이 열리고 수색을 한다는 겁니다. 소란스러운 이야기입니다. 9시 전에 수색을 하는 것이 이상해서 "왜 이렇게 아침 일찍부터 하는 겁니까"라고 물었습니다. 그러자 "명령이니까"라고 말합니다. 예행연습일까요?

- 9월 12일

  미국 방위성 건물과 세계 무역 센터 빌딩 두 개 동에 여객기가 격돌한 사건을 통해 느낀 것은—여기에 연루된 사람들, 어쨌든 하이재킹된 여객기에 탑승한 사람들에게는 실로 안된 일이지만—군사적으로도 경제적으로도 극단적으로 돌출되어 있는 미국의 독선적인 행동이 이를 초래했다는 점입니다. 부시 정권은 한층 더 자국 중심주의를 내세우고 있고요. 부유한 미국, 오만한 미국에 대한 강한 반발이 빈곤과 억압에 시달리는 사람들 사이에 존재한다는 점을 미국,

그리고 미국을 추종할 뿐인 일본의 위정자들이 군사적 보복에 나서기 전에 깨달아야만 합니다.

- **9월 16일**

  부시 정권은 '테러 보복'을 매일같이 외치고 있고, 빈 라덴과 아프가니스탄의 탈레반 정권에 대한 무력 공격을 공공연히 진행하고 있습니다. 그리고 매스컴은 그것을 당연한 일로 간주하고 있는데, 빈 라덴이 '테러'를 명령, 지휘했다는 명백한 증거라도 있는 걸까요. "저 녀석이 수상해"라는 선입견만이 작동하는 것처럼 보입니다. 부시가 장기적이고 광범위한 공격을 실행할 것이라는 걸 보니, 세계에서 가장 빈곤한 상태에 허덕이는 아프가니스탄의 다수 민중이 학살당하게 되겠지요. 이것이 '선'이고 '정의'입니까.

- **9월 22일**

  고이즈미가, 라고 해야 할지, 일본 정부라고 해야 할지, 실로 어리석습니다. 미군의 보복 공격에 자위대의 지원을 선언한 즉시 자위대 전함이 미 항공모함에 따라붙었습니다. 마치 스모에서 1인자의 앞뒤를 따르는 이들처럼 미 항공모함에 자위대 전함이 따르는 모양새는 일본이 미국의 위성국, 끄나풀이라는 사실을 반영하고 있습니다. 고이즈미는 미군에 대한 지원이 "주체적인 판단"이라고 강조하고 있지만, 그렇게 말하면 말할수록 일본 정부가 미국에게 휘둘리고 충성을 바치고 있다는 점을 이야기하는 셈 아닐까요. 만약 주체적인 판단이라면 미군을 따라 아프가니스탄에 무력 공격을 가하는 일이 올바르다고 판단했다는 뜻이 되므로, 그 근거야말로 주체적으로 밝혀야 합니다. 아첨꾼처럼 미군을 추종했다가는 반일 감정을 부추기는 꼴이 되겠지요.

쓸쓸한 색감 / 잔잔히 실려 오는 / 가을의 바람

2001년

- **10월 2일**

만리향[117] 향기가 납니다. 옥중에서는 이 나무를 볼 수 없으니 아마도 도쿄 구치소 뒤편에 있는 깔끔한 주택가의 정원에서 풍겨 오는 것이겠지요. 이 향기가 풍기면 본격적인 가을입니다.

- **10월 3일**

1심에서 사형 판결을 받아서 공소 중인 피고가 자살하거나 무기형을 받은 수형자가 자살해서 문제가 되었던 탓인지 도쿄 구치소의 야간 감시가 강화되었습니다. 야간에 수감동에 배치되는 간수의 인원에 변화는 없지만 순찰 빈도가 늘었습니다. 그리고 천장에 달린 TV 카메라가 밤새도록 작동하게 되었습니다. 그 작동음이 시끄러워서 자다가 자꾸만 깨고 있습니다. 그래도 이 방은 비교적 소리가 작은 편인데, 작동 소음이 심한 방─철커덕철커덕하는 소리가 나지요─에 수감된 사람들은 짜증이 날 것 같습니다.

- **10월 8일**

끝내 미·영 연합군이 아프가니스탄에 보복 폭격을 개시했습니다. 이는 부유한 '북쪽'을 대표하는 미·영 양국이 빈곤의 극치인 아프가니스탄을 침략하는 일일 뿐입니다. 그들 자신이 이를 더 잘 알고 있을 터라, 폭격하면서 "구호물자"를 투하한다는 임시변통을 하고 있습니다. 탈레반이 피해 상황을 알리지 않을지도 모르나 다수의 아프간 민중이 살상당하고 있습니다. 즉시 중지시켜야만 합니다. 또 이 폭격을 "굳건하게 지지"하는 고이즈미가 꾀하고 있는 자위대의 '참전'을 허용해서는 안 됩니다.

---

117 물푸레나무과의 일종으로, 일본에는 흔히 볼 수 있으며 가을이 되면 주황빛 꽃이 무수하게 피고 향기로운 냄새를 풍긴다. - 역자 주.

- 10월 10일

　지난번 차입된『마일즈 데이비스의 예술』[118]은 후지이 씨가 보내 주신 것인지요. 감사합니다. 재즈 책은 정말 오랜만이었습니다. 마일즈의 재즈를 블랙 팬더 등 미국 내 흑인 혁명 운동이나 블랙 아프리카의 해방 투쟁과의 관련 속에서 고찰하는 등, 아주 재미있는 내용이었습니다.

　옥중에서 재즈를 듣는 일은 거의 없다고 봐도 무방하지만, 마일즈의 트럼펫 소리는 귓속에 남아 있습니다.

　　　　가을날의 아프간 / 농민의 여원 / 몸뚱아리여

- 10월 31일

　국가 테러 지원법의 제정과 더불어 자위대가 인도양에 함정을 파견한다고 의기양양합니다. 이지스함과 헬리콥터 항모라는군요. 그러나 탈레반이 가진 무기 중에 가장 긴 사정거리를 지닌 것은 휴대용 소형 미사일로, 고작 3~5킬로미터 날아가는 정도라고 합니다. 아프가니스탄과 몇백 킬로미터나 떨어진 인도양에 어째서 어마어마한 장비를 갖춘 전함을 파견할 필요가 있는지요. 일장기를 과시하고 싶은 걸까요. 어린아이가 자기가 가진 장난감을 자랑하고 싶어 하는 것과 다르지 않네요. 월등히 비싸고 위험한 장난감이지만요.

- 11월 2일

　요즈음 위와 십이지장 상태가 좋지 않습니다. 아침 식사를 하면 콕콕 찌르고, 또 밤중이나 공복 시에는 둔중한 통증이 찾아옵니다. 9·11 이후로 기분이 맑아지지 않는 날이 많아져서일까요. 누가 어떤 목적으로 9·11 자폭을 감행했는지는 모르

---

118 平岡正明,『マイルス・デヴィスの芸術』, 毎日新聞社, 1998.

지만, 완전히 강 건너 불구경으로 여길 수는 없습니다. 저와는 무관한 사건이라고 방관자적으로 논평해서는 안 될 것 같아서, 라고나 할까요. 또, 그 후에 일어난 아프간 보복 폭격과 일본의 '참전'화 책동에 이를 갈고 있노라니 배가 아파졌다는, 그런 이야기입니다. 몇 번이고 겪은 일이니까 대처법은 잘 알고 있습니다. 걱정 마시길.

시라쓰유여 / 결코 복종 않는 몸 / 계속되어라[119]

• 11월 4일

사형 폐지 의원 연맹 회장에 가메이 시즈카 씨가 취임했다고 보도되고 있습니다. 한때는 100명을 넘었던 의원 연맹도 현재는 70여 명만이 남아 형세가 불리한 모양이라, 가메이 씨의 회장 취임을 계기로 찬동자를 조직하여 지도력을 발휘해 주길 바랍니다. 가메이 씨는 경찰 관료 출신이지만 사형 폐지의 입장에 선 보기 드문 사람입니다. 누님이 시인(하이쿠 시인?)임에 분명한데, 외모에 어울리지 않게 센스가 있는 사람일지도 모릅니다.

• 11월 29일

아침에 연하장 열일곱 통을 보냈습니다(재심 변호인과 미결 시절의 변호인 등 외부 소통을 허가받은 사람들에게). 12월에 들어서자마자 방을 옮겨야 해서 어수선하기 때문에, 마음먹었을 때가 길일이라 치고(?) 으쌰으쌰 하며 썼습니다. 친구들에게 보낼 수는 없으니 내용이나마 소개하겠습니다. "이라크 민중을 살육함으로써 반미 감정이 강해졌듯이, 지금 또다시 새로운 반미 인사가 태어나고 있는 것이겠지요. 그리고 미국을 추종하는 일본에 대한 반감도 높아지고 있음이 틀림없습니다. 대국의 어리석은 행동을 사형수 감방에서나마 고발해 나가겠습

---

119 '시라쓰유'란 24절기의 하나로, 추분의 15일 전을 가리킨다. 또, '결코 복종 않는 몸まつらはぬ身'이란 일본 동부의 민중인 아이누(에미시, 에비스, 에조)를 의미한다. 아이누는 야마토 왕권에 의해 동북 지방으로 쫓겨 가면서도 전승과 전통을 지켜 냈다. - 역자 주.

니다. 올해도 부디 잘 부탁드립니다. 산골짜기에서도 평안한 날을 맞이하시길. 신년 봄 2002년 설날". 글씨도 내용도 꾸깃꾸깃하지만 양해 부탁드립니다.

· **12월 2일**

황태자의 아내가 여아를 출산한 데 대해 봉축 기사가 넘쳐나고 있습니다. 궁내청 병원에는 도쿄대 등에서 온 산부인과, 소아과, 마취과 등 열한 명이나 되는 의사가 이 출산을 위해 대기했고, 황태자가 거주하는 곳에는 2,300만 엔을 들여 여아용 방이 만들어졌다네요. 정말 극진하기 이를 데 없습니다. 이스라엘군이 설치한 지뢰 때문에 통학 중이던 팔레스타인의 어린이가 죽었다거나 미군의 폭격으로 살상당하고 있는 아프간 아이들의 뉴스를 접하면, 아이 한 사람의 생명에 무슨 차이가 있는지를 생각하게 됩니다.

· **12월 4일**

생각지도 못한 이른 아침에 마사쿠니 씨와 면회를 가졌습니다. 9·11 이후 그가 매우 바쁘다는 것은 알고 있었기에 올해 안에 면회는 없으리라 생각하고 있었습니다. 지난번 막 출판한 『아프가니스탄의 불상은 파괴된 것이 아니라 너무나 수치스러운 나머지 무너져 내린 것이다』[120]가 벌써 증쇄라네요. 이 책은 저도 많은 사람들이 읽기를 바라고 있었는데 다행입니다. 그리고 『체 게바라 AMERICA 방랑 서간집』[121]도 게바라와 시간을 '공유'한 이의 필독서입니다.

---

120 모흐센 마흐말바프Mohsen Makhmalbaf(1957~). 영화 〈칸다하르〉로 유명한 이란 출신의 영화 감독 겸 각본가 겸 영화 프로듀서. 동 감독의 스피치와 레포트를 엮은 이 책은 일본에서 2001년 출판되었다. Mohsen Makhmalbaf, 武井みゆき, 渡部良子 訳『アフガニスタンの仏像は破壊されたのではない 恥辱のあまり崩れ落ちたのだ』, 現代企画室, 2001. – 역자 주.

121 Ernesto Guevara Lynch, 棚橋加奈江 訳『チェ・ゲバラAMERICA放浪書簡集』, 現代企画室, 2001.

- 12월 6일

요코 씨에게서 차입금을 받았습니다. 감사합니다! 그런데 한마디라도 감사의 말씀을 드리려고 하니 또다시 불허가 떨어졌습니다. 아쉽네요.

초겨울 듣는 / 꾀꼬리 울음소리 / 미명 참회록

- 12월 31일

9·11 이후의 나날들, 특히 미국과 영국의 아프간 폭격과 일본의 '참전'법 제정 이후로 옥중에 있는 신세가 원통하게 느껴졌습니다. 또 연말에 잇따라 사형이 집행되어[122] 원통하디 원통한 한 해가 되고 말았습니다. 부시는 "내년은 전쟁의 해"라는 등 말도 안 되는 소리를 공언해 대고 있습니다. 해가 바뀌어도 수수방관하기만 한다면 상황이 호전되지 않겠지요. 많은 사람들의 힘과 지혜를 모았으면 합니다.

몇십 번이나 / 보내왔던 것일까 / 한 해 끝자락

---

122 2001년에는 도쿄와 나고야에서 각각 한 건의 사형이 집행되었다. - 역자 주.

2002년

- 1월 12일

어제 유키에게 무기형이 구형되었던 모양입니다. 최악의 경우 그런 일이 일어날 것이라 생각했기에 별반 놀라지는 않았지만, 일본 정부가 그녀에게 여권을 주고 보석을 허가했기에 무척 이상합니다. 검찰관은 그녀가 아직도 반일 사상을 정당화하고 반성하지 않는다고 하면서 무기형 구형의 이유를 들고 있는데 그건 완전히 날조입니다. 그녀의 증언과 모두 의견 등을 무시하고 '일단 무기형으로 정했으니 그리 알라'는 소리입니다. 최종 변론에서 논리 정연하게 반론, 비판해야만 합니다. 그녀가 낙담하고 있을지도 모르지만, 반격을 위해 다시금 기분 전환을 하기 바랍니다.

- 1월 13일

아프간에서 구속된 알카에다 멤버가 쿠바의 관타나모 미군 기지로 이송되었다네요. 미 본토로 이송하면 트러블을 일으킬지도 모른다는 이유에서일 텐데, 미 정부가 하는 짓은 정말이지 뻔뻔하군요. 게다가 EU도 아프간 행정 기구도 아닌 미 정부가 알카에다 멤버를 이송하는 데에는 어떤 국제법적 근거가 있는 걸까요.

차운 별이여 / 난민 아이는 / 오로지 바라볼 뿐

- 1월 20일

신주쿠 중앙 공원에서 텐트 생활을 하는 남성이 사제 폭탄을 건드려 중상을 입었다는군요. 시부야와 시나가와의 공원에도 사제 폭탄이 설치되어 있었다는데 노숙자를 죽이려던 걸까요. 예전에 소년들이 노숙자를 공격했던 사건이 자주 일어났는데 이번에는 보다 음습하게 노숙자를 배제하려는 의도가 느껴집니다. 트릭이라든가 원격 조종 방식이라든가, 수법이 너무나 지독하니까요.

고향을 등진 이가 / 여기 또 있어 / 차가운 빗발

- 2월 25일

북방여우와 해당화[123] 등이 그려진 우표를 손에 넣었습니다. 고토 씨로부터 받았습니다. 감사합니다. 다람쥐도 바다표범도 애교가 있지만, 족제비를 보니 무심결에 웃음이 나옵니다. 그들이 계속해서 살아갈 수 있는 자연을 남겨야 합니다. 홋카이도와 연관해서 유키지루시[124]에 이어 스즈키 무네오[125]가 비판받고 있습니다. 조만간 도쿄 구치소의 이웃이 될지도 모르겠네요. 예전 그의 보스였던 나카가와 이치로[126]와 가네마루 신[127]에 비한다면 잔챙이라고 생각하는데,

---

123 학명 Vulpes vulpes schrenckii. 북방여우는 일본 열도 내에서는 홋카이도에 주로 서식하며, 해당화도 홋카이도에 다수 분포하고 있는 꽃이다. 참고로 해당화는 현 레이와 천황의 황비인 마사코의 심벌이기도 하다. - 역자 주.

124 유키지루시 유업雪印乳業株式会社. 2002년에 일본 국내에서 광우병 감염 소가 발견되어 정부에서는 전수 검사 개시 전에 국산 소고기를 사업자로부터 사들이는 대책을 실시했다. 이에 대해 유키지루시 유업의 자회사였던 유키지루시 식품이 이 제도를 악용하여 염가의 수입 소고기와 국산 소고기를 바꿔치기하고 교부금을 신청함으로써 부정 수급 사건이 발생한다. 이 사건은 2002년 1월 23일 아사히와 마이니치 양대 신문에 보도되면서 표면화된다. 여기에는 2000년 유키지루시 유업 오사카 공장 제조 과정에서 저지방유로 발생한 식중독 사건이 그 배경의 하나로 거론된다. 회사의 대응이 늦었던 탓에 피해자는 1만 3,420명에 달했다. 이로 인해 동 회사의 매출이 급감했다. - 역자 주.

125 스즈키 무네오鈴木宗男(1948~). 홋카이도 출신의 중의원 의원으로, 제66대 홋카이도 개발청 장관, 제35대 오키나와 개발청 장관을 역임한 바 있다. 이 서간에서 언급하고 있는 2002년 '스즈키 무네오 사건'이 일어난다. 이 사건은 스즈키 무네오가 개입했다고 의심되는 일련의 사건을 총칭한다. 정계, 외무성, 민간이 모두 관련되었으며 스즈키가 각종 경제적 이익을 창출하는 사업 등에 관여했던 혐의가 있다. - 역자 주.

외무 관료는 쏘아붙이거나 마구 호통을 쳐 대는 국회의원에게 약하군요. 야당은 무네오를 몰아댈 태세인데, 몰아붙여서 어떻게 할지도 미리 생각해 두어야 할 것입니다.

- 3월 13일

요코야마 다이칸[128]의 전시회가 국립박물관에서 열리고 있는 모양인데, 그가 예전에 그린 전쟁화도 전시되고 있는지요? 다이칸이 당시 천황의 군대와 천황 익찬 파시즘 정부에 적극적으로 협력하여 그린 그림인데 말이지요. 지난번 아사히 신문에 커다랗게 전람회 안내 광고가 났는데, 다이칸이 전쟁에 협력했음에도 전후에 마치 그런 일은 없었다는 듯이 행동한 데에 대해서는 일언반구도 없었습니다.

- 3월 14일

가와무라 씨로부터 3월 11일 공판에 대한 변호인의 '변론 요지'와 유키의 '최종 의견 진술'을 받았습니다. 변호인은 동아시아반일무장전선의 탄생과 그 전투의 배경을 당시의 시대 상황에 비추어 설명함과 동시에, 그 전에 무기형을 구형한 검찰관의 조잡한 논고 내용을 하나하나 비판하면서 완벽히 논파하고 있습니다. 또 유키는 구 일본적군의 공식 견해도, 다른 데서 빌려 온 사상도, 그리고 물론 반일도 전혀 아닌 자신의 언어로 모든 생각을 진술했습니다. 진심 그대로가 담긴 의견 진술이기에 사람의 정을 아는 재판관이라면 반드시 통했을 것입니다. 판결이 9·11이후 '반테러' 풍조의 영향을 면하기는 어렵겠지만, 그래도 구형대로 되지는 않으리라 생각합니다.

---

126 나카가와 이치로中川一郎(1925~1983). 자유민주당의 파벌인 나카가와파의 수장. 홋카이도 출신의 정치가. 농림 대신과 농림수산 대신, 과학기술청 장관, 원자력 위원회 위원장 등을 역임했다. - 역자 주.

127 가네마루 신金丸信(1914~1996). 방위청 장관, 부총리, 건설 대신 등을 역임했다. - 역자 주.

128 요코야마 다이칸横山大観(1868~1958). 일본의 미술가, 일본화가. 근대 일본 미술의 거장이며, 오늘날 몽롱체로 불리는 독특한 몰선 묘법을 확립했다. - 역자 주.

- 4월 4일

구독 중인 아사히 신문이 아침에 배부되자마자 "잠깐 회수하겠다"면서 바로 빼앗아 가더군요. 점심 식사 후에 돌려받았을 때에는 두 군데가 검게 칠해져 있었습니다. 작년 말 형이 집행된 하세가와 씨의 목에 난 밧줄 흔적 사진을 사민당의 오시마 의원이 모리야마 법무 대신[129]에게 제시했다는 칼럼 기사입니다. 검게 칠해진 두 군데는 밧줄 흔적을 구체적으로 묘사하는 부분인데, 한번 배부된 신문을 빼앗아서 그렇게 눈 가리고 아웅하는 데에는 정말이지 화가 납니다. 사형수를 괴롭히는 행동에 투지가 불타오르는군요.

- 4월 17일

유사 법제 관련 3법안이 각의 결정되었습니다. 이는 전쟁을 하기 위한 법률입니다. 정부와 여당은 그간 '전쟁할 수 있는 나라'를 만들기 위해 포석을 착착 깔아 왔는데, 유사 법제는 그 완성이라고도 할 수 있겠지요. 그렇기에 더욱 이 법률은 어떻게 해서든지 무마시켜야 합니다. 지금까지 계속 패배해 왔기에 더욱 말이지요. 유사법에 찬성하는 '식자'는 "패전 전으로 돌아가는 건 불가능하니까"라는 둥 지나치게 낙관적으로 말하고 있는데, 패전 전으로 돌아가지 않더라도 전쟁은 가능합니다. 뭐든지 미국처럼 되기만 하면 좋다는 생각이라도 하는 건지, 그 미국이 가장 호전적인 침략국임은 알고 있나 궁금하군요.

- 4월 19일

나가누마 씨가 지난번 보내 주신 차입금에 답례장을 부치려고 했는데, 저녁에 "외부 소통을 허가받지 않아 인정할 수 없다"고 해서 돌려받았습니다. 그 내용을 말하자면, 편지를 돌려주려고 온 주임이 "개인적으로는 이 정도의 내용이라면 상관

---

129 모리야마 마유미森山眞弓(1927~). 가이후 도시키 제1차 내각인 1989년~1990년에는 여성 최초로 내각 관방 장관을 지낸다. - 역자 주.

없다고 생각하는데"라고 할 정도로 간결한 것이었지요. 사회 통념적으로 현금을 받았으면 수령했다고 연락을 하는 것이 당연하다고 생각하는데 말입니다.

"브 나로드!"라 / 입으로 말해 보는 / 저녁 개구리

• 5월 9일

일본도 달아날 수 없는 감시 사회로 진입하려 하고 있습니다. 고속 도로를 달려도, 또 전차를 타고 내려도 'Suica'[130]에 기록됩니다. 휴대 전화도 오차 수 미터 이내로 발신 지점을 알 수 있습니다. 연구자와 기술자는 새로운 무언가를 만들어 내는 것만 생각하고 공해 발생 등의 부정적인 발상은 하지 않는 모양인데, 감시 사회를 가능하게 하는 그 모든 기술을 개발한 이들은 기술이 자신에게 되돌아오리라고 생각하지는 않았던 걸까요. 자각 없이 권력자와 억압자의 위치에서 발상하고 행동하는 이들이 많은 것은 우려스럽습니다.

• 5월 28일

유럽 의회 의원 회의와 '사형 폐지를 추진하는 의원 연맹'이 공동 주최한 사형 폐지 세미나에서 레나테 볼벤드 회의 부의장[131]이 일본의 사형 제도를 비판했습니다. 여기에 대해 모리야마 법무성 장관은 사형 유지를 표명하고, "일본에는 '죽어서 사죄한다'라는 사죄의 말이 있다"고 했다며 보도되었습니다. 사형이 일본의 독자적인 전통과 문화라고 하는데, 자살하는 사람이 연간 3만 명을 넘는 상황 속에서 비유가 지나칩니다. 자살하는 사람을 줄여야 할 의무를 지닌 법무성 장관이 거꾸로 선동에 나선 듯한 모양새에다, 할복 같은 봉건적 풍습을 예찬하는 꼴이니까요. 그만

---

130 한국의 티머니와 비슷한, 일본에서 전철 탑승 시에 사용하는 교통 카드. 편의점이나 자동판매기에서도 사용 가능하다. – 역자 주.

131 Renate Wohlwend(1952~). 오스트리아 빈 출신의 리히텐슈타인 정치가. 2001년부터 2005년까지 유럽 의회 의원이었고 이때 일본을 방문해서 세미나에 참석했다. – 역자 주.

큰 사형을 유지하기 위한 근거가 희박하다는 얘기겠지요.

• 5월 31일

「하이쿠」 6월 호를 읽고 놀랐습니다. 「10년 후의 하이쿠」라는 특집이 꾸려져 저명한 하이쿠 시인들이 앙케트에 답하고 있는데요, 거기서 사이토 신지 씨가 10년 후의 주목할 만한 하이쿠 시인으로(「하이쿠」지의 질문은 '10년 후의 하이쿠 문단을 주도할 사람' 이란 뜻인데) 저의 졸구 「무시무시한 / 일장기 펄럭이는 / 학교로구나」와 함께 제 이름을 거론하고 있다는 점입니다. 사이토 씨는 이에모토家元 제도화[132]한 하이쿠 문단의 상황과 하이쿠 시인에게 아첨하거나 공감하는 하이쿠 문단 저널리즘을 엄격히 비판하고 있는데(실은 저도 동감인데요), 그 맥락의 연장으로 제 이름이 들어간 것일지도 모르겠지만 여하튼 쥐구멍이라도 있으면 숨고 싶은 심정입니다. 저 이외에도 종합지와 신문 등에 작품과 평론을 발표하고 있는 쟁쟁한 하이쿠 시인들이 거론되었습니다. '10년 후에도 살아 있으라'는 격려로 받아들이겠습니다. 아무튼 이 건은 사이토 씨의 기개를 잘 보여 주는데, 최근에 읽은 『표백자의 노트』[133](이쓰키 히로유키 씨와의 공저)와 『생과 사의 세시기』[134](세토우치 자쿠초 씨와의 공저)에도 그의 고금동서에 이르는 해박한 지식과 더불어 예리한 비평 정신이 흘러넘치고 있습니다.

되돌아보니 / 흰 무지개가[135] / 방금 피어올랐네

---

132 이에모토 제도란 특정한 직능을 가진 스승과 제자로 이루어진 조직家元이 제도화한 것을 의미한다. 일본에서는 고대로부터 여러 전문적인 직능을 가진 직업은 특정의 가문과 일족이 관장하는 것으로 간주되어, 그 직능을 가진 이들은 조정에 봉사해 왔다. 그러나 오래된 질서의 붕괴와 더불어 그 경제적 기반을 잃은 후에도 특수한 비전을 만들어 기술을 대대로 전승함으로써 전문적 기능을 가진 가문으로서의 권위와 지위를 유지해 왔다. - 역자 주.

133 齋藤愼爾, 五木寬之, 『漂泊者のノート 思うことと生きること』, 法研, 2002.

134 瀬戸内寂聴, 齋藤愼爾, 『生と死の歳時記 美しく生きるためのヒント』, 光文社, 1999.

135 '흰 무지개'는 중국에서는 '무기' 또는 '전란'을 의미한다고 한다. 흰 무지개는 태양을 꿰뚫는 현상이라고 하여 이 현상은 바람, 소원이 하늘에 닿았을 때와 전란에 의해 위험한 상황에 빠질 전조로서 받아들여지기도 한다. 반체제 운동을 하는 사람들 사이에서는 월동越冬의 의미로 쓰이는 경우가 있다고 한다.

- **6월 10일**

우키시마마루 사건[136]의 원고가 되는 등, 일본 정부에 전후 배상을 청구하는 데 선구자가 된 송두회 씨가 세상을 떠났습니다. 고인의 명복을 빕니다. 그가 면회를 온 적도 있고 저와 서신 교환도 했었는데 갑자기 절교장을 보낸 후론 연락이 없었습니다. "갑자기"란 것은 제가 그렇게 느낀 것일 뿐 그에게는 명쾌한 이유가 있었겠지요. 관계 유지가 어렵다는 것을 느꼈습니다.

- **6월 16일**

제 하이쿠집 『친구에게』의 비평집 「좌座」에 오이시 후토시大石太 씨가 「빼어난 하이쿠초秀句抄 ― 그리고 나의 답 하이쿠」를 실어 주셨습니다. 그의 답신을 읽었을 때 예사롭지 않음을 느꼈는데, 역시나 『나, 홈리스』[137] 등 이미 하이쿠집을 다섯 권이나 낸 하이쿠 시인이었습니다. 「계간 Shelter – less」 12호에 「길 위의 하이쿠 시인 오이시 후토시 씨」라고 소개되어 있으니까요.

「길에 쓰러져 / 서린 눈 노려보는 / 눈물의 다리」[138], 「내가 어미라 / 생각하는가 / 내버려진 고양이」, 「벌레의 낙원 / 잠에 빠진 내 / 숨소리 풀빛이여」, 「일 엔 동전에 / 빵 귀퉁이를 한 쪽 / 사는 걸 봤네」, 「서리꽃 천국 / 갈 때도 장화 / 공친 날은 그저 잠」, 「수면에 비친 / 단풍과 수국 / 군청색 피를 흘려」

2020년 8월 19일 다이도지 지하루 인터뷰. - 역자 주.

136 1945년 8월 24일 교토 마이즈루항에서 300미터 떨어진 바다에서, 조선인과 승무원 등을 태운 일본 해군 특설 운송함 우키시마마루浮島丸가 아오모리에서 부산을 향하던 항해 중에 미군이 설치했던 기계 수뢰에 접촉하여 침몰한 사건. 승무원 25명과 승객 524명이 사망한 사건이었다. 한국에서는 1992년에 일본 정부의 안전 관리 의무 위반을 쟁점으로, 배상금과 중참 양원의 사죄를 요구하는 국가 배상 청구 소송이 생존자 21명과 유족 59명을 원고로 하여 제소되었다. 이때, 재일교포 송두회 씨가 소송에 참여했다. - 역자 주.

137 大石太 『おらホームレス』, 創造書房, 1996.

138 도쿄 도의 시나가와 구와 아라카와 구에 위치한 두 개의 다리. 두 지역에는 형장이 있었기에 가족들이 형장에 죄인을 눈물로 보냈다는 의미에서 '눈물 다리'라는 이름이 붙었다. - 역자 주.

그의 하이쿠의 특징은 유계무계有季無季와 정형비정형定型非定型, 융통무애融通無碍인데요, 그의 이름을 따서 오이시 조調라고 할 만한 리듬이 있어 매력적입니다. 불황이고 장마철이라 노상 생활이 힘들겠지만 한층 더 빼어난 시가를 기대하고 있겠습니다.

- 6월 18일

아사히에 따르면 팔레스타나 자치 정부가 사형 제도를 유지하고 있다고 합니다. 그것도 적(이스라엘)과 공모한 자가 대상이라고 하네요. 그런 사형수가 린치와 고문을 받아 죽었다는데 전시라고는 해도 참으로 비참합니다. 팔레스타나가 처한 상황은 분개할 만하고 그 때문에 팔레스타나 인민의 반이스라엘 해방 투쟁을 지지하지만, 아라파트[139] 씨 등의 간부가 팔레스타나를 어떤 사회로 만들어 갈 것인지가 보이지 않습니다. 그리고 아라파트 씨와 측근의 정치, 그리고 간부들의 부패는 안타깝습니다. 팔레스타나 젊은이들의 절망감이 이스라엘의 군사 침공과 폭거 때문만은 아니라는 점을 아라파트 씨가 깨닫기를 바랍니다.

- 7월 16일

태풍 7호의 격렬한 비바람 속을 뚫고 운동을 하고 왔습니다. 병이 나아서 건강이 회복되었기 때문이 아닙니다. 태풍에 피가 끓어올랐기 때문도 아닙니다. 길게 자란 손톱을 깎기 위해 나갔던 것입니다. 여기서 손톱은 운동하러 나갔을 때 외엔 깎을 수 없는데, 한동안 나가지 않았기에 길게 자랐습니다. 그리고 아침 나절에 바람이 강하게 불긴 했어도 푸른 하늘이 보였기에 괜찮겠지 하고 판단했기 때문입니다. 그

---

139 야세르 아라파트Yasser Arafat(1929~2004) 팔레스타인 출신의 정치인으로 팔레스타인 해방 기구의 설립자였다. 이후 팔레스타인 자치 정부PLO의 초대 수반이 되어 이스라엘과의 평화 협상을 주도했고, 그 공로로 1994년 협상의 주역이었던 이스라엘의 이츠하크 라빈Yitzhak Rabin, 시몬 페레스Shimon Peres와 함께 노벨 평화상을 받았다. - 역자 주.

런데 15분 정도 지나니 비가 내리기 시작했고 얼마 지나지 않아 장대비가 쏟아진 데다가 바람까지 강하게 불어 온몸이 흠뻑 젖었습니다. 기온이 높아서 젖어도 차갑지는 않았지만 이로 인해서 또 건강 상태가 나빠지면 어찌할 도리가 없기에 신경 써서 닦아 냈습니다.

• 7월 21일

　50만 엔을 탈취하기 위해 여고생을 납치해서 살인하거나, 고작 1만 몇천 엔을 훔치기 위해 아르바이트를 끝내고 집으로 돌아가던 전문대 학생을 불태워 죽였다는 사건이 보도되고 있습니다. 저 자신이 한 일을 덮어 두고 이 사건들의 피의자를 비난할 수는 없지만, 사람을 너무 쉽게 살해하는 것이 아닌지요. 차를 타고 여기저기 돌아다닌 걸 보면, 돈이 없어서 어쩔 줄 모르는 사람도 아닐 텐데 말이지요. 똑같은 과오를 범하지 말아 달라고 염원했던, 이미 처형된 친구의 뜻이 짓밟혀 버린 것 같아서 안타깝기 그지없습니다.

• 8월 2일

　매년 똑같은 말을 하지만 대단히 덥네요. 활자를 좇아가거나 펜을 쥐는 것도 점심 전까지가 고작입니다. 봄에 비하면 몇 배나 더디지요. 저만 이 더위에 허덕이는 게 아닌 모양인데, 여기저기에서 이웃과 싸움을 벌이거나 평소 얌전했던 사람이 방문을 걷어차서 보안방으로 연행되기도 합니다. 그리고 복도를 걷다 보면 복숭아 통조림 같은 이상한 쉰내가 납니다. 체취는 아니고 땀으로 범벅이 된 옷 냄새입니다. 바로 옆방에서도 대단한 냄새가 나길래 틀림없이 갈아입을 옷이 없어서라는 생각에, "수의를 빌려주면 될 게 아닌가"라고 간수한테 말했더니 갈아입을 옷이 있어도 세탁을 하지 않는 것이라고 합니다. 너무나 더운 나머지 빨래할 기력도 남지 않았다는 걸까요. 남에게 폐가 되는 이야기긴 하지만요. 그런 와중에 유일한 낙은 오후 1시에 배급되는 시원한 음료입니다(우롱차 또는 사과 주스). 여태까지는 저녁 식사 때

배급되었는데 여름 기간에는 시간을 앞당긴다는 뜻이겠죠. 시원한 것을 마셨을 때 만큼은 비로소 살 것 같습니다.

먼 옛날부터 / 끊임없이 울어 온 / 매미소리여

- 8월 8일

모르는 사이에 저에게도 주민표 코드 번호가 부여돼 있었습니다.[140] 가쓰시카 구에서 주민표 코드 통지서가 왔으니까요. 프라이버시라곤 없는 감옥에 구금되어 있지만 그래도 썩 기분이 좋지는 않습니다. 요코 씨한테서 고양이 카드와 차입금을 받았습니다. 언제나 감사드립니다.

창문은 좁고 / 낡은 유치장 / 저녁 해 괴롭히니

- 8월 15일

또다시 다섯 명의 관료가 야스쿠니 신사에 참배했습니다. 아무리 허울 좋은 소리를 늘어놓는다 하더라도 결국 예전의 천황제 군국주의를 그리워하고 미화하는 것일 뿐입니다. 죽은 자를 추도하려면 지도리가후치千鳥ヶ淵 전몰자 묘역[141]에서 거행하면 될 텐데요. 야스쿠니 신사는 모든 가치를 천황에게 일원화시키는 근대 천황제의 성립과 더불어, 천황을 위해 순국한 전몰자들을 신으로서 기리고 찬양하는 초혼사招魂社에서 생겨났습니다. 하지만 애초에는 경내에서 경마와 스모 경기가 진행되는 등 대단히 속물적인 장소였단 점을 참배자들은 알고 있는지 모르겠습니다.

---

140 한국의 주민 등록 번호 같은 제도로 무작위로 만들어진 열한 자리 숫자로 이루어져 있다. 이 번호가 행정 기관에 여권이나 주택 융자 등록, 연금 청구 등을 신청할 때 본인 확인 수단으로 사용된다. – 역자 주.

141 1959년 조성된 묘역으로, 제2차 세계 대전 당시 해외에서 사망한 신원 불명의 일본인들의 유골이 안치되어 있다. 도쿄의 황거에서 북서쪽에 위치한다. – 역자 주.

• 8월 24일

「하이쿠」 8월 호에 실린 나카지마 기코쿠 씨의 「현대 하이쿠 시평」을 읽고 다음과 같은 점을 알게 되었습니다. 과거 전쟁 중에 설립된 '문학 보국회'의 규약 3조는 "황국의 전통과 이상을 현현하는 일본 문학을 확립하여 황도 문화의 선양에 익찬함을 그 목적으로 한다"고 하며, 이를 목적으로 삼는 사상으로 인해 고전 예능과 하이쿠까지 탄압받았습니다. 예를 들면 노能의 세미마루[142]처럼 왕법王法보다 불법佛法을 고차원의 원리로 삼는 종교적 세계를 가진 자는 "불경"하기에 "황실의 존엄 모독"이라며 상연이 금지되었습니다. 그리고 '존황 정신'에 기반하여 개작되거나 창작된 것이 적지 않았습니다. 현재 '문학 보국회'는 없습니다. 그러나 쇼와 천황의 사망에 즈음하여 모든 매스 미디어가 상복을 입고 천황에 대한 비판을 용납하지 않는 상황이 만들어졌음을 생각하면 '문학 보국회'의 규약에 나타난 사상을 전쟁 전부터 계속해서 끌어오고 있는 것은 아닌가 하고 느낍니다. 천황제의 깊은 뿌리를 쉽게 간과하지 말아야겠다고 생각합니다.

허공에 대고 / 헛손질 말라붙는 / 기름매미여[143]

• 8월 30일

미쓰비시 중공업 폭파로부터 28년째를 맞이하여 돌아가신 분들과 부상당하신 분들을 애도하고 자기비판을 하며 지냈습니다.

---

142 세미마루蟬丸(?~?). 헤이안 시대 전기의 가인. - 역자 주.

143 본문 중에 언급된 '세미마루'의 이름의 '세미蟬'는 '매미'라는 뜻이다. 이를 염두에 두고 지은 하이쿠인 듯하다. - 역자 주.

- 9월 9일

1년 전 9·11 당시 아사히 신문이 여러 검증 기사와 식자의 논설을 실었는데, 그 중에 가토 노리히로 씨의 「낭비형 '자유'의 전환」이란 글이 있었습니다. 가토 씨는 거기서 9·11과 미쓰비시 중공업 폭파를 대비시키며 약 30년 전에는 "세계의 존재 방식에 대한 통찰은 그 자체로 확신, 그리고 환상과 마찬가지"였지만, 지금은 세계의 모순을 한눈에 볼 수 있기 때문에 현실이 환상을 따라잡았다고 말합니다. 그리고 미쓰비시 중공업을 폭파한 자들이 "무관한 사람을 살상했던 것을 용납할 수 없다는 비판에, 마루노우치를 지나다닐 법한 일본인들은 많든 적든 같은 죄를 지었다고 대답했다"고 쓰고 있습니다. 폭파 후에 낸 성명문을 근거로 단죄하는 것이겠지요. 당시의 우리들은 미쓰비시 중공업 폭파를 정당화하려고 태도를 바꾸어 성명문을 공표했는데, 다수의 사람들을 살상했던 오류와 마찬가지로 그것이 잘못이었음을 인정하며 자기비판을 하고 있습니다. 가토 노리히로 씨는 자신의 언설을 성립시키기 위한 방편으로 우리들의 오류를 사용한 셈인데 학자로서나 평론가로서나 안이하고 불성실하다는 비난을 벗어나기 힘들겠지요. 또 가토 씨는 미쓰비시 중공업 폭파에 "제3 세계 인민"이 찬동한 적이 없다고 쓰고 있는데, 실은 한국 등 일본의 식민지 지배하에 있던 곳의 적지 않은 사람들이 지지와 찬동을 표명해 주었습니다. 미쓰비시 중공업 폭파가 확신과 환상의 산물이라고 못 박고 싶겠지만 좀 더 조사해 보길 바랍니다.

- 9월 17일

북일 수뇌 회담에서 북한 공작원의 납치가 공식적으로 인정되어 납치된 사람들의 소식이 알려졌습니다. 이로 인해 김정일 등의 지도부와 납치에 관련된 공작원들이 지탄받는 것은 당연하지만, 북한 민중과 재일 조선인(특히 조선인 학교에 다니는 아이들)에게 반감을 가지는 것은 완전히 잘못된 생각입니다. 또 전쟁 전 일본의 관민 모두가 조선인 동포를 강제 연행했던 것을 생각한다면, 북한의 공작원들이 일본인을 납치하는 데 죄의식 따위는 없었는지도 모르겠습니다. 그렇다고 한다면 일본 정부가 북한 적대 정책을 계속 유지하면서 과거 식민지 지배와 강제 연행에 대한 사죄와 배상을 하지 않았던 것도 납치를 유발한 원인이며 책임의 일단이 있다고 말해야 하겠지요. 그렇다고는 해도 10대, 20대에 납치된 사람들 중 네 명(미확인자를 포함하면 다섯 명)밖에 생존해 있지 않다는 점은 부자연스럽습니다. 반항적이라며 수용소에 집어넣거나 입을 막기 위해 처형된 것일지도 모릅니다. 유럽에서 납치된 아리모토 씨에 대해서는 구 적군파의 요도호 그룹이 관여했다는 지적이 있습니다. 그들은 일절 부정하고 있지만, 김정일이 납치를 인정한 이상 그들이 모르쇠로 일관해 봤자 통하지 않겠지요. 혹여 그들이 관여했다면 납치가 북한 공작원 단독으로 벌인 일이라고 할 수는 없게 됩니다.

- 9월 19일

  어제 후쿠오카와 나고야에서 각각 한 명씩 사형이 집행된 모양입니다. 사형은 관례적으로 주말에 집행되지만 이번에는 수요일이었습니다. 이는 매스 미디어의 관심이 9월 17일의 북일 수뇌 회담에 쏠린 것을 예측한 결과임이 분명합니다. 사형 집행 뉴스는 작게 다루어질 거라는 이야기지요. 실제로 납치 문제 속보가 지면을 장식했고 아사히 신문의 사형 집행 관련 기사는 사회면의 눈에 띄지 않는 곳에 자그맣게 보도될 뿐이었습니다. 모리야마 법무 장관과 법무 관료는 사형 존치론과 사형을 계속해서 집행하겠다는 강한 의지를 꾸준히 공언해 왔기에 그것이 실제로 드러난 것에 불과합니다. 하지만 그에 비해서 작년 말 종무일에 집행된 사형도 그렇고 이번 사형도 그렇고, 매스 미디어에 크게 보도되지 않도록 부심하여 집행일을 정한 방식은 상당히 고식적입니다. 일본에서 사형 폐지가 실현되기까지는 한참 걸리겠지만 절망하지 말고 집행 정지와 사형 폐지의 목소리를 높여 갑시다.

- 9월 20일

  약 8개월 만에 면회를 온 지하루가 시로사키 씨께 받은 생일 축하 카드를 보여 주었습니다. 텍사스의 감옥에서 온 것인 만큼 한층 더 감사합니다. 자유가 억압된 상황 속에서도 신경 써 주셔서 감사합니다. 또 요코 씨에게서 차입금과 카드를 받았습니다. 항상 죄송합니다.

한 줄기 우뚝 / 가을의 해바라기 / 다시 일어서

• 10월 5일

그동안 차입해 주신 대량의 납치 관련 신문과 잡지의 복사본을 읽었습니다. 산케이와 신초, 문예춘추 같은 훌륭한 우파 미디어가 북한은 물론 외무성과 자유민주당의 '인권'파, 그리고 사회민주당 등을 닥치는 대로 난도질해 대고 있습니다. 13세 소녀까지 납치했고 또 그녀의 죽음을 모른 체했으니 분노하는 건 당연합니다. 그러나 반대로 좌파 미디어가 자기 자신을 돌이켜 보는 일은 없습니다. 납치가 얼마나 비윤리적인가에 대해 분노한다면 약 반세기 전 일본 관민 모두가 합세했던, 100만여 명의 조선인과 중국인 강제 연행이라는 공공연한 납치를 생각해 봐야 합니다. 게이오대 명예 교수인 가미야 후지는 강제 연행과 납치는 상쇄되는 것이 아니라며, "일찍이 용납되었으나 지금은 용납되지 않는"다는 망설을 아사히에 기고했습니다만, 이런 염치없는 주장이야말로 납치를 유발하는 원인이었던 게 아닐까요.

• 10월 23일

에이 로쿠스케[144] 씨가 라디오 방송에서 납치와 관련해 "저쪽이 인정했을 때 고이즈미 씨도 '옛날에 일본도 죄송한 일을 저질렀습니다'라고 호소했어야만 했다"고 말하자 괘씸하다는 반응이 쇄도했다네요. 에이 씨는 대단히 정직한 감각의 소유자입니다. 이 정도의 발언조차도 인정하지 않다니 너무나 시야가 협소하군요. 북한

---

144 에이 로쿠스케永六輔(1933~2016). 도쿄 출신의 작사가, 탤런트, 라디오 방송 진행자. 와세다 대학 재학 시절부터 라디오 프로그램 PD 등을 맡았으며, 여러 권의 책을 집필했다. 그의 책 중 『장인』(양은숙 역, 지훈, 2005) 등이 한국에 번역되어 발간된 바 있다. – 역자 주.

의 현 체제에 대한 지지 여부를 떠나서, 일련의 북한 관련 보도를 보고 그 누구보다도 잠자코 있을 수 없는 건 분명 재일 교포들입니다. 재일 교포 어린이들을 습격하거나 위협하는 자들에게는 속수무책일지도 모르겠지만, 에이 씨에게 항의하는 TV와 신문에 선동된 '정의파'들은 그 점을 잘 생각해 봤으면 좋겠습니다.

번쩍 번갯불 / 어쩔 도리가 없는 / 후회 또 넘쳐

- **10월 28일**

  체첸 게릴라가 모스크바의 극장을 점거하고 러시아 정부에게 러시아군이 체첸에서 철수할 것, 즉 전쟁 종결을 요구했습니다. 그러나 러시아의 특수 부대가 강행 돌입하여 160명 이상의 희생자를 냈습니다. 러시아 측은 체첸 게릴라가 인질을 처형하기 시작했기 때문에 돌입했다고 발표했지만, 사실은 달아난 인질을 향해 발포한 것이었다는군요. 160명을 넘는 희생자는 한 명을 제외하고 모두 특수 부대가 주입한 신경가스(독가스?)에 의해 죽었다니, 러시아가 하는 일은 너무나 난폭합니다. 게릴라뿐 아니라 인질의 생명도 고려하지 않았겠지요. 미디어는 체첸 게릴라를 비난하는데, 러시아가 체첸에서 무엇을 했는지에 대해서는 눈감고 있습니다. 게릴라 = 테러리스트 = 악이라는 일방적인 단정만이 존재하는데, 체첸에서 전쟁이 일어나도 모스크바가 계속해서 평화로울 수 있다는 것이 오히려 이상합니다.

- **11월 15일**

  이라크가 UN 결의를 받아들이겠다고 했기에 미국의 이라크 공습은 당분간 중단될 예정입니다. 그러나 미국은 항상 전쟁 야욕을 불태우고 있습니다. 이라크가 핵을 가지고 있다고 문제 삼는 미국 자신이 세계 최대의 핵 보유국이면서, 또 이스라엘이 보유한 핵에 대해서는 왜 문제 삼지 않는 것인지 정말 이상합니다. 이라크의 풍부한 원유를 확보하고 싶어서인가 하는 의심이 듭니다. 부시 본인도 그 측근들도 국제 석유 자본의 대리인인 까닭에 더더욱 그러합니다. 걸프 전쟁이라 불린, 아버지 부시의 이라크 침공 때 쓰던 열화우라늄탄 때문에 95년경부터 이라크의 어린이들에게 백혈병과 암이 급증하고 있습니다. 젊은 여성들의 목 전체에 퍼진 종양 사진이 공개되었는데, 외눈이거나 안구가 얼굴에서 흘러내릴 듯한 어린이가 다수 있다고요. 어린 아이들일수록 전쟁의 영향을 강하게 받는다는 것을 잊어서는 안 되겠지요.

전쟁의 먼지 / 조금은 가라앉은 / 음력 시월아

• 11월 28일

아침 일찍 마사쿠니 씨와 면회를 가졌습니다. 납치 사건과 매스 미디어 보도의 문제, 북한 김씨 부자 세습 체제를 옹호해 온 「세계」에 대한 것, 북한 정부와 민중의 구별 등에 대해서, 또 홈리스와 쇼와 천황, 미국의 부시 정권에 관한 책의 독후감 등에 대해서도 이야기를 나눴습니다. 짧았지만 밀도 있는 시간이었습니다.

한편, 오후부터 연하장을 썼습니다. 친구들에게 보낼 수는 없기 때문에 여기에 써 둡니다. "소용없는 모든 일을 / 시대 탓으로 돌리지 말라 / 가까스로 빛나는 존엄을 내버리고 / 자신의 감수성 정도는 / 스스로 지켜라 / 어리석은 자여」(이바라기 노리코[145]). 안팎으로 고립감이 강한 시대이기에 더욱 씩씩하게 살고 싶습니다. 올해도 잘 부탁드립니다. 2003년 설날."

저 자신을 위해 다른 분의 글을 이용하는 것 같기도 하고 또 무뚝뚝해 보일 수도 있겠지만 해가 바뀌기 전에, 그것도 12월에 들어서자마자 사형수가 연하장을 보내

---

145 이바라기 노리코茨木のり子(1926~2006). 일본의 시인, 에세이 작가, 동화 작가, 각본가. 1970년대에 한국어를 공부하기 시작하여 한국의 현대 시 번역에도 진력했다. 1980년대에 낸 에세이집 『한글로의 여행ハングルへの旅』(아사히 신문사, 1986) 중 일부는 지쿠마쇼보筑摩書房가 만든 고등학교 교과서에도 실려, 많은 이들이 이바라기가 언급한 윤동주의 존재를 알게 되었다고 한다. – 역자 주.

다 보니 새삼스러워질 수밖에 없습니다("사형수인 제가"라고 말해야 하겠지만요).[146] 연말에는 언제나 사형이 집행되는데, 작년에는 한 해의 사무가 끝을 맺는 12월 27일에 있었습니다. 슈지 군의 경우, 이미 쓰고 나서 우체통에 들어갔어야 할 연하장이 사형 집행 후에 그대로 반환되었던 적도 있었고, 또 처형된 사람이 보낸 연하장이 도착했던 적도 있습니다. 이런 연유로 이번 연하장은 담백해지고 말았던 것입니다.

죽음은 항상 / 불시에 찾아오니 / 십이월이여

- **12월 5일**

  마음이 진정되지 않아 매우 피곤한 하루였습니다. 오전 중에 옥상에서 운동을 하고 나서 돌아와 마른 수건으로 마찰을 하고 있을 때 진찰받으러 오라는 호출을 받았습니다. 건강 진단을 신청했기 때문입니다. 사형수가 건강 진단을 받는다니 블랙 조크라고 여기실지 모르나, 재심 청구도 했고 사형 폐지가 실현되는 것을 끝까지 보고 싶으니, 몸이 상해 뻗어 버려서는 안 된다는 생각을 가지고 있습니다. 그리고 단순히 건강 상태를 수치로 파악해 두고 싶다는 흥미도 있습니다. 그 수치 이야기를 하자면 혈압은 139-90이었습니다. 콜레스테롤 등의 검사 결과는 나중에 나온다고 합니다. 오후에 담당자가 천장에 달린 TV 카메라를 점검하겠다고 말하러 왔기에 한바탕 소동이 일어났습니다. 방을 옮길 때마다 "깨끗하게 보이도록" 카메라를 점검하는데 '작작 좀 하지 그래' 싶어집니다. 담당자가 개인적으로 우리를 괴롭히고 싶어서 하는 일이 아님은 알고 있지만, 점검 전에 수색 검사를 맡은 간수 네 명 정도가 와서 방 안 이곳저곳을 조사하고 갔습니다. 그리고 그게 끝나니 다른 방으로 가서 또 TV 카메라를 점검합니다. 45분 정도 걸렸을까요. 하루 종일 조용하게 책을 읽거나 하이쿠를 짓고 있다고 생각할지도 모르지만 그런 일은 절대 없지요.

---

146 다이도지는 여기서 사형이 연말에 자주 집행된다는 것을 암시하고 있다. 이후에도 12월은 다이도지에게 사형의 중압감을 안겨 주는 달로 지속해서 언급된다. - 역자 주.

- 12월 8일

　지난번 편지에 썼던 제 하이쿠「골판지 쪽방 / 나도 잠을 잤겠지 / 쌩쌩 찬바람」
에서, 왜 "잠을 잤겠지"라고 과거 추측형으로 썼는지 의문을 가질지도 모르겠습니
다. 저는 노숙자가 남의 일 같지 않습니다. 감옥보다 춥거나 더울 것이라고 생각하
기 때문이 아니라 제가 만약 '늑대'의 일원이 아니었다면, 또 체포되지 않았더라면
저도 노숙자의 한 명이 되었으리라 생각하기 때문입니다. 회사가 도산하거나 명예
퇴직으로 쫓겨났을지도 모르고, 혹은 경영진과 충돌하여 스스로 몸을 던졌을지도
모릅니다. 사는 게 서툴기에 충분히 있을 수 있는 일입니다. 그리고 체포되기 전까
지 2년 가까운 시간 동안 정직원이었지만, 그전까지는 산야山谷[147]에서 일용직으로
일하거나 일판[148]이나 도한[149] 등에서 아르바이트를 했습니다. 일용직으로 일할 때
한 달의 반 이상 허탕을 쳤는데, 지금 어쩔 수 없이 노숙 생활을 하고 있는 사람들이
거쳐 왔을 길을 저도 걸었던 것이죠. 그래서 "나도 잠을 잤겠지"라고 쓴 것입니다.

- 12월 13일

　예전에 같은 층에 있던 사형수가 저 혼자만이라고 썼을 때, 마사히로 군이 하카
마다 씨[150]도 같은 층에 있을 것이라고 말해 주었습니다. 그걸 확인하지 못한 채로

147　도쿄의 JR 미나미센주 역의 남쪽에 위치한, 일용 노동자들의 거리. 전후의 고도 경제 성장기에는 건설
　　공사, 도로 공사 등에 종사하는 일용직 노동자들이 간이 숙박 시설, 술집 등이 밀집했다. 다이도지는 호
　　세이 대학 입학 전에는 오사카의 가마가사키 등 일용직 노동자의 거리를 전전하기도 했다. - 역자 주.

148　일본 출판 판매 주식회사日本出版販売株式会社. 출판물 중개 회사로 일본 내에서 상당한 영향력을 가지고
　　있다. - 역자 주.

149　도쿄 출판 판매 주식회사東京出版販売株式会社. 출판물 중개 회사이며 일판과 더불어 일본 양대 출판물 중
　　개 회사이다. 1992년에 '주식회사 도한株式会社トーハン'으로 사명을 바꾸었다. - 역자 주.

150　하카마다 이와오袴田巖(1936~). 시즈오카 출신의 전 프로 복서. 1966년 자신이 일하던 회사의 상사 가족
　　네 명을 살해하고 방화를 저지른 혐의로 1980년 사형 확정. 그러나 2014년 시즈오카 지방재판소가 재
　　심 개시와 하카마다의 사형 및 구치의 형 정지를 결정하여 하카마다는 석방된다. 하지만 무죄 판결이

줄곧 지냈는데, 마사히로 군이 말한 대로 하카마다 씨처럼 보이는 사람이 있었습니다. 어제 구장[151] 그리고 계장과 함께 보호방(안방)에서 돌아온 사람이 하카마다 씨였다고 생각합니다. 그를 처음 본 건 이미 몇 년 전의 일이라서 "~로 보이는 사람"이라고밖에 쓸 수 없지만요. 그가 있는 방은 담당석을 끼고서 반대편이라서 미처 몰랐습니다. 하카마다 씨로 보이는 사람이 왜 보호방에 격리되어 있는지는 모릅니다. 격리될 때 알아차리지도 못했을 정도니까요. 야간에 큰 소리라도 낸 걸까요

나지 않았기에 석방되었어도 여전히 사형수라는 아이러니컬한 상황에 놓여 있는 상태이다. – 역자 주.

151 구장은 정식 직명이 아니라 통칭이다. 소장 이하, 십수 명의 간부 직원 중 한 명. 처우상의 결정권은 가지지 않지만, 여러 요구를 호소할 수 있는 상대. 다이도지 마사시, 『사형 확정 중』, 19쪽의 각주 16을 참고. – 역자 주.

2003년

• 1월 1일

늘 무뚝뚝한 얼굴을 한 간수가 신년 인사를 건넸습니다. 꼭 정월이라서 그런 게 아니라 역시나 연말부터 형 집행이 없었기 때문이겠지요. 작년은 정월 분위기가 아니었으니까요.

• 1월 4일

정초 사흘 동안 추웠습니다. 지금까지 따뜻한 겨울 날씨가 이어졌는데 올해부터는 심신이 움츠러듭니다. 그 때문인지(?) 연말부터 연초까지 이어진 감기가 드디어 나았습니다. 노숙자에게는 이 추위가 영향을 미치겠지요. 잠을 못 자는 건 아닐지. 건강을 해치지 않았으면 좋겠습니다. 다시 읽은 책을 포함해서 연말연시에『어둠의 아이들』[152],『마르코스: 여기는 세계의 귀퉁이인가—글로벌라이제이션을 둘러싼 대화』[153],『팔레스티나 국제 시민 파견단 의장부 방위전 일기』,[154]『개는 '비요' 하고 울었다—일본어의 재미있는 의성어와 의태어』[155],『한시』[156]등을 읽었습니다.

---

152 梁石日,『闇の子供たち』, 解放出版社, 2002. 한국어판은 김응교 역,『어둠의 아이들』, 문학동네, 2010.

153 Ignacio Ramonet, 湯川順夫 訳,『マルコス・ここは世界の片隅なのか—グローバリゼーションをめぐる対話』, 現代企画室, 2002.

154 José Bové, コリン・コバヤシ 訳,『パレスチナ国際市民派遣団 議長府防衛戦日記』, 太田出版, 2002.

155 松浦友久,『漢詩—美の在りか』, 岩波書店, 2002.

『팔레스티나 국제 시민 파견단 의장부 방위전 일기』는 서평이 나와 있는지요. 널리 소개되어야 할 책입니다. 조제 보베(프랑스의 농민 활동이라기보다는 반글로벌라이제이션의 투사라 해야 할까요)의 보고는 라말라 등의 상황을 전하고 있어서 읽을 만하지만, 압도적인 국가 폭력에 대한 저항 운동과 국제적 연대 운동으로서 살아 있는 텍스트이기도 합니다.

구름바다의 / 끝자락이 보이는 / 새해가 밝다

• 1월 26일

영화 〈형무소 안에서〉[157]가 호평을 받고 있는 모양입니다. 그런데 이 영화를 보고 형무소가 "쾌적한 공간"이라고 하는 건 대체 뭘까요. 수인들이 서로 화기애애하고 맛있는 식사를 하는 것처럼 그리고 있지만, 그건 그렇게 하지 않으면 형무소 안에서 시간을 보낼 수 없기 때문입니다. 형무소 안이 노숙 생활보다도 훨씬 편안하다는 소리를 쓴 작가도 있는데, 그가 말하는 쾌적함이란 노예의 쾌적함을 가리킵니다. 무기수와 장기 수형자에게 담장 안이란, 담장 안이라는 점에서는 사형수도 포함되지만, 쾌적한 공간일 리가 없습니다. 쾌적하다고 열변을 토하는 사람에게는 기꺼이 대신 구치소에 들어와 달라고 하고 싶군요. 이와 관련된 이야기인데, 「소보」 104호를 보니 가마타 씨가 유쾌하지 않은 일에 휘말렸다고 합니다. 본인이 조심하려고 해도 그런 일은 역시 일어나는 건가요. 저는 면회와 옥외 운동을 빼면 감방 안에 갇혀 있는 신세이긴 해도, 일어날 일은 일어나는 법이고 형무소에서는 더욱 그러리라고 짐작합니다. 담장 안에서는 어떤 유쾌하지 못한 일도 전부 본인 혼자서 극복하고 해결해야 하니까 여간 힘든 게 아니지요.

---

156 山口仲美『犬は「びよ」と鳴いていた―日本語は擬音語・擬態語が面白い』, 光文社, 2002.

157 원제는 「刑務所の中」. 2000년 출판된 하나와 가즈이치花輪和一의 만화가 원작으로, 2002년 재일 교포 영화 감독인 최양일이 영화화하여 큰 주목을 받았다. - 역자 주.

- 2월 17일

구미권을 중심으로 1,000만 명이 넘는 사람들이 미국과 미국을 추종하는 나라들이 벌이는 이라크 침공에 반대하여 데모에 나섰다고 보도되었습니다. 일본에서는 좌익과 평화주의자들이 중심이지만, 구미권의 경우는 보다 광범위한 계층이 참가하고 있습니다(그렇지 않으면 런던과 바르셀로나 등지에서 100만 명으로 추산되는 사람들이 참가한 것을 설명할 수 없지요). 아프가니스탄 침공은 9·11 때문에 어쩔 수 없다고 생각했던 사람들도 이라크 침공에는 그것을 정당화할 어떤 근거가 있는지 의문을 가지고 있겠지요. 부시와 블레어가 후세인 체제 타도를 외친다면 더욱이 그러합니다. 일본 정부가 언제까지 미국의 졸개로 남을 수 있을까요.

- 2월 21일

문부성이 인터내셔널 스쿨 졸업생에게는 대학 수험 자격을 부여해도 조선 학교와 한국 학교 등 민족 학교 졸업생에게는 부여하지 않을 방침이라고 합니다. 애국 교육을 강요하니까 민족 학교는 차별해도 괜찮다는 뜻이지요. 미국의 안색만 살피는 외무성 흉내를 내고 있다는 것일까요. 화나는 일입니다. 민족 학교에 다니는 아이들의 대부분은 일본에서 태어났고 졸업 후에도 일본에서 생활합니다. 그럼에도 불구하고 수험 자격을 부여하지 않는다는 것은 명백한 정치적 차별입니다. 민족 학교에 다니는 아이들에 대한 차별과 박해를 멈추게 해야 할 위치에 있는 자들이 솔선하여 차별에 나서다니, 도대체 일본이란 어떻게 된 나라입니까?

누구를 위한 / 일본인가 봄날의 / 살짝 낀 얼음

- 2월 23일

나고야 형무소 수형자의 폭행 치사에 대한 모리야마 법무 대신의 발언은 정말로 불성실하고 무책임합니다. 그리고 어처구니가 없을 정도로 무식합니다. 예를 들어 감옥법 제7조 청원(수감자가 처우에 대해 불복할 경우, 법무 대신 혹은 순열 관리[158]에게 호소할 수 있다는 규정)을 모리야마 법무 대신은 몰랐던 모양이니까요. 전부 관료에게 맡기고서 어느 것 하나 주체적으로 임하는 법이 없었지요. 그런 모리야마 법무 대신이니 두 번에 걸쳐 네 명의 집행란에 도장을 찍을 때조차 그들의 기록을 훑어볼 생각도 하지 않았겠지요. 관료가 결재를 부탁해 오면 유유낙낙히 따를 뿐입니다. 용납하기 어려운 사람입니다.

- 3월 3일

현재 상영 중인 〈맨발의 1,500마일〉의 원작[159]을 읽었습니다. 호주 원주민 어보리진과 백인 사이에서 태어난 혼혈아를 강제 격리하는 정책으로 인해, 격리 수용된 시설에서 고향까지 1,500마일(2,400킬로미터)을 맨발로 걸어서 돌아간 세 명의 소녀들의 실화입니다. 어보리진에 대한 백인 정권의 비인간적인 격리, 동화 정책(일본 정부의 아이누 민족 동화 정책과 공통점이 있습니다)에 실제 행동으로 저항한 소녀들의 씩씩함이 가슴을 울립니다.

- 3월 15일

반전 집회에 2만 혹은 4만으로 추정되는 사람들이 참가하여 지난주 히비야 공원이 인파로 꽉 들어찼다고 보도되었습니다(도쿄 신문 사진에는 우치다 변호사의 모습도 보였습니다). 한때 기분이 고양되었지만 같은 날 미토水戸의 가이라쿠엔[160] 매화 축제에 10만 명이 참가했다는 걸 알고 나니 이건 아니라고 생각했습니다. 일본 정부가 고립되어 있는 미국을 적극적으로 지지하면서 군대는 파견하지 않더라도 가해자

---

158 2년에 1회 법무성에서 오는 관리로, 피구금자가 구치소 내의 처우 개선 희망 등을 청원하는 상대이다. 다이도지 마사시『사형 확정 중』 11쪽 참고. – 역자 주.

159 Doris Pilkington, 中江昌彦 訳『裸足の1500マイル』, メディアファクトリー, 2003. 영화판은 필립 노이Phillip Noyce가 감독하여 <Rabbit-Proof Fence>라는 제목으로 2002년 개봉하였다. 한국에서는 〈토끼 울타리〉라는 제목으로 상영. – 역자 주.

160 偕楽園. 이바라키현의 미토 시에 있는 일본식 정원. – 역자 주.

가 되려는 지금, 매화 축제에는 안 가도 괜찮지 않을까 생각합니다. 매화는 내년에
도 피니까 데모에 참석하길 바랍니다.

- 3월 18일

부시가 이라크에 최후 통첩을 알렸습니다. 대량 살상 병기 문제는 어느새 잊히고
후세인 체제 타도만을 목적으로 삼고 있습니다. 저는 후세인 체제를 지지하지 않지
만, 독재 체제라는 이유로 미국과 영국군이 타도를 위해 공격한다면 그건 미국과
영국에 대한 9·11적 행동을 합리화하고 유발하는 행위가 되겠지요. 그리고 고이
즈미가 이라크 침공을 지지한다면 일본에 대해서도 마찬가지입니다.

- 3월 20일

미국과 영국군이 이라크 침공을 개시했습니다. 사상 최대의 군사 제국 미국의 의
도에 따라 시작된 이 더러운 전쟁에는 한 점의 명분도 없습니다. 그리고 고이즈미
는 즉각 미국을 지지한다고 언명했습니다. 그 근거로 북한 대응과 미일 동맹의 중
요성을 들었습니다. 이는 곧 일본 정부가 이라크 다음으로 북한과의 전쟁을 염두에
두고 있다는 것을 보여 줍니다. 북한을 군사적으로 타도하기 위한 시나리오를 이미
그리고 있을지도 모릅니다. 일본의 반전 운동은 대이라크 전쟁뿐만 아니라 대북한
전쟁도 생각하면서 꾸려 가야 합니다.

- 3월 24일

미국은 아프가니스탄 때와 똑같이 이라크에서도 식료품과 의약품을 배급하면서
침공하고 있다는군요. 자못 인도적 원조를 베풀고 있는 듯이 보이지만, 지금까지의
경제 제재로 500만 명으로 추정되는 이라크 어린이들의 목숨을 빼앗고선 이게 대
체 무슨 짓이란 말입니까. 미사일을 몇천 발 쏘거나 초대형 폭탄을 투하하면서 인

도적이라니 정말이지 질립니다. 12년 전에는 초반부터 이라크군이 전부 패퇴했는데 이번에는 당시보다 전력 면에서 훨씬 열세임에도 불구하고 거세게 저항하고 있습니다. 이것은 전쟁의 도의성 때문이 아닐까요. 이라크는 전 세계를 적으로 돌리고 말았지만 이번에는 그렇지 않습니다. 오히려 미국과 영국의 침공이야말로 도의에 어긋나니까요.

• 3월 27일

　신설 수용동에 옮긴지 1주일. 아직 면회소와 진료소에는 가 본 적이 없지만 목욕과 운동은 경험했으니까 대강은 알고 있습니다. 지은 지 얼마 안 되었기 때문에 새롭고 또 외관도 훌륭하지만 너무 밀폐되어 지내기에 불편합니다. 창문은 80센티미터×90센티미터 크기의 경질 플라스틱성 붙박이창입니다. 때문에 열고 닫기가 불가능하고, 환기는 창문 양측의 통풍구(7센티미터×90센티미터)를 열어야만 가능할 뿐입니다. 그 통풍구에는 펀치 플레이트가 끼워져 있어 손가락 하나조차 밖으로 내밀지 못합니다. 창문에는 철창이 없기에 언뜻 보면 개방적이지만, 바깥쪽은 통로를 끼고 불투명한 유리와 강철 블라인드로 덮여 있어 희미하게나마 건너편의 B동 벽면이 보일 따름입니다. 풀 한 포기와 나무 한 그루도 보이지 않으니 매우 살풍경합니다. 욕실은 샤워기도 있고 널찍하지만, 작은 붙박이창만 있고요. 운동장은 관리동과 마주보며, A동과 B동의 연락 통로에 만들어져 있습니다. 그런데 제가 있는 곳은 8층이라서 햇볕이 전혀 들어오지 않습니다. 옥상에 있는 운동장을 사용하는 사람만이 은혜로운 햇빛을 쬘 수 있으니 불공평합니다. 단기간만 수감되었다가 출감하는 사람은 괜찮겠지만 여기서 장기간 지내야만 하는 사람이 햇볕을 못 쬐는 건 심신의 건강에 좋지 않습니다. 또 여기에는 에어컨 설비도 있지만 늘어선 독방 사이의 복도 아래에는 난방(온풍)이 돌아서 방 안이 매우 건조합니다. 자기 전에 젖은 수건을 걸어 두면 아침에 빳빳해질 정도지요. 그러다 보니 코와 입 안이 말라서 여기에 온 뒤로 감기 증세가 계속되고 있습니다. 코가 건조해져서 건강을 해친다니 개나 마찬가지입니다. 수일 전부터 바로 옆방에 있는 사람이 벽과 문을 두들기거나 식기를 내동댕이치는데, 아마도 밀폐 상태를 견딜 수 없게 되었겠지요. 현대적, 즉 인공적이 되어 가면 갈수록 억압적으로 변합니다. 햇볕도 포함해서 개선을 요구하겠습니다.

• 4월 26일

베트남 전쟁의 패배 이후 미국은 이길 수밖에 없는 싸움만 한다는 것이 이번 이라크 침공으로 증명되었습니다. 아프가니스탄 때에도 그랬지만, 고작 참새나 비둘기를 쏘아 떨어뜨릴 수 있는 대포밖에 가지지 못한 상대에게 한 발에 수천만 엔 혹은 수억 엔을 호가하는 미사일과 초대형 폭탄을 고공에서 투하한다니 참으로 비겁합니다. 그런데 일찍이 일본군이 중국 충칭을 비롯해 여러 도시에 가했던 폭격이 사상 최초의 도시 폭격이었고 독일과 이탈리아, 미국이 그 뒤를 이은 것입니다(『쇼와 천황』[161]에서). 일본에서는 이 무차별 폭격을 가한 해군 항공대와 그 파일럿들을 칭송하는 일은 있어도 죽은 몇만 명의 중국인을 추도하는 일은 없습니다. 이라크 민족을 살상한 미국과 영국군, 그리고 거기에 가담한 일본 정부를 규탄하면서 일본군의 손에 죽은 중국 민중에 대해 생각합니다.

옮겨 가서는 / 높은 곳에서 꺼진 / 아 어스름달

• 4월 29일

미·영 연합군의 공격에 따른 이라크인 사망자는 민간인이 2,000명, 병사가 1만 명으로 추정된다고 합니다. 병원 관계자의 이야기라 실제로는 더 많겠지요. 그래도 후세인의 친위대가 완강하게 저항해서 전쟁이 장기화되리라는 예상에 따라 산출한 몇만 명, 몇천 명이라는 규모에는 미치지 않은 채로 끝났습니다. 예상을 큰 폭으로 밑돈 것에 대해, 미디어는 이라크 민중이 입은 피해가 대단한 것은 아니었다는

---

161 Herbert Bix, 吉田裕 訳 『昭和天皇』, 講談社, 2002.

듯이 다루면서 '부흥'에 초점을 맞추고 있습니다. 하지만 이건 사상적인 타락이 아닐까요. 부시와 블레어, 그리고 고이즈미와 같은 수준으로 떨어져 버렸네요.

• 5월 4일

새 수용동 문제를 반복해서 쓰고 있는데, 현장에 있는 간수들은(사방舍房 담당부터 구장까지. 구장은 관리직이지만 현장에 밀착되어 있기 때문에) 우리가 하는 말을 이해해 주어서 구조 자체를 바꾸는 건 불가능해도 세세한 개선을 위한 노력은 해 줍니다. 옥중에 있는 사람에 대한 관리 강화는 현장 간수들의 노동 여건 강화이기도 한 까닭에, 그들도 현장의 목소리가 반영되지 않았다는 불만이 있는 모양입니다. 물론 구금되어 있는 우리들과는 차원이 다른 "불만"이지만 그래도 그런 와중에 이쪽의 요구를 다짜고짜 팅기는 일 없이 긍정적으로 검토해 주는 점은 평가할 만하다고 생각합니다.

• 5월 16일

유사 관련 3법안[162]이 중의원에서 가결됐습니다. 자위대 간부는 "나라를 지키나 국민은 지키지 않는다"고 공언하고 있습니다. 부시 정권의 미국이 자기 방위라는 미명하에 아프가니스탄과 이라크를 침략한 것을 보면, 일본이 "나라를 지킨다"고 하면서 다시 타국을 침략하지 않을 거라고 어떻게 장담할 수 있을까요. 나아가 유사법은 전쟁을 추진하기 위한 법규이니까요.

매화 열매가 / 떨어지는 민초를 / 지켜 내야만

---

162 유사 법제. 유사有事란 일본이 외국에게 무력 공격을 당하거나 무력 공격을 당할 위험에 처했을 때, 수상이 자위대에 방위를 목적으로 한 출동을 명령하는 것을 가리키며 유사 법제란 이를 규정하는 법제를 의미한다. – 역자 주.

2003년

- 5월 19일

　스물아홉 번째의 5월 19일입니다. 그 날만큼 세차게는 아니지만 오늘도 아침부터 비가 내립니다. 체포된 날이라는 의미 이상으로 노도카 군이 자결한 날이기도 하고, 또 우리들이 체포됨으로써 나호코 씨와 요시미 군이 자결[163]했기에 숙연해집니다. 그러나 또한, 체포되면 극형을 면할 수 없음을 알면서도 왜 우리들은 싸우려고 했던 것인가, 그 초심을 잊어서는 안 된다는 생각을 새로이 다지고 있습니다. 자결한 동료들의 뜻이 물거품이 되지 않도록 하기 위해서도요.

- 6월 7일

　유사법 성립 뉴스를 접하면서,『봉기에는 이르지 못한 채』[164]를 읽었습니다.「신좌익 사인 열전新左翼死人列伝」으로 열거된 27명 속에 노도카 군이 포함되어 있기에 남의 일처럼 읽을 수는 없었고, 또 간바 미치코[165] 씨와 시마 시게오[166] 씨를 제외하면 제가 운동에 관련된 이후 동시대의 사람들이라서 그때그때 우리들의 모습을 떠올려 보게 됩니다. 저자인 고아라시 씨는 당파의 활동가로 5년여의 시간 동안 감옥을 경험했으며 의리와 인정이 두터운 사람인 모양인데, 27명의 죽음을 자신과 관련시키며 엄격하면서도 안타까워하는 시선으로 바라보고 있습니다. 27명이 살아 있었더라면 유사법 성립을 어떻게 받아들였을까요. 저야 분해서 이를 갈 뿐이지만요.

163　아라이 나호코와 후지사와 요시미. 동아시아반일무장전선과의 관련성으로 이름이 거론된 이들이나, 동아시아반일무장전선의 일제 체포 후 스스로 목숨을 끊었다. - 역자 주.

164　小嵐九八郎『蜂起には至らず 新左翼死人列伝』,講談社, 2003.

165　간바 미치코樺美智子(1937~1960). 도쿄 대학 재학 중이던 1960년 당시 '60년 안보 투쟁'이 전개되고 있었으나 경찰과의 무력 충돌로 인해 사망. 향년 22세. - 역자 주.

166　시마 시게오島成郎(1931~2000). 60년 안보 투쟁 당시의 전학련 서기장. 정신과 의사. - 역자 주.

- 6월 16일

　새 수용동의 운용 시작에 발맞추어 간수 여러 명이 다른 형무소에서 도쿄 구치소로 이동해 왔습니다. 그들 대부분은 20대 후반 정도로 짐작되는데, 같이 지내보면 이동해 온 간수임을 금방 알 수 있습니다. 평소 못 보던 얼굴이어서가 아닙니다. 옥에 갇힌 사람을 보는 눈길이나 사용하는 말투가 다르기 때문입니다. 아무리 봐도 범죄자를 상대하고 있는 태도라고 해야겠지요. 운동장에서 맨발로 돌아다니면 운동이 끝난 후에 발을 씻을 수 있는데, "어이, 발 씻어!"라고 하는 식입니다. 원래부터 있던 도쿄 구치소 간수들은 이렇게까지 노골적으로 명령하지는 않았습니다. 만약 "씻어"라고 했어도 그 뉘앙스가 전혀 다릅니다. 일단 그들은 표면적이라도 부드럽게 대응하려고는 하니까요. 형무소의 간수는 기본적으로 피고인이 아니라 수형자를 상대하기에, 위압적인 명령조를 사용하도록 훈련받는 걸까요. 나고야 형무소의 간수들도 이런 태도겠지 하고 생각하게 됩니다.

- 6월 20일

　『제국과의 대결』[167], 『영화/혁명』[168], 『낭독자』[169]를 읽었습니다. 앞의 두 권은 '이사' 등의 이유로 영치해 두는 등, 늦어지는 바람에 지난주 주말부터 병행해서 읽고 있던 것입니다. 이크발 아마드는 9·11 사태를, 심지어 오사마 빈 라덴의 이름을 들며 예측했던 혜안의 학자로 평가받는데 알제리의 파농과 인도의 간디, 팔레스티나의 아라파트와 협력했다니 스케일이 대단히 큽니다. 그리고 그런 사람이 대학에서 가르칠 수 있는 미국의 포용력을 느낍니다. 아다치 씨의 책은 제목 그대로 영화와 일본적군의 관계에 대한 책인데, 영화 혹은 영화 평론에서 혁명을 말한 사람은 몇 명 있었지만 아다치 씨는 실제로 게릴라 부대원이 되었기에 더욱 강조되어야 한다고 생각합니다. 『낭독자』는 구 나치의 여간수를 사랑한 소년 혹은 그 반대의 이야

167　Eqbal Ahmad, 大橋洋一 外 訳, 『帝国との対決—イクバール・アフマド発言集』, 太田出版, 2003.

168　足立正生, 『映画/革命』, 河出書房新社, 2003.

169　Bernhard Schlink, 松永美穂 訳, 『朗読者』, 新潮社, 2003.

기인데, 저 자신에 비추어 여러 가지를 생각하게 합니다.

방심했더니 / 폐부가 썩어 가는 / 곰팡이구나

• 7월 8일

1972년이 하나의 시대의 '시작의 끝'이며 '끝의 시작'이라는 인식하에, 그 해의 여러 사건과 인물 등을 다룬『1972』[170]를 읽었습니다. 저자인 쓰보우치 유조[171]는 도쿄 토박이 특유의 경박함과 속된 느낌이 다분한 남자라서 싫어했지만, 의외로 첫 부분에서 연합적군에 대해서 다루고 있습니다. 좌익과 전공투 세대가 언급하는 연합적군보다 설득력이 있다고까지 말할 수 있을지도 모릅니다. 어설프게 운동의 한가운데 있던 동세대라면 자기 자신의 경우에 비춰 생각할 수밖에 없기 때문에 차분하게 파악하기가 힘듭니다. 당시 열네 살이었던 쓰보우치처럼 프로레슬러를 좋아하는 등 유행에 민감했고, 커서도 정치에 관심이 없는 사람이기에 더욱 선입관을 배제하고 볼 수 있구나 싶습니다. 그리고 납치 피해자 다섯 명이 귀국한 것을 두고「세계」72년 12월 호 특집「조선민주주의인민공화국의 주장」이 도마 위에 올랐는데, 언론은 시대의 제약과 한계라는 명목으로 정당화하거나 모호하게 만들어서는 안 됨을 느낍니다.

• 7월 10일

나가사키에서 유아를 유괴해 살해한 중학교 1학년생, 열두 살이라고 합니다. 살해당한 유아는 말할 필요도 없지만, 그 중학생도 죄를 자각할 수 있게 된다면 괴로워하겠지요. 오키나와에서도 중학생이 중학생을 집단으로 폭행하여 살해했습니다. 교사(학교)나 주위의 가까운 어른이 그들에게 관심을 가졌더라면 살해되지도 또 살

---

170 坪内祐三,『一九七二─「はじまりのおわり」と「おわりのはじまり」』, 文藝春秋, 2003.

171 쓰보우치 유조坪内祐三(1958~2020). 일본의 평론가, 에세이스트. 외가의 증조부가 시인이자 일문학자, 안과 의사인 이노우에 미치야스이며 민속학자인 야나기타 구니오가 증조숙부.

해하지도 않았을지 모릅니다. 이런 사건을 두고 정부와 자민당에서 소년법 개악을 선동하는 움직임이 나올지도 모르지요. 그러나 최고 권력자가 득의에 가득 차, 대의도 없는 미국과 영국군의 이라크 침략을 지지하면서 무턱대고 자위대를 파견하려 드는 것이 어린이들의 마음을 더욱 살벌하게 만들고 있음을 깨달아야 합니다.

- 7월 24일

어제 중의원 법사위원회의 멤버가 도쿄 구치소의 사형 집행장을 시찰한 모양입니다. 점심 전에 헬리콥터가 상공을 선회했는데 방송국 취재였을까요. 오늘, 평소라면 아침 9시 즈음에 배부되는 신문이 오후에 배부되었는데(그날 조간과 전날 석간이 함께 배부되는데, 석간만 느지막하게 배부되었습니다) 신문 기사가 검게 칠해져 있었습니다. 처형장이 어디에 있나 따위를 다룬 부분일까요. 이번 시찰이 사형 폐지 논의를 진행하는 데에 일조할 수 있으면 좋겠습니다.

- 7월 26일

이라크 파병 법안이 참의원에서 강행 채결되었습니다. 이라크를 침략, 점령한 미국, 영국 양국에서 늦게나마 침략에 대한 의문 부호가 생기고 있는데 이 나라의 정치는 도의도 논리도 통하지 않습니다. 다만 부시 정권 미국의 안색만을 살피고 충실히 따를 뿐이지요. 고이즈미와 가와구치 요리코, 이시바 시게루, 후쿠다 야스오 등이 위헌을 무릅쓰더라도 이라크에 자위대를 파병한다는데, 과연 납득할 만한 말을 한 적이 있을까요. 지난번에 1년간 자살자가 또다시 3만 명을 넘었다고 보도되었습니다. 경제적인 이유로 자살하는 사람이 많았던 모양인데, 도의라곤 없이 꽉 막혀 버린 이 나라의 정치에 혐오를 느끼는 사람들도 적지 않았던 것은 아닐까요. 정부와 여당의 폭거가 그러한 일들을 예언하고 있는 듯한 느낌이 들어 견딜 수 없습니다.

• 8월 7일

이렇게 더운데 면회를 와 주셔서 정말 감사합니다. 건강하신 듯 보여서 마음이 놓입니다. 히토시 군과 배우자 분이 함께해 주셨다고요. 여름휴가인데 죄송합니다. 감사드린다고 전해 주십시오. 이번 주부터 간수들이 교대로 여름휴가에 들어갑니다. 그래서 못 보던 간수와 접하게 될 것 같습니다. 어느 날, 임시로 배치된 나이 지긋한 간수가 말을 걸어왔습니다. 20년도 전에 우리들이 공판장에 갈 때 경호를 맡은 적이 있다고 합니다. 그리고 "아직 신참이었기 때문에 내일 기폭企爆[172] (그들은 '기바쿠キバク'[173]라고 부르고 있었나 봅니다) 경호를 하라는 명령을 받고 그날 밤 잠을 잘 수가 없었다"고 하는 것입니다. 매번 퇴정으로 끝나다 보니 싫기도 하고 무서웠다고 합니다. 수많은 방청객 앞에서 우리들의 팔다리를 붙잡고 끌어내자니, 명령이라고는 하지만 하기 싫었던 모양입니다. 유키가 아랍에 가기 전에 유키의 발을 들어올려 끌어낸 적이 있는데, 그 후의 공판에서는 마스나가 군에게 얻어맞고 구로카와 군(구로카와 요시마사)에게 걸어차인 적도 있다고 하네요. 그러니까 그들에게 유쾌하지 않은 기억이 있는 듯(?)하지만, 그렇다곤 해도 싫다든가 무섭다고 느끼는 간수가 있을 줄이야. 우리들이 난폭하게 굴려고 해서 그랬던 것이 아니라, 발언 내용에 개입을 당하거나 발언이 금지되었기에 이에 대해 항의하면 퇴정 명령을 받았고, 하는 수 없이 간수와 충돌하는 상황이 벌어졌던 것입니다. 어쨌든 간수가 그런 이야기를 들려주다니, 그만큼 시간이 흘렀다는 이야기로군요.

• 8월 16일

정부 주최의 전몰자 추도식에서 고이즈미가 전쟁은 없을 것이라고 맹세했다지

---

172 '연속 기업 폭파 사건連続企業爆破事件'의 약칭. - 역자 주.

173 한자 '기폭企爆'을 음독으로 읽으면 '기바쿠'이다. - 역자 주.

요. 그리고 가해 책임에 대해서도 언급했다고 하네요. 하지만 그런 건 빈말에 불과하겠지요. 가해 책임을 진정으로 반성한다면 야스쿠니 신사를 참배할 수 있을 리가 없기 때문입니다. 야스쿠니 신사는 모든 전사자의 넋을 기리고 달래는 것이 아니라 천황의 군대, 천황의 병사의 넋만을, 즉 가해자만을 기리고 있는 것입니다. 전후에 종교 법인이 된 것을 두고 야스쿠니 신사가 변했다고 보는 의견도 있지만, 기리고 있다는 점이 동일하니 본질이 변할 리가 없습니다.

- 8월 22일

무카이 다카시向井孝 씨가 돌아가셨다는 것을 알고 놀랐습니다. 건강하다고 생각했었기 때문입니다. 무카이 씨는 우리들이 체포된 직후부터 비난의 목소리만이 빗발치던 때에도 지원의 목소리를 내 주셨습니다. 오사카에서 1,000명이 넘는 지원 집회를 주최했고, 또 지원 팸플릿을 발행하여 각지의 동료들을 만들어 주셨지요. 사형 폐지 운동에도 적극적으로 임해 주셔서 얼마나 힘이 되었는지 모릅니다. 무카이 씨는 비폭력 직접 행동을 제창하고 또 실천하셨으니, 우리에 대해서는 화해하기 힘든 비판 의식을 갖고 있었겠지요. 그럼에도 그는 우리를 지지해 주었으며, 공감할 수 있는 부분에 초점을 맞추어 지원해 주었습니다. 마찬가지로 운동을 만들어 가는 방법과 다양한 행동 방법 등, 무카이 씨의 실천에서 배울 점이 대단히 많았습니다. 더 오래 살아 계셨으면 했습니다. 긴 세월에 걸친 지원과 호의에 마음 깊은 곳으로부터 감사드립니다. 고인의 명복을 빕니다.

오로지 외길 / 비로소 드러나는 / 태풍의 흔적

- 9월 14일

그저께 오사카 구치소에서 무카이 신지[174]의 사형이 집행되었습니다. 살인 등의

---

174 무카이 신지向井伸二. 1985년, 세 명을 살해한 용의로 고베 구치소에 수감되어 있을 때 목사인 무카이 다

흉악 사건 증가를 문제시하고 치안 회복을 외치는 사회적 분위기에 응한 걸까요. 혹은 오사카 교육 대학 부속 초등학교에서 아동 살해 사건[175]을 일으킨 다쿠마 피고가 던진 도발적인 말이 유족의 감정을 자극했고, 그를 향한 비난이 확산되는 가운데 다쿠마 피고가 오사카 구치소에 수감되어 있던 터라 그곳에서 사형이 집행된 걸까요. 어찌 되었던 사형이 정치적으로 이용되고 있음을 입증합니다. 그렇다곤 해도 모리야마 법무 대신은 세 번째, 그리고 다섯 명째 사형을 집행했습니다. 그는 법무 장관 소원[176]도 모르는 사람이라 전부 관료에게 맡기고 관료가 말하는 대로 집행 날인을 한 것뿐이겠지요. 신지 군은 슈지 군이 사형되기 직전에 "힘내"라고 메시지를 남긴 세 명 중의 한 명입니다.

- ● 9월 19일

  이라크에서는 여전히 반미 기운이 거세며, 미국과 영국 등 점령군에 대한 게릴라 공격이 끊이지 않고 있습니다. 게다가 당초의 우발적이고 산발적인 공격에서 계획적이고 조직적인 공격으로 변해 가고 있는 모양입니다. 부시의 전쟁 승리와 종결 선언 후, 즉 점령기에 들어서고 난 후 되려 미국과 영국군 병사의 사망자 수가 는 것 같은데, 미영 점령군이 이라크 민중에 대해 저지른 발포(살해)와 체포, 가택 수색 등은 후세인 정권 시대보다도 더 악랄하다니까 당연한 결과이겠죠.

  그런데 자민당 총재 재선이 확실시된 고이즈미는 이라크에 자위대 파병을 "포기하지 않는다"고 하고 있다고요. 이건 자위대가 게릴라 세력에 공격당해서 사상자가 나와도 "포기하지 않는다"라는 것인지, 혹은 자위대가 "포기하지 않고" 이라크

케코向井武子와 입양 관계를 맺어 교류를 이어 갔다. 1993년에는 세례를 받았다. 1996년에 사형 판결을 받고, 2003년 9월 12일에 사형이 집행되었다. 무카이 다케코는 2009년『사형수의 어머니가 되어』(신교출판사)를 출간한다. - 역자 주.

175 2001년 6월 8일에 오사카부 이케다 시의 오사카 교육 대학 부속 이케다 소학교에서 발생한 소학생 무차별 살상 사건. 이 사건으로 아동 여덟 명이 사망, 아동 열세 명과 교사 두 명이 상해를 입었다. - 역자 주.

176 일본 감옥법 제7조는 수형자가 감옥의 처치에 불복이 있을 경우 법무 대신 혹은 순열 관리에게 소원할 수 있다고 정해 놓고 있다. - 역자 주.

민중을 살상하겠다는 것이라면, 총리 그 자신은 안전하게 방탄 설비가 갖춰진 도쿄 관저에 숨어 있는 주제에 잘도 떠드는 셈이겠네요. 누군가가 말했듯, 자기 아들을 파견 요원으로 보내고 나서도 그렇게 큰소리칠 수 있는가 묻고 싶습니다. 그리고 자신이 비판받을지도 모른다는 점을 의식해 가며 하는 발언이라면, 참으로 소심하네요.

날뛰는 악령 / 주체하지 못하는 / 아아 초겨울

· 10월 11일

이번 주에 읽은 책부터 이야기해 보지요. 신숙옥 씨의 『귀곡추추鬼哭啾啾』.[177] 재일 동포 차별이 심한 일본에서는 희망을 찾을 수 없기에 조부와 숙부, 조카가 북한이 편안한 곳 같진 않아도 귀환한 것이라고, 저자는 말하고 있습니다. 그리고 일본의 차별을 해소하고 함께 여기 일본에서 살아 가자고 말해 주었더라면, ‘귀국’ 따위는 하지 않아도 되었다고도요. 저자 자신이 ‘귀국’하려고 했던 만큼 일본인이 재일 동포 전부를 “내쫓으려 했”기 때문이라는 지적이 무겁습니다.

사사키 마사코 저 『호랑가시나무 울타리를 넘어서』.[178] 한센병 요양소에 격리되어 온 세 명의 여성을 인터뷰한 책입니다. 직접적으로는 정부와 후생성(의 의사를 정점으로 하는 의료 종사자)이 환자를 강제로 격리시켜 수용했지만, 그것을 용인해 온 것은 한센병 환자를 차별하는 이 사회며 우리들입니다. 한센병에 맞서는 것은 곧 자신들의 차별성을 직시하는 일입니다.

강상중, 우치다 마사토시 공저 『재일 동포에게서 온 편지』.[179] 저자 두 사람의 개

---

177 辛淑玉, 『鬼哭啾啾—「楽園」に帰還した私の家族』, 解放出版社, 2003.

178 佐々木雅子, 『ひいらぎの垣根をこえて』, 明石書店, 2003.

179 姜尚中, 内田雅敏, 『在日からの手紙』, 太田出版, 2003.

인사와 관련해서 내셔널리즘의 극복과 9·11이후의 상황, 동북아시아의 상황 등이 대담과 편지 속에서 전개되고 있는데, 저(우리)에 대한 비판도 있습니다. 우치다 씨는 우리가 "관념적이고 독선적"이라고 합니다. 강상중 씨는 "완전한 고립 상태 속에서의 테러리즘"이라고 하네요.

맥없이 흔들리는 / 생사의 경계 / 가을 참억새

• 10월 18일

마사쿠니 씨로부터 온 소식을 통해 어머니가 10일에 다른 병원으로 옮기셨다는 사실을 알았습니다. 아직 대기 상태인 줄로만 알았는데 다행입니다. 안심했습니다. 재활 치료를 시작하자마자 괄목할 만한 성과가 나올 리는 없으니 끈기 있게, 퇴원을 목표로 힘내셨으면 합니다. 그리고 재활 치료를 할 때 몸을 많이 움직이고 더 많이 드셔서 살이 찌시면(!) 좋겠습니다. 지금 상태라면 휠체어째 바람에 날아가 버릴 겁니다. 이동을 거들어 주시는 분들에게는 그편이 가벼워서 편할지도 모르겠지만요.

저기 자오선 / 정확하게 반으로 / 철새 가르다

• 10월 21일

가와무라 변호사가 마유미 씨에게 받은 이메일 복사본을 보내 주었습니다. 티셔츠 소송의 본인 심문이 11월 21일로 정해졌다고 합니다. 30년 가까이 구금되어 있는데, 사형이 확정된 후에는 외부 소통 제한 탓에 누군가와 대화할 일이 거의 없어 대화 능력이 떨어졌습니다. 간수를 상대로 일상적인 용건을 말하는 데도 고생하는데, 재판관과 피고 측 공무원 여러 명을 눈앞에 두거나 상대라도 한다면 대화는 더더욱 불가능하겠지요. 그렇기에 감옥 바깥의 원고(옥외 원고)가 동석해서 도와주지 않으면 곤란하다는 취지를 재판관에게 전달해야 합니다. 그러나 법무성과 도쿄 구치소 당국이 인정하지 않아서 옥외 원고가 동석하지 않고 재판이 진행될 경우에는 재판관이 대신해서 심문하게 되겠지요. 어려운(?) 내용이 나오면 대답을 못 해 쩔쩔매거나 피고 측이 말꼬리를 잡고 늘어질 겁니다. 따라서 이런 저라도 대답할 수 있는 것이어야만 합니다. 옥외 원고 여러분들께는 수고를 끼치겠지만요.

- **11월 21일**

  10시 조금 전, 3층 연수실로 쓰고 있는 소강당에 연행되었습니다. 정면에 젊은 재판관이 앉아 있었고, 저와 비슷한 연배인 듯한 중년 여성 세 명이 그 앞에 앉아 있었습니다. 서기관과 속기관입니다. 그리고 오른쪽에는 정부 측 대리인이 주욱 늘어서 있었습니다. 형식대로 선서를 하고 난 후 옥외 원고가 입회하지 않은 걸 두고 질문하니 "재판소는 입회를 요청했으나 도쿄 구치소가 인정하지 않았다"고 설명해 주었습니다.

  재판관도 도쿄 구치소의 완고한 태도를 유감스럽게 생각하는 듯이 보였습니다. 심문은 쟁점을 따라 옥외 원고가 사전에 제출한 심문 항목의 반 이상 진행되었을까요. 혀가 잘 돌아가지 않았고 생각했던 바를 충분히 말할 수 없었습니다. '좋은 성적'은 아니었지만 이 정도면 됐다고 생각했습니다. 마지막으로 "옥외 원고 및 이 재판에 대해 생각하고 있는 바를 진술하시오"라고 하길래, "사형수를 지원해 왔을 뿐만 아니라 공동 원고가 되어 준 사람들을 옥중 원고와 똑같이 취급하지 말아 주길 바랍니다. 그들은 밑바닥 사람들과 학대받는 이들을 생각하는 진정한 의미의 인권파입니다. 옥중 원고가 사형수고 과격파며 나쁜 놈이니까 본건의 처분이 정당화된다는 피고의 논리에 가담하지 않기를 바랍니다"라는 취지로 진술했습니다. 그 후에 피고 측의 대표자인 듯한 사람이 세 가지 정도 반대 심문을 한 뒤 종료했습니다. 한 시간 정도밖에 안 되었지만 완전히 지쳐 버렸습니다. 익숙지 않아서이기도 하고, 또 전날 밤 거의 잠을 못 자서이기도 합니다. 긴장하고 흥분한 탓이 아니라요. 조금은 그렇기도 했겠지만, 머리를 식히기 위해 아침부터 커피를 들이켜서 카페인

과잉 상태였던 데다, 영치해 두었던 관계 서적과 겨울옷 소독과 방충제 냄새(저는 이 냄새를 별로 좋아하지 않습니다)[180]에 맥을 못 춘 탓이기도 하기 때문입니다. 별 수 없이 날이 밝기 전에 자려던 노력은 그만두고 서류를 훑어보고 있었으니 지칠 만합니다. 그렇긴 해도 날씨가 좋아서 다행입니다. 모처럼 옥외 원고 모두가 멀리서 달려와 주었기에(모두 도쿄에 살지만) 비라도 내리면 어쩌나 걱정하던 참이었습니다. 3층에 연행되기 직전에 요코 씨가 보내 준 차입금과 간단한 메시지를 받았습니다. 정말이지 절묘한 타이밍에 격려를 받았습니다. 감사합니다.

저 시든 연꽃 / 더욱이 온몸 속에 / 거센 물줄기

• 11월 25일

저 멀리 오키나와에서 찾아와 준 지하루와 면회. 어제 〈사형 집행에 종지부를! 사형 폐지를 원하는 시민 집회〉의 동정과 참가자의 고령화, 그리고 그에 따른 질병과 부상이 화제에 올랐는데, 이건 사형 폐지 운동에만 국한된 문제는 아니겠지요. 하지만 사형 폐지 운동에 역풍이 심하게 휘몰아치는 상황에서 500명을 넘는 사람들이 모여 주었다는 것이 매우 기쁩니다.

• 12월 1일

이라크 주재 일본 외교관 두 명과 이라크인 운전사가 총살당한 사건에 대해 정부와 매스 미디어 모두 테러를 용납하지 않겠다며 분노하고 있습니다. 그러나 이러한 사태를 피할 수 없다는 건 충분히 예견할 수 있었기에, 사망자를 내고서 호들갑을 떤다는 건 오히려 애초에 대책이 없었음을 보여 줄 뿐입니다. 사망한 외교관들은 이라크 부흥을 지원하겠다는 의욕에 불타고 있었던 모양인데, 그 지원이란 것이

---

180 다이도지는 『사형 확정 중』 속의 서신에서, 외부의 냄새가 차단된 감방이라는 특수한 상황에 처해 있기에 후각이 극도로 예민해졌다고 쓴 바 있다. 다이도지 마사시, 『사형 확정 중』, 28~31쪽을 참고. – 역자 주.

무엇인지를 알아보지도 않고 죽은 그들을 영웅시하는 것은 대체 어찌 된 일일까요. 그들이 생전에 좋은 사람이었다 해도 말이지요. 그들은 일본의 외교관으로서 일본 정부의 지시를 받아 미영 주도의 점령 통치에 협력한 것이지요. 또 부흥 지원이란 원래 존재하지도 않았던 대량 살상 병기를 빌미 삼아 미영 군대가 미사일과 폭탄으로 모든 것을 파괴했기에 필요해진 일입니다. 매치펌프[181] 같은 것이 아닌가요. 일본 정부가 정말로 두 명의 죽음을 추도한다면, 미국과 영국의 이라크 침공에 명분이 없었음을 인정하며 대미 추수를 그만두고 파병을 중지해야 할 것입니다.

• 12월 4일

마감일이 다음 주로 닥쳐왔기에 연하장 발신 신청을 했습니다. 그런데 오후 늦게 "연하 인사 이외의 것을 썼다"며 클레임이 걸렸습니다. "매년 그 정도는 썼지만 통과되기도 했고, 그게 제 연하 인사입니다"라고 반박하긴 했지만, 정말이지 억울해서 부들부들 떨고 있습니다. 11월 21일에 있었던 티셔츠 소송의 본인 심문 때문에 도쿄 구치소가 과잉 경비를 한 모양인데, 그것의 연장일까요? 동료들에게는 보낼 수 없었던, 클레임이 걸린 글을 여기에 옮겨 두겠습니다. "민주주의와 인도주의의 재정의가 문제시되고 있습니다. '선한 사람은 선하지 않은 사람이 본받는 스승이 되고, 선하지 않은 사람은 선한 사람의 반성이 된다'는 노자의 말[182]은, 개인뿐만 아니라 국가와 민족을 선악으로 가르는 행동이 얼마나 어리석은지 가르치고 있는 것이 아닐까요. 올해도 잘 부탁드립니다. 2004년 첫날, 「뛰어 건너는 / 생과 사의 언덕에 / 신년의 첫봄」." 제 하이쿠 중에 "생과 사의 언덕에"란 현세와 내세의 중간에 있다고 하는 언덕을 뜻합니다. 살아서 신년을 맞이한다는 기개를 가지고 "뛰어 건너는"이라고 표현했습니다. 한 달 앞의 일도 모르지만요.

---

181 원문은 "マッチポンプ". 부당한 이익 추구 방법의 속칭. 한쪽으로는 사건을 추궁하면서 다른 한편으로는 수습을 제의하여 금품 등을 갈취하는 방법. - 역자 주.

182 노자의 『도덕경』에 나오는 말. 원문은 "故善人者, 不善人之師, 不善人者, 善人之資". - 역자 주.

- 12월 23일

『하늘의 눈동자』[183]를 드디어 읽었습니다. "드디어"라고 한 이유는, 중간에 1주일 정도 독서를 쉬긴 했지만 11월 말부터 읽기 시작했는데도 오늘까지 시간이 걸렸기 때문입니다. 상하권 세트로 850쪽이나 되고, 스토리가 지상과 공중의 이중 도시를 배경으로 삼아 전개되는 데다가 공중으로 연행된 환자가 기록하는 「카나시라도 항해기」가 얽히는 복잡한 구조라서요. 그리고 남쪽 섬의 군사 기지 앞에서 분신 자살한 가나모토와 20년이나 구금되어 있는 사형수가 등장하다 보니 영판 남의 일이라고는 생각할 수 없었기 때문이기도 합니다. 꽤 자극이 되는 내용이라 다 읽었을 때의 성취감이 대단합니다

---

183 蜷川泰司, 『空の瞳』, 現代企画室, 2003.

2004년

- 1월 1일

고이즈미 수상이 야스쿠니 신사를 참배했습니다. 정월 첫 참배라는 핑계를 댈 수 있다고 여긴다면 매우 둔감한 것이지요. 이라크 파병으로 자위대원 중 전사자가 생길 거라 예측하고 한 짓이라 비열하다고 할 수밖에 없습니다. 정부는 이라크 파병에 앞서 하루 수당을 1만 엔에서 3만 엔으로, 사망자 위로금을 6,000만 엔에서 9,000만 엔으로 올렸고 서훈 제도도 준비하려 하고 있습니다. 말 그대로 '돈과 명예'를 줄 테니 전장으로 가라는 것이나 마찬가지로, 고이즈미의 야스쿠니 참배도 그 맥락에 있습니다. 정말이지 역겹기 짝이 없군요.

저녁에 1만 엔 정도의 정월 식료품을 훔쳐서 체포된 노숙자가 보도되었는데, 옥중에서는 12월 31일에 도시코시 소바[184]와 새해 첫날에 나무 찬합 도시락이 배부됐고 떡국도 나와서, 먹는 것만큼은 정월 기분을 느낄 수 있습니다. 간치쿠 씨와 와쿠다 씨, 다카하시 씨, 나카미치 씨, 우치다 씨가 연하장을 보내 주셨습니다.

---

184 일본에서는 12월 31일에 메밀 면을 먹는 풍습이 있다. 메밀 면은 다른 면보다 잘 끊어지는 특성을 가지고 있기 때문에 한 해의 나쁜 운을 끊어 버린다는 의미가 있다. - 역자 주.

- 1월 13일

  리에 씨가 보낸 편지가 교부되지 않아서 요구하니, 송금 연락과 간단한 인사 글이라면 교부하지만 그 이상은 허가하지 않는다는 답변을 받았습니다. 외부 소통 제한에 저촉된다는 소리겠지만 아쉽습니다. 마사쿠니 씨의 소식을 통해 어머니가 1월 8일에 퇴원하셨다는 사실을 확인했습니다. 다행입니다. 4개월하고도 보름 만에 나오는 셈이라 사회의 감이 돌아올 때까지 조금 시간이 걸릴지도 모르지만, 서두르지 말고 천천히 하시기 바랍니다. 그리고 날이 춥고 건조하니 감기에 걸리지 않도록 조심하시길 바랍니다.

- 1월 14일

  고이즈미 수상을 비롯한 정치가(꾼)들처럼, 이라크에 가서 장기간 체류하지도 않는 자위대의 고위 간부들은 번지르르하게 말은 참 잘 합니다. 그들은 대원의 목숨보다도 우선 전장에 자위대원을 보내고 싶을 뿐입니다. 그러나 상관이 해야 할 일은 미국과 일본 정부의 부조리한 요구와 명령에 몸을 던져서라도 대원의 편을 드는 것 아닌가요. 자위대원은 정치에 놀아나는 사태를 거부해야 합니다.

- 2월 7일

  이라크 파병 자위대를 위한 송별회와 출발 풍경은 현대판 '출정 병사' 그 자체였습니다.[185] 고이즈미 수상의 훈사도 어쩐지 수상쩍었는데, 하마다 야스카즈 방위 부장관(하마코[186]의 아들인가요?)은 "무사도의 나라에서 온 자위관의 의기를 보여라"며 마치 '전의 고양' 같은 연설을 했습니다. 안전지대에 있는 고관들의 선동은 용납할 수 없습니다.

---

185 태평양 전쟁 당시 일정 연령에 달한 남성은 소집되어 출정해야만 했다는 점을 가리킨다. - 역자 주.

186 자민당 출신 7선 중의원 의원이었던 하마다 고이치浜田幸一(1928~2012)의 별명이다. 실제로 하마다 야스카즈 방위부 장관의 아버지이다. - 역자 주.

- **2월 9일**

  올해는 러일 전쟁 100주년입니다. 이 전쟁은 조선과 중국 동북부의 패권과 영유를 둘러싼 신·구 제국주의 간의 전쟁이었습니다. 즉 조선과 중국에게는 침략과 핍박뿐인 전쟁이었습니다. 그러나 시바 료타로[187] 같은 선동가가 이를 마치 일본의 저항과 자기 방위自衛를 위한 도의적인 전쟁이었던 것처럼 바꿔치기했습니다. 지금, 대량 살상 무기를 구실로 이라크를 침략하고 점령한 미국과 영국군, 그리고 일관되게 이를 지지하고 이라크에 자위대를 파병하는 일본 정부가 대량 살상 무기의 존재를 부정했음에도 불구하고 침략과 점령을 더욱 정당화하는 것을 보고 있노라니, 역사는 반복될 뿐 진보하지 않았다고 생각됩니다. 그런데 자민당과 하토야마 전 대표외 민주당 의원 50여 명이 "나라가 어려울 때 목숨을 바친" 러일 전쟁 전사자의 넋을 기리기 위해 야스쿠니 신사에 참배한다고 합니다. 러일 전쟁을 긍정하고 찬미하는, 역사에서 배운 것이 없는 자의 산 표본입니다. 개탄스러운 일입니다.

- **3월 10일**

  「지원련支援連 뉴스」 257호에 공소심의 본인 심문을 마친 유키의 보고문이 실려 있습니다. "해냈다"라는 분위기를 주는 문체인데 내용은 정반대로 "미안", "변호단의 발목을 잡고 말았다. 정말 죄송하고, 후회스럽다"는 내용이 줄줄이 적혀 있었기에, 어처구니없는 실수를 저지른 건지 혹은 통곡을 하느라 증언을 제대로 못 한 건아닌지 걱정했습니다. 그런데 오늘 가와무라 변호사가 보내온 공판 조서를 읽어 본바로는 완벽까지는 아니더라도 결코 나쁘지 않은 내용이었습니다. 1심의 증언보다더 정리되었고 어물거리지도 않았습니다. 변호단의 발목을 잡는 일 따위는 없었습

---

187 시바 료타로司馬遼太郎(1923~1996). 역사 소설, 논픽션 작가. 1959년 『올빼미의 성』으로 나오키 상을 수상하면서 역사 소설계에 새로운 바람을 일으켰다. 대표작으로는 『료마가 간다』와 『도요토미 히데요시』, 『나라 훔친 이야기』 등이 있다. 한국에도 여러 작품이 번역되어 소개되었다. - 역자 주.

니다. 그렇다면 그녀의 후회는 예전의 투쟁을 반성하고 있으며, 그 투쟁은 사이토 노도카 군이 주도했고 자신은 거기에 따랐을 뿐이라는 증언 내용 때문일까요. 그런데 그녀의 증언은 변호단의 방침에 따른 것이었고, 그렇게 하지 않으면 무기 징역 공격을 되받아칠 수 없으니까 어쩔 수 없었겠지요. 재판의 증언은 검찰 측과의 공방 속에서 이루어지는 것이므로, 여하튼 저는 그녀의 증언이 괜찮지 않았나 생각합니다.

- 3월 12일

　두 번에 걸친 재심에 대해서 적었는데, 제 경우는 변호단이 있고 게다가 재심 연구회에 모인 동료들이 새로운 증거를 찾거나 새로운 증거를 위한 실험을 해 주고 있습니다. 저는 실로 복 받은 입장에 있으며 그런 제가 득의양양하게 재심 청구의 필요성을 외치는 데에 질렸다는 의견이 있을지도 모릅니다. 당신은 혼자 힘으로 재심 청구를 해야만 하는 사람들의 고생을 알 리가 없다고요. 확실히 그렇습니다. 그렇다고 해서 혼자 힘으로 재심 청구를 하기가 힘들다고 말해도 별 의미가 없으니, 저 같은 입장에 있는 사람이라도 재심 청구 장려를 외칠 필요가 있다고 봅니다. 같은 사형수이지만 사건의 내용이 다르고 변호인과 가족, 그리고 동료의 유무 등이 저마다 다릅니다. 그리고 이 차이에 구애된다면 그 어떤 발언도 할 수 없게 되고 맙니다. 입장 차이를 고려하되 재심에 대해서 써야만 한다고 판단했습니다.

　스페인에서 통근 열차 폭파 사건을 일으킨 조직은 스페인과의 (저항)전쟁을 수행한다고 생각하는 걸까요. 설령 (저항)전쟁이라 해도 비판은 면할 수 없습니다. 저항과 탄압이라는 소용돌이 안에 있으면 대국적인 시야를 확보하는 일이 불가능한 걸까요.

겉과 속 바람에도 / 피어 있겠지 / 노란 수선화

- 3월 15일

헨미 요 씨가 니가타에서 강연하던 중 몸 상태가 좋지 않다고 호소한 뒤 입원하셨다는군요. 뇌출혈이 의심된다던데 가벼운 상태라면 좋겠습니다. 그 분은 저와 네 살 차이가 나는데, 그 말인즉 아직 예순도 되지 않았다는 뜻이니 하루빨리 회복하시기를 염원합니다.

- 3월 20일

미·영국군이 이라크를 침공한 지 1년이 지났습니다. 부시의 종결 선언을 비웃기라도 하듯 반反미영 세력의 저항 전쟁은 계속되어 모로코와 터키, 사우디아라비아, 스페인은 물론 미국과 영국에 동조하고 가담해 온 모든 나라에까지 투쟁이 확대되고 있습니다. 그리고 고이즈미의 부시 추종과 자위대 파병 탓에 일본 정부에도 반복해서 경고가 내려지고 있습니다. 고이즈미는 이제 와서 물러설 수 없다고 강경한 발언을 하고 있지만, 될 대로 돼라 식이니 무책임하기 짝이 없습니다. 1년이 지났으니 침략의 옳고 그름을 근본부터 다시 생각해 봐야 합니다. 1년이라는 점에서 새 수용동에 이감된 시간과 동일하군요. 새 수용동에 이감되는 혼잡한 상황 속에서 미·영군이 이라크 폭격을 개시했다는 뉴스를 듣고 이를 갈았습니다.

- 3월 29일

폐쇄적인 새 수용동에 이감되어 이제는 벚꽃을 볼 일도 없겠구나 하며 체념하고 있었는데, 북측의 방에서 추위에 견뎌 온 덕택인지(!) 아득하기만 한 "바깥세상"의, 비록 한 그루 전체는 아니었어도 꽃을 볼 수 있습니다. 구 남사南舍의 외측과 예전의 직원 식당 앞(안에 있는 정원)에 있는 나무입니다. 두 그루 모두 여기에 이감되기 전에 면회소를 왕복할 때 보았던 것인데, 그것을 지금은 아득한 높이에서 내려다보고 있는 것입니다. 이런 요행도 있구나 싶어 생각을 곱씹어 보고 있습니다. 모처럼 피었으니 서둘러 지지 말라고 생각하면서요.

- 3월 31일

　오후에 구장이 와서 "다른 곳으로 옮기게 되어 오늘이 마지막입니다. 아무런 힘도 되지 못했습니다. 부디 몸조심하세요……"하며 인사를 건넸습니다. 도쿄 구치소의 다른 부서로 옮기는 것이 아니라 다른 감옥(소문에는 홋카이도)으로 가게 되었으니 일부러 인사를 위해 찾아 준 것이겠죠. 작년 봄에 새 수용동을 향한 대이동이 있었으니, 그는 전에 있던 곳부터 도합 3년간 구장을 지낸 셈입니다. 옥에 갇힌 사람의 말을 잘 들어주었고(소위 불평꾼뿐 아니라 누가 말하든 전부) 성실하고 유연하게 대응해 주었습니다. 융통성 없는 태도에 무사안일주의자뿐인 간부 중에서는 보기 드문 존재였습니다. 아직 젊기 때문에(40대 초반일까요) 몇 년 지나면 다시 도쿄 구치소로 돌아올 가능성도 있지만, 어딜 가든 수인의 목소리에 귀를 기울여 주길 바랍니다.

- 4월 5일

　영화 〈플래툰〉[188]을 비디오로 시청했습니다. 베트남 전쟁에서 미군이 침략군으로서 베트남 인민(농민)을 처형하고, 소녀를 강간하고, 수확한 쌀과 가옥을 불태우는 등의 잔학한 폭거, 그리고 정글에서의 끝없는 전투와 눈에 보이지 않는 적의 공격에 떨면서 권태감에 빠진 미군의 사기 저하 및 규율의 혼란이 그려져 있습니다. 시대도 전장도 다르긴 하지만, 침략군이며 점령군인 미군의 모습은 지금의 이라크와도 통하는 데가 있습니다.

- 4월 24일

　새싹이 날이 갈수록 선명한 초록빛을 띠며 무성해지고, 덥지도 춥지도 않은 좋은 계절이 왔지만 오히려 그것 때문에 구속되어 있는 사람은 차분해지기 어려운지 자살을 시도하는 사람이 늘어나고 있습니다. 어제 도쿄 구치소에서 30대의 남성

---

188 〈Platoon〉. 올리버 스톤 감독의 영화로 1986년 개봉. 한국에서는 1987년 개봉했다. - 역자 주.

이 자살했다고 보도되었는데(방 안에서 목을 매어 죽었다니까 구옥사(旧舎)겠죠), 제가 있는 곳에서도 어제 운동장에서 목을 매달려고 하다가 실패한 사람이 있었습니다. 오후에 제가 달리기를 하고 있으려니 간수가 바로 옆의 가까운 울타리를 향해 "그만 둬!"라고 외쳤습니다. 곧 간수들이 우르르 몰려와 젊은 남성을 연행해 갔습니다. 벌써 몇 년이나 안면을 트고 지내 온 사람이었습니다. 줄넘기용 밧줄이라도 쓰려고 했던 걸까요. 그 남성 외에도 방 안에서 젓가락과 볼펜 등을 소지할 수 없게 되고(사용할 때만 주는 모양입니다), 수건이 짧은 것으로 교체된 사람이 가까이에 있는데 그들도 자살 미수일지 모르겠네요. 살아서 나갈 수 있으니 자살 따위는 하지 말라 싶지만, 형의 경중에 관계없이 독방에서 마냥 이 생각 저 생각을 하다 보면 반드시 그렇지만은 않으니까요.

바람 소리가 / 통곡 소리로 되어 / 봄은 어디로

• 5월 7일

『저항론』[189]에서 제 하이쿠 「마주 보이는 / 텅텅 빈 감방 / 쏟아지는 장맛비」를 인용해서 무척 정중하게 새겨 읽고 있습니다. 「자기 자신의 파시즘」이라는 에세이의 도입부로 말이지요. 그 하이쿠는 제가 아는 한 누구도 주목한 적 없이 단순한 옥중 하이쿠로 읽혀 왔을 뿐이라 기뻤습니다. 헨미 씨는 이 책을 낸 후 곧바로 입원하셨다고 하는데 경과는 어떠신지요. 이런 시대 상황이기에 더욱 헨미 씨의 건강과 필력이 회복되기를 절실히 바라고 있습니다.

• 5월 11일

유키의 공소심 판결은 1심보다 가벼워지진 않았지만 검찰의 무기 징역 공격을 물리칠 수는 있었습니다. 변호인과 그녀가 건투한 결과입니다. 판결 직전에 7년 동

---

189 辺見庸, 『抵抗論—国家からの自由へ』, 毎日新聞社. 2004.

안 보류 중이던 『그러나 나에게는 전투가 기다리고 있다 — 사이토 노도카(동아시아 반일무장전선 대지의 엄니)의 흔적』[190]이 간행되었으니, 유키는 강제 송환된 이래 만나고(재회하고) 교류해 온 동료들과 함께 이 책을 버팀목으로 삼아 남은 10년여의 감옥 생활을 헤쳐 나갈 수 있겠지요. 근래 9년 정도, 같은 도쿄 구치소에 수감되어 있다는 점만으로도 유키를 가까이 느끼며 지내 왔습니다. 그러니 유키가 형무소에 수감되면 조금 외로워지겠지만, 그래도 아랍에 가 있을 때나 생사를 모르던 때를 떠올리면 아무것도 아닙니다. 수감은 출소하기 위한 첫 걸음이니까 형무소 안에서 우경화하는 이 사회를 투영하여 보여 주길 바랍니다.

- 5월 12일

저녁 점검 종료 직후, 오늘 아침에 어머니가 돌아가셨다는 마사쿠니 씨의 전보를 전달받았습니다. 믿을 수가 없어서 몇 번이나 거듭 읽어 보고서야 겨우 어머니의 죽음을 받아들였습니다. 그러나 망연자실한 채, 두서없이 사죄하고 후회하다 결국 뜬눈으로 밤을 새웠습니다. 어머니는 1월에 퇴원하셨지만 체중 감소가 예사롭지 않아 걱정이긴 했습니다. 사후에 이런 생각을 해도 소용없지만요.

체포 직후부터 저를 줄곧 지지해 주셨던 아라이 미키오荒井幹夫[191] 씨도 어머니와 몇 시간 차이로 세상을 떠나셨다고요. 부득불 30년 가까운 날들을 되돌아보지 않을 수 없었습니다. 아라이 씨와 어머니의 명복을 진심으로 기원합니다.

아라이 미키오 씨를 애도하며

하늘 찌르는 / 에미시의 등줄기 / 눅눅한 장마

어머니 죽음 / 미키오 씨 승천한 / 바로 다음날

북녘 저편에 / 빛나기 시작하는 / 더운 밤 샛별

---

190 東アジア反日武装線への死刑重刑攻撃とたたかう支援連絡会議 編, 『でもわたしには戦が待っている — 斎藤和(東アジア反日武装戦線大地の牙)の軌跡』, 風塵社, 2004.

191 아라이 나호코, 아라이 마리코 씨의 아버지이다.

- 5월 14일

점심 전에 지하루와 면회를 가졌습니다. 교미京美 양도 오키나와에서 달려와 주었다는 소식입니다. 하지만 면회가 이루어지지 못해서 아쉽습니다. 어머니는 오후에 화장된다고 합니다. 12일 밤에는 유아사 씨[192]가, 어젯밤에는 샤코와 고료[193]의 동창 S 씨, 그리고 지하루가 어머니 곁을 지켜 주었고 많은 사람들이 모였다고 합니다. 감사한 일입니다. 어머니는 제가 알고 있는 것보다 까마득히 많은 사람들과 교류하고 계셨던 것이겠죠.

- 5월 18일

아침에 마사쿠니 씨와 면회를 가졌습니다. 어머니는 산소 흡수력이 저하되는 바람에 산소 흡입을 하기로 해서 낙담하고 계셨다는군요. 요 사이에 기온차가 컸는데, 극심하게 여위어 체력이 떨어져 있던 어머니가 버티시기 어려웠을까요. 생명이 소진된 것이겠거니 생각하는 한편, 하릴없는 생각이 들기도 합니다.

- 5월 19일

오늘이 어머니의 초칠일[194]이었네요. 살아 계셨다면 면회를 와 주셨으리라 생각하니(돌아가신 그날, 19일에 면회를 가겠노라고 어머니가 보내신 엽서가 도착했으니) 힘이 쭉 빠지고 맙니다.

---

192 유아사 요시치카湯浅欽史(1935~2019). 도쿄 도립대 공학과 재임 후 은퇴. 산리즈카 공항 파이프라인 매설 반대 운동 등에 참여해 오다가 정년 후에는 원자력 자료 정보실에서 자료 수집을 도왔다. 다이도지 마사시의 재심 청구 때 폭탄의 위력에 대한 감정서를 작성했다. 2019년 11월에 사망했다. ─ 역자 주.

193 다이도지 마사시가 졸업한 구시로 고료 고등학교를 가리킨다. ─ 역자 주.

194 사망한 지 7일째의 법요. ─ 역자 주.

2004년

• 5월 26일

도쿄 도 교육 위원회가 도립 고교의 졸업식과 입학식에서 '기미가요'를 제창할 때 기립하지 않았던 학생이 소속된 학급의 담임 57명에게 엄중하게 주의를 주었다고 하네요. 즉 기립한 채로 '기미가요'를 제창하도록 교사를 통해서 학생에게 강제하는 셈입니다. 도 교육 위원회는 {신타로}[195]에게 아첨하는 등, 패전 전으로 돌아가려 하고 있군요.

• 5월 31일

아침에 마사쿠니 씨와 면회를 가졌습니다. 어머니를 추도하는 모임이 7월 11일로 잡혔다는 소식입니다. 나카야마 지나쓰 씨[196]가 마이크를 잡고 이런저런 이야기를 들려주신다고 하니, 저세상에 계신 어머니도 기뻐하고 계시겠지요. 멀리서부터 와 달라고는 못 하겠지만, 가까운 곳에 계시는 분들께서 참가해 주신다면 감사하겠습니다. 참가해 주신 분들이 오랜 동료를 따스히 맞이하거나 혹은 새로운 만남과 교류의 장이 생긴다면, 어머니에게 있어 그 무엇보다 훌륭한 공양이 될 것입니다. 또 어머니의 유골을 어떻게 할지에 대한 이야기가 되겠는데요, 아버지(와 친족)의 묘에 이장하는 게 좋을 듯합니다. 원래라면 제가 발로 뛰며 결정해야 하는데, 사형수 신분인지라 어머니와는 서로 죽음에 대해 한 번도 이야기를 나눈 적이 없습니다. 어머니가 원하셨으리라 짐작되는 대로 해 드려야겠지요. 또 어머니의 집 정리는 마사쿠니 씨와 어머니의 면회에 동석해 주신 이동 보조원 여러분[197]이 기꺼이 맡

---

195 일본의 소설가이자 정치가인 이시하라 신타로를 가리킨다. - 역자 주.

196 나카야마 지나쓰中山千夏(1948~). 작가, 가수, 배우, 성우이자 참의원 의원을 지내기도 했다. 1986년 5월 발행된 잡지 「임팩트」 41호에서 「옥벽 돌파 대담」이라는 테마로 다이도지 마사시와 대담을 나눈 적이 있다. 다이도지 마사시가 옥중에 있어서 사실상 대담이 어려운 상황이기에, 나카야마 지나쓰의 발언이나 질문 등을 편집자가 준비하여 면회에 가서 물으면 다이도지 마사시가 대답하는 방식으로 진행됐고, 대담의 편집 구성을 마치면 그것을 다시 다이도지가 읽고 덧붙이거나 하는 방식으로 대담이 이루어졌다. 「옥벽 돌파 대담―사형 제도를 폐절하기 위해서는」, 「임팩트」 1986년 5월 41호, 대담이 이루어졌던 사정에 대해서는 2020년 3월 31일에 진행된 다이도지 지하루 씨 인터뷰. - 역자 주.

197 원문은 "アッシー". 「기타코부시」 177호에 실린 나가이 히토시永井等 씨의 글 「다이도지 군에 대해―나에 대해」에 의하면, 다이도지의 사형 확정 후에 '지원련을 후방에서 지원하는 Sien'을 만들어 활동 자

아 주시기로 했다는 소식입니다. 저는 아무것도 할 수가 없어서 죄송스러울 따름입니다. 냉장고와 팩스 같은 물건과 책 등을 선뜻 받아 주었다니 다행입니다. 어머니는 이동 보조원 여러분이 쾌유 축하 모임을 계획했었다고 즐겁게 이야기하셨지요. 실현되면 정말 좋았을 텐데요.

엄마 가시고 / 내일은 물이 오른 / 자양화로다

금을 모으거나 「기타코부시」 구독 및 투고를 해 왔다. 또 이 모임 자체는 다이도지의 어머니인 사치코 씨가 건강이 악화된 뒤 도쿄 구치소의 면회 때마다 자동차로 휠체어를 싣고 왕복하거나 사치코 씨의 기분 전환 목적의 드라이브 등을 담당하는 '앗시 부대'의 모체가 되었다. '앗시'는 '다리'에 해당하는 일본어 '아시(足, あし)'가 변형된 것이다. 일본의 경제 고도 성장기에는 인기 있는 여성이 흔히 복수의 남자 친구 중 데이트를 하는 '제1'의 남자 친구 외에 차로 데려다주기만 하는, 즉 다리 역할만 하는 남자 친구도 뒀던 일을 빗대어 "앗시 부대"라고 명명했다. — 역자 주.

大道寺将司くんと確定死刑囚と社会をつなぐ交流誌

キタコブシ VOL 109

2004年6月14日　6月号

郵便連絡先　東京都西東京市北町２－３－２１　太田方　キタコブシ係
電話連絡先　０９０－６８９２－５２５１（午後１時～１１時、大道寺）
郵便振替　００１８０－０－１３２９１６／加入者名　キタコブシ
誌代　　　１部２００円〈送料込み１年分１８００円〉

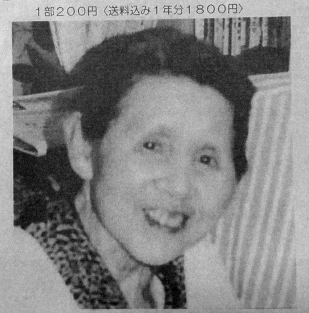

追悼　大道寺幸子さん

• 6월 18일

아침에 마사쿠니 씨와 면회를 가졌습니다. 7·11 집회 등에 대한 이야기가 일단락되었을 때 "그러고 보니" 하며 제2차 티셔츠 소송 이야기로 화제가 옮겨 갔습니다. 피고(국가)가 공소를 단념한 듯하다고요. 옥중 원고에 대해서는 승소 판결이지만 사형수 처우 등에 대해서는 피고 측의 주장을 그대로 받아들이고 있습니다. 재판소가 부당하다고 인정한, 피고에 의한 서증을 교부하지 않은 것은 명확하게 도쿄 구치소의 섣부른 술수이자 폭거이며, 사형수에 대한 현금 차입은 이제 대폭 완화되었으니 피고는 이 승소를 확정시켜도 문제없다고 판단한 것이겠죠. 또 공소에 몇 년을 들여도 1심 판결을 뒤집기 어렵다는 판단도 작용했겠고요. 이걸로 공소심은 없어졌다고 생각하고 있었는데, 오후에 티셔츠 건으로 용무가 있으니 와 달라는 호출이 있었습니다. 배상금 건이라고 하네요. 아침에 이야기를 나눈 참인데 벌써 확정(공소는 그보다 더 일찍 단념했다는 뜻이겠죠)?! 8층의 회의실 비슷한 곳에 연행되어 가니 회계과와 경비대 간부가 대기하고 있었습니다. 거기서 1만 엔 지폐를 앞에 두고선 수령과 영치 서명을 했습니다. 다행스러운 일인데 이 1만 엔은 어떻게 해야 할까요? 제1차 때는 3,000엔이라 그 자리에서 받았는데 1만 엔은 고액입니다. 차입을 받아서 생활하는 처지에 주제넘기는 하지만 역시 '우미의 모임'[198]에 운동 자금으로 기부하기로 했습니다. 옥중 원고 승소를 가져온 것은 옥외 원고의 분투 덕택이니까요. 공평하게 나누어(!) 가집시다. 옥외 원고라 하니 마쓰시타 류이치 씨가 돌아가셨다고 하네요. 신문을 보고 놀랐습니다. 회복에 시간이 걸리는 듯한 인상이었지만 여름에 퇴원한다는 마유미 씨의 연락을 듣고 다소 마음을 놓은 참이었는데요. 아직 67세밖에 안 되셨기도 하여 정말 안타깝습니다. 고인의 명복을 기원합니다.

마쓰시타 류이치 씨를 애도하며

용[199]이 오르네 / 여름날 풀뿌리를[200] / 꽉 움켜쥐고

---

198 후쿠오카에 있는 사람들이 중심인 모임. 티셔츠 소송을 일으킨 주역 중의 하나. 이토 루이와 마쓰시타 류이치도 그 멤버이다. 2020년 3월 31일, 8월 19일 다이도지 지하루 씨 인터뷰 참고. - 역자 주.

199 마쓰시타 류이치의 이름 '松下竜一'의 '용竜'을 의식한 것이다. - 역자 주.

200 1973년부터 마쓰시타 류이치가 사망한 때인 2004년 6월까지 발행하던 교류 잡지인 「풀뿌리 통신」을

- 7월 2일

『팔루자 2004년 4월』[201]을 읽었습니다. 다카토 씨 등 세 명(다카토 나호코, 고리야마 소이치로, 이마이 노리아키)의 일본인 구호 활동가와 저널리스트가 사리아 알 무자헤딘에 피랍되어 있던 시절[202], 미군이 팔루자에서 벌였던 주민 학살 현장의 증언 기록이지요. 일본 매스컴은 대개 구체적으로 보도하지 않았고, 보도하더라도 미군과 점령 당국의 입장에 서 있었기에 귀중한 기록입니다[203]. 그리고 무엇보다 날것의 증언이 가진 박력에 압도된다고나 할까요. 이렇게 학살을 벌이고 있는 주제에 이라크를 해방하겠다는 말이 용케 나오는군요. 자위대의 파병과 다국적군 참가를 용인하는 사람들이야말로 바로 지금, 반드시 읽어 보길 바랍니다.

진군 북소리 듣는 / 푸른 6월의 / 잎과 잎 사이

- 7월 5일

납치 피해자인 소가 씨가 남편, 딸들과 인도네시아에서 재회하기로 했다는데[204] 여비와 체재비 일체를 정부가 부담하는 모양입니다. 또 남편과 딸들을 평양에서 자카르타로 데려가기 위한 비행 편도 정부가 마련한다고요. 사정이 다르다고 하지만

생각하고 넣은 구이다. - 역자 주.

201 Rahul Mahajan著, 益岡賢, いけだよしこ 翻訳, 『ファルージャ 2004年4月』, 現代企画室, 2004.

202 2004년 4월부터 이라크 현지 무장 세력의 외국인 납치 사건이 연이어 발생했다. 무장 세력은 일본인 세 명을 인질로 삼아 이라크에서 일본 자위대의 철수를 요구했다. 그러나 당시 수상인 고이즈미 준이치로는 자위대를 철수시킬 의사가 없음을 밝히고 인질 구조에 최선을 다하겠다고 표명했다. 세 명의 인질은 납치된 지 약 1주일 만에 풀려났지만 일본 사회에서 커다란 비난을 받았다. - 역자 주.

203 저자 네 명(Rahul Mahajan, Joe Wilding, Dahr Jamail, Amy Goodman)은 모두 전쟁 피해와 인권 침해 등에 반대하는 운동과 변호, 원조, 전달이라는 형태로 활동하고 있는 사람들이다. - 역자 주.

204 1978년 니가타현의 간호 조무사인 소가 히토미와 어머니 소가 미요시가 장을 보러 외출한 채 실종되었다. 소가 히토미는 북한에서 전 미군 찰스 젠킨스와 결혼하여 딸 두 명을 낳았다. 찰스 젠킨스는 1960년부터 주한 미군으로 한국에 주둔하였고 1965년에는 군사 분계선에서 근무했는데 정찰 임무 중 북한군에 투항하여 군사 분계선을 넘었다. 소가 히토미는 2002년에 일본으로 귀국했고 남편과 딸들은 귀국을 거부했으나 2004년 7월 9일에 인도네시아 자카르타에서 소가 씨와 재회한 후 7월 18일에 일본으로 귀국했다. 소가 히토미의 어머니인 소가 미요시 씨에 대해 북한은 납치 사실을 부정하고 있어 행방을 알 수 없는 상태이다. - 역자 주.

이전에 이라크에서 감금당한 후 풀려난 사람들에게 여비를 청구한 것과는 무슨 차이가 있는 걸까요. 게다가 이라크에서 감금되었다가 풀려난 사람들은 그들의 의사에 반하여 강제로 귀국당했는데도요. 정부가 소가 씨에게 편의를 봐주는 것은 당연합니다. 그러나 참의원 선거를 유리하게 가져가기 위해서라는 목적이 눈에 뻔히 보이는, 명백한 정치적 이용 행위입니다. 소가 씨 일가와 선거민 모두를 우롱하는 셈이지요.

- 7월 13일

아침에 마사쿠니 씨와 면회를 가졌습니다. 7·11 추도 모임에 150명이 참가했다고 합니다. 많은 분들이 참가해 주셔서 저세상에 계신 어머니도 기뻐하셨겠지요. 저는 날씨만 걱정하고 있었는데, 그럼에도 불구하고 더운 날씨에 모여 주셔서 감사드립니다. 후쿠오카에서 오신 쓰쓰이 씨와 마유미 씨에게 제2차 티셔츠 소송의 배상금을 건네려고 했는데(마사쿠니 씨에게 부탁) 딱 잘라서 거절하셨다고 합니다. 제가 같은 입장이어도 그렇게 했을 것이라고 생각하면서도, 가벼운 마음으로 받아 주셨으면 싶었습니다. 두 분의 강직한 면에 감복합니다.

- 7월 15일

장마가 끝나서 더운 날씨가 계속되고 있는 모양입니다. 애매하게 쓴 이유는 목욕이 7월부터 1주일에 세 번으로 바뀌는 바람에, 바깥에서 운동을 두 번(한 번이었던 적도 있습니다)밖에 못 하게 되어 종일 에어컨을 틀어 놓은 관내에 있으면 바깥이 얼마나 더운지 잘 모르기 때문입니다. 신 수용동에 이감되기까지 약 20여 년간, 이맘때는 땀띠로 고생하거나 수면도 식사도 제대로 못 한 채 축 처져 있었던 걸 생각하면 지금이 훨씬 낫지만서도 계절감을 느낄 수가 없게 되었습니다. 오늘은 매년 한 번 있는 수박이 나오는 날이었는데(한 입 크기로 썰어서 주먹만 한 용기에 담아 놓았습니다) 감사한 마음이 조금은 덜했습니다.

- 7월 16일

어머니를 화장할 때의 사진과 7·11 추도회의 프로그램, 그리고 관련 자료를 받아 보았습니다. 히토시 군 등이 찍어 준 사진인데, 다시금 어머니의 죽음과 마주하고 있습니다. 당일 참배해 주신 여러분께 진심으로 감사드립니다. 7·11에 메시지를 보내 준 도시아키 군과 유키, 고마워. 도시아키 군이 아버님을, 유키가 어머님을 잃었을 때의 비통함을 똑같이 체험하고 있는 것 같습니다. 그리고 후[205]가 만들어 준 「추도 아라이 미키오, 다이도지 사치코」라는 리플렛에도 감격했습니다. 어머니와 마쓰시타 류이치 씨의 에피소드는 재미있네요. 『봉화를 보라』를 집필하기 위해 취재를 와 주신 마쓰시타 씨가 입을 다문 채로 앉아 있기만 하니 어머니가 "트럼프라도 할까요"라고 하셨던 것 말이지요. 마쓰시타 씨는 면회를 와도 거의 이야기를 하지 않았으니까요. 우리들의 공판 보좌인으로 활약해 주신 미키오 씨의 「의견 진술」을 다시금 기록해 주셔서 기뻤습니다. 정말 어떻게 이런 의견을 진술해 주셨나 싶은 내용이니까요. 티셔츠 소송의 공동 원고[206]가 보낸 차입은 이번 주에 도착했습니다. 유아사 씨와 요코 씨, 기쿠에 씨, 마유미 씨, 도쿠사부로 씨, 에구치 씨에게 감사드립니다. 유감스럽게도 보내 주신 소식지는 허가가 나지 않았습니다.

푸른 발 건너 / 젊으신 날 어머니 / 보이는구나

- 7월 26일

제가 수용되어 있는 A동 8층은 사형 확정수, 그리고 1심과 2심에서 사형 판결을 받은 사람들 외에 장기형을 받을 것으로 예상되는 사람과 정신적으로 불안정한 사람들을 많이 모아 둔 곳인데, 형기가 그렇게 길지 않고 벽을 차거나 큰 소리를 내지도 않았는데 여기에 수용된 사람도 있습니다. 그들의 공통점은 문신입니다. 등에서 가랑이까지 전신에 문신을 새긴 사람부터 팔뚝에만 새긴 사람들까지 다양한데요,

---

205 무카이 다카시 씨의 배우자. - 역자 주.

206 원문은 '상원고相原告'이며, 다이도지 마사시와 공동 원고인 상대를 가리키는 말이다. - 역자 주.

문신이 있으면 다인실에서 생활하기 곤란하다고 판단하는 것이겠지요. 지난번 운동장에 나갔을 때 어깨에 무언가 검은색 문신을 새긴 사람이 제 앞에 있었습니다. 나비 같은 모양을 하고 있었지만 나비는 아니었습니다. 어쩐지 신경이 쓰여서 자세히 보니, 세상에!! 베레모를 쓰고 수염을 기른 그 게바라가 아니겠습니까. 콜롬비아인지 베네수엘라 사람인데 "나를 흔해 빠진 불량배로 보지 말라"는 의사 표시인 걸까요.

- 8월 13일

전에 중국에서 열린 아시안컵 축구 대회에서 일장기와 기미가요에 대한 야유, 그리고 일본인 선수와 서포터에 대한 맹비난이 정치 문제화되었는데, 일장기와 기미가요에 대한 야유는 지극히 당연한 반응이 아닌가요. 게다가 일장기를 흔들러 중국까지 가는 서포터의 마음가짐이야말로 문제가 아닐지요. 중국인이 무엇을 하든 "지당하신 말씀입니다" 하며 그들 앞에서 굽신거려야 한다고 말할 생각은 없습니다. 그러나 고이즈미의 야스쿠니 참배, 집단 매춘, 상하이 등 연해 지역의 부동산 투기처럼 중국인이 싫어할 만한 짓을 일부러 저질러 온 것부터 먼저 바로잡아야 합니다.

사진에 대한 제안을 하고자 합니다. 사진은 열 장 정도까지만 차입받거나 소지할 수 있도록 제한되어 있어서, 새 차입이 들어오면 지금까지 소지하고 있던 것을 영치하거나 집으로 돌려보내야 합니다(몇 장을 남기고 몇 장을 영치할지는 선택할 수 있습니다). 그런데 컬러 복사는 팸플릿 취급을 받아서 제한이 없어집니다. 즉 두꺼운 종이 한 장에 사진 너댓 장을 인쇄하면 몇십 장이고 사진을 소지할 수 있게 되는 셈이죠. 요즈음이야 복사를 해도 손색이 없으니까, 사진 매수가 많은 경우에는(적더라도) 그렇게 해 주시면 감사하겠습니다.

한 덩이 구름 / 숨을 내쉬어 보니 / 가을이구나

- 8월 30일

미쓰비시 중공업 본사 건물 폭파 사건으로부터 30년째가 됩니다. 사상자, 그리고 유가족분들의 슬픔을 생각하고 머리를 숙일 뿐입니다. 사죄와 애도의 마음을 올립니다.

- 9월 9일

아침부터 소란스러워서 침착하게 책을 읽을 수가 없었습니다. 아침 9시 전에 사형 확정수인 S 군이 구장에게 "웃기지 마"라고 큰소리를 냈고, 거기에 발맞추듯이 각성제 사용으로 체포된 사람이 빠른 목소리로 뭐라 계속해서 지껄이거나 울음소리를 냈습니다. 또 거기에 장단을 맞추어 문을 걸어차는 사람이 있었습니다. 게다가 간수를 보기만 하면 "멍청한 놈"이라고 욕을 해 대서 보호방에 감금되어 있는 중년 남자가 뭐라 소리치고, 일본어는 하나도 모른다는 신입 스웨덴인이 큰 목소리로 떠들어 대는 형국입니다. 문제가 있다고 당국이 인정한 이들만을 모은 층이지만(왠지 저도 그런 모양입니다) 이렇게까지 소란스러운 경우는 좀처럼 없는 일입니다.

- 9월 15일

어제 오사카와 후쿠오카에서 두 명의 사형이 집행되었습니다. 오사카 구치소에서 집행된 다쿠마 군은 확정된 지 1년밖에 지나지 않았습니다. 9월 14일에 집행되었다는 것은 9월 10일에 집행 명령이 나왔다는 뜻이겠죠. 저번 집행은 작년 9월 12일이었으니 집행률 제로에 1년 이상의 간격이 생기지 않도록 시기를 맞춘 것입니다. 이번 사형은 평소처럼 법무 대신이 퇴임하기 직전에 집행한 것이 아니라 법무성과 사형 존치파의 입장을 따른 것이며, 최근 러시아에서 다수의 어린이들이 희생된 학교 점거 사건[207]의 영향을 받아 다쿠마 군이 '선택된' 것일지도 모릅니다. 다

---

207 2004년 9월 1일~3일, 체첸 공화국 독립파를 중심으로 한 다국적의 무장 집단이 러시아 남부 북오세티야 공화국의 베슬란 시에 있는 베슬란 제1 공립 학교를 점거한 사건을 가리킨다. 이 사건으로 7세~18세의 소년 소녀와 보호자 1,181명이 인질로 잡혔다. 사망자는 인질과 경찰관, 구급대원과 범인들을 모

쿠마 군이 아동을 살해했던 이유는 알 수 없지만,『죄와 벌』의 라스콜리니코프처럼 사건을 일으켜 자신의 존재를 증명하려고 했던 것은 아닐까요. 이미 형이 집행되었으니 그가 변화할 가능성은 끊기고 말았습니다.

- 9월 21일

1959년부터 일시 중단을 포함하여 84년까지, 9만 3,000여 명의 재일 조선인 및 일본인 배우자가 북한에 건너간 '귀국 사업'에 대해, 재일본조선인총연합회는 '귀국' 운동을 전개하고 사회주의 조국 건설을 위해 재일 조선인이 응한 결과라고 말해 왔습니다. 그러나 테사 모리스 스즈키[208]가 아사히에 기고한 글을 보면, 이는 일본 정부와 일본적십자사가 치안과 복지의 부담을 줄이기 위해 재일 조선인을 대량으로 귀환시키려고 꾸민 결과이며, 후생성이 재일 조선인에게 줄 생활 보호비를 삭감하여 생활고에 시달리게 한 것이 그 증거라고 말하고 있습니다. 일본에서는 차별이 심하여 장래에 대한 희망이 없었다는 재일 조선인의 수기를 읽은 적이 있는데, 귀환할 수밖에 없도록 강제한 셈이지요. 일본 정부와 일본적십자사는 북한에 건너간 사람들 대부분이 노동 수용소에 수감되거나 불우하게 살다가 죽어 간 책임의 절반을 져야 할 것입니다.

- 9월 27일

'사형 폐지를 위한 다이도지 사치코 기금'의 취지서를 받아 보았습니다. 드디어 움직이기 시작하네요. 사형 폐지 운동을 활성화하고 사형 폐지를 실현시키는 데 조금이나마 힘이 된다면 어머니께 올리는 그 무엇보다 좋은 공양이 될 것입니다. 사

두 포함하여 386명에 이르며 부상자는 730명 이상이었다. 이 사건의 배후로 지목된 전 체첸 반군 지도자인 샤밀 바사예프는 2006년 잉구세티아에서 보안 당국에 살해되었다. - 역자 주.

208 Tessa Morris Suzuki(1951~). 영국 출생의 사학자로 일본 경제사 연구로 박사 학위를 받았다. 탈근대와 탈식민지적 관점에서 연구를 진행하고 있으며 북한에 관한 수 권의 저서를 썼다. 한국에도『우리 안의 과거』(휴머니스트, 2006) 등의 저서가 번역, 출판되어 있다. - 역자 주.

형수에 대한 재심 보조는 누구나 "긴급 혹은 필요"로 한다고 볼 수 있으며, 어떤 '표현'이 "우수"하다고 볼지에 대해서는 어려운 점이 있을 테니 운영회 및 선고 위원 여러분들은 조금 힘드시겠지만 잘 부탁드립니다.[209]

앰네스티 후쿠오카 그룹과 사형 폐지 민들레회가 시마자키 스에오[210] 씨의 사형 집행에 대해 후쿠오카 구치소 소장에게 항의했다는 사실을 알게 되었습니다. 얼굴도 모르고 말 한 번 나눠 본 적 없는 사람과 편지 왕래나 면회를 나눈 사람과는 친밀도가 다르지요. 경찰과 법무성에서 나온 사형수 정보만이 아니라 동료나 지인들로부터 나온 정보도 있다면 사형 집행을 받아들이는 방식은 달라집니다. 후쿠오카의 동료들이 실천한 항의 행동은 시마자키 씨를 잘 아는 만큼 신속하고 적확했기에 가슴이 뜨거워졌습니다. 사형 집행 저지란 "죽일 틈"을 내주지 않는 일임을 새삼 깨닫습니다.

• 11월 1일

이라크에서 알카에다 계열 세력에 구금되었던 고다 쇼세이 씨[211]가 살해됐습니

---

209 '사형 폐지를 위한 다이도지 사치코 기금'은 다이도지 마사시의 어머니 사치코가 2004년 5월 12일에 사망한 후 그 유산으로 조성한 기금이다. 기금은 2004년부터 10년간 사형 확정수의 재심 청구를 위한 보조금, 〈사형수 표현전〉 개최와 우수 작품 표창에 사용하는 것을 취지로 삼아 발족했다. 2014년에는 1954년의 유아 납치 살인 및 사체 유기 사건인 시마다 사건으로 사형을 선고받으나 1989년 재심에서 무죄를 선고받은 아카호리 마사오 씨의 유지에 의해 5년 연장되어 명칭이 '사형 폐지를 위한 다이도지 사치코·아카호리 마사오 기금'으로 변경되었다. 참고로 시마다 사건은 일본의 4대 사형 누명 사건 중 하나이다. - 역자 주.

210 시마자키 스에오嶋崎末男(1945~2004). '구마모토 기쿠치 정 보험금 살인 사건'의 범인으로, 폭력단 조장인 시마자키가 운영 자금과 유흥 자금을 마련하기 위해 벌인 사건. 여러 조직원에게 범행을 지시했는데 입막음을 위해 처음부터 범행에 가담한 조원도 살해했다. 재판부는 폭력단 내부의 사건임을 감안하여 1심에서는 무기 징역을 선고했으나, 범행이 두 번 실패한 후에도 범행을 시도하여 세 번째에 살해했다는 점, 또한 그 수법이 잔혹한 점에 착안하여 사형을 선고했다. - 역자 주.

211 고다 쇼세이香田証生(1980~2004). 당시 24세. 2004년 10월 국제적 테러 집단 알카에다의 관련 조직인 '이라크의 성전 알카에다 조직'에 의해 살해된다. 테러 집단은 일본 정부가 48시간 이내에 이라크에서 자위대를 철수시킬 것을 요구했으나 응하지 않자 나이프로 살해했다. 사체는 10월 31일 이른 아침에 바그다드 시내에서 발견되었다. - 역자 주.

다. 풀어 주는 조건이 자위대의 철수인데, 고이즈미 수상은 "철수하지 않는다"고 단언했으니 그 시점에서 고다 씨의 명운은 다했다고 할 수 있겠지요. 그는 철저한 배외주의를 내세운 알카에다계의 세력과 고이즈미 수상에 의해 살해당한 것입니다. 고다 씨는 언어 문제에 애를 먹으면서 해외를 방랑했다니까 이라크의 정세를 잘 몰랐을 수도 있습니다. 이스라엘을 경유해서 갔다는 것도 그 점을 뒷받침하는 것이겠죠. 그만큼 나이브한 선의의 젊은이였다는 뜻이기도 합니다. 그러한 젊은이를 살해하고 성조기로 감싸서 유기한 알카에다계 세력과, 미국과 행동을 같이하는 데에만 여념이 없어 그를 죽도록 내버려 둔 고이즈미 수상 및 그 주위 세력을 증오합니다.

- 11월 3일

　미쓰비시 중공업 본사 건물 폭파로 돌아가신 오기노 씨 가족분의 인터뷰(9월 6일자)를 읽었습니다. 하루라도 빨리 다이도지 일당을 죽여 줬으면 하며, 자기가 할 수만 있다면 형장의 발판을 떨어뜨리는 손잡이를 몇십 번이라도 돌리고 싶다고 말씀하셨습니다. 둘도 없는 형의 생명을 부당하게 빼앗긴 일에 대한 자연스러운 감정이라고 생각합니다. 그저 죄송하며 사죄드릴 뿐입니다. 사형에 반대하는 제가 저에 대한 사형 요구를 "자연스러운 감정"이라고 쓴 것에 의문을 가지는 분이 계실지도 모르지만, 가해자 본인으로서 피해를 입으신 분들과 유족분들이 느끼는 분노와 슬픔을 있는 그대로 받아들여야만 한다고 생각합니다. 오기노 씨의 인터뷰 중에는 몇 가지 사실을 오인한 부분이 있으며, 일본이 좀 더 빨리 조선을 식민 지배했다면 좋았다거나, 국력 회복으로 이어졌으니 한국 전쟁은 일본에게 절호의 기회였다는 등 역사 인식 면에서는 납득하기 어려운 부분이 있는데, 그것과 별개로 미쓰비시 중공업 본사 건물 폭파는 잘못입니다. 진심으로 사죄드립니다.

- 11월 21일

　납치와 관련하여, 자민당의 아베 신조는 북한에 경제 제재를 가해야 한다고 외치고 있습니다. 납치 피해자 가족들이 그렇게 말하는 것은 심정적으로 이해합니다. 장군님을 비롯하여 북한 당국자의 자세가 불성실한 데다가 조금씩 내놓는 "사실" 조차 의심스럽기 때문입니다. 분노에 이기지 못하는 것은 잘 알겠습니다. 하지만 정치가 나부랭이가 안이하게 피해 감정을 가장하여 발언해서는 안 될 일이고, 경제 제재를 가한다 해도 고생하는 것은 민중일 뿐, 장군님 이하 지도부에는 그 어떤 영향도 없겠지요. 복잡한 일은 민중에게 전가하면 그만이기 때문입니다. 경제 제재를 외치는 자들은 북한 민중을 지금보다 더 기아에 허덕이게 만들고 싶은 걸까요. 요원한 일이지만, 북한의 당국자로 하여금 예전에 일본이 저지른 식민지 지배와 강제 연행, 성노예 등을 핑계로 납치라는 비겁한 행위를 정당화하지 않게 만들어야 합니다. 그러기 위해서는 경제 제재가 아니라 과거의 식민지 지배 등에 대한 배상을 조속히 실시해야 하겠지요.

- ## 12월 17일

아침에 마사쿠니 씨와 면회를 가졌습니다. 다치카와立川의 자위대 관사에 이라크 파병 반대 유인물을 살포하다 체포되어 75일간이나 부당하게 구류당한 '다치카와 자위대 감시 텐트촌'의 멤버 세 명에게 무죄 판결이 나왔다는 소식(후에 신문에서 확인)입니다. 당연한 판결이지만 그 "당연함"이 통하지 않게 된 시대이기에 다행스러울 따름입니다.[212] 또 미쓰비시 중공업 본사 건물 폭파를 주제로 한 연극〈혹은 동료들을 불러들여〉가 좋은 내용이었다는 소식입니다. 연출과 각본 담당인 가네시타 다쓰오[213] 씨는 구시로 가까이(라고 해도 몇 시간이나 걸리지만)에 있는 시카오이鹿追 출신으로 올해 마흔 살이라고요. 영화도 그렇고 연극에서도 젊은 사람들이 미쓰비시

---

212 2004년 이라크에 대한 자위대 파병을 둘러싸고 여론이 이분화하는 중에 일본 정부는 이를 무시하고 자위대를 파병했다. 동년 2월 '다치카와 자위대 감시 텐트촌'의 멤버 세 명이 반전 유인물을 포스팅했다는 이유만으로 영장 체포와 기소, 그리고 75일간에 이르는 구금을 당했다. 재판부는 1심에서 "포스팅은 헌법이 인정하는 표현의 자유의 한 형태"로서 무죄 판결을 내렸으나, 검찰 측이 공소하여 도쿄 고등재판소에서 벌금형의 유죄 판결이 내려졌고, 2008년 4월 최고재판소에서 판결을 확정하였다. 다치카와 자위대 감시 텐트촌 홈페이지 참조(http://www.arsvi.com/o/t01.htm). - 역자 주.

213 가네시타 다쓰오鐘下辰男(1964~). 일본의 극작가이자 연출가. 일본 극작가 협회 이사. 연극 기획 집단 'THE·가지라' 대표. - 역자 주.

중공업 본사 건물 폭파에 대해서, 또 저희들에 대해서 생각해 주시니 기쁩니다. 아침부터 활력을 불어넣어 주었습니다.

베개맡에 둔 / 손에 닳은 문고본 / 겨울밤 묘성

- ## 12월 31일

  29일에도 눈이 펑펑 쏟아졌는데 오늘도 대단하네요. 12월 31일에 눈이 오는 건 21년 만이라는데, 따뜻한 겨울이라지만 생각지 못한 선물(?)을 받았습니다. 내리는 눈을 보고 있노라면 흥분(!)하게 됩니다. 도쿄에서는 비일상적인 사건이기에, 그리고 그 이상으로 북쪽 고장에서 태어난 이의 피가 끓기 때문일까요. 노숙자에게 힘든 연말이 되어 버렸다는 생각을 하기도 합니다. 지진과 쓰나미로 인해 수마트라섬의 사망자가 12만 명을 넘었다고 보도되었습니다. 관광객을 제외하면 저변의 가난한 사람들이 집중적인 피해를 입었습니다. 그렇지 않아도 자연재해가 다수 발생했던 1년을 마무리하는 때에 대참사가 벌어지고 말았는데, 전쟁에 혈안이 된 나라들이야말로 솔선하여 구호 활동을 펼쳐 주길 바랍니다.

2005년

· **1월 1일**

옥중 30년째의 신년을 맞이했습니다. 상중이라서 평소보다 더 정월 기분이 나지 않지만, 초심으로 돌아가 한 해의 고비를 넘어가 보자고 결심했습니다. 작년에는 안팎으로 자연재해가 닥쳐왔고, 침략 전쟁과 국가 폭력이 끊임없이 발동했습니다. 올해야말로 세계 민중의 힘을 드높이면 좋겠습니다.

민중의 몸이 / 마치 함박눈처럼 / 내려오누나

· **1월 4일**

연말연시에 읽은 책 중 『체첸, 멈출 수 없는 전쟁』[214]이 인상 깊었습니다. 저자는 안나 폴릿콥스카야Анна Политковская로, 모스크바에서 발행되는 「노바야 가제타Новая газета」지의 평론가이지요. 1999년 이래 체첸을 왕래하며 러시아군과 반러시아 무장 세력 어느 쪽도 아닌 체첸 민중의 편에 서서 체첸의 상황을 전해 왔습니다. 그 결과 러시아의 협박과 비난을 받게 되었지만, 그녀의 성실한 보도에 러시아 저널리스

---

214 이 책은 러시아의 반정부 성향 신문인 「노바야 가제타」의 기자인 안나가 1999년 8월부터 2000년 4월까지 체첸 분쟁 현장을 취재하여 쓴 기사의 일부를 모은 것이다. 안나 폴릿콥스카야는 2006년 10월 7일 자택 앞에서 괴한에 의해 피살되었다. Анна Степановна Политковская, 三浦みどり 訳『チェチェンやめられない戦争』, NHK出版, 2004. 한국어판은 주형일 역, 『더러운 전쟁』, 이후, 2013. ‒ 역자 주.

트 연맹과 앰네스티 영국 지부가 상을 주었을 정도입니다. 또 체첸 무장 세력이 모스크바의 극장을 점거했을 때 그녀를 중개 역으로 지명하기도 했습니다. 체첸과 같은 어려운 상황("어려운"이라고밖에 쓸 수 없는 것이 억울할 정도로) 속에서 몸을 던져 그곳을 왕래하며 보도해 온 여성 저널리스트가 있음에 감동했습니다. 그리고 이 책이 현재 이래저래 떠들썩한 NHK 관련 출판사에서 나온 것도 의외입니다. 이런 책을 낼 정도라면 본사가 뉴스를 보도하는 자세도 바뀌길 바랍니다.

- 1월 17일

  자민당의 아베 신조와 나카가와 쇼이치 두 의원의 압력으로 NHK가 교육 방송[215]의 방송 내용을 변경했다고 보도한 아사히 신문에 대해, NHK의 라디오 뉴스는 날조라는 아베의 발언을 포함해 장황한 반론 코멘트를 내보내고 있습니다. 문제의 교육 방송이 구 일본군 위안부 제도의 책임자를 재판하는 '여성 국제 전범 법정'을 언급하면서, 전시 성폭력이 '인도에 반하는 죄'로서 추궁받게 된 역사적인 흐름을 좇은 것이기에 아베와 나카가와가 당연히 클레임을 건 것이겠죠. 그리고 NHK의 본질을 생각해 보면 그들에게 굴복한 것임이 눈에 뻔히 보입니다. 내부 고발자의 존재와 그 발언 내용에 대해서는 일절 언급하지 않는 걸 보면, 역시 NHK의 아사히 비판과 반론은 신용할 수 없습니다.

- 2월 1일

  아사히 신문에 의하면, 태평양 전쟁 시 미쓰비시 중공업 히로시마 조선소 등에 강제 연행되어 일하던 중 피폭당하고, 이후 귀국을 위해 탔던 배가 1945년 9월 현해탄에서 난파되어 240명이 사망했던 사건에서 수습한 조선인들의 유골 131명분에 대해, 임시 안치소였던 도코로자와所沢의 절에서 추도회를 열었다고요. 히로시마의 시민 단체가 1976년에 이키壱岐 섬[216]에서 86명분의 유골을 회수했다고 하며,

---

215 NHK의 교육 방송 채널 'Eテレ'를 가리킨다. – 역자 주.

추도회 주최 단체에 재일 한국인과 조선인, 이와 더불어 일본인도 참가하고 있다니 희망은 있습니다. 그런데 유골 얘기가 나와서 말인데, 북한의 김정일 지도부가 납치 피해자의 것이라고 일본 측 조사단에 건넨 것은 도대체 누구의 것일까요.

• 2월 4일

1974년 8월 15일, 재일 한국인인 문세광 씨가 광복절 회장에서 연설 중인 박정희 대통령을 저격했던 사건의 문서가 한국에서 공개되었습니다.[217] 우리들 '늑대'는 그 전날에 쇼와 천황 히로히토가 나스那須[218]의 휴양지에서 귀경을 위해 탔던 특별 열차를 폭파하려고 했습니다. 그러나 체력이 너무 많이 소모된 데다 방해를 받아 작전을 수행할 수 없게 되었고, 그렇게 풀이 죽어 있을 때 문세광 씨의 결기 뉴스를 접했습니다. 그에 호응하여, 그리고 옥중의 문세광 씨를 격려하기 위해 미쓰비시 중공업 본사 건물 폭파를 준비했던 것이었습니다. 결국 그 어설픈 시도가 수많은 사람들을 살상하는 과오를 범하게 되었는데, 그러한 자기비판에 더해 문세광 씨의 이름과 결기에는 감개무량함을 금할 수 없습니다. 그렇지만 그는 현장에서 체포되어 2개월 후에 사형 판결을 받았고, 4개월 뒤에 상고가 기각되어 같은 해 12월 20일 사형이 집행되었습니다. 보복성 집행임에 분명합니다. 하지만 그랬던 한국에서 오히려 사형 폐지 실현이 멀지 않았다고요. 민중 운동의 기세가 다른 걸까요.

잘못 저지른 / 사람의 시선이여 / 겨울 한가운데

---

216 쓰시마와 규슈 사이의 섬. 현재는 나가사키현에 속한다. - 역자 주.

217 탐사 보도 방송 프로그램인 SBS 〈그것이 알고싶다 521회: 누가 육영수 여사를 쏘았는가?〉 2005년 2월 12일 방송분에서 방송 취재진이 당시의 사건에 대한 문서의 공개를 검찰에 요청하였고, 검찰은 그 일부를 공개했다. 방송에서 사건 당시의 영상과 녹음 파일, 공개된 수사 기록을 토대로 분석을 시도한 결과, 일곱 발의 총성 중 문세광이 쏜 총성 외에도 다른 총성이 섞여 있었고, 문세광이 쏜 총성은 육영수 여사가 피격된 시점보다 뒤였다는 점 등, 공개된 기록들과는 어긋나는 부분이 있었다. 또한 당시 사건의 수사가 대개 문세광의 자백에 의한 것이라는 점, 문세광 체포 후 사형 집행까지의 시간이 불과 4개월이라는 점도 언급되었다. 이 사건으로 인해 사건 전해인 1973년의 김대중 납치 사건과 한일 외교 문제를 일거에 해결할 수 있었다는 해석이 제시되었다. - 역자 주.

218 도치기현에 위치한 지방. 도쿄의 북동쪽에 있다. 천연 온천이 유명하며 현재는 전통적 온천과 현대적 온천이 조화된 리조트지로 잘 알려져 있다. - 역자 주.

- **3월 23일**

　시마네현 의회가 '다케시마의 날' 조례를 제정한 것을 계기로 한국 내에서 반일 기운이 끓어오르고 있습니다. "계기로"가 아니라 그간 있었던 반일의 불에 기름을 들이부은 격이라고 할 수 있겠지요. 한국에서 고조되고 있는 반일 운동을 일본에서는 "과잉된 민족주의"라며 "트집"으로 받아들이면서, 한류 붐은 도대체 어디로 가 버렸나 싶을 정도로 험한 분위기가 감돌기 시작했습니다. 야스쿠니 신사 참배를 계속하는 자신이 반일을 선동하는 장본인임을 자각하지 못하는 고이즈미의 "냉정히" 발언도 그 분위기에 기름을 부어 한국에서 한층 큰 반발을 부르고 있습니다. 다케시마(한국에서는 독도)에 대해서 말하자면, 일본이 한국을 병합=식민지 지배하는 과정에서 자국 영토로 편입한 것이니 독립과 동시에 한국 영토가 되어야만 합니다. 일본의 민족주의가 더 과잉되었다고 할 수 있겠지요. 그렇지만 고이즈미를 비롯한 정부와 미디어는 식민 지배를 당한 측의 생각에는 너무나 둔감합니다. 한국에서 이는 반일 기운의 기저에는 과거의 침략과 식민 지배 등에 대한 일본 정부의 망각(반성을 망각하고 있다고 해야 할지), 자위대 파병과 개헌 책동, 수상 및 각료들의 야스쿠니 참배, 그리고 관민 모두가 북한을 적대시하고 있는 상황 등이 흐르고 있음을 잊지 말아야 하겠지요.

- **4월 5일**

　'나바리 독 포도주 사건'[219]의 재심이 결정됐습니다. 오쿠니시 마사루 씨는 체포된 지 44년이 지났습니다. 사형이 확정된 지도 33년이지요. 본인과 변호단, 지원자의 집념이 결실을 맺었다고 할 수 있겠습니다. 그렇지만 이 사건은 1심부터 무죄 판

---

219 1961년 3월 28일 밤 미에현 나바리 시 구즈오 지구의 공민관에서 발생한 대량 살인 사건. 취락의 친목회에 나온 포도주에 농약이 주입되어, 이것을 마신 여성 17명이 집단 중독 증세를 보였으며 그 중 5명이 사망한 사건이다. 이 사건의 용의자인 오쿠니시 마사루奧西勝는 1969년의 공소심에서 사형 판결을 선고받으나 불복, 상고와 재심 청구를 반복하던 중 2015년 하치오지 의료 형무소에서 폐렴이 악화되어 사망한다. 사건 당시의 구즈오는 즐길 거리가 거의 없는 시골 지역으로, 취락의 총회 때 열리는 연회가 취락민들의 유일한 즐거움이었다. 오쿠니시가 체포되었을 때 취락은 범인이 잡혔다는 안도감에, 오히려 오쿠니시의 가족을 지원하려는 분위기가 조성되었는데 오쿠니시가 범행을 부인하자 취락 전체가 오쿠니시의 가족에게 박해와 차별을 가했다. – 역자 주.

결이었기에 애초에 무리하게 사형을 확정했던 것이며, 따라서 재심 개시 판정에 이만큼 시간이 걸린 것 자체가 이상했습니다. 또 이 사건은 전후 혼란기에 일어난 것이 아니니 이번의 재심 결정을 계기로 사형 제도 자체를 다시 생각해 보아야 합니다. 여하튼 검찰은 이의 제기를 포기하고 조속히 재심 공판을 개시해야 합니다.

- 4월 8일

　감방에서 배식과 청소를 담당하는 잡역수(청소부라고도 불립니다) 중에 중형(고참순으로 대형, 중형, 소형으로 불리고 있습니다)이 얼마 전부터 자취를 감췄습니다. 출옥까지는 아직 남았으니 사고가 있었던 모양입니다. 사고란 규칙 위반이나 반칙 행위를 가리킵니다. 추측하건대 미결수에게 과자라도 받은(받았다기보다는 단지 건네받았을 뿐일지도 모릅니다) 것이 발각됐을지도요. 태도가 온화하고 말씨도 정중한 사람이었기에 자기에게 친절하게 대해 주었다고 느낀 사람이 "사례"라도 하려고 한 걸까요. 그 잡역수는 전에도 취조를 받은 적이 있는데(동일한 종류의 사고였는지는 잘 모르겠습니다), 그때는 불문에 부쳐져 복귀했지만 이번에는 아웃인 모양입니다. 설령 그가 아무것도 받지 않았더라도 의심스러운 행위가 있었다고 합니다. 참 안타까운 일입니다. 수인 간의 교류, 그리고 적절한 거리의 유지가 어렵다는 것을 보여 준달까요.

어스름 무렵 / 무언가의 징조가 / 흩날리는 꽃

- 4월 18일

　중국에서 일어난 반일 데모가 세계적인 관심사로 떠올랐나 보네요. UN의 아난 사무총장과 쿠바의 카스트로 수상이 언급했다고 보도됐으니까요. 아난의 발언은 독이나 약, 그 어느 쪽도 아니었지만 카스트로는 반일 데모에 이해를 표명하고 역사 인식의 문제와 일본의 대미 의존을 지적했다고 합니다. 반일 데모가 확대되고 또 일부의 행동이 격화하면 아사히 신문조차도 비판색이 짙어집니다. "어쨌든 온건하게"라는 얘기인데요, 그래서는 문제의 본질을 덮어 둘 뿐입니다. 반일 데모에 민족주의와 배외주의적 색채가 짙은 것은 확실하지만, 그에 대한 비판이 필요하다고 해도 확대되는 반일 데모를 두고 갈팡질팡해서야 '온건파'도 산케이나 요미우리와 오십보백보겠지요. 카스트로의 지적이 정곡을 찌르는지 아닌지는 별개로 치더라도, 당황해서 본성을 드러내는 식자나 매스 미디어보다는 경청할 가치가 있다고 해야 하겠습니다.

· **5월 19일**

30번째의 5·19입니다. 즉 오늘부터 옥중 생활 30년 1일이 됩니다. 긴 세월이었는데요, 그래도 저희들은 아직 살아 있습니다. 미쓰비시 중공업 본사 건물 폭파 때, 저희들이 목숨을 앗은 분들의 단절된 시간을 생각하지 않을 수 없습니다. 유가족 여러분, 부상당한 분들의 30년을 생각하고 명복을 빌며 눈을 감을 뿐입니다.

사카테 요지[220]의 『불의 기원』[221]을 읽었습니다. 『봉화를 보라』와 마리코 씨, 그리고 저의 책 등을 참고로 했다고 적혀 있듯이 '늑대'를 염두에 두고 쓰인 희곡입니다(발행과 상연 모두 1994년). 지난번에 언급한 연극 〈혹은 동료들을 불러들여〉는 '늑대' 본인이 시공을 초월하여 등장하는데, 본 작품은 부모와 형제자매가 '늑대'에 대해 말하고 있습니다. "천황을 죽일 수 없었다고 해서 표적을 바꾸는 것은 아니지 않나요", "24시간 '전사'로 살아간다, 그렇게 자기 암시를 걸고 있는 사이에 자기 자신을 신성화하고 있는 건 아닙니까", "누군가의 자유가 다른 누군가의 부자유를 초래한다면 그건 자유라고 부를 수 있는 걸까" 등, 날카로운 비판과 의문이 아로새겨져 있습니다.

---

220 원문에는 "坂手洋作"이라고 다이도지 마사시가 오인하여 적었으나, 원래 이름은 '坂手洋二'이다. 사카테는 1962년생의 일본 극작가이다. 극단 '린코군'을 창립하여 주재. 일본 연출자 협회 이사. 국내에 번역된 그의 작품으로는 희곡집 『다락방』(연극과인간, 2009)이 있다.

221 坂手洋二, 『火の起源』, 而立書房, 1994.

• 5월 20일

아침에 점검이 있었습니다. 매주 하고 있습니다. 감옥법이 개정되어 수형자의 처우가 나아졌다고 선전하고 있지만, 우리가 있는 곳은 괴롭힘과 압박이 강화되어 도리어 역행하고 있습니다. 관련이 있는지 어떤지는 모르지만, 후쿠오카 지방재판소에서 티셔츠 소송의 을乙 1호 증거와 그 설명서 등 세 점이 왔는데 57군데나 검게 칠해져 있습니다. 마스나가 군이 제소했던 민사 소송의 판결서는 그가 수감되어 있는 구치소 이름과 그 주소, 법무상 이름 등이 모두 말소되어 있습니다. 이를 선의(?)라고 해석한다면 개인 정보 보호법에 따른 것이라 생각할 수도 있겠지만, 마스나가 군의 이름은 그대로인데 도쿄는 지우고 구치소는 살려 두고 있으며, 내용을 읽어보면 마스나가 군이 사형 확정자라는 것도 일목요연합니다. 도대체 무엇을 위해 검게 칠한 걸까요.

5월 14일의 집회 자료를 차입받았는데, 「선데이 마이니치」의 전후 60년 연재와 마이니치 신문의 E 씨 인터뷰 기사를 읽었습니다. 미쓰비시 중공업 본사 건물 폭파 때 부상당한 고마쓰 씨와 나가노 씨에게는 진심으로 사죄드립니다. 고마쓰 씨의 공판 증언은 잘 기억하고 있습니다. 검찰 측의 증인으로서 사형을 원하지 않았던 유일한 사람이었기 때문입니다. 감사와 더불어, 사형을 주장하는 것보다 무거운 무언가가 있으며 "살아서 평생 갚으라"는 의미로 마음속에 새겼습니다. E 씨의 인터뷰도 마음을 울렸습니다.

일순의 떨림 / 푸르고 깊은 초록 / 환희로구나

• 6월 1일

아침(8시 30분경)에 빨래를 하고 있으려니 방문이 열리며 감방 담당과 계장, 그리고 모르는 젊은 간부가 왔습니다. 무슨 영문인가 싶었는데, "편지 건으로 할 이야기가 있다"고 합니다. 걸릴 만한 것은 쓰지 않았다고 말하려는 순간, 동봉되어 있던,

요코 씨가 대학 OB회의 뉴스에 기고한 "사형 제도의 폐지를 호소합니다!"라는 문구의 검열 관계로 지하루의 편지 교부가 늦었다는 것이었습니다. 요코 씨의 문구 자체는 문제가 없었을 텐데, 여백의 메모가 제 앞으로 쓰인 것인지 아닌지가 큰 문제였겠죠.

- ## 6월 10일

『니시카와 데쓰로西川徹郎 하이쿠 전집』 간행 기념 논총 『성월의 참극』[222]을 야간 한정(?)이지만 8일 정도 걸려서 읽었습니다. 725쪽이나 되니 하루에 100쪽이 좀 못 되게 읽은 셈입니다. 니시카와의 하이쿠는 「아비의 눈물 / 남폿불 배 위에서 / 흐르고 있네」, 「불 꺼진 함대 / 가는 풀잎새 하나 / 전율하는데」, 「불면증으로 / 떨어져 버린 잎새 / 물고기 되어」에서 알 수 있듯 한번 읽어서 바로 의미를 알 수 있는 것이 아니며, 하이쿠보다는 일행시와 같은데 그는(그리고 적어도 문예 평론가도) 실존 하이쿠를 표방하고 있습니다. 산토카[223]나 호사이[224] 같은 무계[225]와 자유율이라기보다 확신에 찬 반反계절어와 반정형성을 띠고 있기에 반反하이쿠적인 하이쿠라고 말해야겠지요. 그의 하이쿠를 앞에 두면 유계[226] 정형의 하이쿠는 정채[227]를 잃어버려 천편일률적이고 재미없게 여겨질 정도입니다. 다만 그의 하이쿠 중에서도 위에 인용한 하이쿠는 각각 독립된 것임에도 몇십 구의 연작 혹은 한 권의 하이쿠집 전체에 그 이야기적 성격이 표현되어 있습니다. 이것은 정형이, 그리고 계절어가 가진 힘을 뒤집은 것일지도 모릅니다. 낡아 보이는 것 속에도 새로움은 있는 법이지요.

---

222 梅原猛『星月の惨劇―西川徹郎の世界』, 茜屋書店, 2002.

223 다네다 산토카種田山頭火(1882~1940). 일본의 자유율 하이쿠의 대표적 인물. 메이지부터 쇼와 시대에 걸쳐 활동했다. - 역자 주.

224 오자키 호사이尾崎放哉(1885~1926). 산토카와 더불어 자유율 하이쿠의 저명한 인물이다. - 역자 주

225 무계無季. 계절어를 포함하지 않는 하이쿠. 혹은 계절어를 포함하더라도 계절감을 포함하지 않는 하이쿠와, 계절어의 유무과 관계없는 시감을 제1의 의의로 삼는 하이쿠를 포함하는 경우도 있다. - 역자 주.

226 유계有季. 무계에 대응되는 말로, 하이쿠가 계절어와 계절감을 갖는 경우를 가리킨다. - 역자 주.

227 정채精彩. 색채 등이 두드러지게 뛰어남. - 역자 주.

• 6월 27일

　패전하기 전 홋카이도의 탄광으로 강제 연행된 후 탈주하여 약 13년간을 홋카이도의 산야를 헤매며 살아온 류렌런 씨의 유족이 낸 소송에서, 도쿄 고등재판소가 1심 판결을 취소하고 유족 측의 청구를 기각했습니다. 게다가 청구를 기각했던 이유인 '국가 무답책'[228]과 '제척 기간'[229]에 더해 "당시 중일 간에 국가 배상에 관한 상호 보증이 없었다"라고 하여, 국가에 배상 책임이 없다고 결론을 내린 것입니다. 청구를 기각하려고 이리저리 희한한 이유를 궁리한 끝에 짜낸 것이라고 할 수밖에 없습니다. 중국은 일본인 강제 연행 같은 짓을 저지르지 않았으니 '상호 보증' 따위 성립할 리가 없습니다. 이런 희한한 의견이 버젓이 통용되고 있으니 강제 연행에 대한 국가 배상 소송이 전부 거부되고 마는 것이겠지요. 국가가 배상하도록 하기 위한 법률을 만들어야 합니다. 야스쿠니 신사 참배를 고집하면서 그런 행위가 평화를 위한 것이라 열변하는 고이즈미 씨는 보상법 제정에 뼈가 부스러질 정도로 애써야 하지 않을까요.

• 7월 1일

　가이하라 히로시 씨[230]가 돌아가신 모양입니다. 면식도 교류를 나눈 적도 없지만 『연보 사형 폐지』 디자인과 반천황제 운동 관련 팸플릿에서 가이하라 씨의 일러스

228　국가 무답책国家無答責. 1947년 국가 배상법이 시행되기 전 대일본 제국 헌법하에서는 국가와 공공 단체의 배상 책임을 정한 법률이 존재하지 않음을 근거로 하여, 전시 중의 국가 권력이 저지른 불법 행위로 인해 발생한 개인의 손해에 대해 국가는 배상 책임을 지지 않는다고 하는 원리이다. 일본국 헌법 제17조는 "누구든 공무원의 불법 행위에 의해 손해를 입었을 때에는, 법률이 정하는 대로 국가 혹은 공공 단체를 대상으로 그 배상을 청구할 수 있다"고 규정하여 '국가 무답책'의 법리를 배척했다. - 역자 주.

229　법률 관계를 조속히 확정하기 위해 일정 기간이 지나면 권리를 소멸시키는 제도. - 역자 주.

230　가이하라 히로시貝原浩(1947~2005). 오카야마현 출신의 화가. - 역자 주.

트라는 비평을 접해 왔습니다. 아직 57세였다니, 앞으로의 활약을 기대했는데 참으로 안타깝습니다. 고인의 명복을 빕니다.

무지개 너머 / 그의 세계에 / 색칠하고 있었네

- **7월 4일**

 사이판을 방문한 천황과 황후가 일본인 사망자뿐 아니라 조선·한국인 사망자를 위령했다고 보도되고 있습니다. 천황과 황후를 칭송하는 움직임이 있네요. 고이즈미와 비교한다면 천황과 황후가 정직하게 보일지 모르겠지만, 고이즈미가 야스쿠니 신사 참배를 고집함으로써 전몰자를 위령한다는 행위가 지극히 정치 문제화하고 있는데 그럴 때 천황과 황후가 사이판에 간 것은 명백한 정치 행위지요. 국내로 편향된 고이즈미의 태도를 메꾸기 위한 것인지, 혹은 천황을 군주로 만들려고 획책하는 자들의 의도를 간접적으로 보여 주는 것인지는 차치하더라도, 그들이 '마음'에서 우러나온 태도로 사이판에 갔다고 생각하는 것은 지나치게 단순하지 않을까요.

- **7월 8일**

 G8 기간, 런던에서 지하철과 버스가 폭파되어 50명 이상의 사망자가 나왔다는 소식입니다. 알카에다가 영국군의 이라크 침공에 대한 보복으로 실행했다는 관점이 퍼지고 있는데, 과연 어떨까요. 어떤 조직이 저질렀든 간에, 무엇을 목적으로 했는지는 모릅니다. 이라크 침공에 대한 항의라면 영국 정부와 군 관계자를 표적으로 해야겠지요. 영국인 모두가 이라크 침공을 지지하지도 않거니와, 반대하거나 데모를 하느라 체포되는 사람들도 있으니까요. 혹은 G8에 대한 항의라면 공공 교통 기관을 폭파해서 다수의 사상자를 냄으로써 여론을 적으로 돌리고 결국 G8에 도의적인 우위를 부여하고 말겠지요. 미쓰비시 중공업 본사 건물을 폭파했던 결과, 사형수로서 옥중에 있는 자가 자기비판을 겸한 의견을 내 봅니다.

157

저 가슴속을 / 붉은빛 물들이는 / 저 멀리 불꽃

- 7월 14일

  런던의 지하철과 버스 폭파가 자폭이었을 가능성이 높다고요. 폭파의 목적은 지금도 알 수 없지만, 젊은이들이 자폭을 무릅쓸 정도로 떠안고 있던 것에 대해서 생각하게 됩니다. 계급 사회인 영국에서 비유럽계 출신이자 이슬람 교도인 그들이 차별 의식과 소외감을 강하게 느꼈겠지만, 그러한 자신들의 처지가 폭파의 이유가 되었다고는 생각하지 않습니다. 역시 미국과 영국이 아프간과 이라크에 무력 침공을 가했던 것, 그리고 세계의 부와 권력의 편재 구조에 대한 반발이 아니었을까요. 그리고 자폭을 했다는 젊은이들이 역에 설치된 감시 카메라에 의해 범인으로 밝혀졌다는 점에 놀랐습니다. 오늘날의 영국은 조지 오웰의 소설을 초월하는 감시 사회가 아닙니까.

저 혼이 고즈넉 / 추석날의 노래들 / 끊길 듯 말 듯

- 8월 10일

  그가 썼던 에세이 『두부 가게의 사계절』에서 착상을 얻어 두부 정도의 두께로 만들고 싶었다는 마쓰시타 류이치 추도문집 『강한 풀뿌리』에 200명 가까운 사람들이 마쓰시타 씨와 나눈 교류나 마쓰시타의 작품에 감동했던 일을 쓰고 있습니다. 여성 몇 분은 "우리 {선생님}"이라고 썼는데, 그걸 보시면 저 세상에서도 충분히 안심하시겠지요, {선생님}. 이 책을 보내 주신 '풀뿌리의 모임'에 감사드립니다. 이와 관련해서 『마쓰시타 류이치의 청춘』[231]도 마쓰시타 {선생님}을 향한 마음이 가득 담긴 책입니다. "청춘"이라기보다 "생애"라고 해야 할 것 같은데, 저와 교류했던 일에 대해서도 언급하고 있습니다. 그리고 {선생님}이 저희와 공명하셨다는 구절을 읽고

---

231 新木安利, 『松下竜一の青春』, 海鳥社, 2005.

가슴이 뜨거워졌습니다. "저희들"에 관한 책과 관련해,『자살의 사상』[232]을 다카세 씨에게서 받았습니다. 감사합니다. 후지무라 미사오[233]부터 최근의 이지메 자살까지, 이른바 자살의 계보를 저자의 시점에서 좋은 책입니다. 사이토 노도카 군, 그리고 후나모토 슈지[234]의 자살에 대해서도 언급하고 있습니다. 노도카 군이 체포되어 자살한 정황을 생각하면 마음이 소란스러워집니다. 유키가 쓴 글도 여럿 인용되어 있습니다.

• 8월 12일

밤에 격렬한 천둥이 치며 비가 내렸는데, 이 근방에 번개가 떨어졌는지 소등 후인 9시 30분에 정전이 됐습니다. 정전이 된 지 5분 정도일까요, 저쪽에서 금세 비상등이 켜졌는데 잠시라고는 해도 암흑을 누릴 수 있었습니다. 10년 만인가요. 20년쯤 전에는 쌓인 눈의 무게로 전선이 끊어져 한 시간 이상이나 정전이 되었고, 야근 간수가 회중전등으로 방 안을 비춰 가면서 바삐 뛰어다녔는데 지금은 자가발전으로 바뀌니 재미가 없네요.

• 9월 9일

미국 남부를 할퀸 허리케인, 그리고 태풍 14호와 열대 저기압의 맹공습이 계속되고 있습니다. 태풍 피해를 입으신 분들에게는 위로의 말씀을 드립니다. 그런데 일

---

232 朝倉喬司,『自殺の思想』, 太田出版, 2005.

233 후지무라 미사오藤村操(1885~1903). 1903년 도치기의 화엄 계곡에 돌연 유서를 남기고 자살한 16세의 청년. 현재 도쿄 대학 교양학부와 지바대 의학부, 약학부의 전신인 명문고 '제1 고등학교'에 재학 중이던 그의 자살이 사회에서 큰 반향을 불러일으켜 모방하여 자살을 시도하는 이들이 적지 않았다. 식민지 시기 경성 제국대학의 철학과 교수였던 아베 요시시게安倍能成가 후지무라와 제1 고등학교 동창이자 후지무라의 여동생과 결혼한 사이이다. – 역자 주.

234 후나모토 슈지船本洲治(1946~1975). 노동자들의 거리인 가마가사키와 산야에서 활동한 가마가사키 공투회의 간부로, 1975년 당시 황태자의 오키나와 방문에 항의해 분신 자살했다. 향년 29세. 동아시아반일무장전선 '전갈' 부대의 구로카와 요시마사와도 깊은 교류를 했다고 한다. 마쓰시타 류이치,『봉화를 보라』, 228쪽. – 역자 주.

본 기업이 허리케인 피해를 지원하겠다고 말하고 나선 모양입니다. 토요타와 마쓰시타[235]가 거액의 지원 성금을 갹출하고, JAL과 일본우선[236]이 무료로 물자를 운송한다고 합니다. "아름다운" 이야기지만 수마트라섬 지진 때, 혹은 자메이카 등 카리브해 나라들이 허리케인 피해를 입었을 때 토요타와 마쓰시타가 지원의 손을 내밀었는지요. 9·11 때에도 일본 기업이 지원금을 갹출하거나 간부가 애도를 표하곤 했는데, 부자를 상대로 보상을 기대한 지원밖에는 할 수 없는 것인지요.

달이 하얗게 / 나라가 꺼려 왔던 / 삼천 세계[237]여
가을 장마에 / 나라 정세가 좋아 / 하수상하네

• 9월 15일

8월 30일에 마리코 씨와 샤코, 도모노 씨가 미쓰비시 중공업 본사 건물 폭파 때 돌아가신 분들을 참배했던 사진의 복사본을 받아 보았습니다. 감사합니다. 7월에도 히라노 씨, 마사쿠니 씨가 함께 참배해 주신 것을 기쁘게 생각하고 있습니다. 저도 사진에 찍힌 묘에 합장했는데요, 묘비에 "쇼와 49년(1974년) 8월 30일 미쓰비시 중공업 빌딩 폭파 사건에 조우하여 몰함"이라고 새겨진 글씨에서 눈을 뗄 수가 없습니다. 가슴이 꽉 막히는 느낌입니다. "가해자는 자신이 한 행위로 자기실현을 이루었다. 그러나 희생자가 자기실현을 바라 왔다고 하더라도, 또 지금도 바라고 있다 하더라도, 가해자의 행위에 의해 그 가능성을 빼앗겼다." 이것은 『잃어버린 기억을 찾아서』[238]에 인용된 볼프강 슈미트바우어Wolfgang Schmidbauer의 말인데, 피해를 입으신 분들의 억울함과 끊임없이 마주해야만 합니다.

---

235 현 파나소닉. 마쓰시타는 창업주인 마쓰시타 고노스케松下幸之助(1894~1989)의 성으로, 마쓰시타 그룹은 예전의 이름이다. - 역자 주.

236 일본 우선 주식회사日本郵船株式會社로, 국제적인 해상 운송업을 중심으로 종합 물류 사업 및 여객선 사업 등을 운영하고 있다. - 역자 주.

237 三千世界. 광대한 우주를 표현하는 불교 용어이다. - 역자 주.

238 문부식, 『잃어버린 기억을 찾아서: 광기의 시대를 생각함』, 삼인, 2002. 일본어판은 文富軾 板垣竜太 訳, 『失われた記憶を求めて』, 現代企画室, 2005.

- 9월 17일

  고향 지인의 고등학교 3학년생 따님이, 올해 5월 골수성 백혈병이 발병하여 불과 수개월 만에 세상을 떠났다고 합니다. 꿈과 희망에 가득 차 앞길이 창창했던 따님도, 또 따님을 잃은 지인도 정말이지 안타깝습니다. 아직 어머니가 건강하셨을 때, 지팡이는 짚고 있지만 이동 보조원들의 도움 없이도 면회를 오실 수 있던 시절, 그 지인에게 아드님이 있다고 들은 기억이 있는데 따님도 있었다는 것을 부고를 듣고서야 알았으니 괴로운 일입니다. 제가 말한다 해도 그 어떤 위로가 되지는 않겠지만 깊은 조의를 표합니다.

- 9월 18일

  아침 일찍부터 안뜰 마당에 일장기가 펄럭이고 있습니다. 그저께 오사카 구치소에서 한 명을 처형했는데 일장기를 게양하다니, 참 어이가 없습니다. 연말 막바지에 도쿄 구치소에서 사형 집행이 있었을 때에도 가도마쓰[239]를 세워 두었던 적이 있는데, 사형수의 목숨 따위 특별히 생각할 가치가 없다는 것이겠죠. 노노 법무상[240]은 다른 법무상처럼 직을 그만두는 막바지에 집행 도장을 찍는 것이 아니라 임기 중에 스스럼없이 찍었는데, 이것도 선거에서 자민당이 대승을 거둔 덕에 생긴 오만함이 드러난 걸까요. 뭘 하든 무서울 것이 없다는 얘기지요.

  무카이 다카시 씨의 유고라고 할 만한 『아나키스트들』[241]을 읽었습니다. 부제가 "〈무명〉의 사람들"이듯, 섭정 히로히토를 저격한 난바 다이스케[242]를 제외하면 무명인 사람들뿐입니다. 그런데 무카이 씨가 비유하듯, 운동이라는 것은 신을 모신 가

---

239 정월에 신년을 축하하는 의미로 문 앞에 걸어 두는 대나무로 만든 장식물. - 역자 주.

240 노노 지에코南野知惠子(1935~). 만주국 출생의 간호학자이자 정치가로 제75~76대 법무 대신을 역임했다. - 역자 주.

241 向井孝,『アナキストたち ― 〈無名〉の人びと』,「黒」発行所, 2005.

242 난바 다이스케難波大助(1899~1924). 1923년 12월 도라노몬 사건으로 섭정관(황태자 히로히토 친왕이며 후의 쇼와 천황)을 습격하여 암살하려고 했다. 대역죄에 의해 사형 집행되었다. - 역자 주.

마를 많은 사람들이 번갈아 가며 둘러메는 그런 것일지도 모릅니다. 그리고 그 둘러메는 사람들이 무명의 사람들인 셈이겠죠. 그런 무명자에게 스포트라이트를 비추려 한다고 말하는 부분이 무카이 씨답고, 스포트라이트를 받은 무명자들의 이름과 행동을 접하고 저도 그 사람들과 나란히 하고 있다는 깊은 느낌을 받았습니다.

향을 피우네 / 비문 새긴 이름에 / 혼동 없도록

• 9월 30일

아침에 마사쿠니 씨와 면회를 가졌습니다. 10월 8일에 있을 〈울려 퍼지게 하자 사형 폐지의 목소리〉의 집회 준비에 대해, 또 〈사형수 표현전〉에 대해서도요. 저는 의견을 낼 생각이 추호도 없지만 적절하게 검토되며 운용되고 있다고 생각합니다. 재심 청구 보조에 후쿠오카의 오다 노부오 씨[243]의 이름이 있는데, 그의 최고 재판소 판결은 1970년이었습니다. 즉 저희들이 체포되었을 때 이미 사형이 확정되어 있었고, 그 후 그는 계속해서 재심을 청구하고 있습니다. 당연하지만 저는 그와 한 번도 교류한 적이 없으며 지금 어떤 상황에 있는지도 모릅니다. 말하자면 그는 감옥의 저 깊은 곳에 갇혀 있는 사형수인 셈인데, 그런 그가 대리인을 통해서이긴 하지만 '기금' 신청을 했다는 것은 가늘게나마 그와 우리가 이어졌다는 뜻이니, 이 일만으로도 '기금'을 창립한 의미가 있다고 할 수 있지 않을까요.

요코 씨와 메구미 씨에게서 차입금을 받았습니다. 다음 달분의 신문 구독료가 빠져나가는 바람에(선불입니다) 영치금 잔액이 줄어들어 의기소침해 있던 차였는데, 실로 시의적절한(?) 차입금 덕분에 든든하고 기쁩니다. 감사합니다. 그런데 요코 씨의 카드는 받았지만 메구미 씨의 짤막한 편지가 교부되지 않아 아쉽습니다.

---

243 오다 노부오尾田信夫(1946~). 1966년 12월 후쿠오카 시의 전기 제품점에서 숙직하던 남성 점원 두 명을 살해한 혐의(일명 '마루요 무선 강도 살인 사건')로 구속, 1970년 사형이 확정되었다. 2016년에는 체포 50년을 맞이하였고 옥중에서 보낸 시간이 수용 중인 사형 확정수 128명 중에서 가장 길다고 한다. 「체포로부터 50년, 사형수의 회한 수기에 쓰인 것은⋯」, 아사히 신문 2016년 12월 31일자. – 역자 주.

• **10월 1일**

대만의 선주민 등 188명이 국가와 야스쿠니 신사에 손해 배상을 청구한 소송에서 오사카 고등법원은 고이즈미의 야스쿠니 신사 참배가 위헌이라는 판결을 내렸습니다. 도쿄와 지바에서는 권력에 아첨하는 판결이 났지만 작년 후쿠오카 지방재판소에 이은 타당한 위헌 판결입니다. 게다가 "국내외의 강한 비판에도 불구하고 참배를 계속하고 있으며, 국가가 야스쿠니 신사를 특별히 지원하고 있는 인상을 주어 특정 종교를 조장하고 있다"라는 문언은, 방약무인한 고이즈미 일당에 대해 재판소가 분명 불쾌감을 표현한 것입니다. 여기까지 판결한 이상 왜 손해 배상을 인정하지 않을까요.

아사히 신문 석간에 10월 8일의 〈사형수 표현전〉 기사가 실렸습니다. 단순히 공지하는 기사는 아닌데, 기자가 사형수들이 쓴 시와 자서전, 그림 등에 느끼는 바가 있었기 때문이 아닐까요. 이 기사를 보고서 표현전에 방문하는 사람이 있다면 좋겠네요.

• **10월 3일**

요시나가 사유리 주연, 우라야마 기리오 감독의 〈큐폴라가 있는 거리〉[244]를 시청했습니다. 초등학교 5학년 즈음에 본 이래 처음이니까 45년 만인가요. 그만큼 오래된 영화지요. 아버지는 술주정뱅이 주물 장인이고 어머니는 생계를 돕기 위해 여급 같은 일을 하고 있는 빈곤한 가정의 여중생이 역경에 굴하지 않고 살아가는 모습에 악동인 남동생의 모습을 뒤섞어 그린 작품, 이라고 어렸을 때는 생각했습니다. 그

---

244 원제는 〈キューポラのある街〉. 1962년 개봉. 원작은 하야부네 지요船ちよ의 소설. 참고로 '큐폴라'는 철의 용해로로, 이 작품의 배경이 되는 지역이 주물 산업을 주요로 하는 지역이었다. 재일 조선인의 북한 귀국 사업이 하나의 시대적 배경이다. – 역자 주.

런데 북한 귀환 운동을 그리고도 있습니다. 친구와의 이별, 부부, 부모 자식 관계의 단절, 그리고 조선인 차별도 그리고 있는데, 평가를 일면적으로 내리고 있지는 않지만 열광의 전후에 보이는 무언가가 있습니다. 그렇다고는 해도 공산당 색을 느끼는 것은 시대 탓인가, 제가 잘못 본 걸까요.

- **10월 28일**

미일 양 정부가 오키나와의 미 해병대 후텐마 기지[245] 비행장을 나고名護 시의 헤노코邊野古[246]에 이설하기로 합의했는데, 이건 결코 오키나와의 부담을 줄이겠다는 것이 아니라 미군 기지를 오키나와현 안에서 빙빙 돌리며 책임 지지 않겠다는 것입니다. 미국은 세계 전략을 재검토하겠다는 관점에서 재일 미군을 재편하려고 한 것인데, 일본 정부가 오키나와의 미군 기지를 축소시키려는 생각을 가지고 있었다면 이번처럼 현지의 의사를 무시한 합의 따위는 하지 않았겠지요. 이게 고이즈미 정권이 말하는 '개혁'의 내실이라는 것을 제대로 봐야 합니다. 자민당은 오키나와 진흥책을 검토한다느니 이야기하고 있지만, 이건 원자력 발전소를 밀어붙이고 교부금이라는 당근을 내미는 것과 똑같은 발상입니다. 본토의, 특히 그중에서도 도시에 살고 있는 이의 자의식을 그대로 드러내고 있습니다.

- **11월 17일**

신임 각료의 취임 회견에서 사형 집행 도장을 찍지 않기로 발언하고, 한 시간 후에 그 발언을 철회한 스기우라 법무상은 다음날 신란[247]의 악인정기설 "선인은 더욱이 왕생을 얻고, 하물며 악인에 있어서랴"[248]를 거론하면서 다시금 "(사형수일지라

---

245 원문은 "普天間基地". 오키나와의 미 해병대 기지로 잘 알려져 있다. 영문명은 'Marine Corps Air Station Futenma' – 역자 주.

246 원문은 "辺野古". 2020년 현재 후텐마 기지의 이전이 예정된 장소이다. – 역자 주.

247 신란親鸞(1173~1262). 일본 불교종파 정토진종의 종조. – 역자 주.

248 별로 괴로워하지 않는 자(=선인)도 구제받을 수 있으니, 지금 정말로 괴로워하는 자(=악인)는 더욱이 구

도) 생명을 빼앗는 일은 용서받을 수 없다"고 말한 모양입니다(홋카이도 신문 1일자). 법무 관료는 물론이고 사형 존치파로부터의 항의와 비난이 집중되었겠지만, 그럼에도 이렇게 말한다는 것은 그의 신념이 어설프지 않다는 것을 보여 줍니다. 어떻게 해서든 법무상 재임 중에 그 신념을 철저하게 지켜 주길 바랍니다. 그리고 정말로 개혁이라는 이름에 걸맞게 사형 폐지를 목표로 한 걸음이라도 나아가 주길 바랍니다.

- 11월 26일
  히로시마에서 또 초등학교 1학년생 여자아이가 하굣길에서 살해당하는 사건이 벌어졌습니다. 가슴 아픈 일입니다. 전혀 관계없는 제가, 하물며 사형수인 주제에 분개한다는 것에 의문을 가지는 분이 계실지도 모르겠습니다. 그러나 사형수이기 때문에 저항할 수 없는 소녀를 죽이는 사건을 접하면, 자신이 저지른 가해에 대한 비판을 더하게 되기에 가슴이 아픈 것입니다. 이 세상에 소녀에게 연정을 품는 자가 있다는 것은 알고 있지만, 성적 충동을 억누를 수 없다고 할지라도 어째서 살해하고 마는 걸까요. 소녀에게 연정을 품거나 유인하는 것이 부끄러운 일임을 의식하고 있기에 살해하는 걸까요. 제 가까이에도 그런 사건으로 사형 판결을 받은 사람이 있습니다. 그는 전혀 반성 따위는 하지 않는 것처럼 보이는데, 이런 종류의 사건이 일어나니 눈에 보일 만큼 자신을 소모하고 있습니다. 이 세상에서 소녀에 집착하는 자들에게 그의 소모된 모습을 보여주고 싶습니다.

  잠 못 드는 밤 / 차가운 마루 바닥 / 수라의 거리

- 11월 30일
  오늘부터 연하장 발신 접수가 시작되어 얼른 발신 절차를 밟았습니다. 조급하긴

제받는다는 뜻. 여기서 악인은 인과의 법칙으로 괴로워하는 자를 뜻한다. - 역자 주.

했지만 12월에 들어서면 바로 정기 방 이동이 있어서 어쩐지 어수선해지기 때문입니다. 금년은 어머니 앞으로 보내는 연하장이 없기에 열네 통입니다. 안부를 묻는 등의 내용을 쓰면 연하장으로 간주되지 않는다고 하고(연하장은 열 장이든 백 장이든 일괄해서 발신 가능한데요, 미결수의 경우 보통 발신으로 취급되니 하루에 한 통, 특별 발신 허가를 받아도 네 통까지밖에 발신할 수 없게 되고, 제 경우에는 하루에 두 통 발신이라는 규칙 안에서 보내야 합니다), 재작년에는 구장에게 트집을 잡혀서 매우 얌전한 내용으로 갔습니다.『공하신년. 미요시 주로[249]가 쓴 "언어가 어지러운 때는 그 개인과 사회, 민족의 생명이 약해져 있다고 봐야 한다"가 요즘 자꾸만 생각납니다. 과연 현 상황을 슬퍼해야 할지, 기뻐해야 할지? 올해도 잘 부탁드립니다. 2006년 새해 첫날』이라고요.

• 12월 9일

다치카와 반전 선전물 탄압 사건 공소심이 역전당해 유죄 판결이 나왔습니다. 도쿄 고등재판소의 최근 판결은 형사와 민사 둘 다 반동적이고, 이 사건의 1심도 완전 무죄가 아닌 주거 침입에 해당하지만 동기가 정치적인 의견 표명이어서 타당한 일이라는 것이었으니, 도쿄 고등재판소가 권력을 대변하는 자임을 드러낸 것이겠지요. 즉 예측은 할 수 있었지만 이 판결에 굴복해서는 권력에 이의 제기를 할 수 없게 되기에 반격해야만 합니다.

어린이들 목소리 / 흔적도 없이 / 소춘이구나

---

249 미요시 주로三好十郞(1902~1958). 쇼와 초기부터 종전 후의 부흥기에 걸쳐 활동한 소설가, 극작가. - 역자 주.

2006년

- **1월 19일**

일변연에서 보내온 사형수 처우에 대한 앙케트 용지를 보냈습니다. 「사형자 처우법」이 제정되어 현재 미결 상태인 구금자의 처우에 대해서도 적정한 내용의 법안을 제출하고 싶다는 이야기라서, 특히 외부 소통의 확대라고 해야 할까요, 어쨌든 제한의 철폐를 희망했습니다. 또 작년 12월 15일자로 사민당의 후쿠시마 씨도 같은 앙케트 용지를 보내 주신 모양이지만 아직 교부받지 못했습니다. 일부러 이러는 걸까요?

아침 9시 전, 작년 말에 '선고'받은 위내시경 검사를 받기 위해 6층 검사실로 연행됐습니다(외래 진찰실, 뢴트겐실, 그리고 병동은 5층까지만 있어서 5층으로 가는 줄로만 알았습니다). 3개월쯤 전부터 계속 식도가 불편한데, 이에 관해 종양이나 현저한 염증은 없다는 소견이었습니다. 요즈음 음식물이 잘 넘어간다고 느끼고는 있었지만요. 기름기로 끈적끈적한 국과 반찬이 자주 나온다고는 하지만, 술과 담배와는 연이 없는 소박한 식생활을 30년 이상 이어 가고 있으니 암에 걸린다면 "아아, 무상하구나"라고 생각하고는 있었습니다. 하지만 문제가 없다고 해서 순수하게 기뻐할 수만은 없는 존재가 사형수라는 얘기겠지요.

- 2월 24일

　점심 전에 마스크를 두 장 겹쳐 쓰고 지하루와 면회를 가졌습니다. 2월 21일에 마사쿠니 씨와 면회를 가졌으니 4일 연속으로 면회한 셈이지요. 이런 일도 있네요. 초봄에 생각지도 않은 진귀한 일이 일어난 걸까요. 2월 22일 재심연의 모임에는 19명이 참가해 주셨다니 든든합니다. 감사합니다. 보충서 작성이 힘들 텐데 병동에 격리된 처지라 죄송스럽습니다. 그 병동 말인데, 제가 옮겨진 B동 5층은 말 그대로 격리 구역인지, 중앙 복도가 벽으로 나뉘어 있고(즉 A동 8층이라면 건너편 방이 보였는데, 여기는 문짝 바로 앞에 벽이 있습니다) 벽의 건너편은 결핵 요양 구역으로 보입니다. 그리고 제가 들어온 방은 격리동 안의 특별방이겠지요. 천장에 TV 카메라가 설치되어 있습니다. 사형 확정수에 대한 과잉된 '배려'겠지만, 바닥에서 50센티미터나 높은 침대에서 자는 데다가 카메라에 감시당하고 있자니 갑갑해서 견딜 수가 없습니다. 아침에 방을 옮겨 달라고 요구하니 "빈 방이 없다"고 거절당했는데, 매일 방을 옮겨 달라고 요구하겠습니다.

- 2월 26일

　병사에 격리될 때 당혹스러운 일이 있습니다. 먼저 치료 이야기를 하자면, 저는 어떤 치료도 받지 않고 있습니다. 정말 말 그대로요. 볼거리(유행성 이하선염)는 자연 치유력에 맡기는 모양으로, 단지 격리되어 있을 뿐입니다. 뭔지 알 수 없는 약을 복용하는 것보다는 낫지만, 다른 사람들은 아침과 오후에 혈압과 체온 측정 등 치료 같은 것을 받고 있어서(여성 간호사가 회진합니다), 잠옷으로 갈아입지도 않고 트레이너와 스웨트 팬츠라는, 지금까지와 변함없는 차림새의 저는 병동 안에서 붕 떠 있는 존재일지도 모릅니다. 또, 병동에는 구령이 없습니다. 일반 수용층에서는 아침과 저녁 점검 때에는 간수가, 식사 배당과 쓰레기 수거 등은 잡역수가 구령을 내리는데, 그것을 듣고 준비하거나 또 시간의 기준으로 삼습니다. 그런데 여기서는 그게 없으니 "불시"에 점검원이 오는 셈입니다. 병으로 자리보전하고 있는 사람들에 대한 배려인 걸까요? 그리고 여기는 도시락 통(상자)을 매번 식후에 소독하기 때문에 배식부터 잔반 수거까지 5분 정도밖에 시간이 없습니다. 저는 빨리 먹는 편이 아니라서 종종 다 먹지 않은 채로 수거되어 버리기도 합니다. 운동도 하지 않고 식욕도 그다지 없기에 도중에 수거되어도 상관은 없지만, 이보다 정신없을 수가 있을까요.

• 3월 1일

　오후에 병동에서 퇴원했습니다. 의무부장이 아침 회진을 돌 때 담당 내과의의 진찰에 달렸다는 이야기를 들었는데, 점심 전에 진찰을 받고 바로 퇴원했습니다. 병동은 8층의 방 이상으로 부자유스러운 데다 온종일 침대에 누워 있으면 정신 건강에도 좋지 않다고는 생각하지만, 제가 퇴원을 재촉하지는 않았습니다. TV 카메라가 설치되지 않은 방으로 옮겨 달라는 둥, 뭔가 시끄러우니까 골칫거리 취급을 당한 것이겠지요. 그런 일이 있었지만 열이나 통증도 없고 부은 데도 없으니 격리할 필요가 없어진 것이겠고요. 저는 볼거리 비슷한 게 아닐까 하고 의심했는데, 내과의에 따르면 아밀라아제 수치가 통상은 두 자리 수인데 제 경우에는 2월 23일 시점에서 이미 500을 넘었던 모양이라 한없이 검정에 가까웠다고 합니다. 그리고 격리된 때에는 이미 고비를 넘겼다고 생각됩니다. 어쨌든 1주일에서 1개월 격리를 예상했는데 딱 1주일간, 즉 최단 시간에 퇴원했으니 저의 자연 치유력을 자랑스러워해야 할까요?!

• 3월 31일

　헨미 요 씨의 『자기 자신에 대한 심문』[250]을 차입받은 지 열흘이나 지나서 받아 볼 수 있었습니다. 예전에 헨미 씨가 교류하고 있던 사형 확정수 청년을 언급한 세 군데의 아홉 줄(12쪽[251]과 160쪽[252])에 먹칠이 되어 있었는데, 그래서 늦어진 거겠지요.

250　辺見庸,『自分自身への審問』, 毎日新聞社, 2006.

251　헨미 요가 죽음의 실감과 제도적 살인에 대해 서술한 단락 가운데이다. 아홉 줄을 특정하기 어려우므로 가장 문제가 되었을 법한 사형 집행 장면의 묘사와 전후의 문장을 함께 옮겨 둔다. "첫 번째는, 『영

책이, 특히 신간본이 먹칠되는 건 책뿐 아니라 저자 또한 욕보이는 행위라는 생각이 들어 매우 화가 납니다. 또 해당 부분은 실제로 일어난 일이 아니라 헨미 씨가 병상에서 생각한 것, 즉 가공의 사건임에도 불구하고 이렇게 기를 쓰고 먹칠을 하는 것은 무엇에 혈안이 된 탓일까요. 자, 그런데 이 책은 표제에서부터 알 수 있듯이 무거운 내용입니다. 헨미 씨의 문체임은 틀림없지만, 쓰러지기 전의 헨미 씨 특유의 화술과는 조금 다릅니다. 뇌출혈로 쓰러졌고 거기다가 대장암 수술도 받았기에 어쩔 수 없이 직면해야만 하는 죽음에 대해서 말해 두는 셈이 되겠지요. 그래도 헨미 씨답다고 생각한 것은 에토 준의 자살[253]에 대해 언급한 부분입니다. 에토의 유언 "스스로 처결處決하여 형해形骸를 처단하는 까닭이라"가 명문이라는 평가에 대해, 이는 '전진훈'[254]의 "살아서 포로로서의 모욕을 받지 않고"와 같으며, 마지막 순간에

원한 불복종을 위해서』(마이니치 신문사 간행, 고단샤 문고)에서도 썼던 사형 확정수 청년에 대해서입니다. 어떤 생각을 하느냐 하면, 아직 집행되지 않은, 어떻게 해서든 저지하고 싶은 그의 교수형 집행에 대해서입니다. 저는 반복해서 상상했습니다. 형장의 1미터 사방이라고 하는 철 디딤대가 갑자기 쿵 하고 두 개로 갈라져, 묶여 있던 마끈이 팽팽하게 당겨져, 목뼈를 산산조각으로 부수는 소리. 순간, 다리는 공중에서 파들파들 경련하여 마치 우스운 공중 댄스를 추듯 합니다. 저는 제 몸에 대입하여 희미해져 가는 의식을, 목 졸린 청년의 신체가 되어 상상해 봤습니다. 송구하기는 하지만, 제 자신의 반신 불수와 절망적으로 깊은 마비의 감각으로부터, 공중에서 경련하는 하지를 상상했습니다. 그것들을 헐떡거리며 상상하면서 저는 교수형으로 죽은 자의 늘어진 나락에 기어 가려고 했던 셈입니다. 혹은 그가 죽인 희생자들이 아마도 기억하고 있을, 피를 흘리며 죽는 일의 슬픔과 기댈 곳 없음을 느껴 보려고도 했습니다." 辺見庸, 『自分自身への審問』, 毎日新聞社, 2006, 12쪽. - 역자 주

252 "맥락 없이, 돌연 이 나라의 사형 집행을 생각해 버렸다. 그것에는 반드시 청진기와 스톱워치를 손에 든 의무관이 입회한다는 이야기를 들은 적이 있다(청진기에 관해서는 소지하고 있다, 아니, 소지하지 않는다는 두 가지 설이 있다. 어느 쪽이든 상관없지만). 말할 필요도 없이 사형수의 병을 치료하기 위한 것이 아니다. 교수형 집행 후, 목뼈와 설골이 눌러 꺾이고 코피와 분뇨를 내뿜으며 손발을 기묘한 춤사위같이 파들파들 떨고 있는 사형수의 맥박을 재거나, 가슴에 청진기를 대거나 해서―그건 공중에 매달린 자세 그대로일까, 아니면 로프를 풀어 바닥에 눕힌 자세일까. 아마, 매달린 채일 것이다―"X시 X분, 맥이 끊겼습니다"라고 정확한 목소리로 선언하기 위한 것이라고 한다. 이 세상에는 빛이 닿지 않는 호수 바닥처럼 윤곽이 희미한, 잠재한 채로 존재하는 의식과 풍경이 허다하게 있다." 辺見庸, 『自分自身への審問』, 毎日新聞社, 2006, 160쪽. - 역자 주

253 에토 준江藤淳(1932~1999). 일본의 문학 평론가. 고바야시 히데오 사후에는 일본 문예 비평의 1인자라 불렸다. 대표적 저서는 『고바야시 히데오』, 『소세키와 그의 시대』 시리즈, 『성숙과 상실』 등 다수에 이른다. - 역자 주.

254 戦陣訓. 전지에서의 훈계. 일본에서는 무로마치 시대와 전국 시대에 많은 전진훈이 발표되어, 가훈 등과 함께 읽혔다. 또, 1941년 1월 8일에 육군 대신 도조 히데키가 시달한 훈령. 군인으로서 지켜야 할 행동 규범을 나타낸 문서로, "살아서 포로로서의 모욕을 받지 않고"라는 구절이 유명하며, 군인이나 민간인이 대의와 명예를 위해 옥처럼 아름답게 부서져 간다는 죽음의 원인을 둘러싸고 여러 의견이 있다.

그런 말밖에 뱉을 수 없는 것은 쓸쓸하다고요. 형해에 지나지 않는 것은 치욕인지, 혹은 형해처럼 살아가는 것에도 실존적 의미는 있는 게 아닌지, 라고도 말합니다. 건강한 인간의 형해화와, 그로 인해 생겨나는 수치스러움은 존재하기 마련입니다. 독방에서 살아가는 저로서는 공감합니다. 또, 헨미 씨는 큰 병을 이중으로 얻은 상황에서도 인과율을 부정하고 인과응보란 사람을 속이는 술수라고 딱 잘라 말합니다. 사형수로서 다시금 공감합니다. 지금 쓰고 계신 이상으로 글을 자아내는 일은 고행과 같은 것일지도 모릅니다. 그럼에도 말씀을 해 주시리라 기대한다고 말하긴 어렵지만, 상황이 썩은 내를 풍길 정도로 심각한 만큼 발언을 계속해 주셨으면 합니다.

봄의 쌀쌀함 / 죄업이라는 몸의 / 수치심이네

- ## 4월 12일

　도쿄 도 교육 위원회가 공립 학교 졸업식에서 '일장기'를 향해 기립하여 '기미가요'를 제창하라는 직무 명령을 위반했다는 이유로 교직원 33명을 징계 처분했는데, 이런 일로 정직 3개월이라든가 1개월이라는 사람이 있다니 상식을 벗어나고 있습니다. 「국기, 국가법」을 제정할 때 정부가 교육 현장에서 강제하지 않겠다고 했는데도 이 모양입니다. 지금 정부와 여당은 「교육 기본법」을 개정하고 '애국심'을 잣대로 교사와 학생을 평가하며, 또 여러 이유로 일본에 정주하고 있는 사람들에게 한층 더 지내기 힘든 상황을 강제하는 것이겠지요. 정부와 여당의 편협한 내셔널리즘에는 어쩔 도리가 없습니다.

- 역자 주.

- **4월 21일**

  〈제1회 사형수 표현전〉의 수상 작품 『이런 나라도 살아도 될까요』[255]와 『도쿄 구치소 사형수 이야기』[256]가 책으로 간행됐습니다. 수상작이 책이 됨으로써 표현전이 1일 이벤트에 그치지 않고(실제로는 선전과 보고 등이 있어 단 하루라는 건 말도 안 되지만요), 앞으로 계속 전개해 나감으로써 사람들에게 보다 널리 사형(폐지)에 대해서 생각하게끔 만들 수 있겠지요. 제2회 이후에도 수상작이 책으로 출판될지는 아직 모르지만, 응모하려는 사람들의 목표와 격려가 될 테고요. 간접적이나마 표현전에 참여한 사람으로서 기쁘게 생각합니다. 그러나 자신의 이름을 붙인 기금과 책의 간행을 아시게 된다면 어머니는 낯간지러워 하시겠지요. 또 방금 언급한 책의 차입본을 교부받을 때 간수가 저에게 왜 책을 내지 않느냐고 물어 왔습니다. 옥중 생활이 30년을 넘어서고 있으니 당신에게야말로 걸맞은 게 아닌가라는 뜻일까요?!

  새싹 돋아난 / 고개에 피워 올린 / 봉화였구나

- **5월 12일**

  어머니의 2주기입니다. 지난번에 팸플릿 등을 정리하고 있으려니 도모노 씨와 샤코가 재활 중인 어머니께 병문안을 가 주었을 때 찍은 사진이 나왔습니다. 함께 찍은 샤코의 절반밖에 안 될 만큼 여위었지만, 그래도 어머니는 회복해서 건강하다는 것을 보여 주시려고 하여 우습기도 하고 애달파지기도 했습니다. 많은 분들이 지탱해 주시고, 또한 어머니도 격려해 주셨다는 점을 다시금 생각했습니다.

  아침에 운동장에서 가볍게 달린 후 돌아와 보니 마사쿠니 씨가 면회를 왔다는 호출이 왔습니다. 어머니의 기일이구나 생각하면서 면회소로 갔습니다. 제 얼굴 습진은 거의 몰라볼 정도가 되었다고 하여 우선 안심했습니다. 공모죄 건에 대해 "적

---

255 河村啓三『こんな僕でも生きてていいの』, インパクト出版会, 2006.

256 澤地和夫 外, 『東京拘置所 死刑囚物語』, 彩流社, 2006.

어도 프랑스의 10분의 1 정도 규모의 데모가 열려도 당연하지 않은가, 신문도 늦은 감이 없잖아 있지만 문제점이 명백해졌는데" 하고 말하니, 요즘 학생은 대개 신문을 읽지 않는다고요. 와세다 대학에서는 전단지 살포로, 호세이 대학에서는 입간판을 설치했다고 체포되는 시절이니 적어도 신문 정도는 읽어야만 하겠지요. 데모 하나 벌일 수 없는 게 슬플 지경입니다.

태어나지 않은 / 생명의 살랑거림 / 싱싱한 수목

- 6월 13일

아침에 마사쿠니 씨와 면회. 말하려고 하는데 말이 바로 나오질 않고, 또 혀가 잘 돌지 않아서 우물거리기만 해서 난처했습니다. 전부터 그랬지만 정도가 점점 더 심해진 모양입니다. 독방 생활을 하느라 누군가와 말할 기회가 적기 때문이겠죠. 제가 이 정도인데, 5년이고 10년이고 면회 한 번 한 적 없는 사형수는 과연 대화가 가능할까요?

- 6월 16일

『동물기』[257]를, 번역자인 시무라 게이코 씨가 기증해 주셨습니다. 감사드립니다. 리고니 스턴의 『뇌조의 숲』[258]을 통해 북부 이탈리아의 숲과 거기에 살고 있는 큰뇌조, 유럽노루, 개, 그리고 마을 사람들과 만났는데, 이 책은 그것의 어린이판 같은 동물 이야기 열아홉 편으로 구성되어 있습니다. 「역자의 말」에서 시무라 씨는 "어서와요"라고 독자에게 말을 걸고 있는데, 마치 알프스의 산기슭과 거기에 살고 있는 동물, 마을 사람들과 재회한 기분입니다.

---

257 Mario Rigoni Stern. 志村啓子 訳『リゴーニ・ステルンの動物記 —北イタリアの森から—』, 福音館書店, 2006.

258 Mario Rigoni Stern. 志村啓子 訳『雷鳥の森』, みすず書房, 2004.

- 6월 19일

　오후에 1954년의 이탈리아 영화 〈길La Strada〉을 봤습니다. 감독: 페데리코 펠리니, 출연: 앤서니 퀸, 줄리에타 마시나 외. 〈자전거 도둑〉, 〈형사〉 등 패전 후에 나온 이탈리아 영화에 일종의 그리움과 친근감을 느끼는 것은, 같은 패전국으로서 일본의 전후 같은 빈곤함이 있어서 그런가 하고 생각합니다. 빈곤함이 영화의 주제는 아니지만 그것이 배경에 있음은 틀림없으니까요. 한편 미국 영화와 다르게 인물이 잘 묘사되어 있다는 점도 서정적입니다. 또 유랑 악단원에게 팔려 조수가, 그리고 훗날 부인이 되는 젤소미나의 이름이 붙은 주제곡의 구슬픈 선율이 인상적입니다.

- 7월 7일

　눈에 띄는 일을 벌여 세계의 주목을 받으려고 하는 것이겠죠. 북한이 일곱 발의 미사일을 발사했습니다. 단거리 미사일과 장거리 미사일 세 종류를 발사했다고 하는데, 일본과 미국을 의식해서일 것입니다. 지난번 {고이즈미}가 프레슬리 저택에서 부시와 프레슬리 부인을 질리게 할 정도로 극성을 부렸던 것에 찬물을 끼얹었다고 생각하고 싶을 정도로 절묘한 타이밍입니다. 예전 태평양 위에 떨어뜨렸던 "실험"에 비하면 자제하긴 했지만, 그래도 사전 예고 없이 쐈으니 항공기와 선박에 피해가 없었던 것이 참으로 다행입니다. 일본 정부도 매스컴도 "도발이다"라며 비난하고 있는데, 그렇게 함으로써 도발을 더욱 키운 것이 아닌가 하는 인상입니다. 총무성은 이번 미사일 발사를 계기로 각지에 있는 조총련 시설의 과세 상황을 조사하기로 했다고요. 경제적으로 옥죄려는 속셈이겠지요. 여러 사정으로 일본에 정주 중인 사람들에 대한 압력과 차별 강화를 용납해서는 안 됩니다.

　　　　어쩐지 괴이 / 땅강아지 느릿한 / 어둔 밤이여

- 7월 27일

   쇼와 천황 히로히토가 야스쿠니 신사 참배를 중지한 것은 A급 전범 합동 제사에 불쾌감을 느꼈기 때문임을 보여 줍니다. 도미타 궁내청 장관의 메모가 공표됐습니다. 예전부터 그랬던 것처럼 천황의 야스쿠니 신사 참배를 재개시키려는 세력은 A급 전범을 부정하기 위해 이래저래 획책하고 있었으니, 이로써 한 가지 매듭이 지어진 셈이겠지요. 그런데 저는 이번에 공개된 메모를 가지고 히로히토가 마치 평화주의자인 양 선전하는 것은 틀렸다고 생각합니다. 패배한 전쟁의 군부나 정부 책임자와 똑같이 취급당하는 것을 견딜 수 없다는 '불쾌감'에 지나지 않으니까요. 스스로가 전쟁의 최고 책임자였던 사실에 대한 자기비판은 하나도 없습니다.

   몽골인들의 / 바람을 왼쪽 편에 / 호랑나비여

- 7월 24일

   자민당 총재 선거는 {아베}의 당선이 확실시되고 있는 모양입니다. 대항마로 여겨졌던 {후쿠다}[259]도 오만하기가 이를 데 없지만 그래도 {아베}만큼 어리석지는 않습니다. {고이즈미}를 보면 누가 수상이 되든 간에 변하긴 할 것 같지만 {아베}보다는 {후쿠다}가 조금 낫다고 생각했는데, {후쿠다}는 북한의 미사일 발사 때문에 불출마를 선언했다고 합니다. 북한을 둘러싼 내분을 막고 싶다는 것이겠지요. 북한은 {아베} 정권이 실현되기를 원하지는 않았겠지만 결국은 돕고 있는 셈이니 어쩔 수가 없네요.

   게이코 씨가 척 보기에도 시원스러운 카드와 차입금을 보내 주셨습니다. 감사합니다.

---

259 후쿠다 야스오福田康夫(1936~). 2006년 아베 신조의 라이벌로 총재 선거 입후보가 주목받았으나 결국 출마하지 않았다. 2007년에는 아베가 돌연 사직서를 제출, 당초 가장 유력한 인물인 아소 다로를 누르고 자민당의 최대 다수인 파벌을 등에 업고 입후보하여 선출되고, 제81대 총리대신에 취임한다. 부친도 67대 총리대신을 지냈다. - 역자 주.

- 7월 27일

  오후에 모 대학 피부과 의사의 진찰이 있었습니다. 지난번부터 조금도 차도가 보이질 않은 채로 발병한 지 5개월이나 지났다는 말에 기분이 팍 상했는지, 혹은 제가 사형수이자 전 과격파임을 알아채고 대항심을 불태웠는지(?) 저번에 비해 솔직한 말투로 설명해 주었습니다. 꽃가루 알레르기가 갑자기 발병하듯이 습진도 갑자기 발병하는 모양입니다. 온몸을 한 번 보고는 진찰을 끝내려고 할 때, 의사가 "앞을 보여 주세요"라고 말했습니다. 셔츠를 벗고 있는데도 이상하다고 생각하며 가슴을 앞으로 내밀자, "음부를요" 하고 말하는 것입니다. 젊은 여성이 옆에 있기에 "여성 앞에서 그건 좀 아니지 않나요"라고 하니 여성은 저쪽으로 사라져 버렸습니다. 그래서 결국 음부에는 습진이 생기지 않았음을 확인했지만, 생각해 보니 그 여성은 간호사였지요. 어떻게 젊은 여성 앞에서 그런 짓을 하겠냐고 성난 기색을 보이고 말았지만 병원에서는 일상적으로 볼 수 있는 진찰 풍경일지도 모르겠네요.

- 8월 2일

  감옥법이 개정됨에 따라 감옥 바깥과 옥중 원고의 편지 왕래와 면회 등을 어떻게 해야 할지 티셔츠 소송이 국가에 해명을 요구한 결과 "법령의 규정에 따라 그때마다 개별적으로 판단한다"는, 정말이지 관료적이며 무뚝뚝한 답변을 받았습니다.

  1주일 이상 여름 감기인지 냉방병인지로 몸 상태가 좋지 않습니다. 분명 밤에 계속 냉방을 돌리고 있기 때문인 것 같습니다. 바람 한 점 들어오지 않는 독방에서 반은 살아 있지만 반은 죽어 있는 듯이 하루하루를 보내는 사람들에게는 죄송하기도 하고, 저 자신의 수년간의 생활을 생각하면 배부른 소리라고 느낄 수 있지만서도 인공적인 냉기에 익숙지 않아 꼭 건강을 해치고 맙니다.

- 8월 11일

이스라엘의 레바논 공격은 처참하네요. 어제 아사히 석간에 실린 사진은 잔해가 산처럼 쌓인 베이루트의 거리를 생생하게 전달하고 있습니다. 미국과 영국군의 이라크 폭격도 엄청났는데 이스라엘은 보다 철저하군요. 레바논이 모처럼 복구되어 가고 있었는데 이리도 무참하게 당해서는 시아파, 수니파, 기독교도 구별 없이 이스라엘과 그 후원자인 미국에 대한 원한이 뼈에 사무치겠지요. 이렇게 증오의 연쇄가 한없이 계속됩니다.

영국에서 미국으로 향하는 항공기를 공중 폭파하려 했다고 하여 24명이 체포되었다고요. 날조되지 않았다면, 분명 미국과 영국에 대한 증오가 나타난 것이겠지요.

묘시卯時 종소리 / 늦어 버린 지금은 / 아아 입추라

- 8월 30일

종일토록 1974년 8월 30일 미쓰비시 중공업 본사 폭파 당시에 돌아가시거나 부상을 입으신 피해자분들께 사죄하고 애도했습니다. 평소와 다른 분위기였던 탓인지, 간수가 계속 제 상태를 살피러 왔습니다.

- 9월 7일 어제

아키시노노미야²⁶⁰와 기코 부부에게 남자아이가 태어나서 매스컴과 이 '경사'에 편승하려는 정치가들이 난리 법석입니다. 그 아이에게는 아무런 감정도 없지만, 관방 장관²⁶¹과 재계 수뇌들이 "친왕님"²⁶²을 연발하는 것은 딱 질색입니다. 막 태어난

---

260 秋篠宮. 현 천황인 레이와 천황 나루히토의 남동생이며, 황위 계승 자격 1위이다. - 역자 주.

261 한국의 국무총리에 해당. - 역자 주.

262 원문은 "御親王樣". 적출의 황자와 최고위의 황족 남자에게 부여되는 칭호. - 역자 주.

아이에게 저런 경칭을 붙이는 신분 차별을 저만 불쾌하게 느끼는 것은 아니겠지요. "국민적 축의"를 선동하는 것은 그만두어야 합니다.

- 9월 11일

 뉴욕의 세계 무역 센터 빌딩과 워싱턴의 펜타곤에 하이재킹된 항공기가 충돌한 날로부터 5년입니다. 저는 실시간으로는 몰랐고 또 영상도 본 적이 없기에 이 사건으로 인해 세계관이 바뀌었다든가 하는 반응을 보이는 사람들에게 동조하지 못하고 있습니다. 그 후 아프가니스탄과 이라크에서 미국과 영국군이 '실수'로, 혹은 의식적으로 얼마나 많은 현지의 민중을 — 과거 베트남과 칠레, 파나마, 걸프전 당시 이라크 등지에서 반복했던 것과 마찬가지로 — 죽였는지를 본다면, 스스로 원인을 만들면서 그 일을 되돌아보지 않고 새로운 침략 전쟁으로 응수한 미국과 동맹국은 또 다른 불씨를 낳고 있음에 불과하겠지요.

- 9월 13일

 스기우라 법무 대신이 기자 회견에서 사형 집행 명령에 관해 "재판소의 판단을 존중한다"고 말한 모양입니다. 취지를 바꾸어 집행 도장을 찍는 걸까요? 법무 관료로부터 오는 집행 압력을 진화하기 위한 발언인 듯한데, 압력에 굴해서 집행 도장을 찍겠다는 예고라고 한다면 불길한 일입니다. 신념을 굽히지 않고 힘내 주길 바라는 바이지만요.

- 9월 26일

 오늘은 {아베} 내각의 인사가 있었는데, 스기우라 법무 대신은 집행 도장을 하나도 찍지 않고 퇴임하는 모양입니다. {고이즈미}도 옴 진리교의 마쓰모토 피고의 사형 집행에 관련해서 집행을 재촉하는 발언을 했지만 법무 관료에게 받는 집행 압력도 상당했을 것이라는 점은 명확합니다. 아사히 신문은 그가 세 명의 사형 집행란에 날인하도록 재촉받았으나 거부했다고 보도하고 있습니다. 정토진종 신도와 자민당 의원에게서도 지지를 받았다고 하니 아직은 쓸 만합니다. 사형에 관해서는 애 많이 썼습니다.

- **10월 4일**

  북한이 핵 실험을 하겠다는 성명을 냈습니다. 7월 미사일 발사 때부터 준비한 시나리오일 것이고, 사전에 성명을 낸 이상 실험이 조만간 있을지도 모르겠습니다. 벼랑 끝 전술이라는 등 보도되고 있는데요, 자폭할지도 모르는 게 아니겠습니까. 속 빈 강정인 {아베} 내각과 우파 세력을 북한 때리기로 결집시키는 결과가 될 테니 마치 {아베} 구제책 같습니다.

- **10월 10일**

  북한이 핵 실험을 강행했다고요. {아베} 수상이 한국을 방문하고 있었는데, 실험 준비 기간이 필요하니 그 타이밍에 맞춘 것은 아니겠지요. 노동당 창립 기념일 등에 맞춘 걸까요. 어리석은 짓을 하고 있다 생각하지만, 핵무기 보유국들은 비난을 한다 해도 설득력이 없습니다. 이건 일본도 마찬가지로, 일본은 표면상 핵을 보유하지 않았다고 하나 재일 미군이 보유하고 있다는 점은 엄연한 사실입니다. 북한으로서는 무뢰한 국가라고 찍힌 데다가 일부러 보란 듯이 일어난 아프가니스탄과 이라크 폭격에 대항할 조치가 필요했던 것이겠죠. 그렇다고 한다면 미국이 그만큼 몰아붙인 결과라고 할 수 있겠습니다. 일본도 {고이즈미}가 부시에게 착 달라붙어 있으니 더욱 그러합니다. 북한 측의 '사정'은 감안한다고 하더라도, 핵무기 개발은 고립이라는 결과를 초래하고 맙니다. 더욱이 군사 국가로는 말이지요. 핵무기로 농락하는 전쟁 따위가 되지 않도록 북한도, 미국과 일본도 머리를 식혀야만 합니다.

- 10월 19일

전에도 썼지만, 제가 수용되어 있는 A동 8층은 사형수 및 사형수가 될 가능성이 있는 사람들 외에도 반항적이거나 자해할 위험성이 있는 사람들이 다른 층으로부터 와 있는 곳입니다. 당연하지만 다른 층에 비해 트러블도 많이 발생합니다. 누군가가 외치는 목소리, 그것을 통제하려는 간수의 화난 목소리는 일상다반사입니다. 그저께도 누군가가 일으킨 소음에 눈을 떠서 아침까지 자지 못했습니다. 무언가를 두드리는 소리와 철 문짝을 두드리는 소리가 울려 퍼져서 견딜 수 없습니다. 이건 입구 가까이 있는 방의 사람이었는데, 출구(라기보다 운동장 쪽의 출입구) 가까이에 있는 사람도 1개월 이상 밤마다 벽을 차고 있습니다. 위층이 시끄러워서 그러는 모양인데, 벽을 차 대는 자신이 얼마나 주위에 민폐를 끼치고 있는가에 대해서는 둔감한 모양입니다. 그도 사형수라서, 이미 10년 이상 '사귀고' 있는 셈인데, 소음(?)에 대한 과민함은 점점 더 심해지고 있습니다. 구금 상태가 계속되고 있지만 역시 사형에 대한 불안함이 강한 걸까요. 옥에 갇혀 화나는 일이 많은 건 이해하겠지만 밤에 난리를 피우는 짓은 제발 그만두길 바랍니다.

- 11월 17일

이케다 히로시 씨[263]가 「출판 뉴스」 11월 호에 기고한 「사형수의 표현에 대해 느낀 점과 생각한 점」을 읽었습니다. 〈사형수 표현전 2006〉의 총평인데요, 개별의 작품 평과 더불어 이 표현전의 사상에 대해 말씀하고 계십니다. 사형 폐지를 프로파간다화해야 한다는 것은 아니지만, 그저 "뛰어나다"라는 말로만 평가하기 어려움은 잘 알고 있습니다. 또 하이쿠와 단가의 경우 몇십 구(수)로 정리하면 그건 그것대로 하나의 박력 있는 작품군이 되겠지만, 분량을 중시한 나머지 개별 작품을 소홀히 하면 평가받기가 힘들어진다는 점도 있지요. 모처럼 빛나는 구(노래)가 있어도 그것을 망치는 구가 있다면, 게다가 그런 것이 많다면 제대로 평가받지 못하게 됩

---

263 이케다 히로시池田浩士(1940~). 독일 문학자, 평론가, 교토 대학 명예 교수. 독일 문학에서는 『초기 루카치 연구』, 『루카치와 현 시대』 등 루카치 연구를 전문으로 했으며, 천황제와 사형 폐지 등에도 관심을 기울여 왔다. - 역자 주.

니다. 하나하나 긴장감을 가지고 읊은 것을 응축하거나 테마를 정해서 읊는다면 좋을 것 같네요.

- **11월 25일**

  제2차 재심 청구가 기각됐습니다. 오후에 결정서를 송달받았는데 22일자였습니다. 결정 내용은 이미 첫 부분에서 결론이 난 셈으로, 청구 내용을 성실히 검토한 것 같지 않습니다. "살의를 가지고 저지른 일임을 잘 알고 있다"고 하니까요. 도무지 납득할 수 없어서 벼르고 있다는 것을 보여 주기 위해 청구인 본인으로서 즉시 항고를 하겠습니다.

- **12월 8일**

  그럭저럭 즉시 항고를 제기하는 이유서를 썼습니다. 그러나 재판소 제출은 유보하겠습니다. 주제넘게 나서서 제출하여 변호인의 즉시 항고마저 기각되지 않도록요. 변호인의 이유서를 기다리고 나서 재판소에 내려고 합니다.

  마감일이 15일이기에 "으랏차" 하며 기운을 내어 연하장을 썼습니다. 즉시 항고 제기의 이유서를 써야만 하기에 일단 그만둘까도 생각했지만 예년대로 하자고 마음먹었습니다. 고작 제2차 재심 청구가 기각됐다고 허둥대지 않겠다는 마음가짐입니다. 다만 문면은 심플하게 "공하신년, 레프 톨스토이의 『감옥에 간 적이 없는 자는 실은 그 나라를 알지 못하는 것이다』를 따르자면, 저는 누구보다도 이 나라를 잘 알고 있는 자인데 아직도 부족한 모양입니다. 올해도 잘 부탁드립니다. 2007년 새해 첫날"이라고 썼습니다.

- 12월 24일

　요즈음 계속 신경 쓰였지만 쓰지 않았던 것을 쓰겠습니다. 어제가 천황 탄생일이어서는 아니지만, 요전에 천황이 이라크에 파병되는 자위대의 간부들과 만나 위문 행사를 가졌다고 보도됐습니다. 마침 방위청이 방위성으로 '승격'되려고 하는 시절입니다. 이것을 국사 행위[264]라고 하지 않으면 뭐라 하겠습니까. 마치 패전 전의 히로히토와 군부의 양상이 오버랩되지 않는지요. 정당이나 매스컴이 이를 규탄하지 않는 것은 도대체 왜인가요?

- 12월 31일

　어제 이라크에서 후세인이 처형당했습니다. 사형이 확정되고 나서 불과 나흘이지요. 후세인을 배척하려는 의도가 폭주한 느낌입니다. 현 이라크 '정부' 및 미국 정부와 군은 구체제와의 결별을 연출하고 싶었던 모양이지만, 내전적 상황을 한층 더 격화시키기는 해도 '치안 회복'으로 이어지지는 않겠지요. 증오가 증오를 낳을 뿐입니다. 그리고 후세인을 처형했으니 후세인 체제하에서 일어난 범죄 사실(실태)이 어둠 속으로 매장돼 버리겠지요. 일찍이 후세인을 옹호하고 그와 결탁했던 미국이, 그 사실이 만천하에 드러날까 두려워 처형을 서두른 걸까요. 진정한 신생 이라크를 세우기 위해서는 후세인을 살려 두어 실상을 전부 밝히게 하는 것, 그리고 그 내용을 이제부터 잘 되짚어 봐야 했을 텐데요. 처형 시에 처형자들은 후세인에게 "지옥에나 떨어져라"는 등 욕지거리를 퍼붓고 처형의 순간에 환호와 갈채를 보냈다고 보도됐습니다. 명명백백한 보복입니다. 사형이 "사람을 죽이는 일" 이외에는 아무것도 아니라는 증거입니다. 얼마전 일본에서 이뤄진 사형 집행과 겹쳐 보이는 건 비단 저뿐만이 아니겠지요. "사람을 죽이는 일"에 불과한 사형을 정당화하고 방관하는 자의 마음을 썩어 버리도록 만드는 것이 사형의 역겨운 점입니다. 이라크가 일본의 맞거울이라고 할 수 있을지도요.

264　원문은 "国事行為". 천황이 국사에 관하여 할 수 있는 행위. - 역자 주.

다이도지 마사시가 말하는 사형 확정수의 모든 것

억울한 죄를 호소하는 사형수는 주변의 시선에도 아랑곳하지 말고
죽을힘을 다해 목소리를 높여야 한다.

억울함을 호소하면서 삿포로 구치소에서 병사한 하루야마 히로모토[265] 씨에게 "무죄라고 좀 더 강하게 주장해야 하지 않겠습니까"라고 썼던 적이 있습니다. 그의 아드님이 제게 면회를 와서 감사 편지를 보낸 적이 있는데, 이 편지가 그를 지원하는 잡지에 게재되었습니다. "아버님은 무죄입니다"라고 몇 번이나 썼는데, 그저 부족함이 많고 부끄러울 따름입니다. 그는 과묵하고 자기표현도 서투르지만, 날조를 당해 사형수가 되었다면 경찰과 검찰, 재판소에 대해 피를 토할 정도로 분노하여 무죄를 주장해야 할 것이라고요. 처음부터 저는 그의 호소를 의심하지 않았습니다. 그랬기 때문에 더욱 억울하다고 생각했습니다. 그리고 이러한 억울함을, 누명을 뒤집어쓴 다른 수인들에게서도 느끼고 있습니다.

사형수가 되었지만 재심에서 무죄 판결을 받은 사람들이 지금까지 네 명 있는데, 그들 모두는 억울하게 누명을 썼음을 필사적으로 호소해 왔습니다.

센다이 구치소의 아카호리 마사오[266] 씨에게서 편지를 받은 적이 있는데, 자기소

---

265 하루야마 히로모토晴山広元(1934~2004). '소라치 연속 살인 누명 사건'의 당사자. 1972~1974년에 걸친 살인, 강간 치사 등으로 1976년의 1심에서는 무기 징역, 1979년의 공소심에서는 사형이 확정되었다. 2004년 병으로 사망. - 역자 주.

266 아카호리 마사오赤堀政夫(1930~). 1954년의 유아 납치 살인, 사체 유기 사건인 시마다 사건으로 2014년

개도 없이 갑자기 "마사오는 무죄입니다. 도와주십시오……"로 시작했습니다. 이렇게 필사적으로 호소해 온다면, 옥중에 있는 제가 할 수 있는 일 따윈 뻔하다고 하더라도 발 벗고 나서서 돕고 싶다는 생각이 듭니다. 그와 교류한 사람 모두, 같은 생각을 품고 있지 않을까요.

멘다 사카에[267] 씨가 지원자에게 보낸 엽서를 보면, 뒷면에 자신은 무죄라는 이야기와 유죄 판결에 대한 분노, 비판이 빼곡히 적혀 있습니다. 적힌 내용은 그의 무죄를 입증하는 증거가 아니라 단순한 주장으로서 취급될 만한 것이지만, 재심 청구에 걸고 있는 그의 기대와 생각, 억울한 누명을 벗어야만 한다는 강렬한 의지가 전해져 옵니다. 이 엽서를 받아 든 사람은 그에게 힘이 되어 주고자 생각할 것이며, 그 생각은 당연히도 변호인에게, 나아가 다른 지원자들에게도 통했음이 분명합니다.

사이토 유키오[268] 씨의 경우 어머니가 센다이 역 앞과 번화가에서 매일같이 아들의 무죄를 호소했던 모양입니다. 처음에는 그 누구도 돌아보지 않고 무관심으로 일관했으나, 끈기 있고 흔들림 없던 어머니의 행동에 지원자가 증가했고 그것이 변호인에게 자극을 주어 움직이게 했다고 합니다.

작년에 병사한 다니구치 시게요시[269] 씨의 경우는 원래의 재판관이 그의 누명을

사형을 선고받았으나 1989년 재심에서 무죄를 선고받았다. - 역자 주.

267 멘다 사카에免田栄(1925~). 4대 사형 누명 사건 중 '멘다 사건'의 피해자. 멘다는 1948년에 구마모토현의 히토요시 시에서 기도사 부부를 살해하고 딸 두 명에게는 중상을 입힌 후 현금을 훔쳐 달아난 죄목으로 체포된다. 고문과 협박에 의해 자백을 강요당했고 1950년에는 사형 판결이 내려지지만 공소, 기각, 상고, 기각으로 사형이 확정된다. 멘다는 5차까지 재심을 청구하나 전부 기각되고 6차째에 재심 청구가 승인되어 1979년에 재심이 개시된다. 1983년에는 재심 무죄 판결이 내려졌고, 그가 사형수로 지낸 31년 7개월의 구금 일수에 대해 9,071만 2,800엔의 보상금이 지급되었다. - 역자 주.

268 사이토 유키오斉藤幸夫(1931~2006). 4대 사형 누명 사건 중 '마쓰야마 사건'의 피해자. 마쓰야마 사건은 1955년 미야기현 마쓰야마 정에서 발생한 농가의 일가족 방화 살인 사건을 가리킨다. 1957년 사형 판결, 1959년 공소 기각, 1960년 최고재판소가 상고를 기각하여 사형이 확정되었다. 그 후 제2차 재심 청구가 승인되어 1979년에 재심이 개시되었고 1984년 무죄 판결이 내려졌다. - 역자 주.

269 다니구치 시게요시谷口繁義(1931~2005). 4대 사형 누명 사건 중 '사이타가와 사건'의 피해자. 1950년 가가와현의 밀수 쌀 브로커 남성 살해 혐의로 기소되었다. 1952년 사형 판결이 내려졌고 다니구치는 공

확신하고 변호인이 되어 주어[270] 재판에서 무죄를 얻어 냈습니다.

　사형수로 간주된 그들이 재심에서 누명을 벗을 수 있게 만든 것은 본인인 경우도 있으며 육친과 지원자인 경우도 있었지만, 물웅덩이에 돌을 던지면 그 파문이 커져 가는 것처럼 온 힘을 다해 무죄임을 반복해서 호소하면 호소가 침투하여 지지가 확산되어 갔기 때문입니다. 형사 재판을 완벽히 신뢰할 수 있다고는 도저히 말할 수 없으며, 한번 사형 판결을 받으면 그 판결을 뒤집는 것은 지난한 일이지만 그렇다고 포기해야만 한다는 법은 절대로 없습니다. 누명이라는, 있어서는 안 될 것에 대해 사력을 다해 맞서야 할 것입니다. 그렇지 않으면 광명을 찾는 일은 불가능하며, 무엇보다도 사형을 언도받았던 네 명이 무죄로 출옥한 것이야말로 이를 잘 증명하고 있습니다.

　누명으로 인해 사형수가 되었다 하더라도 분노와 원통함을 언어화하는 것이 불가능한 사람이 있을지도 모릅니다. 모두가 멘다 씨나 아카호리 씨 같은 방법으로 호소할 수는 없겠지만, 그래도 주변의 시선에 아랑곳하지 않고 그 사람의 방식으로 죽을힘을 다해 목소리를 높여야만 합니다.

　이렇게 쓰면 당신도 사형수니까 타인의 일보다 자기 일이나 잘 챙기라는 소리를 들을지도 모릅니다. 쓸데없는 참견임은 아주 잘 알고 있지만, 사형수라는 처지가 어떠한지를 몸소 알고 있기에 억울한 누명을 쓴 사람들에게 "무죄임

　소했지만 1956년 공소 기각. 1957년 최고재판소도 상고를 기각하여 사형 판결이 확정되었다. 1976년에 최고재판소는 다니구치의 자백에 모순이 있음을 들어 지방재판소로 반려하고 1979년에 지방재판소가 재심을 개시, 검찰 측의 즉시 항고를 1981년에 기각하고 재심이 개시되었다. 1984년에 무죄 판결이 내려졌다. ─ 역자 주.

270 사이타가와 사건의 피해자인 다니구치는 사형 확정 후, 1964년에 관할인 다카마쓰 지방재판소에 "3년 전의 신문 기사에 의하면 오래된 혈액으로도 남녀를 식별하는 기술이 개발되었다고 하는데, 나는 무죄이니까 바지에 부착된 혈액의 재감정을 요구한다"라는 편지를 보냈으나 묵살되었고, 다카마쓰 지방재판소 마루가메 지부장이었던 야노 이키치矢野伊吉 재판장이 5년 만인 1969년에 발견한다. 야노는 재심을 청구하고 재심에 임하려 했으나 개시 직전에 반대 여론에 부딪혀 심한 폭언까지 듣는다. 이에 야노는 옷을 벗고 재판장직을 사임하여 변호사로서 재출발, 다니구치의 변호인으로서 재심을 청구했다. ─ 역자 주.

에도 어찌해 볼 도리 없이 사형수가 되어 처형을 당해도 괜찮겠습니까. 누명을 벗기 위해서 더더욱 호소해야 하는 것이 아니겠습니까"라고, 무슨 일이 있어도 외쳐야 합니다. (2006년 5월)

〈늑대와 접시꽃〉[271]

---

271 「기타코부시」 후기의 표지 일러스트를 담당한 K·미나미의 작품이다. 만화가이며, 19세 무렵 만화 창
　작을 위해 도서관에서 여러 자료를 조사하다가 동아시아반일무장전선에 대해 알게 된다. 2010년 8월
　도쿄 구치소에 수감된 다이도지 마사시에게 현금을 차입했다. 본문 중 2010년 8월 13일의 서신(266쪽)
　을 참조. 이에 대해 다이도지 지하루가 다이도지 마사시를 대신하여 감사를 전하고, 「기타코부시」를
　보냈다. 이 인연으로 「기타코부시」의 표지 일러스트를 그리게 된다. – 역자 주.

최종 옥중 통신最終獄中通信

2007년

- 1월 1일

옥중에 있더라도, 사형수라 할지라도 신년을 맞이하면 나름대로 장엄함과 숙엄함을 느끼는데, 올해는 전혀라고 해도 좋을 정도로 느낌이 없습니다. 고층 동의 독방에 갇혀 있으면 마치 움막에 들어가 있는 것처럼 느껴져서가 아니라, 역시 연말의 사형 집행과 후세인의 처형으로부터 영향을 받은 것이겠지요. 후세인은 털끝만치도 동정하지 않지만, 후세인에 대한 사형에는 반대하고 있던 만큼 참으로 우울한 연말, 정월입니다.

간치쿠 씨와 와쿠다, 그리고 나카미치 씨로부터 연하장을 받았습니다. 제가 나카미치 씨에게 보낸 연하장은 "받는 주소를 찾을 수 없습니다"라며 되돌아왔습니다. 예전의 주소로 보내 버린 모양입니다.

- 1월 8일

아사히 신문에 의하면, 중일 전쟁으로 포로가 된 중국인 병사(국민당군과 공산당군)를 중국 동북부(만주)에 연행하여 건설 현장에서 "특종공인特種工人"으로 노역시키기 위해 구 일본군이 1943년에 작성한 극비 취급 규정이 발견되었다고요. 각 부대가 임금을 일괄 보관하고 본인에게는 지급하지 않음을 명기하는 등, 중국인 강제 연행과 노동 실태를 밝힌 것입니다. 마침 자민당에서는 강제 연행과 노동에 대한 고노 담화를 재검토한다는, 즉 국가로서의 책임을 져야 할 일이 아니라는 움직임이 있다고 보도되고 있는데, 이번에 발견된 문서는 그렇게 눈 가리고 아웅 하는 식으로 침략과 강제 연행을 은폐하려는 데 대한 엄중한 비판이 되겠지요.

- **1월 12일**

  아사히 신문 11일자 석간에 「사형 버튼을 모르는 형무관에게」(저번 달의 집행, 유서에 엮은 '부탁')이라는 기사에서 작년 12월 25일 사형이 집행된 사람 중 한 명이 후지나미 요시오[272] 씨였다는 것을 알게 되었습니다. 그가 걷지 못하여 병동에 입원해 있던 것을 나가세 법무 대신은 알고 있었을까요? 알고 있음에도 형을 집행한 것이라면 죄인에게는 병 치료 따위를 해 주지 않겠다는 국가 의지의 표현이겠지요. 후지나미 씨의 집행에 직접적으로 관여한 형무관, 특히 그를 잘 알고 있던 형무관은 뒷맛이 개운치 않을 것입니다. 후지나미 씨와는 미결수 시절에 자주 편지 왕래를 나눴고, 어머니도 몇 번인가 그를 면회했습니다. 그런 만큼 정말이지 안타깝습니다. 적어도 그가 남긴 유서가 나가세 법무 대신과 사형 존치에 열을 올리는 법무 관료들에게 전달된다면 좋겠습니다. 그리고 그는 재심 청구 중이었음이 분명한데 어떻게 된 걸까요? 도중에 끊겨 버렸을까요? 아니면 재심 청구와 상관없이 형이 집행된 걸까요?

- **1월 19일**

  책에 실린 시구와는 어울리지 않을 만큼 심원하고 고아한 헨미 요 씨의 서문이 곁들여진(서문이라고는 하지만 칭찬이 과하십니다), 그리고 센스 있고 훌륭하게 디자인된 졸저 『까마귀의 눈』을 받아 보았습니다. 연말부터 가라앉기만 해서 신년과는 전

---

272 후지나미 요시오藤波芳夫. 1981년에 부인의 오빠 일가족을 살해하고 중상을 입힌 혐의로 체포, 1993년 9월에 사형이 확정된다. ─ 역자 주.

혀 무관한 기분이었는데, 비로소 정월을 맞이한 듯한 기분이 듭니다. 헨미 요 씨, 그리고 간행에 애서 주신 이나오 세쓰 씨, 니시무라 미야코 씨, 현대기획실의 마사쿠니 씨에게 감사드립니다. 어머니와 아라이 미키오 씨, 무카이 다카시 씨, 마쓰시타 류이치 씨의 죽음, 그리고 저도 건강을 해치곤 했기에 한번 읽어서 힘이 나는 하이쿠는 별로 없지만, 그래도 이 졸저의 출간이 저뿐만 아니라 침울해 있는 사람들을 조금이라도 "떠오르게"끔 해 준다면 좋겠습니다. 또 가이쇼 출판사와 현대기획실에 금전적 부담이 되지 않도록, 동료들과 지인 여러분께서 반드시 구입해 주셨으면 합니다.

요동 한 번에 / 얼어붙은 구름이 / 녹기 시작해

· **2월 8일**

등에 극채색의 문신을 새긴, 야쿠자 간부로 보이는 사람이 제 가까이에 수용되어 있습니다. 간수와 대화하는 걸 들으니 간사이 억양이 있는데, 야마구치구미 소속이기라도 한 걸까요. 간부로 보인다는 건 연령이 저와 비슷하거나 더 위인 데다, 매일 면회와 차입이 있기 때문입니다. 그런 그에게 고향에 계신 어머니가 의류를 보내 주신 모양인데 의류와 함께 과자 따위의 먹을거리도 들어 있었다고 합니다. 하숙집에 어머니가 보내 주셨던 작은 꾸러미를 생각했습니다. 감옥에 수용되어 있어도, 또 문신을 한 초로의 야쿠자에게도 어머니는 어머니입니다. 흐뭇하기도 하고, 감동적이기도 합니다(차입업자를 거치지 않고 보낸 음식물은 허용되지 않기에 보내온 음식물은 몰수, 폐기되겠지요).

· **2월 14일**

북핵을 둘러싼 6자 협의는 북한이 핵 시설의 가동을 중지하고 그 보상으로 중유 5만 톤(다음 단계에서는 100만 톤)을 지원하는 등 합의 문서가 채택된 모양입니다. 납치 문제만을 반복하는 일본 외교의 경직성과 고립화가 공공연하게 드러난 게 아닌가요. 대조적으로 북한은 야생적입니다.

- **2월 25일**

  어제자 아사히 신문에 프랑스가 헌법에 사형 폐지 조항을 추가했다는 사실과 더불어 「사형 폐지에 밀려오는 파도」라는 커다란 특집 기사가 실려 있었습니다. 유럽은 인권 외교를 활발화하여 "테러와의 전쟁"에서도 사형은 장애물일 뿐이라는 논조가 지배적이라고 합니다. 즉 유럽은 테러 용의자를 사형 존치국에 인도하는 데 신중한데, 연초 {아베}의 유럽 순방에서의 대테러 협력 요청이 불발로 끝난 것도 일본의 사형 제도 탓이라고 합니다. 일견 강한 태도로 일관하던 일본 정부, 법무성도 사실은 사형 폐지의 공세에 그저 수세만 취할 뿐이라고도 합니다. 법무성 간부가 "세계적으로 사형을 폐지하는 추세라고 하지만 인구 비율로 본다면 사형 제도가 압도적이다"라고 말한 것도 그 증거입니다. 중국과 미국을 염두에 두고 있을 텐데요, 그렇게 말할 수밖에 없겠죠. 사형 폐지국이 늘어나고 있음을 인정해야만 하니까요. 정부와 법무성이 기대고 있는 중국과 미국도 사형 판결과 집행을 신중하게 고려하고 있는 추세인데, 이를 도대체 어떻게 설명할 셈일까요.

- **3월 1일**

  1919년의 오늘, 일본의 식민지 지배에 대항해서 조선 민중이 궐기했습니다. 그 때문이기도 한지, 당시 조선군 사령관이었던 우쓰노미야 다로 대장의 일기와 서간 등이 공개되었다고요. 일본군 병사가 조선인 30여 명을 교회에 가둬 두고 학살한 후 증거 인멸을 위해 불태웠던 제암리 사건에 대해, 우쓰노미야의 일기에는 그 사실을 인정하지만 영향을 고려하여 부인, 은폐하기로 결정한 경위 등이 쓰여 있다고 합니다. 제1급 자료라고 할 수 있겠지요. 제암리 사건이 실제로 어땠는지 이미 알려져 있지만, 이 나라에서는 학자든 정치가든 강제 연행은 없었으며 종군 위안부는 만들어 낸 것이라는 소리를 반복해서 공언하고 그것이 버젓이 통용되는 만큼, 우쓰노미야의 일기가 가지는 의미는 작지 않겠습니다.

어제 저녁 식사 반찬은 라면이었는데(그 외에도 절임 반찬과 익힌 감자가 나왔습니다), 된장 라면치고는 국물이 빨갰습니다. 마치 케첩을 푼 것처럼요. "뭐지 이건?" 하고 쭈뼛쭈뼛 먹어 보니 꽤 먹을 만했습니다. 물어보니 김치 라면이라나요. 바깥세상에서는 이런 걸 먹는 겁니까. 몰랐습니다. 몸이 따뜻해졌습니다.

기러기 날고 / 전해져 내려가는 / 말은 없겠지

- ## 3월 14일

『라 게리(강제 수용소) 주해 사전』,『라 게리의 프랑스인』과 더불어 자크 로시Jacques Rossi의 3부작[273] 중의 한 권『다양한 생의 단편』을 읽었습니다. "소련 강제 수용소에서 보낸 20년"이라는 부제가 붙어 있듯이 저자가 실제로 경험한 스탈린 감옥의 실태를, 그리고 그것을 통해서 러시아 혁명과 소비에트 연방이란 무엇이었는가를 그리고 있습니다. "어느 날, 한 늙은 러시아인이 나에게 말했다. '다른 나라에서는 쓰레기에서 훌륭한 것을 뽑아내는데, 우리는 훌륭한 것을 쓰레기로 바꿔 버린다.' 나는 영혼과 사상과 품성과 언어조차도 부패시켜 버리는 수단을 소비에트 체제의 가장 완전한 표현인 굴라그(감옥과 강제 수용소)에서 경험했다." 일본어판에 실린 서문이 이 책의 가장 완벽한 요약입니다. 감옥이 그 사회의 축소판이라는 점이 구소련의 전매특허가 아닌 이상, 일본 사회도 상당히 문제라고 할 수 있겠지요.

---

273 여기서 말하는 자크 로시의 저서 세 권은 각각 Le Manuel du Goulag(1997), Jacques le Français (2002), Fragments de Vies(1995)이다. 2020년 8월 현재 자크 로시의 저서는 국내에는 미번역인 것으로 확인. 일본어판은 다음과 같다. Jacques Rossi, 梶浦智吉 外訳『ラーゲリ(強制収容所)註解事典』, 恵雅堂出版, 1997. Jacques Rossi, 外川継男 訳『ラーゲリのフランス人—収容所群島・漂流24年』, 恵雅堂出版, 2004. Jacques Rossi, 外川継男 訳『さまざまな生の断片—ソ連強制収容所の20年』, 成文社, 1996. – 역자 주.

大道寺将司くんと社会をつなぐ交流誌

キタコブシ VOL 124

2007年3月15日 3月号

郵便連絡先　東京都西東京市北町2-3-21　太田方　キタコブシ係
電話連絡先　090-6892-5251　（午後1時〜11時、大道寺）
郵便振替　　00180-0-132916／加入者名　キタコブシ
誌代　　　　1部200円〈送料込み1年分1800円〉

大高く北と対する辛夷かな

将司

イラスト・文字／風間博子さん
俳句／大道寺将司

- 3월 17일

　신관 C, D동이 완성됨에 따라(이걸로 도쿄 구치소의 개축이 끝났습니다) 점심 전부터 대이동이 있었습니다. 임시로 거주했던 C동 11층에서 A동 8층으로 돌아가는 사람들이 며칠 전부터 종이 박스에 짐을 싸고 있었는데, 어쩐지 저는 제외였습니다. 그리고 10년 가까이 같은 곳에 수용되어 있던 사형 확정수 오카시타 가오루岡下香 씨, 천다웨이陳大偉 군, 세키 데루히코関光彦 군이 다른 곳으로 옮겨 가 버렸습니다(미야자키 쓰토무 군[274]도 옮겨졌을지 모릅니다. 미결수 중에서는 니미 도모미쓰 씨[275]도). 낯익은 지인들이 멀어져 버린 셈입니다. 제가 수용되어 있는 곳에서 가까운 곳의 확정수는 하카마다 씨 한 명으로 줄어서 쓸쓸해졌습니다. 텅 비어 버린 방에 다른 층에서 확정수 몇 명이 옮겨 온 모양인데, 하카마다 씨같이 다른 사람은 안중에도 없다는 식의 사람들일지도 모르겠습니다. 옴 진리교의 요코야마 군을 비롯해 최고재판소에 상고 중인 사형수가 몇 명 있으니 이제부터 확정수가 늘어날 것을 예상한 재배치와 분산화이겠지요. 조금 허탈합니다.

- 3월 19일

　확정수의 재배치, 분산화에 따라 간수들도 큰 폭으로 재배치되어, 제가 있는 곳(C동 11층)은 담당과 부담당(담당을 보조한다는 명목으로 조근助勤이라 불립니다) 그리고 운동과 입욕 담당이, 즉 낮 시간에 얼굴을 맞대고 지내는 간수들이 모두 재배치되었습니다. 그리고 세대 교체인 셈인지 전체적으로 젊어졌습니다. 얼굴을 알던 사람들도 있지만 사형수와는 연이 없었던 사람도 있는 모양이라, 모든 권리를 확인하는 일부터 시작해야 할 것 같습니다. 그런데 저녁 식사가 끝나고 식기를 바꾼다고 해서 지금까지 30여 년간 사용해 오던, 어디를 보나 감옥에서 쓰는 식기였던 노란색 합성수지 제품이 병원에서 쓸 법한 수수한 하늘색 소, 중 사이즈의 그릇과 접시 3점

274　미야자키 쓰토무宮崎勤(1962~2008). 도쿄·사이타마 연속 유아 납치 살인 사건의 피의자로 체포, 기소되어 사형 판결이 확정, 2008년에 사형이 집행되었다. - 역자 주.

275　니미 도모미쓰新實智光(1964~2018). 옴 진리교의 간부. 2018년 7월 6일 오사카 구치소에서 사형이 집행되었다. - 역자 주.

세트로 바뀌었습니다. 그리고 저녁 식사 때부터 양은 도시락이 뚜껑이 있는 덮밥용 그릇으로 바뀌었습니다. 개축과 동시에 취사장도 이전하여 새로워졌기 때문에 이렇게 바뀌게 된 셈이겠지요. 지금까지는 양은 도시락째 데웠는데, 이제는 큰 솥에 지어서 덮밥용 대접에 푸게 되었습니다. 큰 솥으로 지었기 때문인지, 혹은 덮밥용 대접이기 때문인지(무게도 외양도 세토 자기[276]풍인데, 깨지지 않는 세라믹 제품입니다) 조금은 밥이 맛있어진 듯한 기분입니다. 누룽지까지 섞여 있으니까요.

· 5월 11일

헨미 요 씨가 신간 『기억과 침묵』[277]을 기증하여 보내 주셨습니다. 감사합니다. 실은 차입해 주신 지 2주 이상 지나도 교부받을 수 없어서 몇 번이고 재촉한 끝에 받았습니다. 이렇게 교부가 지연된 것이 중간에 끼어 있던 연휴 때문만은 아닙니다. 이 책을 위해 새로 쓴 작품「수직선垂線」이 검열에 걸려서라고 추측됩니다. 사형 집행을 묘사하는 헨미 씨의 미발표 소설이 인용되고 있기 때문입니다. 검열계가 이를 삭제해야 한다고 보고 해당 부분을 골라내서 상사의 결재를 받으려고 했기에 날짜가 지나 버린 것이겠지요. 그런데 전혀 건드리지 않은 새 책이 교부되었고, 한 군데도 검게 칠해져 있지 않았습니다. 상사가 아무래도 삭제할 필요는 없다고 판단해서 검열계의 보고를 물리친 모양입니다. 내용이 어디까지나 소설 속의 사형 집행이라는 점, 그리고 소송이 제기되면 번거로워질 수 있다고 판단했던 걸까요. 봄의 인사 이동으로 교체된 검열계의 융통성 없는 처사에 이의를 제기한 것이라면 좋겠지만요. 그런데 이 책에는「수직선」외에 신문과 잡지에 실린(인터뷰를 포함해서)『친구에게』,『까마귀의 눈』서문, 가도카와 문고에서 나온『눈의 탐색』에 실린「무지개를 보고서」도 수록되어 있습니다. 그렇다 보니 다시 읽게 되는 내용이 많기는 하지만, 현 상황에 대한 헨미 씨의 발언은 날카로우면서 공감이 갑니다. 반신이 마비되고 수술 후에 항암제를 복용하면서도 상황을 날카롭게 추궁해 들어가는 그의 말은 그

---

276 아이치현 세토 시를 중심으로 만들어지는 자기. - 역자 주.

277 辺見 庸,『記憶と沈黙』, 每日新聞社, 2007.

저 일깨우거나 공감하게 만드는 것뿐 아니라 자기 자신을 되돌아볼 것을 촉구하고 있습니다.

"검은 건반"에 / 야단스런 밤이여 / 봄의 끝자락

- 5월 14일

미야기 형무소의 비인권적 상황을 구체적이고 명백하게 밝힌 가마타 씨의『나는 고발할 준비가 되어 있다』[278]를 읽었습니다. 차입에서 교부까지 2주 이상이나 걸렸고 역시나 약 20여 군데가 삭제되었습니다. 미야기 형무소 사건 일람과 수형자 세 명이 국가에 손해 배상을 청구한 소송장, 그리고 호사카 노부토 의원의 국회 질의가 있습니다. 무기수가 자살한 사건에 대한 서술로 보입니다. 감옥의 부당 처우에 대해서 투옥된 이가 투쟁을 전개해도 감옥 밖에 전해지지 않는다면 개별적이고 비밀스럽게 압살되고 맙니다. 그러나 가마타 씨의 투쟁은 충분히 확산되었고, 그 증거는 이 책자가 출판되었다는 사실이지요.

미야기 형무소에는 마루오카 군도 수감되어 있는데, 시게노부 후사코 씨의「올리브 나무」69호가 그의 근황을 언급하고 있습니다. 마루오카 군은 병동에 있기에 한 달에 네 번 외부 연락을 취할 수 있고 비디오 시청은 금지라고요. 급성 질병에 걸렸다면 모르겠지만, 편지를 쓰거나 비디오를 봐서 몸 상태가 나빠지리라고는 도저히 생각할 수 없는데요. 미야기 형무소의 경직성일까요. 저도 작년에 고작 1주일이었지만 병동에 입원했습니다. 만약 더 길어질 요량이었다면 병동에서 비디오를 봤을 겁니다. 그럴 계획이었으니까요. 마루오카 군이 도쿄 구치소의 예를 들어 개선을 요구해 보면 어떨지요.

---

278 鎌田俊彦,『われに告発する用意あり ― 宮城刑務所 2005年5月~2006年9月』,「そうぼう」編集部発行, 2007.

- 5월 25일

『일본의 하이난 침략과 항일 반일 투쟁』[279]을 봤습니다. 일본과 민간 기업이 침략했던 흔적이 지금도 생생합니다. 또 반일-항일 게릴라전을 전개한 노인들의 증언, 당시 화승총과 함께 썼다고 하는 활을 손에 쥔 노인들의 사진도 실려 있습니다. 김정미金靜美 씨와 뜻있는 일본인, 동료들이 기슈紀州에 강제 연행되어 죽은 조선인의 위령비를 건립하는 활동에서 출발하여 일본 정부와 군, 민간 기업에 의한 침략의 역사를 훑어가던 중 하이난에 이른 것으로, 그 끈기 있는 활동에 탄복했습니다. 하이난 침략과 그로부터 시작된 반일-항일 투쟁에 대해서는 예전의 관점을(즉 중앙의 관점을) 되돌아보지 않았던 만큼, 귀중한 기록임과 동시에 일본이 침략했던 시대를 살아간, 그리고 싸운 사람들의 증언은 용기를 북돋워 줍니다.

메마른 맥추麥秋 / 기대앉을 의자를 / 찾지 못하여

- 5월 31일

새로운 법령이 시행되기 전날이 되어서야 비로소 옥에 갇힌 이에게도 고지가 내려왔습니다. 어째서 늘 아슬아슬하게 직전이 되어서야 고지하는 걸까요. 미리 알리면 항의가 쇄도할까 두려워하는 걸까요. 그렇지만 정말 말도 안 되는 내용입니다. 소송 서류와 자비로 산 침구를 제외하고는 의류와 서적, 사진, 서신, 식품을 수납 박스 하나에 전부 넣으라고 합니다. 형무소도 마찬가지겠지만, 수의를 입고 있는 수형자와 사복을 착용하고 있는 미결수(사형수)에게 똑같은 처우를 하려는 것은 말도 안 되는 얘기입니다. 실정을 모르는 관료의 생각이겠지요. 감방 안에서 책과 팸플릿, 사진 소지를 제한하는 일은 없어졌지만, 앞에서 말한 것처럼 수납 박스에, 그것도 수납 박스 하나에 들어갈 양이라니 결국 원래보다도 가지고 있을 수 있는 양이 적어지겠지요. 게다가 영치가 불가능해진다니 도대체 무슨 생각을 하는 걸까요. 그리고 아무런 설명도 없이, 원래는 하루에 두 통이었던 외부 연락이 한 통으로, 또 면

279 紀州鑛山の真実を明らかにする会,『日本の海南島侵略と抗日反日闘争:写真集』,写真の会パトローネ,2007.

회 시간은 1회에 30분에서 15분으로 단축된다고 합니다. 현장에 있는 간수들이 안 됐다고 말할 만큼 심한 폭거라고 할 수밖에 없습니다. 면회 시간 30분이란 사형수에게는 그 나름의 배려를 한 것으로, 제가 아는 한 도쿄 구치소에서 30년 가까이 이어진 것입니다. 그런 것을 어째서 15분으로 줄여야 하나요? 외부와의 소통을 "확대"한다는 것이 이유일지도 모르지만, 면회는 하루에 한 명만(변호인은 별개) 가능한 데다 면회하러 오는 면회인이 사형수 전원에게 늘어나는 것도 아닙니다. 이런 일은 도쿄 구치소 혼자 멋대로 하는 게 아니라 법무성에서 내려온 지시 사항이겠지만, 아무래도 일부러 괴롭힌다고 생각할 수밖에 없습니다. 적어도 도쿄 구치소 단계에서라도 유연한 운용을 부탁하느라 면접을 신청했습니다. 새로운 법률은 도대체 누구를 위한 걸까요?

다음 세상의 / 장맛비 보고서는 / 번민하도다

- **6월 2일**

오후 느지막이 저녁 식사가 끝나고 저녁 점호가 시작되려고 했는데 4시 30분경일까요, 아야세[280] 쪽에서 사형 집행에 항의하는 가두 선전[281]이 들려 왔습니다. 섹트의 선전같이 익숙한 선동 어투가 아니라 더듬더듬 약간 불안정한(?) 여성의 목소리, 그리고 왁자지껄한 시위대 소리도 뒤에 들려오길래 호감을 가지게 됐습니다. 아야세에서 열린 〈Stop! 사형 집행 도쿄 집회〉가 끝나고 진행된 데모였겠지요. 참가해 주신 여러분께 감사드립니다.

- **7월 3일**

후쿠오카 지방재판소에서 의견을 구하는 제기서를 보내왔습니다. 6월 15일 면회

---

280 도쿄메트로·JR 역이다. 도쿄 구치소의 북동쪽에 위치한다. - 역자 주.

281 원문은 "シュプレヒコール(슈프레히코르)". 독일어 'Sprechchor'에서 온 말이다. - 역자 주.

신청에 대한 도쿄 구치소의 대응을 예상은 하고 있었지만 그래도 아쉽습니다. 면회 불가능 건은 새로운 법 규정으로 인해 새로이 제소해야 한다고 하는데 그건 괜찮습니다. 그러나 좀 곤란해지고 말았네요. 그간 보류해 왔던 지인들과의 교류를 실현하기 위해 감옥 바깥에서 조정할 것을 의뢰했을 때, 돌아가신 어머니를 면회에 데리고 왔던 이동 보조원 두 명과 티셔츠 소송의 옥외 원고 세 명에 대해 양해를 구했기 때문입니다. "이야기가 되어 있"기에 6월 28일 그 다섯 명을 신청했더니 제기서가 날아온 것이죠. 옥외 원고 전체의 의견은 어디까지나 '원칙적'으로 하라는 걸까요? 자, 어쩔까요. 신청 취소도 생각해 봤지만 의사소통에 시간 차도 있고 하니 당황하거나 소란 피우지 않고 하기로 결정했습니다. 결정이 나면 어떻게든 되겠지 싶어서요.

• **7월 6일**

하이쿠 잡지 「무요」 7호에서 주 편집자인 야마구치 요시코 씨가 새 동인으로 저를 소개하고 있는데, 그중에 "베테랑 하이쿠 시인"이라는 부분이 있어서 "네?!" 하고 놀랐습니다. 정말로 그런 자각이 없었기 때문입니다. 하이쿠를 짓기 시작한 지 10년이나 지나기도 했고, 뻔뻔하게도 하이쿠집을 두 권이나 냈으니 하이쿠를 짓기 시작한 지 1년이나 2년 된 사람에 비한다면(「무요」에는 초등학교 2학년인 마리 씨도 하이쿠를 신고 있습니다) 그렇게 되는 셈일까요. 언제까지 신참 행세를 할 참이냐는 질타이기도 하겠지요. 어쨌든 생각지도 못하게 저를 동인으로 인정해 주시니 감사한 일입니다.

하이쿠 이야기가 나왔으니 말인데요, 저의 하이쿠집 『까마귀의 눈』을 간수들이 읽고 있는 듯한 기색이 보입니다. 읽는다고 해 봤자 주체적으로 읽는 게 아니라 연수나 참고를 위해 도쿄 구치소가 준비한 것이겠지요. 『사형 확정 중』도 그렇게들 읽었으니 이해가 됐습니다. 그런데 하이쿠집이라니요. 한편 엿들은 바에 의하면 하이쿠는 역시 "잘 모르겠다"는 모양입니다.

- 7월 23일

　오후 유아사 씨, 히토시 군과 면회를 가졌습니다. 결국 면회가 있으리라고 생각했지만 오늘일 줄은 몰랐고, 게다가 아무래도 20여 년 만이라 완전히 횡설수설하고 말았습니다. 유아사 씨에게 질문을 받았는데, 확정이 된 후에는 변호인과 친족 이외에 책의 인세 건으로 세무사와 면회를 가졌을 뿐입니다. 그러니까 확정 후 20여 년이 지나고 오늘 처음으로 동료들과 만나는 셈입니다. 그래도 20여 년이라는 공백을 느낄 수 없었습니다. 물론 기타코부시 등을 매개로 해서 어느 정도 근황을 알고 있었다든가 어머니로부터 자주 소문(?)을 들었던 탓일까요, 직접적인 교류가 없었더라도 가까이 느끼고 있었기 때문이겠죠. 어쨌든 일찌감치 만나서 반가웠습니다. 면회를 마치고 독방에 돌아오니 유아사 씨가 19일에 보낸 봉인 편지가 교부됐습니다. 면회도 편지도, 감사합니다.

- 8월 14일

　『전시 조선인 강제 노동 조사 자료집』[282]은 노작입니다. 저자는 "조선에 대한 인식은 일본의 현 상황을 반영하는 거울이며, 그것은 이 나라의 인권과 평화의 현 상황을 드러내는 것"이라는 인식을 근거로 삼아 조사를 수행하여 연행된 곳 일람과 전국 지도, 사망자 명부를 작성했습니다. 이건 정말이지 압권입니다. 그리고 연행된 곳 일람을 보면 토목 건설과 운수라는 업종란에 '성적 노예'가 있어서 깜짝 놀랐습니다. 광산과 군사 관련 공사에 많았던 것을 알 수 있습니다. 또 사망자 명부를 보면 가스 폭발, 낙반, 탄광 내 누수, 탄진 폭발, 매몰, 재해라는 원인이 열거되어 있어 얼마나 열악한 노동 조건이 강제되었는지를 알 수 있습니다. 일본의 대표적인 기업

282　竹内康人,『戰時朝鮮人強制労働調査資料集 連行先一覧・全国地図・死亡者名簿』, 神戸学生青年センター出版部, 2007.

대부분이 "지금도 강제 연행, 강제 노동의 책임을 계승하고 있음"을 확인할 수 있는 이 책을 되도록 많은 분들이 읽어 주셨으면 합니다.

- **8월 16일**

  35도를 넘나드는 맹렬한 더위가 계속되어 조금은 축 처져 있던 요즈음(식욕이 떨어져서 남기는 양이 늘었습니다), 준코 씨가 차입해 주신 책을 읽었습니다. 다케다 유리코의 『개가 별을 보았다』와 『후지 일기 상·중·하』입니다. 전자의 책은 남편인 다이준[283]과 다케우치 요시미 세 명이 러시아를 여행했을 때의 일기입니다(여행사가 기획한 투어에 세 명이 참가했습니다). 이게 의외로 재미있어서, 『후지 일기』도 단숨에 다 읽어 버렸습니다. 이 책들이 간행됐을 때 이미 알고 있었고 서평 등을 읽은 기억도 있는데 그때는 전혀 마음이 동하지 않았습니다. 시야가 좁았던 탓일지도 모릅니다. 그렇다고 해서 속편 격인 『일일 잡기』와 다이준 씨의 『현기증 나는 산보』까지 사서 읽는다면 열중이 지나친 걸까요?

  버렸던 세상 / 연연히 생각하는 / 먼 발치 불꽃

- **8월 31일**

  어제는 하루 종일 미쓰비시 중공업 본사 건물 폭파 때에 피해를 입은 분들을 애도하고, 사죄하며 보냈습니다. 저희들이 저지른 행위, 그리고 부족했던 사려를 깊이 반성합니다.

---

283 다케다 다이준武田泰淳(1912~1976). 도쿄 출신의 소설가. 전쟁 체험을 주로 다루는 제1차 전후파 작가로 활동하며 『풍매화風媒花』 등의 소설을 남겼다. 1973년에 일본 문학 대상 수상. - 역자 주.

- 9월 3일

  어제 오후 느지막이, 지난번 집행되었던 사형에 항의하는 남녀의 목소리가 들렸습니다. 도쿄 구치소 옆의 고스게 만요 공원에서 열린 〈사형 집행 항의 집회〉에 참가했던 사람들의 목소리였다는 소식입니다. 면회를 와 준 지하루에게 들었습니다. 확정자에게는 격려를, 사형 집행을 직업으로 삼는 자들에게는 사형의 무서움을 생각하게끔 하는 계기가 되겠지요.

- 9월 12일

  {아베 신조}가 수상 사임을 표명했다고요. 임시 국회가 어제 막 시작했기에 "네?" 하고 놀란 건 저뿐만이 아닐 겁니다. 해상 급유 활동 지속에 대한 회담을 오자와가 거절했기 때문이라고 이유를 대는 건 마치 싸움에서 지고 매스컴에 징징 울며 매달리는 어린아이나 마찬가지겠지요. 그만둘 시기를 잘못 잡았고, 그만두는 이유도 이해할 수 없습니다. 결국 궁지에 몰려 도망치기로 마음먹었다는 것이겠지요. 아무튼, {아베}가 사임하는 것 자체는 그렇다 치더라도 {아소}[284] 따위의 장난에 놀아나는 정권의 무책임을 허용해서는 의미가 없습니다. 해산, 총선거에서 {아베} 일파를 일소해야 합니다.

  저녁놀 비친 / 저세상 사람이여 / 긴긴 가을밤

- 9월 14일

  자민당 총재 선거는 후쿠다 전 관방 장관 지지가 압도적이었다고요. 아소에 대한 반감이 있었다 치더라도 승산 있는 쪽에 줄을 대려고 우르르 몰렸겠죠. 아베 때에도 그랬습니다. 지금까지의 입장과 의견을 전부 내팽개치고 우위에 있는 자가 되

---

284 아소 다로麻生太郎(1940~). 후쿠오카현 출신의 정치인으로 92대 총리대신을 역임했다. 규슈 지역의 대기업인 아소 그룹을 운영하는 가문에서 태어났으며 정계와 재계 모두에서 막대한 영향력을 행사하고 있다. 2020년 현재 스가 내각에서 재무 대신을 역임 중이다. – 역자 주.

2007년

려고 합니다. 자민당스럽다고 한다면 그렇긴 하지만, 절조가 없다고 해야 할까 위태위태합니다. 만약 후쿠다가 우위에 서서 새로운 총재가 된다면 자민당 지지가 더 늘어날까요?

- **9월 20일**

  오후에 도쿄 구치소의 시찰 위원과 면접했습니다. 2월 27일에 면접 신청서를 제출했는데 계속 호출이 없기에 "제외되었다"고 생각하고 있었습니다. 도쿄 구치소 측은 저의 면접 신청을 수리하지 않았다고 위원 측에 전달했다고요. 너무한 이야기지요. 면접 방해입니다. 2, 3월은 면접 신청이 다른 달에 비해 극단적으로 적다고 하니 C, D동 완성으로 이동이 혼잡한 때에 유야무야되어 버린 걸까요? 몇 번이고 반복해서 신청해야 했는데, 반성합니다. 제가 의견서로 이의를 제기했던 "여성 구역만 옥상의 운동장을 사용할 수 없다", 즉 일광욕을 할 수 없는 문제에 대해 도쿄 구치소 측은 인원 확보가 곤란하기 때문이라고 합니다. 직원이 부족하다는 것은 사실일지도 모르지만, 남성 구역은 전원이 옥상에서 운동할 수 있으니 여성 구역도 운동을 전제로 직원을 배치하면 가능할 터입니다. 여성 구역만 일광욕을 할 수 없어도 괜찮을 리는 없으니까요. 이 건은 시찰 위원이 더욱 힘내 주십사 부탁했고, 옥중에서도 계속 요구하겠다고 했습니다. 그건 그렇고 시찰 위원의 헌신적인 활동에는 경의를 표합니다.

- **9월 22일**

  일본 정부—그런데 지금은 "무정부(?) 상황"이니까 외무성이라고 말해야 할지—가 해상 자위대의 급유 활동을 계속하기 위해 UN 안보리에 '급유에 대한 사의'를 제정했습니다(러시아가 기권). 이런저런 것을 잘도 생각해 내는군요. 임시변통이라고 할 수밖에 없겠지만 말이지요.

이십몇 년 만에 재회하여

하루살이여 / 이 나를 아느냐고 / 물으셨으나

• 9월 26일

후쿠다 내각이 발족하여 법무상 교대를 기대하고 있었는데 하토야마[285]의 재임입니다. 이로 인해 기세가 등등해졌는지 "사형은 컨베이어 벨트 방식처럼 자동적으로 집행하는 게 좋다" 운운, 아주 대단한 발언을 했습니다. 법무 관료의 주체성 없는 발언인지, 아니면 자신이 집행 도장을 찍기는 싫다는 뜻의 간접적 표현(?)인지. 만약 후자라고 해도 인권 감각 제로라고 할 수밖에 없습니다.

---

285 하토야마 구니오鳩山邦夫(1948~2016). 도쿄 출신의 정치인. 전 총리대신이었던 하토야마 유키오鳩山由紀夫의 동생으로 민주당 부대표, 제79~80대 법무 대신을 역임했다. - 역자 주.

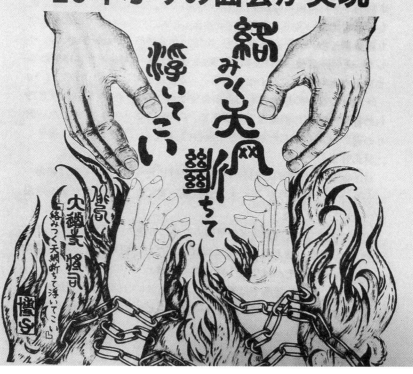

大道寺将司くんと社会をつなぐ交流誌

キタコブシ VOL 127

2007年9月30日 9月号

郵便連絡先　東京都西東京市北町2-3-21　太田方　キタコブシ係
電話連絡先　090-6892-5251（午後1時〜11時、大道寺）
郵便振替　00180-0-132916／加入者名　キタコブシ
誌代　　　1部200円〈送料込み1年分1800円〉

20年ぶりの面会が実現

- 10월 4일

　오후 2시 전 감사관과 면접했을 때 고충 문제를 제기하고 왔습니다. 새로운 법이 시행되면서 동료와의 외부 소통이 세 명밖에 허락되지 않는 것, 공동 원고와의 면회와 통신을 허가받지 못한 것, 면회 시간이 평소의 반절로 짧게 제한된 것, 그리고 여성 구역만 야외 운동이 실시되지 않는 처우 차별에 대해서 이야기했지요. 여성 구역에 대해서는 저 자신의 일이 아니기 때문에 고충 문제 제기의 틀에서 벗어나 버리기는 하지만, 소장 면접 등을 신청해도 "타인의 일에 간섭하지 말라"고 바로 기각되고 마니 일단 사실을 고발한다는 의미에서 얘기했습니다. 법무성의 {고바야시라는 감사관은 그림으로 그린 듯한 법무성 엘리트 관료풍이었지요. 일단은 의무니까 이야기는 들어 준다는 고압적인 태도라서 실로 불쾌했습니다. 그가 적극적으로 입을 연 건 공동 원고와의 면회 건으로, 저를 가리켜 "다이도지는"이라는 등 경칭을 생략한 채로 이야기를 진행하며 면회 불허 사실을 어떻게 알았는지 미묘하게 신경 쓰고 있었습니다. 부정 연락이라도 취한 건 아닌가 싶어서 의심하는 말투였습니다. 정말 화가 나는 일입니다. 저에 대해 아주 잘 알고 있는 모양인데, 예전부터 티셔츠 소송의 국가 측 대리인이었던 송무과장 대리나 외부 구장으로 공동 원고 여러분과 대면한 적이 있었나 하는 생각도 듭니다. 설령 그렇지 않다고 해도 그 감사관은 문제 제기를 검토하지 않겠지요.

　　　　　마스크를 쓰고 / 무뢰한의 벌레를 / 틀어막는다

- 12월 7일

　아침에 간부들의 시찰이 없기에 "집행인가" 싶어 걱정하고 있으려니, 두 명이나 사형이 집행됐습니다(오사카 구치소에서도 한 명이 집행되었다고요). 후카와 군[286]은 A동 8층에 있을 적에 함께 있었는데 형이 확정되고 바로 B동 8층으로 옮겨졌습니다. 스스로 상고를 취소한 것은 사건에 대한 그의 반성이었던 걸까요. 단정한 얼굴

286　후카와 히로키府川博樹(1974~2007). 1999년 에도가와 구 모녀 살인 사건의 용의자. - 역자 주.

을 지닌 사람이었지만 체념하고 있는 듯한 인상을 받았습니다. 후지마 군[287]과는 한때 서로 다른 곳에 있던 적도 있지만 십수 년간은 같은 곳에 수감되어 있었습니다. 올해 여름 즈음까지는 C동 11층에서 보곤 했는데, 그 후 다른 곳에 이감되었는지 볼 수 없게 되어 버렸습니다. 단, 조금 떨어진 방이라면 모르겠지만요. 사건을 일으켰을 때는 몰라도 재판, 그리고 집행까지 전 기간을 통틀어 그는 마음의 병을 앓고 있었던 것 같습니다. 그런 사람을 사형하는 것에 어떤 의미가 있는지 모르겠습니다. 하토야마 법무 장관은 연구회를 열거나 집행 날인을 찍는 데 "주저"하기도 했는데, 그저 포즈를 취한 데에 불과했던 걸까요. 법무성 공표와 더불어 고압적인 사형 집행 퍼포먼스였습니다.

차운 서릿발 / 무너지는 끝자락 / 제때를 놓치고

---

287 후지마 세이하藤間靜波(1960~2007). 1982년 후지사와 모녀 살인 사건의 용의자. - 역자 주.

2008년

- **1월 10일**

　새로운 법이 시행됨에 따라 방 안에서 소지할 수 있는 물건의 총량을 규제하기 시작했습니다. 저녁 점검이 끝난 후 세 명 정도가 화물을 수레에 쌓고 옮기기 시작해서 7시 정도에 돌아왔습니다. 다른 층은 이미 끝난 것 같고, 새해와 더불어 확정 사형수와 장기 구금수가 많은 이 층 순서가 되었다는 걸까요. 슈트 케이스 하나와 의류 바구니(옛날 공중목욕탕에 있던 탈의용 바구니 같은 것)에 책과 팸플릿, 식품을 전부 넣었는데, 바꿔 말하자면 이 두 개에 들어갈 만큼만 가질 수 있게 한다는 건 대체 무슨 뜻인가 생각하게 됩니다. 새로운 법은 옥에 갇힌 사람을 졸라매서 숨도 못 쉬게 만들 뿐입니다.

- **1월 15일**

　히토시 군과 올해 첫 면회를 가졌습니다. 그가 보낸 연하장을 받았는데, 그게 그가 보낸 유일한 연하장이라고 합니다. 그가 연하장을 보냈다고 하니 부인 M 씨와 딸이 놀라며 "알겠다. 다이도지 씨 맞지요?"라고 했답니다. 고마운 이야기 덕분에 가슴이 따뜻해졌습니다.

오로지 나에게만 / 보내 주었네 / 신년 연하장

- ## 1월 25일

며칠 전 아사히 신문에 아이누 민족이 농경 생활을 하고 있었음을 증명하는 유적이 홋카이도 도내 각지에서 발견되고 있다는 뉴스가 있었습니다. 원래 아이누 민족은 오직 수렵과 채집을 할 뿐, 농사는 자기가 먹을 것만 소규모로 지었다는 것이 정설이었는데 획기적인 발견이 아닐 수 없습니다. 농경 생활을 하지 않는다는 이유로 비옥한 땅을 빼앗기고 농사에 적절치 않은 산간 지방에서 생활할 것을 강제당했기 때문입니다. 그렇다면 왜 그런 '정설'이 생겨났는가 하니, 아이누가 반일 봉기를 일으키면서 그때까지 경작하는 데 쓰던 가래 같은 철기구가 모두 몰수되었고, 그 후로는 나뭇가지 같은 것만 써야 했기 때문입니다. 마쓰마에松前 번의 탄압이 아이누 민족의 생활 양식을 바꾸어 버린 것이지요. 무서운 이야기입니다.

맥없이 눕는 / 나뭇데기 비석아 / 거센 눈바람

- ## 2월 1일

아침 일찍부터 마사쿠니 씨의 면회 호출을 받았습니다. 기상 벨이 울리는 7시 바로 후에 사형 집행에 항의하는 선전 차량 소리가 들려와서 "집행입니까?"라 물어보니 전국에서 세 명, 도쿄 구치소에서 한 명을 집행한다는 정보가 전날 들어왔다고 합니다. 매일 순찰을 도는 간부가 면회 두 시간 전에도 오지 않기에(구장과 처우과장 등이 매일 아침 옵니다. 최근에는 의도적인지 오후에 오는 간부도 있습니다. 소장은 거의 오후에 오지요) 위험하다고 생각했습니다. 그렇지만 12월에 세 명을 집행하고 나서 두 달도 지나지 않았습니다. 법무성과 법무 대신의 초조함이 느껴집니다. 그들이 초조해한다는 건 공공연한 문제가 되었다는 뜻이기도 합니다. 작년 말 UN이 사형 집행 정지를 결의하기도 했고, 믿고 있던 미국에서도 사형 폐지를 결의한 주가 나오는 등 세계적으로 형세가 악화되고 있던 차에 정색하고 고집을 부리며 집행을 계속하는 것이겠지요. 이제부터 연달아 대량으로 사형을 집행할까 걱정이지만, 사형 존치파 중에서도 부정적인 생각을 가진 이가 늘어나고 있지 않겠습니까. 법무성 직원(도쿄 구

최종 옥중 통신最終獄中通信

치소의 간수입니다)마저도 의기소침해져 있는 것 같기 때문입니다.

- **2월 21일**

 「논좌論座」 3월 호 '사형 특집'의 부제가 "존치파의 기만과 폐지파의 태만"이기에, 새로운 논리를 전개하나 싶었더니 처방전을 내리는 것이 아니라 약간 양두구육 같은 느낌이 듭니다. 그런 와중에 과거 형무관이었던 사카모토 도시오坂本敏夫 씨가 97년에 처형된 나가야마 노리오 군이 "전신에 무수한 타박상과 찰과상을 입고 무참한 모습으로 처형당했다"는 이야기를 관계자로부터 전해 들었다고 하는군요. 처형 사흘 후 유품이 오타니 변호사와 지원자였던 이치하라 씨에게 전달되었을 때 찻주전자라도 엎은 것처럼 이불이 젖어 있었다고 오타니 씨가 쓴 적이 있었는데, 사카모토 씨가 쓴 글과 딱 맞아떨어지지 않는지요? 연행될 때 엎치락뒤치락했다는 이야기 말입니다.

- **3월 8일**

 팔레스티나 가자 지구에서 다수의 아이들을 포함해 120명이 이스라엘 군인에게 살해당했는데, 그에 대한 보복으로 예루살렘의 유대교 신학교가 습격당해 여덟 명이 죽었다는 뉴스가 나왔습니다. 이스라엘군은 하마스가 발사한 로켓탄으로 이스라엘 민간인 한 명이 죽었던 것을 보복하기 위해 가자 지구를 공격한 듯합니다. 보복의 연쇄가 계속 확대되고 있는 것이 아닌가 걱정됩니다.

국가가 민초民草 / 도륙하듯이 / 봄날의 먼지바람

- **3월 28일**

 이라크에서 이라크인 사망자가 8만여 명 혹은 15만여 명이라고도 하며, 미군 병사는 4,000여 명이 사망했다고 합니다. 이만큼 희생자를 내면서도 부시와 체니는 아직도 잘못을 인정하지 않고 정당화하고 있으니 이해할 수 없는 일입니다. 미군이 퇴각하면 대학살이 일어날 것이라는 정당화의 이유도 멍청한 소리지요. 애초에 판도라의 상자를 연 것은 부시였고 미국-영국군이었기 때문입니다.

바로 어제 도쿄에서 개화 선언開花宣言이 있었는데 이미 꽃이 활짝 피어 있습니다. 올해도 신문지상으로만 꽃구경을 하겠구나 생각했지만 옥상 운동장에서 저 멀리 떨어진 곳에 서 있는 벚꽃 두 그루를 볼 수 있었습니다. 시간으로 치면 1분인가 2분밖에 안 되었지만 말이지요. 그래도 얇은 구름 아래 꽃이 타오르는 듯해서 정말 좋았습니다.

• 4월 10일

오후 늦게, 아니 저녁 가까운 시간에 마유미 씨가 면회를 왔다는 호출이 있었습니다. 엄청나게 비가 내린 데다가 한겨울처럼 추웠는데 대체 무슨 일인가 생각하면서 나오니, 오늘 도쿄 구치소에서 두 명, 오사카 구치소에서 두 명이 처형당했다고 합니다. 전혀 몰랐습니다. 게다가 도쿄 구치소에서 처형된 두 명 중에 오카시타 가오루 씨가 있는 걸 보고 말문이 막혀 버렸습니다. 오카시타 씨와는 기타코부시를 통해 교류하고 있었을 뿐만 아니라 1년 전까지 같은 층에서 안면을 트고 지냈기 때문입니다(5년쯤 전에는 옆방에 있기도 했습니다). 오카시타 씨는 재심도 사면도 청구하지 않았기 때문에 "얼른 준비하세요"라고 얘기했습니다. 그런데 그는 사형 집행을 받아들이겠다는 마음을 굳힌 모양이어서, "재심을 청구하라"고 말하는 제 편지가 지겨워졌는지 기타코부시에도 연락이 오지 않게 되었지요. 그래서 걱정을 했지만, 확정되고 나서 3년밖에 지나지 않았는데 집행당했을 줄 몰랐습니다. 그 자신도 이렇게 빨리 당할 거라고 예상을 했을까요. 안타깝습니다. 마유미 씨가 모처럼 장대비를 뚫고 오는데 저는 말문을 잃어 거의 말도 못한 채 면회가 끝나고 말았습니다. 하토야마 법무상은 "이후에도 엄숙하게 집행을 계속할 것"이라고 공언하고 있다던가요. 확정된 지 얼마 안 된 사람이라도 "아직은 괜찮다"고 생각하지 말고 재심과 사면을 청구해 주었으면 합니다.

- 4월 11일

제가 있는 곳은 약 4분의 1, 그러니까 열두세 명이 사형수이며 마찬가지로 4분의 1이 1심 혹은 2심에서 사형 판결을 받은 사람 같습니다(후자에 대해서 단언은 못 하겠습니다). 즉 약 반수가 이미 사형수거나 장래 사형수가 될 가능성이 있는 사람들이지요. 그렇기에 이 층 사람들이 아니라도 누군가가 처형되면 이 층 전체가 의기소침해집니다. 오늘은 비도 그쳐서 어제에 비하면 꽤나 따뜻한데도 밖으로 나가서 운동하는 사람이 적었습니다.

올해 움튼 새싹도 / 알지 못한 채 / 가 버리다니

- 5월 16일

주간지 「AERA」 4월 28일 호에 와타이 다케하루 씨가 쓴 「현대의 초상」은 야스다 씨를 다루고 있습니다. 이 글을 쓸 때 히카리 시 재판과 야스다 씨에 대한 날조된 공소심 판결은 아직 안 내려졌지만, 여태껏 히카리 시 재판 변호단에 대한 공격이 이어져 야스다 씨가 "악마의 변호사"라든가 "귀축"이라 비난당하던 때였습니다. 그런 와중에 AERA 편집부가 기개 있는 모습을 보여 주었다고 할 수 있겠지요. 방송 윤리 검증 위원회가 히카리 시 재판 및 동 변호단에 대한 보도[288]가 가혹하다고 비

---

288 '히카리 시 사건'은 1999년 야마구치현의 히카리 시에서 당시 18세이던 피의자 F 군이 배수계원을 가장하여 사택에 무단 침입, 주부와 여아를 각각 살인과 강간, 살인한 사건을 가리킨다. 변호사단은 피의자를 사형에 처해서는 안 된다는 입장에서 변호를 했으며, 1998년 당시 옴 진리교 사건의 중심인물의 국선 변호인을 지내던 중 별개의 일로 강제 집행 방해 혐의로 체포된 야스다 요시히로 변호사도 포함되어 있었다. 게다가 당시 변호사이자 이후 오사카부 지사, 오사카 시장을 지낸 하시모토 도루橋下徹가 2007년 텔레비전 방송에 출연해 "히카리 시 사건의 변호단을 더이상 용납할 수 없다고 생각하신다면, 변호사회에 일제히 징계 청구를 해 주길 바랍니다"라고 시청자들에게 촉구하듯이 발언하였으나 정작 자신은 시간과 노동력의 낭비를 피했다, 생계 탓에 바쁘다는 등의 이유를 대며 징계 청구를 하지 않았

판했기에 면죄부를 주기 위해 게재한 것일지도 모르지만, 그렇다고 해도 다소나마 '반격'이 될 수 있을 것 같습니다.

중국 쓰촨성 대지진의 그림자에 가리어져 버렸지만, 미얀마의 사이클론 피해지에서 뎅기열이 만연해서 아이들이 집중적인 피해를 입고 있다고 합니다. 군사 정권은 피해 지역 구호보다 헌법 개정 투표를 강행하고 있는데, 대체 무슨 생각일까요. 조심스러운 이야기지만, 이번 사이클론 피해는 미얀마 군사 정권이 군벌과 그 일족의 권익만을 지키는 반인민적 권력에 지나지 않음을 보여 주었습니다. 미얀마 민중이 아니라 그런 군사 정권을 지지하고 있는 일본 정부의 책임도 적지 않습니다.

써레질 튀는 진흙 / 선물로 받아 든 / 엽서가 되어[289]

• 5월 29일

마사쿠니 씨로부터 연락이 와서 23일에 어머니 납골이 끝났음을 확인했습니다. 구시로의 친구들이 마음을 담아 모든 준비를 진행해 주었다는 것, 그리고 당일에는 열두 명이 참가했다는 사실 등을 알게 되었습니다. 평일이라서 지장이 있던 분도 계셨지 않겠습니까. 애써 주신 모든 분들께 감사드립니다. 고맙습니다. 어머니는 고향의 아버지에게로 돌아가니 안심하실 것 같습니다.

다. 하시모토가 이러한 발언을 한 방송에서는 다른 출연자들도 "주간지는 변호단 전원의 얼굴과 이름, 주소를 낱낱이 밝혀야 한다"라든가 "바보 멍청이", "바보 녀석" 등의 발언을 했다. 본문은 이러한 사정을 배경으로 삼고 있다고 생각된다. - 역자 주.

289 본문 중에 자주 등장하는 '마유미 씨'가 보내온 엽서에 진흙이 튀어 있었던 일을 가리킨다. 히라야마 마유미平山まゆみ는 후쿠오카에 거주 중이며 본문에서도 언급된 '우미의 모임' 멤버이다. 쓰쓰이 오사무와 함께 티셔츠 소송의 원고이다. 2007년 피수용자에 대한 처우 신법이 시행되어 6월부터 '사형 확정자'와 외부의 동료들이 면회와 서신 교환을 할 수 있게 되는데 이 때 면회 가능 인원을 다섯 명 신청했으나 세 명만이 허가되었고, 그 셋 중 한 명이 마유미였다. 참고로 다른 둘은 나가이 히토시와 유아사 긴지다. 「기타코부시」 제127호(2007년 9월 30일 발행) 중 다이도지 마사시의 서신 2007년 7월 13일자 참고 및 다이도지 지하루 씨 2020년 8월 19일 인터뷰. - 역자 주.

나가사키 시 전 시장을 총으로 쏴 죽인 남자에게 나가사키 지방재판소가 민주주의의 적이라면서 사형 판결을 내렸습니다. 피고인의 동기가 방자하며 좋은 대우를 받았음에도 도리어 원한을 품었기에 엄하게 비판해야 한다고, 저도 생각합니다. 그렇다고 해도 사형을 내리면 안 되지요. 그리고 민주주의의 적이라서 사형을 내린다는 건 마치 사형이 민주주의의 수호신인 양 여기는 일이 아닐까요. 하토야마 법무상이 사형 집행을 남발한 결과, 재판관도 흔들려서 냉정함을 잃어버린 게 아닌가 합니다.

· 6월 3일

어제부터 조짐이 있었는데, 온몸에 붉은 두드러기가 셀 수 없을 만큼 많이 난 데다가 두드러기 하나하나의 크기가 꽤 커서 대단히 괴로운 상태입니다. 그리고 발진 때문에 열이 나는 건지 발진에 저항(?)하느라 열이 나는 건지, 감기와는 다른 열을 온몸에 느낍니다. 2년 반 정도 습진으로 고생을 하고 있지만 처음 습진이 났던 때 이래로 이만큼 심한 적은 없었습니다. 대체 왜 이런 걸까요? 특히 팔과 다리가 이불에 닿으면 대단히 불쾌하기에 발진이 가라앉을 때까지 조용하게 지내고 있습니다.

· 6월 5일

면회실에서 마유미 씨와 유아사 씨로부터 "해피 버스데이 투 유"라는 합창을 듣고 감동의 눈물에 목이 메었습니다(?). 생각지도 못한 이벤트였습니다. 정말 감사합니다. 드디어라고 해야 할지, 아니면 가까스로라고 해야 할지 모르겠지만 60세가 되었습니다. 체포되었을 때는 스물 여섯 살이었으니 옥중에서 환갑을 맞이할 줄은 꿈에도 몰랐습니다. 사회에서의 생활보다 옥중 생활이 훨씬 길어졌기 때문입니다. 나잇살을 먹을 뿐이지만, 사형수로서 외줄 타기를 하듯 지내 온 나날에 의미가 없지는 않겠지요. 지금의 제가 있는 것은 친구들, 그리고 변호인 분들의 지원 덕분입니다. 진심으로 감사드립니다.

• 6월 10일

아키하바라에서 살해 사건을 일으킨 가해자는 세상에 절망해서 사건을 일으킨 듯합니다. 스물다섯 살이 되었지만 언제까지나 파견사원일 뿐인 미래를 보았다는 걸까요. "누구라도 상관없었다"라는 말에서 과잉된 자기애가 느껴지지만, 3만여 명의 자살자에서 볼 수 있듯이 희망 없는 이 사회야말로 문제겠지요. 하토야마 법무상은 "용서할 수 없는 흉악한 범행이기에 엄격히 대처하겠다"고 했던가요. 사형 집행을 남발해도 범죄 억제 효과가 없다는 것이 명명백백해졌는데도 이 얼마나 어리석은지요. 사형 집행 원리주의자라고 해야 할까요.

• 6월 18일

어제 도쿄 구치소에서 두 명, 오사카 구치소에서 한 명이 처형되었음을 알게 되었습니다. 어젯밤 NHK 라디오 뉴스(낮에 했던 뉴스를 녹음한 것입니다)에서 미야자키 쓰토무 군이 처형되었다는 것만 보도됐기 때문에 그 한 사람뿐이었나 하고 생각했습니다. NHK는 대체 뭘 하고 있는 걸까요. 그건 그렇다 치고 하토야마 법무상이 2개월 간격으로 계속 사형을 집행하고 있는데, 아키하바라 사건이 일어나 예측은 했지만 노골적인 보복 처형임은 분명합니다. 하토야마는 "흉악 사건"에 엄정하게 대응하겠다며 사형을 남발하고 있는데, 그가 말하는 그 "흉악 사건"은 줄지 않습니다. 사형은 억지력이 없다는 증거겠지요. 미야자키 군은 4월에 처형된 오카시타 씨와 마찬가지로 작년 봄까지 10년 가까이 같은 곳에 수감되어 있었습니다(작년 봄 그들은 A동 8층으로 돌아갔고 저는 C동 11층에 남아 있었습니다). 옆방이었기도 해서 저를 알고 있었고, 운동을 나가거나 할 때 얼굴을 마주보고 빙긋 미소 짓기도 했습니다. 그렇지만 그는 사건에 대해서는 비몽사몽한 듯한 느낌이었지요. 그랬던 그를 지금 처형한다는 건 사건의 진상을 어둠 속 저편으로 밀어내고 그저 사형을 집행했다는 사실만을 과시하는 짓에 지나지 않습니다.

- 6월 30일

　2월 11일 '반기원절反紀元節' 데모 당시 촬영된 공안 경찰과 기동대 사진이 「주간 금요일」의 표지였는데, 요즘은 이렇게 심한 짓을 저지르고 있는 걸 보고 깜짝 놀랐습니다. 마치 가까운 어느 나라를 보는 것 같았습니다. '반기원절' 데모 참가자에게 예사롭지 않은 흥미를 가졌는지(?), 아니면 공안 경찰 인원을 과잉 편성하는 것 말고는 할 일이 없는지, 교차로 모퉁이에 다닥다닥 모여 데모 참가자들 사진을 찍고 있습니다. 데모에 이렇게 대응하다니 이 사회가 싫습니다. 데모 단속이나 정보 수집보다 좀 더 우선적으로 해야 할 일이 있을 텐데요. 공안 경찰이 해야 할 일을 무리해서라도 쥐어짜 내 본 걸까요?

- 7월 8일

　아침 식사가 끝나자마자(아직 8시였을 겁니다) 구장이 카메라를 숨긴 젊은이를 데리고 왔습니다. 시간도 시간이었고 수용동 담당도 옆에 있었기에 "형장으로 연행하는 건가?" 하는 생각이 한순간 들었습니다. 매무새를 가다듬고 있자니 구장이 "방 안 사진을 찍어도 되겠나"라고 하는 것이었습니다. 시찰 위원회에서 "다이도지의 방 사진"을 요청했기 때문인 듯합니다. 그리고 나중에 저와 면접도 예정되어 있다고 했습니다. 총량 규제와 관련된 일이려니 생각하고 승낙했습니다. 다른 방으로 가서 잠시 머무르고 있었는데 대체 몇 장이나 찍었을까요. 미리 이야기해 주었다면 방 정리라도 했겠지만, 일어난 자리 그대로라서 어수선했습니다. 시찰 위원회 사람들이 "뭐야, 이렇게 더러워?"라고 생각했겠지요. 오후에 시찰 위원 세 명과 면회를 가졌습니다. 역시 총량 규제 이야기였습니다. 빈 방이 아닌 방을 시찰하겠다고 도쿄 구치소 측에 요청했지만 거절당했기에 몇 명을 특정해서 사진을 찍겠다고 요청했답니다. 저 이외에 세 명(인 것 같습니다)의 방 안에 짐이 많지 않고 잘 정돈되어 있어 놀랐다고 합니다. 제 방에 있던 공판 자료의 양이 적어 보인다고 했으니, 다른 사람들이라면 알 만하겠지요. 당국이 시키는 대로만 하면 정말 아무것도 소지할 수 없기 때문입니다. 면접이 끝날 때 다시 한번 기합을 넣었습니다.

- 7월 16일

　문부성이 중학교 학습 지도 요령 해설서에 한국의 독도를 다케시마로 명기했다고 합니다. 일본이 조선을 식민 지배하던 과정에서 제일 처음 침략한 건 독도라고 할 수 있습니다. 1905년에 일본이 한국의 외교권을 박탈했을 때 시마네현 지사가 독도를 현의 소속으로 고시했고, 그것이 일본 측 영토 주장의 근거가 되었기 때문입니다. 하토야마 법무상이 "일본 고유의 영토"라고 기자 회견에서 밝혔지만 무슨 근거로 그런 말을 할 수 있는 걸까요. 예전에 그는 문부 대신이기도 했는데, 문부성은 국수주의자 소굴인가요?

- 8월 7일

　「주간 포스트」 7월 18일 호의 「하토야마 법무상 격정 토로」 복사본을 차입받았습니다. 아사히 신문 석간 「소립자」[290]가 그를 "죽음의 신"이라고 써서 격노한 후의 인터뷰입니다. 하토야마는 "죽음의 신"이라고 쓴 데 대해 눈물을 흘리며 항의했던 이유가 "죽음의 신이 집행한다면 사형수는 수면 위로 떠오르지 않는다. 그들은 법 정의를 수행하기 위해 처형된 것이다"라고 합니다. 오랫동안 국회의원을 지냈던 까닭인지 언변은 청산유수군요. 무슨 일이 있어도 정당화하고 있습니다. 또 두 달에 한 번씩 컨베이어 벨트식으로 처형하는 건 법무 관료가 집행 기안서를 올려서 사인할 수밖에 없었을 뿐이라는 소극적인 이야기를 하고 있습니다. 하토야마 자신이 재촉한 게 아니고요? 어쨌든 하토야마가 하는 이야기는 사형 제도가 결코 흔들리지 않을 것이며 법 체계의 근본이라는 겁니다. 그렇다면 조용히 형장으로 끌려가는 건 단호히 거부해야겠다고 다시 한번 마음을 다집니다.

---

290 「素粒子」. 「아사히 신문」의 석간에 연재되고 있는 칼럼이다. 1921년에 「오늘의 문제」라는 이름으로 시작하여 이름을 바꾸며 오늘날에 이른다. 사회를 풍자하는 내용이 주를 이룬다. 여기서 이야기하는 "죽음의 신" 사건은, 2008년 6월 18일자 석간의 「소립자」란에서 사형수 13인의 형 집행을 명령한 법무 대신 하토야마 구니오를 가리켜 "영세 사형 집행인 하토야마 법무상. '자신과 책임'으로 가슴을 펴고 2개월 간격으로 고 사인Go sign을 낸 신기록 달성. 그 이름, 죽음의 신"이라 표현한 데서 빚어진 물의를 가리킨다. - 역자 주.

오후에 갑자기 누군가 우는 소리가 들렸고 담당이 "어이, 괜찮아? 진정해……"라고 말하고 있었습니다. 그러나 울음을 멈추지 않고 자해라도 벌였는지 보호방(안방)으로 연행되어 갔습니다. 아직 젊은 사람 같았는데 이렇게 더운 와중에 매일 감옥에 갇혀 있으니 정신적으로 파탄이 나 버린 걸까요? 아니면 재판소에서 상고 혹은 재심 청구를 기각했다는 통보라도 받은 걸까요? 그가 다시 일어섰으면 합니다.

• 8월 29일

아프가니스탄에서 페샤와르회[291]의 젊은이가 살해당했습니다. 가슴 아픈 일입니다. 탈레반 관계자가 그를 끌고 가 총으로 쏴 죽였다고 하는데, 페샤와르회가 어떤 활동을 했으며 현지 주민과 얼마나 깊은 신뢰 관계를 쌓고 있는지 몰랐던 듯합니다. 알고서 그랬다면 탈레반이 커다란 잘못을 저질렀다고 해야겠지요. 일본 미디어는 NGO인 페샤와르회의 활동과 국가의 활동을 뒤섞어서 다루고 있는데, 똑바로 좀 했으면 합니다.

• 9월 1일

미쓰비시 중공업 본사를 폭파했던 8월 30일을, 돌아가신 분들과 부상을 입으신 분들, 그리고 모든 유가족분들에게 사죄하고 자신의 행동을 비판하며 보내노라면 반드시 어딘가 아픈 곳이 생깁니다. 보통 위통이 생기지만 올해는 열이 났습니다. 30일, 31일은 참으면서 보냈는데 오늘은 머리가 빙빙 돌아 체온을 재니 첫 번째가 38.8도, 그 다음이 38.7도였습니다. 37도를 넘으면 미열로 녹초가 되고 마니 비틀거

---

291 원문은 "ペシャワール会(Peshawar-kai)". 아프가니스탄에서 의료 봉사를 하던 일본 의사 나카무라 데쓰中村哲(1946~2019)를 지원하기 위해 1983년에 발족한 비정부 조직. 나카무라 데쓰는 1980년대부터 파키스탄, 아프가니스탄을 거점으로 의료 봉사를 했는데, 파키스탄 내의 정치적 압력으로 인해 활동이 곤란해진 탓에 거점을 아프가니스탄에 두고 활동했다. 깨끗한 물이 있다면 질병과 귀환 난민 문제를 해결할 수 있다는 생각에서 용수로를 건설했다. 그 길이는 무려 25킬로미터에 이른다. 봉사 활동을 이어가던 나카무라 데쓰는 2019년 12월 4일 아프가니스탄 동부 낭가르하르Nangarhār Velāyat에서 자동차로 이동하던 중 총격을 받아 사망했다. 그의 장례식에서는 아프가니스탄 대통령도 직접 운구에 참여했다.- 역자 주.

릴 수밖에요. 그리고 열 때문인지 가슴과 배, 머리의 신경이 찌릿찌릿 저려 옵니다.

용담 한 송이 / 메말라 버린 색에 / 무심코 서서

• 9월 2일

어젯밤 후쿠다 수상이 사임을 표명했다는 걸 전혀 모른 상태로 오늘 아침 신문을 보다가 놀랐습니다. 아베 다음으로 연이어 사임이라니 너무하군요. 사임 이유를 읽자니 민주당에 대한 원망을 늘어놓고 있습니다. 그러나 익찬 정치를 하는 게 아니니 야당이 대결 자세를 취하는 건 당연한 일이고, 이른바 '뒤죽박죽'임은 처음부터 알고 있는데도 생각대로 되지 않는다고 사임하는 건 도련님처럼 나약하게 커 왔기 때문이겠지요. 미디어는 아소가 다음이라고 선동하고 있는데 그것도 곤란한 일입니다. 정권 운영에 실패해서 수상이 사임한 이상 돌려 막기는 그만두고 유권자의 판단을 살펴야 합니다.

발열 때문에 몸이 좋지 않아서 누워만 있던 오후, 젊은 계장이 편지 수신과 면회가 불허되었다고 허둥대며 알려 주었습니다. 오늘이 아니라 다른 날에 고지한다는 생각은 못 한 걸까요? 열에 시달리는 머리에 대고 빠른 말투로 고지한다 해도 기억도 못 할 텐데요.

• 10월 3일

「주간 금요일」 9월 19일 호 「북한의 행방」이라는 특집에 하스이케 도루[292] 씨의 인터뷰 「기백을 담아 북일 교섭을」이 게재되었는데, 이를 읽고 그에 대한 인식을 바꾸었습니다. 그는 김정일이 납치를 인정한 후(고이즈미 방북 당시) 일본 사회가 북

---

292 하스이케 도루蓮池透(1955~). 1978년 북한에 피랍되었던 하스이케 가오루蓮池薫(1957~)의 친형. 2019년 야마모토 다로가 이끄는 레이와 신센구미 소속으로 참의원 선거에 출마했으나 낙선했다. - 역자 주.

한을 증오하는 내셔널리즘을 구축한 데에는 자신의 역할이 컸을지도 모른다고 말합니다. 또 일본이 예전에 조선인 몇만 명을 납치(강제 연행)했던 것이 사실이라면 그로 인해 북한의 납치가 정당화될 리는 없어도 "뒤처리"를 해야 하며, 일본 정부가 아무것도 하지 않는 건 태만이라고 단언합니다. 이전과는 얼굴 생김새도 바뀌어 평온한 표정이었습니다. 저는 도루 씨가 북한 납치 피해자 가족 연락 모임[293]의 우익적 이데올로그라고 생각했지만, 원래는 동생 가오루 씨를 구출하기 위해 마음을 독하게 먹고 강한 주장을 펼쳤던 것일까요. 가오루 씨가 돌아오고 그와 관계를 다시금 쌓으며 지금처럼 변하게 됐는지도 모릅니다.

• 10월 7일

홋카이도 신문 9월 24일자 조간에, 앗케시厚岸 정(구시로의 동부)에 사는 전 도쿄 구치소 형무관 이시카와 스스무石川進 씨가 자신이 직접 관련되었던 도쿄 구치소의 사형 집행 실태를 "알리고 싶다"며 호소하고 있습니다. 그는 61년부터 82년까지 도쿄 구치소에 근무했고 경비대의 일원이었던 듯합니다. 그리고 그 자신도 한번은 집행계가 되어 이후 집행의 지도 역할도 맡았다고 합니다. 법률에 규정되어 있는 이상, 사형은 어쩔 수 없는 일이라 하면서도 40년이나 지난 과거의 사형 집행 광경이 지금도 머리에서 떠나지 않는다고 밝히고 있습니다. 사형은 추하다, 라면서요. 자기 손은 더럽히지 않으면서 "매달아라", "죽여라"고 소리 높여 주장하는 사형 존치파에게 이시카와 씨의 호소가 전달되면 좋겠습니다. 그리고 이시카와 씨의 사진을 보니 70년대 말에 몇 번이나 '격돌'했던 경비대원 중 한 사람이었음을 기억할 수 있었습니다.

---

293 원문은 "家族会". 공식 명칭은 "北朝鮮による拉致被害者家族連絡会"이다. 1997년 발족했고 일본인 납치 피해자 문제를 조기 해결하고 피랍자들의 전원 귀국을 요구하고 있다. 현직 대표는 이즈카 시게오飯塚繁雄(1938~2021)이다. – 역자 주.

- 10월 29일

  어제 후쿠오카와 센다이에서 두 명이 처형되었습니다. NHK 뉴스에서는 한마디도 하지 않아서(주가 하락, 엔고円高와 아소가 지도력을 발휘해서 경제 대책을 잇따라 내놓고 있다는 정부 홍보나 다름없는 내용) 오늘 아침 신문을 보기 전까지 몰랐습니다. 도쿄 구치소에서 집행된 것이 아니기에 여기서는 딱히 긴장된 분위기가 아니기도 했고요. 하토야마가 두 달마다 집행을 하는 건 정말이지 컨베이어 벨트 같은 대량 국가 살인이나 마찬가지인데, 지난번 야스오카保岡도 그렇지만 이번 사형 집행도 점차 간격이 좁아지고 있습니다. 다음 달에도 총선거가 예상되기에 정권 교체를 걱정해서 그 전에 되도록 많이 처형해 두자는 얘기겠지요. 혹은 도쿄나 오사카에서 사형 폐지 집회와 데모가 가열차게 일어나고, UN 인권 위원회에서 일본 정부에게 사형 폐지 권고를 내린 일에 반발하는 걸까요? 어찌 되었든 이는 틀린 생각이며 이 사회를 더욱 이상하게 만들 뿐이겠지요. 이번에 처형된 사람들도 사형이 확정되고 나서 2년 이내에 집행된 것 같습니다. 재심을 준비할 새도 없습니다. 사형이 확정된 사람은 내용을 불문하고 재심과 사면을 우선적으로 청구해야 합니다.

- 11월 16일

  아프가니스탄에서 늘어나고 있는 자폭 테러범의 6할이 자폭 전부터 손과 발이 결손된 상태인 장애인이었다고 보도되고 있습니다. 탈레반은 "미군의 공습으로 희생된 자의 유족이 지원해서 자폭했다"고 주장하는 모양인데, 빈곤 상태에 빠진 장애인에게 가족의 생활을 보장해 줄 테니 자폭하라고 한 것이 사실인 듯합니다. 몸에 폭탄을 두른 시각 장애인이나 지적 장애인 여성(이라크)을 원격 조작으로 폭파한다고 하니, 탈레반이나 알카에다가 장애인과 약자를 이용해 먹고 있다고 해야겠지요. 알카에다도 원래는 나름대로 대의명분을 내걸고 있었겠지만 목적을 위해서 수단을 가리지 않게 되었습니다. 알카에다나 탈레반의 방식은 약자의 전술로서 자폭을 하는 것이 아니라 약자를 그저 이용할 뿐이라서 용서하기 어렵습니다.

- **12월 16일**

  토요타와 캐논 등의 대기업이 솔선해서 "파견 사원 자르기"를 실시하고 있습니다. 무책임하고 피도 눈물도 없는 대기업에 대해 철저한 불매 운동을 벌여야 하지 않겠습니까. 토요타와 캐논의 제품을 쉽사리 살 수는 없지만, 혹 근처에 이들 회사의 제품을 사려는 사람이 있다면 다른 것으로 바꾸라고 설득해야 합니다. 오이타현에서는 지방 자치 단체가 해고된 노동자를 받아들이려고 하는 모양인데, 나라는, 그러니까 아소 내각은 대체 무슨 짓을 하는 걸까요. 정치가 전혀 기능하고 있지 않습니다.

- **12월 17일**

  아사히 신문에, 어제 도쿄 구치소의 사와치澤地 씨가 돌아가셨다는 보도가 있었습니다. 상태가 상당히 안 좋다고 알고 있었지만, 본인이 해를 넘길 수 있다고 썼기에 그렇게만 생각하고 있었습니다. 그렇지만 연명 치료를 하지 않은 것도 사와치 씨의 의사였고 본인도 한결같이 "집행당하지 않는다"고 공언해 왔기 때문에, 고이 잠드시길 바랄 뿐입니다. 사형이 아닌 죽음은, 사형수에게 다행이라고 할 수 있을지도 모릅니다.

  괴로움에 엎드린 / 좁다란 시야 / 서릿발 아침

- **12월 18일**

  오후에 최고재판소 제3 소법정에서 재심(제2차) 청구 특별 항고가 기각되었음을 알리는 결정문이 왔습니다. 내년에나 받을 것이라 생각했지만 연말에 닥

처올 줄은 생각도 못 했습니다. 사형 집행을 노린 걸까요. 작년 6월에 특별 항고를 신청했는데 1년 반 만인가요. 잘 버텼다고 해야 하지 않겠습니까. 배심원 제도가 되면 재심도 졸속으로 이루어질지 모르기 때문에 앞으로는 어렵겠지요.

스미코 씨와 요코 씨가 차입금을 보내 주었습니다. 감사합니다. 창구 차입이었는데, 사와치 씨의 죽음과 관계가 있을까요?

- 12월 19일

점심 전에 마유미 씨와 히토시 군의 면회가 있었습니다. 오늘 가와무라 변호사가 제3차 재심 청구를 했다고 하네요. 연말 아슬아슬한 시기의 사형 집행을 걱정했는데 한숨 돌렸습니다. 바쁜 와중이었던 모양인데, 가와무라 씨의 하루를 망치고 말았네요. 신속한 대응에 죄송하다는 말씀과 함께 감사드립니다. 저도 주초(22일)에 재심 청구 신청을 하려고 생각하고 있었지만 체력을 회복하는 데 전념하겠습니다. 그런데 히토시 군이 말끔하게 슈트를 입고 와서 무슨 일이냐고 물으니 마유미 씨와의 첫 데이트 면회라고 하네요. 순진한 저는 그만 그걸 진지하게 받아들였는데 실은 도쿄 구치소에서 조금 가까운, 자전거로 10분 정도 걸리는 곳에 다시 취직했다고 합니다. 올해 초만 해도 "세계 최고"가 되었다던 토요타가 적자로 전락해 버린 불황이었는데 용케 찾았네요. 연말연시도 없이 일을 한다는데 건강을 해치지 않기를 바랍니다. 재심의 특별 항고가 기각된 직후였기에 마유미 씨가 조금 활기 없어 보였습니다. 우리보다 확정이 늦어져 4차, 5차 재심을 청구하고 있는 사람이 있습니다. 그걸 생각하면 특별 항고가 기각된 정도로 기가 죽으면 안 되겠지요. 저는 의기양양하기에 걱정하지 않으셔도 됩니다.

오사카 구치소의 하야시 마스미林眞須美 씨로부터 해당화가 그려진 50엔짜리 우표 한 장을 받았습니다. 크리스마스와 연말 인사인가요?! 아름다운 우표를 주셔서 감사합니다.

- 12월 22일

아침에 가와무라 변호사와 면회를 가졌습니다. 19일 제3차 재심 청구 신청을 한 후 법무 대신과 검찰 총장, 도쿄 구치소장에게 재심을 청구했으며 제2차와는 내용이 다름을 통고했다고 합니다. "새로운 청구는 확인하지 않고 있다"라는 구실을 대며 사형을 집행하려는 걸 막기 위해서 필요한 일이겠지요. 가와무라 씨가 혼신을 다해 힘써 주셔서 감사드릴 뿐입니다. 사형 집행 기안서의 작성, 법무상 결재, 도쿄 구치소장의 집행 명령 등의 절차를 생각해 보면, 17일자의 기각 결정은 연말 사형 집행을 아슬아슬한 타이밍으로 비껴간 것입니다. 기각 결정을 받고 "멀찍이 떨어져 사태의 추이를 본다"는 분위기입니다. 현장에서는 긴장하고 있을까요?

외국에서 온 두 통의 편지가 교부 허가를 받지 못했습니다. 네덜란드에서 온 걸까요.

나의 고향엔 / 뒷이야기 모르고 / 우는 물떼새

- 12월 31일

밤 시간에, 예년과 마찬가지로 라디오는 홍백 가합전이 끝날 때까지 틀어져 있었던 것 같지만 듣지 않고 일찍 침상에 누워 야마모토 슈고로[294]의 『붉은 수염 진료소』[295]를 읽었습니다. 파견 자르기 등 노동자를 쓰고 버리는 데 기업들이 아무런 부끄러움을 느끼지 못하는 지금이야말로 니데 교조[296]의 말이 가슴에 스며듭니다.

---

294 야마모토 슈고로山本周五郎(1903~1967). 야마나시현 출신의 소설가. 쇼와 시대에 주로 활동했다. 본명은 시미즈 사토무清水三十六. 한국에는 『비 그치다』(현인, 2019) 등이 번역 출간되어 있다. - 역자 주.

295 山本周五郎, 『赤ひげ診療譚』, 新潮社, 1964.

296 원문은 "新出去定". 『붉은 수염 진료소』의 주인공. - 역자 주.

"…… 그렇지만 지금까지 정치는 빈곤과 무지에 대해 여태껏 무엇을 했단 말인가. 빈곤만 이야기해 보자. 에도에 막부가 생긴 이래 수천수백 가지나 되는 법령이 나왔다. 하지만 그중에 인간을 빈곤 상태로 두면 안 된다는 조항이 한 번이라도 있었는가?"

최종 옥중 통신最終獄中通信

다이도지 마사시가 말하는 사형 확정수의 모든 것

사형 집행은 민주주의 이념에 반하는 국가 살인이다

후지마 세이하 씨가 수감되어 있던 독방은 빈 채로 남아 있습니다. 운동장에 오 갈 때 앞을 지나가면 아무래도 그 공허한 어둠에 눈길이 가게 됩니다.

다분히 소망을 담아, 하토야마 법무상이 사형 집행 도장을 찍고 싶지는 않았으리라 추측했지만, 국회 개회 중이었던 12월 7일 후지마 씨(도쿄 구치소), 후카와 히로키 씨(도쿄 구치소), 이케모토 노보루池本登 씨(오사카 구치소)의 사형이 집행되었습니다. 어리석음이 부끄러울 뿐입니다. 사형 집행을 자동화한다든가 난수표를 쓴다는 등 하토야마 법무상이 내뱉은 수상한 말은 결국 일개 법무상일 뿐인 자신이 혼자서 왜 사형 집행이라는 중대한 책무를 짊어져야만 하느냐는 울분을 해소하기 위한 것이 겠죠.

이번에 법무성은 처음으로 사형 집행된 사람들의 이름과 사건 개요, 집행 장소를 공개하면서 "사형이 적정하게 집행된다는 점에 대해 국민의 이해를 얻으려" 정보를 공개했다고 합니다. 그러나 예를 들어 이케모토 씨의 사건 개요를 보면 "두 사람을 살해하나 세 사람을 살해하나 마찬가지라고 생각해서 C 씨도 살해하려는 계획을 세웠다"든가, "그 거리에서 사람을 겨냥해 총을 쏘면 근처에 있는 사람이 산탄을 맞아 죽을지도 모른다는 점을 인식하고 굳이 C 씨를 향해 산탄 두 발을 발사"했다는 등 판결문의 요약이거나 검찰관이 쓴 기소장 혹은 논고가 일방적으로 실려 있습니다. 죽은 자는 말이 없기에 처형된 사람들에게는 반론의 기회조차 없습니다.

후지마 씨는 도쿄 고등재판소의 심리가 진행되던 중 스스로 공소를 취하했지만, 변호인이 이의 신청을 해서 최고재판소가 그의 취하를 무효라고 판단하기까지 7년간 공판이 중단되었다고 합니다. 그의 정신적 불안정과 책임 능력 문제를 최고재판소가 인정했던 것이지요. 저는 그와 10년 이상에 걸쳐 같은 곳에 수감되어 있었는데, 처음 알게 되었을 때부터 그의 정신은 항상 불안정했습니다. 마음의 고통을 앓고 있었다고 생각합니다. 이는 그와 만난 적이 있는 형무관 모두가 알고 있는 일입니다. 소장 이하 간부들 또한 매일 아침 순시를 돌고 있기에 모를 리가 없습니다. 형사 소송법 475조 1항은 "사형을 언도받은 자가 심신 상실 상태일 경우 법무 대신의 명령에 의해 집행을 정지한다"고 규정하고 있는데, 그의 경우가 이 조항에 해당한다고 봅니다. 정보 공개가 필요하다면 법무성은 사형 집행을 정당화하기 위해 유리한 이야기만 할 게 아니라 불리한 점도 밝혀야 합니다. 그러지 않으면 정보 조작일 뿐이기 때문입니다.

이케모토 씨는 1심에서 무기 징역을 받았지만 검찰이 공소하여 사형으로 뒤집히고 말았다고 합니다. 그 후 그는 변호인의 조력을 받지 못하고 자력으로 재심 신청을 계속해 왔다는데, 방어권 행사라는 면에서 문제가 있다고 해야겠지요.

후카와 씨는 스스로 상고를 취하했기에 충분한 심리를 거치지 않은 채로 사형이 확정되어 버렸습니다.

하토야마 법무상은 중의원-참의원 법무위원회 등에서 목욕재계를 했다거나 잠에 들지 못하는 날이 계속됐다고 해명하고 있습니다. 그러나 어떻게 해명한들 사형 집행은 민주주의의 이념에 반하는 국가 살인 외의 그 무엇도 아닐 따름입니다.

UN 인권 고등 판무관이 일본 정부에 대해, 본인과 가족에게 사전에 집행을 알리지 않은 것은 비인도적이며 75세인 이케모토 씨의 집행은 정당화될 수 없다고 비판하면서 사형 집행 정지를 요구하는 성명을 냈습니다. 하토야마 법무상은 사형이 내정 문제라며 회피하고 있는데, 국제 사회의 비판을 진지하게 마주해야 할 것입니다.

조속한 사형 집행 정지를! (2008년 2월)

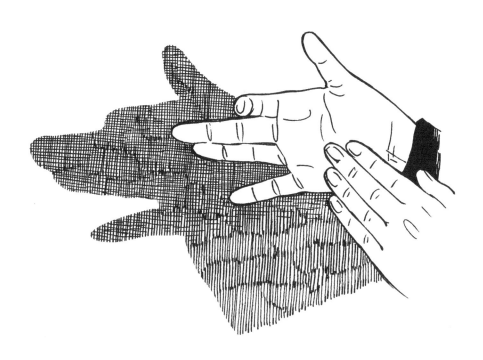

다이도지 마사시가 말하는 사형 확정수의 모든 것

사형수의 반성과 속죄란 모든 허식을 버리고 사실을 드러내는 것이다

오카시타 가오루 씨의 사형이 4월 10일 집행되어 지금은 저세상 사람이 되었다는 사실을 받아들이지 못하고 있습니다. 1년 전 서로 다른 층에 수감되었지만, 그 전까지는 매일 그의 건강한 얼굴과 조금은 쉰 목소리를 접했고 그가 「기타코부시」에 편지를 보내기도 했기 때문입니다. 그의 사형이 확정되기 전에는 10개월 가까이 옆방에 있기도 했습니다.

오카시타 씨는 재심을 청구하지 않았습니다. 아직 면회를 할 수 있었을 때 친구인 도모노友野 씨가 재심 청구를 권했지만 오카시타 씨는 고개를 끄덕이지 않았습니다. 확정 후 저도 계속 권했지만 "한다"는 대답을 얻을 수는 없었습니다.

재심 청구에 대한 그의 진중한 태도에는 두 가지 이유가 있다고 생각합니다. 첫 번째는 사법에 대한 불신입니다. 그는 1심에서 무기 징역을 받았지만 공소심은 사형이었습니다. 그리고 기대를 걸고 있던 상고심에서는 사형이 유지되었고 게다가 검찰의 주장대로 인정되었습니다. 그래서 재심을 청구해 봤자 별수 없다는 생각을 씻어 낼 수 없었습니다. 두 번째는 타인의 생명을 빼앗았기에 재심을 청구해서 목숨을 유지하는 건 "비겁하고 미련한 행동"으로, 반성과 속죄에 반한다고 생각했기 때문입니다.

제가 재심 청구를 권했을 때 그는 "속죄라는 건…… 진지하게 생각하기 시작하면 (한 건의 살인 사건은 유죄입니다…… 제 자신이 의지를 가지고 총으로 쏜 것이라서 어떻게 한들 그 사람을 생각하게 되고 맙니다) 대답에 이르지 못한 채로 죽음이란 무엇인가…… 라고 생각하게 됩니다"라고 썼습니다. 그러면서 죽음은 무섭지 않다고, 건강한 몸으로 가면 사후 세계에서 무엇을 할 수 있을까 생각하거나 고민하게 된다고 합니다. 저는 오카시타 씨의 고충을 이해합니다. 저 자신도 그렇지만, 타인의 삶을 빼앗고서 아무렇지도 않을 수는 없기 때문입니다. 하지만 그렇기에 재심 청구를 할 수 없다고 생각하는 건 과연 어떤가요? 타인의 생명을 빼앗은 걸 반성하거나 후회하는 것과 재심 청구는 전혀 모순이 아닙니다. 또 재심 청구 결과로 목숨을 이어 나가도 "비겁하고 미련"하지 않습니다.

저지르지 않았는데 범인으로 몰린 누명 사건은 말할 것도 없고, 일부라도 사실 인정에 오류가 있거나 판결에 납득하지 못한다면 법적인 권리로 재심을 청구해야 합니다. 만약 형사 소송법에서 말하는 재심의 요건을 충족하지 못하고 증거에 기반하지 않은 단순한 주장이 있다 하더라도 재심을 청구하는 데 아무런 문제도 없습니다.

타인의 생명을 빼앗은 자의 반성과 속죄란, 사형을 순순히 받아들여서 조기에 집행되도록 하는 일일까요? 그것은 반성이나 속죄와는 관계가 없으며, 국가의 사정일 뿐입니다. 살아 나가는 일을 그만두고 무기력해지면 권력이 형장으로 끌고 갑니다. 자력으로 걸을 수 없게 된 고령의 후지마 씨마저 처형해 버렸기 때문입니다.

그렇다면 사형수는 반성과 속죄를 어떻게 해야 할까요? 그것은 타인의 생명을 빼앗았던 이유와 상황 등을 구체적으로 밝히는 것이 아닐까요? 당시의 자기 자신과 마주하고 "저는 유죄입니다"로 끝나는 게 아니라 모든 허식을 버리고 사실을 끄집어내는 것입니다. 그것은 대단히 쓰라리고 괴로운 작업입니다. 하지만 그렇기에 그 작업을 거침으로써 과거에 저지른 행동을 직시하고 극복할 수 있게 됩니다. 그 것밖에 없다고는 할 수 없지만, 그것이 과거의 자신을 바꾸기 위해서는 빼놓을 수 없는 일이라고 생각합니다.

　오카시타 씨는 당국에 시신 기증 의사를 밝히고 신청을 한 후 얼마 지나지 않아 처형되었습니다. 시신 기증에 담긴 그의 마음을 고통스러울 만큼 잘 알지만, 군의관을 양성하는 학교에 대한 시신 기증, 그러니까 국가에 공헌하게 되어 버린 것이 사형수가 져야 할 책임과 속죄라는 건 잘못된 일 아닐까요. (2008년 7월)

2009년

• 1월 10일

　어제 오전 즈음 간치쿠 씨와 면회를 가졌습니다. 도시아키 군이 제3차 재심에 "열의를 보이고 있다"고 하여 마음이 든든해집니다. 저는 유아사 씨가 쓴 감정서(폐쇄된 공간이 폭발 위력을 높인다는)를 이해하는 데도 어려움을 겪고 있기 때문입니다. 한편 시게노부 씨에게 종양이 생겼다고 하는데, 어떻게든 적절한 치료가 이루어지기를 바랍니다. 간치쿠 씨와는 "제3차 힘내자고!" 하며 면회를 끝냈습니다.

　방을 옮기는 것에 대해 보충하여 보고합니다. 연초 이후 제가 예전에 수감되어 있던 방의 옆방에 있던 사람들이 햇볕이 드는 방으로 옮겨 간 듯합니다. 후쿠오카 구치소의 박일광[297] 씨처럼 아침에 이불 속에서 죽은 채로 발견되지 않도록 따뜻한 곳으로 옮기라고 간부에게 지시가 내려진 까닭인지, 그렇지 않다면 마지막으로 제가 옮겨 가는 것이 '특별 취급'이라 여기지 않도록 포석을 둔 걸까요. 확정수만 옮겨 간 것이 아니지만 말이지요. 도시아키 군도 12월 26일에 방을 옮긴 것 같은데, 이렇게 '딱 맞아떨어진 것'은 대체 왜일까요? 재심의 특별 항고가 12월 17일에 기각 결정이 나서 도쿄 구치소가 '상황을 지켜보고' 싶어 하는 건 아닐까요.

297　박일광朴日光(1947~2009). 1995년 후쿠오카에서 남녀 두 명을 연속으로 살해한 죄목으로 2006년 사형이 확정되었다. 후쿠오카 형무소에서 복역하던 중 2009년에 폐렴으로 사망했다. - 역자 주.

- **1월 13일**

파견 자르기 등으로 일자리를 잃어버린 사람들을 지방 자치 단체가 임시 직원으로 채용하거나 생활 보호 신청을 신속하게 받는 등 할 수 있는 일을 하고 있는 것 같은데, 노동자를 자른 것이 기업임을 모른 체하는 건 용서하기 어렵습니다. 직접 은행을 만드는 등 사내 유보금(즉 쌓아 둔 돈)이 있는 토요타 같은 기업까지 노동자를 잘라 버리고 신경을 끄는 건 터무니없는 일이지요. 노동자를 티끌 따위로밖에 여기지 않는 기업의 제품을 철저히 불매하면서 "웃기지 마라"고 외칩시다.

- **1월 21일**

어제 오후에 좋지 않은 느낌이 들어 일찍 잠에 들었는데, 하도 추워서 이불 속에서 떨었습니다. 나중이 되니 몸속은 차가운데 온몸에 불덩이처럼 열이 났습니다. 그리고 열이 날 때면 항상 그랬던 것처럼 팔과 갈빗대, 다리 등의 신경이 쑤셨습니다. 잠을 전혀 못 잔 채로 아침을 맞이했고, 아침 점검 후에 체온을 재니 37.9도였습니다. 야간에는 38도 반 정도까지 올라갔을 거라 생각됩니다. 후쿠오카 구치소의 박일광 씨가 그랬던 것처럼요. 쉬는 게 상책이라 생각해서 이불을 깔려고 하니 "반쯤 모로 눕는 것만 된다"며 이불을 쓰면 안 된다고 합니다. 열이 나는데 모포 한 장만 써서 누워 있으면 증상을 악화시키겠지요. 그렇게 옥신각신한 끝에 이불을 쓸 수 있게 되었지만 하루밖에 안 된다고 합니다. 하고 싶은 말이 많았지만 어쨌든 이불 속에 들어갔습니다.

- **2월 13일**

오후에 마사쿠니 씨와 면회를 가졌습니다. 롯폰기의 하이유자俳優座 극장에서 상연된 〈바람과 무지개의 크로니클〉[298]의 공연 상황에 대해 들었습니다. 전에 광고지를 차입받았을 때 '늑대'를 소재로 가공의 이야기를 그렸다고 생각했는데 '늑대'들과 노도카 군, 마리코 씨, 나호코 씨가 실명으로 등장했다고 합니다. 왠지 부끄러운 일입니다. 20대의 젊은이들이 연기했기에 당시를 모른 채로 그들은 선입관 없이 연기에 집중할 수 있겠지요. 여기에서는 연기를 볼 수 없기에(한번은 극단 시키四季의 뮤지컬 비디오를 본 적이 있는데, 아마도 TV에서 틀어 주었을 겁니다) 활자화된다면 좋겠군요. 극의 평론이라도요. 또 마사쿠니 씨가 얼마 전에 갔던 삿포로와 오타루에는 눈이 아니라 비가 왔다고 합니다. 호주에서 난 산불과 겹쳐 보면 지구 온난화는 이미 발등의 불입니다.

어찌할 바 모르며 / 침상에 눕네 / 늦겨울 춘풍

• 2월 24일

어제부터 몸 상태가 좋지 않아 아침에 체온을 재 보니 38.2도였습니다. 그리고 오전에 진찰을 할 때 다시 재 보니 38.4도였습니다. 작년까지는 열이 올라도 37도를 조금 넘는 정도였고 그럴 때마다 녹초가 되곤 했지만, 최근에는 38도를 넘기는 일이 이상하지 않게 되었습니다. 작년 여름에 열이 났을 때는 체온계가 부서지는 게 아닌가 싶었지만요. 대체 제 몸속에 어떤 변화가 일어나고 있는 걸까요? 또, 이번에 열이 난 건 감기 때문이라고 의사가 말했습니다.

• 3월 3일

열 때문에 방에 틀어박혀 있는 사이 손발톱이 길어져 버렸습니다. 그래서 깎으려고 옥상의 운동장에 갔습니다. 열흘 만인가요. 태양의 위치는 꽤 높아졌지만 아직

298 원문은 "〈「風」と「虹」のクロニクル〉". 기리야마 가사네桐山襲(1949~1992) 원작, 고시미쓰 데루후미越光照文(1952~) 연출의 연극. - 역자 주.

바람이 차갑습니다.

- **3월 12일**

  오전에 방을 옮겼습니다. 지난번에는 12월 26일이었으니, 아직 3개월도 지나지 않았지만 그건 임시 혹은 긴급 피난 같은 것이고 기본적으로 3월과 9월이 방을 옮기는 시기 같습니다. 그리고 햇빛이 닿지 않는 추운 방으로 옮겼습니다. 지금까지 햇빛이 닿는 곳에 있었기 때문이라는 이유입니다. 지금까지라고 해도 3개월밖에 안 됐지만요. 어째서인지는 잘 모르겠지만 햇빛이 닿지 않는 곳으로만 가게 됩니다. 그것도 담당석이 눈앞에(정확히는 비스듬하게 앞쪽) 있어서 사물함을 열거나 닫는 소리, 전화 소리, 간수들의 대화 소리가 들립니다. 어쨌든 건강을 해치지 않도록 해야겠습니다.

- **3월 14일**

  법무성 도쿄 입국 관리국으로부터 국외 추방을 통보받은 필리핀인 칼데론 씨 일가[299]는 결국 일본에서 태어난 딸 노리코 씨 한 사람만 남게 되었습니다. 모리[300] 법무상은 "일본의 치안과 사회 질서를 지킬 책임이 있어", "장녀의 희망을 최대한 고려"했다고 하는데 무슨 생색을 그리도 내는지요. 칼데론 씨 일가가 일본에 머문다고 무슨 치안상의 불안이 생긴다는 말입니까. 반대 아닌가요? 아직 열세 살짜리 중학교 1학년생인 딸 한 사람만이 남는다니 인정머리 없는 처사가 아닐 수 없습니다.

---

299 Arlan Cruz Calderon과 Sarah Calderon, 필리핀 국적으로 1990년 다른 사람의 이름이 기재된 여권을 사용해 일본에 입국하여 일을 하고 있었다. 2006년 입국 관리법 위반으로 체포되었는데, 칼데론 부부에게는 일본에 입국한 후 태어난 딸이 있었다. 결과적으로 칼데론 부부는 2009년 자진 귀국의 형태로 귀국하였고, 장녀는 재류 특별 허가를 받아 일본에 머물게 되면서 이산가족이 되었다(장녀는 합법적 체류 자격이 있는 숙모 슬하에서 생활하게 되었다). 칼데론 부부는 2010년 딸의 면회를 위해 일시적으로 일본을 찾기도 하였다. - 역자 주.

300 모리 에이스케森英介(1948~). 지바현 출신의 정치인으로 아소 다로 내각에서 법무 대신을 역임했다. - 역자 주.

- **3월 18일**

　우리와 일상적으로 접하는 형무관 몇 사람이 3월 20일자로 다른 곳에 전출된 것 같습니다. 오늘은 운동 담당이 인사를 했지요. 저는 평소에 무뚝뚝하게 말하는 데다가 건강이 안 좋아지면 눈인사도 안하기에 그가 불쾌하게 생각했을 겁니다. 그렇기에 정중한 전출 인사를 받을 것이라고는 생각도 못 했습니다. 지금까지 불쾌하게 했던 부분을 포함해서 저도 제대로 인사를 했습니다. 유도를 하고 있어 튼튼한 그에게 할 필요는 없는 말이지만 "건강히 잘 지내십시오"라고 했지요. 도쿄 구치소의 구조상 다른 층으로 가는 그와는 다시 만날 기회가 없을지도 모릅니다.

- **3월 24일**

　인사 이동으로 수용동의 담당도 교대했는데, 새로운 담당은 오자마자 베란다에 유채꽃과 군자란 화분을 놔두었습니다. "여기에서는 정원이 안 보이니까요"라고 말하면서요. 화분을 키우는 부서 사람과 이야기했던 것이겠지요. 전에 있던 담당자는 야쿠자 관계자를 많이 담당했고 사형수는 이번이 처음이라고 했기에 2년간 좌충우돌했습니다. 사형수 처우의 측면을 확인하거나 묻는 것만으로 노골적으로 불쾌한 표정을 짓게 만들었지요. 이번 담당은 이전에 6층에 있었던 모양이라 확정수에 대해서 준비를 했을 겁니다(저와도 20여 년 만인 것 같습니다). 똑같은 도쿄 구치소에서 근무하는 사람이라도 지금까지 어디에 있었느냐에 따라 담당자의 태도가 확연히 달라집니다.

- **3월 25일**

　오전에 간치쿠 변호사와 면회를 가졌습니다. 재판소에서 재심 청구서의 제출 시기에 대해 이야기하고 싶다는 연락이 왔다고 하네요. 작년 12월에 제2차 재심이 기각되고 제3차 재심을 청구했지만 상세한 것은 나중에 제출한다고만 썼기에 재촉하고 있다고 합니다. 3개월밖에 안 됐는데 꽤나 서두르는군요. 무엇보다 전 옴 진리교 아사하라 씨의 제1차 재심은 약 4개월 만에 기각되었습니다. 그것도 "재심은 인정하지 않는다"는 이유만 댔다고 합니다. 사형을 빨리 집행하기 위해 재심 청구를 배척하는 것이겠지요. 단념하지 말고, 주저하지 않고 재심을 청구해야만 합니다.

- **4월 1일**

   오늘부터 4월이라는데 춥습니다. 작년 여름 이후부터 계속된 온몸의 습진과 백혈구 수의 이상, 점점 심해지는 열 때문에 중단하고 있던 냉수마찰과 맨발 러닝을 3월 중순부터 다시 시작했습니다. 따뜻해져서 몸 상태도 괜찮아졌지만 춘분 때부터 추위가 돌아와 콧물을 흘리면서 뛰고 있습니다. 어떻게든 계속하려고 합니다.

- **4월 22일**

   최고재판소가 상고를 기각하여 하야시 마스미 씨의 사형이 확정되었습니다. 검찰이 제출한 상황 증거를 받아들였는데, 이렇게 정확하지도 않고 모호한 걸로 사형을 내리나 싶습니다. 그리고 무죄를 입증하는 것이 얼마나 어려운가를 느낍니다. 하야시 씨와 변호인도 계속 싸워 나가려는 의지가 강하니 재심에 힘써 주었으면 합니다.

- **4월 30일**

   아침에 헨미 요 씨의 가도카와 문고본판『자기 자신에 대한 심문』의 '해설'을 써 보냈습니다. 마감이 연휴 직후라서 기한에 맞췄다며 긴장이 풀려서인지, 아니면 저도 모르는 새에 지쳐 버린 건지 밤이 되니 몸 상태가 안 좋아지고 열이 났습니다.

- 5월 8일

  담당이 장미 화분을 베란다에 두어 주었습니다. 영산홍映山紅이 놓인 곳도 있는
것 같습니다. 그리고 옥상의 운동장에는 팬지와 자란(인 것 같습니다) 화분도 있습니
다. 고마운 일이지요. 이전에 있던 운동 담당(이번 봄에 교대한)이 물을 주던 화분에
서 도깨비부채가 두 송이 피었습니다. 작별 선물일까요.

  천황 폐하에 / 축복 올리는 / 장구벌레뿐인가

- 5월 14일

  주간지「리프레자(RIPRESA, リプレーザ)」8호가「나의 삶을 이끈 책 한 권」이라
는 특집을 꾸리고 있습니다. 40여 명이『성서』나『탄이초』[301] 등을 거론했는데, 그
중 도시아키 군과 제가 유일하게 같은 책『조선인 강제 연행의 기록』[302]을 거론하고
있습니다. 뭔가 문제가 있었던지, 이 특집에 응답해 달라는 연락이 있었던 건 마감
기한이 지났을 때였습니다. 재촉하기에 어쨌든 빨리 써야겠다고 생각해서 얼른 이
책의 제목과 이런저런 내용을 편지지 한 장 정도로 정리해 보냈지요. 나중에 마음
을 가라앉히고 생각해 보니 그 외에도 영향을 받은 책이 있음을 알게 되었는데, 어
쨌든 순간적으로 생각난 책이야말로 의미가 있겠지요. '늑대'답다고 할까요, 도시
아키 군과 같은 답을 써 보낸 일에 빙그레 웃음이 나왔습니다.

- 5월 16일

  마사쿠니 씨의 연락에 의하면 헨미 요 씨의『자기 자신에 대한 심문』의 가도카와
문고본판에 제가 쓴 '해설'이 무사히 도착해서 헨미 씨도 다행이라 하셨다네요. 글
의 뒷부분을 쓸 때는 건강이 안 좋아져서 퇴고도 못한 채 보내 버렸기에 신경이 쓰

---

301 원문은『歎異抄』. 일본 정토진종을 개척한 신란의 말을 그의 제자인 유이엔唯圓(1222~1289)이 기록한
    것이다. 현재 가장 오래된 판본이 교토의 니시혼간지西本願寺에 보존되어 있다. ─ 역자 주.

302 朴慶植,『朝鮮人強制連行の記録』,未来社, 1965.

였지만 말이지요.

나를 찾아온 / 거미 한 마리 / 어찌나 빠르던지

- 5월 20일

후쿠시마 미즈호福島みずほ[303] 씨가 사형수의 권리 보장을 위한 『재심과 사면』[304]을 보내 주었습니다. 재심 청구서 서식이 있고 기각되었을 경우, 즉시 항고와 특별 항고에 대한 설명도 친절하게 되어 있어서(『육법전서』[305]만 읽어서는 알 수 없어도 이것을 보고 잘 알 수 있게 되었습니다) 실제로 재심이나 사면을 청구하고 있는 사람은 물론 이제부터 해 보려고 생각하는 사람에게도 적절한 참고서입니다. 후쿠시마 씨와 관계자 여러분께 감사드립니다.

- 5월 25일

북한이 핵 실험을 하고 미사일 여러 발을 발사했다고 합니다. 다시금 북한 비난 일색이 되어서 핵무장론이나 핵미사일 기지 선제 공격론이 거세게 일어날지도 모르겠습니다. 냉정함이 필요합니다. 미국 고관은 북한이 예고한 핵 실험을 멈추게 하기가 어렵다고 했습니다. 즉 핵 실험은 기정사실이며, 문제는 언제 그리고 어느 정도의 규모인가라는 것이었지요. 핵 실험이 생각보다 빠르게 실시되었기에 크게 놀라고 비난하는 것이 아닌가 생각합니다. 중국과 러시아가 멈추라고 설득하려 했지만 문전 박대를 당했다고 보도되었습니다. 일본 정부는 대체 무슨 행동을 취했을까요? 북한은 핵과 미사일이 자위를 위한 것이라 하지만 결국 김정일 체제를

---

303 후쿠시마 미즈호福島瑞穂(1955~). 변호사이자 정치가. 사회민주당 소속의 참의원 의원이며 사회민주당 제3, 6대 당수를 역임했다. 사회주의 인터내셔널 부의장이다. 사형 폐지 운동과 관련하여 교류가 있었다. - 역자 주.

304 원문명은 『再審と恩赦』. 이 책은 다케자와 데쓰오竹沢哲夫의 『帝銀事件の再審と恩赦』, 日本評論社, 1979 로 생각된다. - 역자 주.

305 원문명은 『六法』. - 역자 주.

유지하기 위해서겠지요. 원래는 대국이 핵을 독점하는 것에 대한 비판으로서 일정한 설득력은 있었지만(?) 오바마가 유일한 핵폭탄 사용국으로서 자기비판을 한 데다가 "핵 없는 세계"를 제창한 지금, 북한의 행위는 돌출 행동이었다고 할 수밖에 없습니다.

• **6월 4일**

아시카가 사건[306]의 스가야 도시카즈 씨가 재심을 기다리지 않고 지바 형무소에서 석방되었다고 합니다. 실질적인 무죄이지만 그의 무기 징역을 확정한 경찰관과 검사, 그리고 재판관의 책임은 어떻게 되는 걸까요. 감정 결과가 진범이었다 따위의 변명은 통하지 않겠지요. 처음부터 그가 범인이라고 보았으니 수준 낮은 감정 결과(그런 감정에서도 그가 진범이라고 할 수는 없다는 설이 있습니다)를 의심하지 않았던 것이겠지요. 스가야 씨가 석방-무죄라면 작년 10월에 사형이 집행된 구마 미치토시[307] 씨를 비롯해 억울한 사람이 아직도 있을 것입니다.

• **6월 6일**

가자마風間 씨와 세키네關根 씨의 상고[308]가 기각된 듯합니다. 조만간 사형이 확정

---

306 足利事件. 1990년 5월 12일 도치기현 아시카가 시의 파칭코 주차장에서 실종된 여아(4세)가 다음 날 와타라세渡良瀬川 둔치에서 시체로 발견된 사건. 1991년 스가야 도시카즈菅家利和가 용의자로 체포되었고 무기 징역을 선고받았다. 그러나 2009년 스가야의 DNA가 현장 유류품에서 발견된 DNA와 일치하지 않음이 밝혀져 무죄가 확정되었다. 그의 석방까지 일본 변호사 연합회가 주도적으로 지원한 바 있다. - 역자 주.

307 구마 미치토시久間三千年(1938~2008). 1992년 후쿠오카현 이즈카 시飯塚市에서 발생한 여아 2명 살인 사건의 용의자. 사형 판결을 받고 2008년 사형당했으나 엔자이(冤罪, 검찰에 기소되면 죄가 없어도 결국 범죄자가 되는 경우) 의혹이 있어 그의 아내가 2009년 재심을 청구한 바 있다. 재심은 기각되었지만 그의 아내는 다시 최고재판소에 특별 항고를 하였다. - 역자 주.

308 가자마 히로코風間博子(1957~). 1993년 4월부터 7월에 걸쳐 남편인 세키네 겐關根元과 함께 운영하던 펫숍(번식업)과 거래가 있던 고객 등 네 명을 살해한 사건의 용의자. '사이타마 애견가 연속 살인 사건', '사체 없는 살인 사건'으로 불렸다. 2001년 사형이 언도되고, 2005년 도쿄 최고재판소에서 공소를 기각, 2009년의 상고도 최고재판소에서 기각되어 사형 판결이 확정됐다. 세키네 겐은 2017년 도쿄 구치소 내에서 병사했다. 가자마 히로코는 사체 훼손과 유기죄는 인정하면서도 살인죄에는 무죄를 주장하

됩니다. 가자마 씨는 한 가닥 희망을 가지고 있었지만 결과가 이래서 무척 침울해져 있다고 합니다. 안이하게 "힘내세요"라고 할 수는 없겠지만 최고재판소보다 오히려 재심에 기대를 걸 수 있을지도 모릅니다. 재심 청구에 힘써 주셨으면 합니다.

• 6월 18일

아사히 신문을 보고 놀랐습니다. 간토 대지진 때 자경단이 사람들을 검문하여 일본인과 조선인으로 나누고 조선인을 살해한 것과 마찬가지로, 오늘날 역전 같은 곳에서 일본인과 재일 교포를 구별하고 재일 교포에게 "돌아가라"고 소리치는 일본인 조직이 있다는 것 말이지요. 칼데론 씨의 집에도 백수십 명의 사람이 밀어닥쳤다고 하니 용서할 수 없는 일입니다. 서구의 신나치 혹은 백인 우월주의 배외 그룹을 모방한 것인지, 아니면 폐색감 강한 사회의 결실인 걸까요. 사회도 어처구니없는 곳이 되었군요.

• 6월 21일

미얀마가 그랬던 것처럼 이란에서도 데모가 허용되지 않고 보도도 제한되어 있습니다. 대통령 선거도 부정이 있었던 것 같은데(무사비[309]의 고향에서도 아마디네자드[310]가 무사비보다 몇 배나 많은 득표를 얻은 건 사전의 접전 예상과는 상당히 다른 결과였으니까요) 확실하게 말할 수는 없습니다. 그렇지만 민중의 비판과 불만을 종교적 권위로 억누르고 무력으로 진압하려 한 것은 결국 체제의 유약함이 드러나 버렸다는 뜻이겠지요.

그리마라고 / 잘못 생각해 버린 / 지네였을까

며 재심을 청구 중이다. 여성 편력이 있는 남편 세키네 겐의 가정 폭력에 시달리며 그 권위적 관계로 범죄 관여에 이르렀다고 주장한다. 니나가와 야스시蜷川泰司의 『미궁의 비상』(『迷宮の飛翔』, 河出書房新社, 2015)에 삽화를 그렸다. – 역자 주.

309 미르호세인 무사비Mir-Hossein Mousavi(1941~). 이란의 화가이자 정치인, 건축가. 1981년부터 1989년까지 이란 이슬람 공화국의 총리를 지냈다. – 역자 주.

310 마흐무드 아흐마디네자드Mahmoud Ahmadinejad(1956~). 이란의 제9~10대 대통령. – 역자 주.

- 7월 16일

　며칠 전 운동을 나가려고 복도를 걷고 있자니 큰 울음소리가 들렸는데, 평소에 건달로 보였던 젊은이가 울고 있었습니다. 30분 후 운동을 마치고 돌아왔을 때도 목소리는 크지 않았지만 그는 여전히 울고 있었습니다. "반성하고 있지 않다"라는 이유로 재판에서 그에게 무거운 형이 내려졌다고 하는데, 검사든 판사든 그가 독방에서 울음을 터뜨리고 있음은 알지 못하겠지요.

- 7월 22일

　마유미 씨가 강기동 씨의 하이쿠집 『신세 한탄』[311]을 보내 주었습니다. 교코 씨였을지도 모르겠군요. 정말 감사합니다. 강기동 씨라는 하이쿠 작가를 몇 년 전부터 알고 있었는데, 대표적인 하이쿠 몇 수를 기억하고 있습니다. 자이니치 하이쿠 작가인 그의 하이쿠는 무거운 내용을 품고 있어도 작풍에 어깨에 힘을 뺀 맛이 있습니다. 그의 하이쿠를 마음에 새기면서도, 어깨에 힘을 빼고 읽어 봅니다.

- 7월 29일

　어제 오사카에서 두 사람, 도쿄에서 한 사람의 사형이 집행되었다고 합니다. 국회가 해산되고 다음 달에 총선거가 예정되어 있는 지금의 정치 공백을 노린, 그리고 자민당-공명당 패배와 민주당 중심의 정권 탄생을 예견한 임시변통식의 날치기 집행입니다. 모리 에이스케 법무상은 지연과 혈연이 짙은 지바千葉의 농촌을 기반으로 삼고 있어서 선거에 강한 것 같지만, 그만큼 자민당에 역풍이 불 선거입니다. 지역구인 고향으로 돌아가지 않고 계속 법무성에서 근무하고 있을 수만은 없었을 텐데, 이번에 처형한 사람들의 기록을 어디까지 직접 읽고 조사해 봤을까요. 면밀히 조사한 후에 집행 도장을 찍었다고는 생각할 수 없습니다. 게다가 그는 DNA 재감정이 실시되었다면 무죄가 되었을지도 모를 구마 미치토시 씨의 사형 집행 도

311　姜琪東, 『身世打鈴』, 石風社, 1997.

장을 찍었던 법무상입니다. 스가야 씨의 무죄를 눈앞에 두고도 재임 중에 집행 도장을 찍으리라고는 생각지도 못했습니다. 아소의 절친한 친구라고 하는 이야기도 있습니다. 이런 패거리는 낙선시켜야만 합니다. 유감스러운 사형 집행이지만 오사카의 두 사람은 직접 상소를 취하했다고 합니다. 그렇다면 권력은 '이런 사람들이라면 나중에 문제가 되지 않겠지'라고 생각할 정도로 신중해져 있다는 걸까요. 그 '신중함'을 조금 더 철저히 만들어 줘야지요.

- 8월 1일

정부의 간담회가 '선주 민족先住民族과 공생하는 사회로 향하는 정책 만들기'를 제언했습니다. 작년 6월, 국회에서 아이누 민족을 선주 민족으로 인정하는 결의가 채택된 것을 이어 나가고 있습니다. 구체적인 내용은 아이누족의 자제에게 장학금을 지급해서 미래의 아이누 문화를 짊어지고 나갈 이로 육성한다는 것이지요. 제가 홋카이도를 떠난 지 40년 이상이 지났고 오랜 시간 수인으로 머물렀기 때문에 아이누 민족을 둘러싼 상황은 활자로밖에 알 수 없지만, 지금도 아이누 민족은 차별과 빈곤에 허덕이고 있을 것입니다(대학 진학률은 일본인[312]의 절반 이하라고 합니다). 제가 중학생 무렵 일본인 중에도 중졸로 취직하는 사람이 있었지만 아이누족의 자제는 상급 학교에 진학하는 일 자체가 희귀했습니다. 제 동급생들도 그 이외의 선택지가 처음부터 없었던 것처럼 취직을 했습니다. 진학하는 것이 당연하다고 생각했던 제가 그때 대단히 거북한 마음이 들었던 것을 선명하게 기억하고 있습니다. 이번 간담회의 제언에 결실이 있었으면 합니다.

- 8월 30일

미쓰비시 중공업 폭파로부터 35년이 흘렀습니다. 사망자 여덟 분에게 애도의 마

---

312 원문은 "和人". "和人"은 '와진わじん'이라 읽으며 아이누 이외의 일본인 혹은 야마토 민족이 자신들을 아이누와 구별하기 위해 사용한 명칭이다. 아이누는 와진을 '시사무シサム', '샤모シャモ', '시사무우타라(シサムウタラ, 이웃이라는 의미)'라고 불러 왔다. - 역자 주.

음을 올리고, 부상당한 많은 분들께도 사죄드립니다. 그리고 이미 돌아가신 분도 많을 유가족과 관계자분의 35년을 생각하며 하루를 보냈습니다.

- 9월 1일

  유아사 씨가 8월 10일에 차입해 준 『교수형』[313]이 교부되지 않고 3주간 멈춰 있었는데 이제서야 겨우 공지만을 받을 수 있었습니다. 여섯 장을 삭제(절단)하고 63행을 지우는 것을(검은색으로 덧칠) 승인한다면 받을 수 있다고 했습니다. 새로 나온 책을 갈기갈기 찢겠다는 말은 농담이 아닙니다. 법이 바뀌어서 신문의 사형 관련 기사도 검게 칠해지지 않아 읽을 수 있게 되었는데 시대에 역행하는 걸까요.

- 9월 9일

  하스이케 도루, 오타 마사쿠니 대담집 『납치 대론』[314]은 수년 전에는 생각조차 할 수도 없었던 만남인데, 최근 하스이케 씨의 발언(저작)을 접해 온 저로서는 전혀 위화감을 느끼지 못했습니다. 하스이케 씨가 마사쿠니 씨에게 '규탄당하지는 않을까'라고 대담 전에 심경을 들려주는 걸 보니 그는 평소에 대단히 솔직한 사람인 것 같습니다. 두 사람이 계속 이야기하는 바와 같이 납치 문제는 역사 인식하에서 과거를 청산한 후에, 제재가 아니라 교섭을 통해 해결해야 하겠지요. 따라서 아베 신조나 구원회救う会[315]처럼 과거 일본의 침략과 식민지 지배, 강제 연행, 종군 위안부 등의 역사에 눈을 감거나 부정하고 북한 제재만을 주장하는 것은 백해무익합니다. 압력을 계속 가할 경우, 북한이 전쟁 전의 대일본 제국처럼 되지 않을 것이라고 어떻게 말할 수 있을까요. 이번 일본의 정권 교체에 북한은 꽤 기대를 걸고 있는 것 같은데, 민주당도 종래의 대북 강경 노선을 고치고 냉정하게 처음부터 다시 생각했으면

313 青木理, 『絞首刑』, 講談社, 2009.

314 蓮池透, 太田昌国, 『拉致対論』, 太田出版, 2003.

315 정식 명칭은 '북한에 납치된 일본인을 구출하기 위한 전국 협의회'이다. 역자 주.

합니다. 그건 그렇고 하스이케 씨의 변화를 보면(본인은 변했다고 하는 걸 좋아하지 않는 듯하지만) 조직과 정치, 사회도 변화할 수 있다는 가능성을 믿게 됩니다.

- 9월 29일

　며칠 전 아사히 신문에「지바 게이코千葉景子 씨가 법무상이 됨으로써 사형 집행에도 변화가 있을 것인가」라는 비교적 큰 기사가 실려 있었습니다. 지바 씨가 사형 집행을 할 것인지 말 것인지 명확하게 이야기하지 않은 것이 문제라는 뉘앙스였기에 사형 집행을 몰래 부채질하는 것처럼 느껴졌습니다. 최근 아사히의 사형 담당인지 사법 담당인지는 알 수 없지만, 재심 청구가 늘어나서 사형 집행을 할 수 없다는 기사를 쓴 기자가 있어서, 제 독해 방식에 편향이 더해졌을지도 모르겠습니다. 법무성 간부는 사형을 집행하지 못하는 것이 문제라고 하는데, 사형 집행 현장인 도쿄 구치소에서는 지바 법무상 탄생을 공공연하게 환영하지는 않아도 내심 좋아하는 것처럼 읽힙니다. 하토야마가 법무상이었을 때의 답답함과는 분명 다릅니다. 아사히 기자는 이를 어떻게 생각할까요.

- 10월 14일

　12일 일요일에 몸이 세게 비틀리는 바람에 가슴 근육을 다쳤습니다. 숨을 쉴 수 없을 만큼 강한 통증이었지만 잠시 후에 어떻게든 가라앉았습니다. 그런데 처음에는 가슴 한가운데만 아프더니 시간이 흐르자 통증이 좌우로 퍼져 나가, 펜이나 책을 잡아도, 즉 약간만 가슴을 움직여도 찌릿하고 아파졌습니다. 안정을 취하는 것이 약이라 생각하고 누웠더니 뒤척일 때뿐 아니라 머리의 위치를 바꾸기만 해도 얼굴이 찌푸려집니다. 일어날 때는 비지땀이 흐를 정도입니다. 작년보다 몸 상태가 좋아졌다고 여태 말했지만 생각지 못한 함정이 있었네요.

- 10월 18일

　저는「무요」라는 계간 하이쿠 잡지에 글을 투고하고 있는데, 7월이었나요, 투고한 12수 가운데「악명惡名을 떨쳐 / 오랜 동안 살아 온 / 초봄 대나무」가 있었습니다. 이를 읽은 잡지의 대표가 다이도지의 "악명"이란 무엇인가 하고 인터넷으로 검색해 본 듯합니다. 그러자 2,930건의 검색 결과가 나왔는데, 그 대표는 하이쿠의 세계에서 저명한 분임에도 자기 이름을 검색하면 844건밖에 안 나왔기 때문에 제 "악명"을 '납득'(?)했다고 하네요. 저는 인터넷의 구조를 잘 모르는데, 인터넷에 신문이나 잡지에 제 이름이 나왔다고 기록되는지요? 검색해 봐도 한 건도 나오지 않는 사람이 과연 있을까요? 그런 것을 생각하면 저는 악명 이외의 그 무엇도 아닙니다. 직접 악명을 내세워 놓고, 하이쿠 잡지 대표에게 지적받으면서 새삼스럽게 제 자신의 상황과 마주하고 있습니다.

- 11월 24일

　가슴의 통증은 나아지기도 심해지기도 합니다. 일진일퇴하면서 좋은 쪽으로 나아가고 있다고 생각합니다. "생각한다"고 하니, 흉추 골절(아마도)의 아픔을 느낌으로써 우리가 상처 입힌 사람들과 어머니를 생각하게 됩니다. 피해자분들께는 사죄하는 마음뿐입니다. 어머니를 생각한 것은, 어머니가 면회를 오는 도중에 아침 러시아워에 휩쓸려 넘어지셨고, 두 번째 넘어지셨을 때는 구급차에 실려 가서 골절이 나을 때까지 오랜 시간이 걸렸기 때문입니다. 면회도 반년 이상 끊겨 버렸습니다. 그때의 아픔과 지지부진한 회복의 괴로움을 어디까지 헤아릴 수 있을까요. 뼈가 부러진다는 것이 이렇게 아픈 일이었던가, 환부뿐만 아니라 근육과 신경도…… 그렇게 체험하고 처음으로 깨달았습니다. 어머니께서 면회를 오시지 않게 되자 오랜 친구들과 그 오랜 친구의 친구들이 대신 운전해 주어서 어머니와의 면회를 다시 가질 수 있었던 것도 덩달아 생각나는군요.

- 12월 4일

　어제 내린 비로 티끌과 먼지가 씻겨 나간 것 같습니다. 봉우리에 눈이 덮인 후지산과 주위의 산줄기가 옥상의 운동장에서 선명하게 보였습니다. 이제부터는 이런 날이 늘어나겠지요.

- 12월 5일

　하토야마 씨가 절약하자는 이야기를 한들(불필요한 것을 없애는 것은 당연하다 해도) 본인이 고령의 모친으로부터 9억 엔의 용돈을 받았기 때문에 설득력이 없습니다. 그런 하토야마 씨를 민주당은 우왕좌왕하며 비호하고 '감추기' 때문에 한심할 따름입니다. 괘씸한 것은, 감추고 도망치는 행위가 자민당과 다르지 않다는 점입니다. 후텐마 기지 이전에 관한 건도, 헤노코로 결정할 경우 사민당이 연립을 이탈할 수 있다고 암시하니 비로소 헤노코 이외의 장소를 검토하겠다고 합니다. 오키나와현 바깥, 혹은 국외를 거론하면서 실제로는 구체적으로 검토하지도 않았던 것인지 어처구니가 없습니다. 이 상태까지 왔다면 각오를 하고 미군 철수까지, 아니면 그 일부만이라도 진행했으면 합니다. 또 매스컴에서는 자민당과 공명당이 외교의 지속성을 이야기하고 있지만 정권이 교체됐기 때문에 미국과 조율이 잘 되지 않았다고 해도 좋고…… 오히려 조율이 잘 되는 것이 이상하겠지요. 정부 수준에서 조율이 잘 되지 않아도 민중의 생활에는 이렇다 할 영향이 없기 때문입니다. 정부 여당이 되는 것이 처음이기 때문에 삐걱거리는 것은 어쩔 수 없겠지요. 꼴사나운 모습을 모조리 드러내도 좋으니 자민당과 같은 짓을 하면서 돌변하거나 야당 시절과 다른 말을 하지 않았으면 합니다.

- 12월 17일

　오랜만에 열이 났습니다. 한밤중에 오한이 들어 이가 딱딱댈 정도로 떨었습니다. 각지에 눈을 뿌린 한파 때문에 누워도 추위를 떨칠 수 없었는데, 요사이 긴장해서 그랬던 것 같습니다. 열이 나면 나른해지고 맛을 느낄 수 없어 식욕도 떨어진다는, 작년에 지겹도록 경험한 일 외에 올해는 가슴도 아파서 상반신의 근육 마디마디가 쑤십니다. 이렇게 되는 거구나 하는 새로운 발견(?)을 하게 되는군요.

사형수임을 / 잊어버리게 되는 / 감기 기운아

- **12월 29일**

지바 게이코 씨가 법무상이 되었기에 기대는 하고 있었는데, 연말에 사형 집행 보도를 접하는 일 없이 신년을 맞이하게 되었습니다. 옛날에는 교류하던 사람들의 집행을 알게 되면 해를 넘기면서까지 침울해졌기 때문에 올해는 기분이 좋습니다. 어떻게 해서든 사형이 없는 사회가 되었으면 합니다.

다이도지 마사시가 말하는 사형 확정수의 모든 것

새로운 재심 청구로 우리의 사형 집행은 연기되었을까

연말에 사형 집행이 없었기에 오랜만에 청명한 기분으로 신년을 맞이했습니다.

12월 25일이 국회의 마지막 회기여서 그날 혹은 그 다음 날인 26일 업무 종료일이 위험하다며 불안해했습니다. 그러나 그 두 날 모두 여느 때와 마찬가지로 간부들이 순시를 도는 것을 보고 도쿄 구치소에서는 사형 집행이 없음을 알게 되었습니다. 25일 오후 마유미 씨와의 면회와 26일 오후 유아사 씨와의 면회에서도 사형 집행이 화제에 오르지 않았고, 신문에도 관련 기사가 없어 '사형 집행 없음'을 확인할 수 있었습니다. 기쁜 일이지만 이런 '연말 집행 없음'은 사형 제도의 존폐에 관한 정책 전환의 결과가 아니라, 어떤 사정인지 모를 착오가 있어 단순히 뒤로 미루어진 것에 지나지 않기 때문에 여전히 컨베이어 벨트가 돌아가는 듯한 사형 집행 상황에 있음은 변하지 않습니다.

그렇다면 '어떤 사정인지 모를 착오'라는 것은 무엇이었을까요. 최근 UN에서 일본의 사형 제도와 사형 집행에 대해 폐지, 혹은 집행 정지를 요구하는 결의가 또다시 나왔습니다. 일본 정부는 이 결의에 반대하면서 사형 제도를 유지하고 집행을 계속할 의지를 밝혔지만, 결의 직후에 의지가 사그라들고 집행 시기를 늦추겠다는 이야기가 나왔을지도 모릅니다.

혹은 한 해의 끝 무렵이 다가왔는데 예정되었던 사형수들의 집행이 불가능한 사정이 생겼고, 그 결과 '연말 사형 집행 없음'이라는 상황에 이르고 말았는지도 모르겠습니다. 만약 그랬다면 집행이 '예정되어 있던 자들'이란 저와 마스나가 도시아키 군이었을 가능성이 있겠지요.

저는 초여름부터 종종 컨디션이 무너지고 있는데, 특히 추워지고 난 후로는 빈번하게 고열에 시달리며 앓아눕게 되었습니다. 하루 종일 햇볕이 들지 않는 북쪽 방에 수감되어 있었기 때문인 것 같아 볕이 잘 드는 반대편의 방으로 옮겨 달라고 요구했습니다. 그리고 12월 중순 간부의 결재를 받아 방을 옮기는 것으로 이야기가 되었습니다. 하지만 바로 그 다음에 갑자기 이야기가 뚝 끊겨 버렸습니다. 이유는 열두 명(혹은 열세 명)의 사형수가 붙어 있지 않도록 수감되어 있기 때문에 볕이 드는 건너편 방에 제가 끼어들 여지가 없다는 것이었습니다. 한편으로 작년 말에 수감되었던 출입구 가까운 방이 비어 있다는 이야기를 들었지만, 그곳은 드나드는 소리가 시끄러운 데다가 야간에는 옆 동과의 연락 통로를 열어 두기 때문에 대단히 춥습니다. 제가 거절하리라고 예측했을까요.

방을 옮기자는 이야기가 멈춘 것은 12월 17일로, 제2차 재심 청구의 특별 항고가 기각되었던 바로 다음 날이었습니다. 어딘가에서 멈추라는 압박이 들어왔던 것 같습니다. 그리고 잠시 흐지부지되었던 이야기는 25일이 되자 부활해서 업무 종료일인 26일 오후부터 방을 옮긴다는, 대단히 부산스러운 이야기가 되었습니다(제가 끼어들 여지가 있었던 것이지요!). 변호사가 제3차 재심을 청구했음이 확인되고 나서(도쿄 구치소장에게도 그 사실을 통지했기 때문에) 착착 움직이기 시작했습니다.

이런 것들을 보면 도쿄 구치소(간부급 일부)에서는 재심의 특별 항고가 기각됨으로써 저와 도시아키 군이 근시일 내에 사형당할 것이라 보았지만, 새로이 재심을 청구했기에 우리의 사형 집행이 연기되었다고 생각한 것이 아닐까요.

2009년

이상의 이야기는 전혀 예상하지 못했으며, 그저 우연이 겹쳐서 일어난 것에 지나지 않거나 사소한 일에 너무 큰 의미를 부여한 것일지도 모릅니다. 그러나 컨베이어 벨트 같은 사형 집행 상황이 계속되고 있는 이상, 사형수는 주위의 조그만 변화에도 주의를 기울일 수밖에 없겠지요.

'연말 사형 집행 없음'을 '1년 내내 사형 집행 없음'으로 바꾸고 싶습니다. (2009년 2월)

다이도지가 말하는 사형 확정수의 모든 것

사형 집행은 교도관에게 가혹한 심리적 부담을 강요한다

　제가 일지에 쓰는 것은 때때로 생각하거나 느낀 것, 그리고 제 주위의 '사건'이기 때문에 교도관(간수)을 다룰 때는 대부분 그들과 충돌했다거나 부당한 취급을 당했을 때 보고하기 위한 것입니다. 교도관과 투옥된 사형 확정수인 저는 입장이 달라서 매일 만나고 있다고는 해도 친구 관계가 될 수는 없으며 다양한 오해와 충돌이 생기는 것은 어쩔 수 없는 일일 것입니다. 그러나 교도관 모두가 거만하게 굴거나 차별을 하는 것은 아니며 매일 다툼이 일어나지도 않습니다.

　1년 정도마다 감옥을 전전해야 하는 커리어는 물론, 경험이 부족해 상급자의 말을 따라가는 데 급급한 젊은 교도관들 중에는 제 말을 처음부터 의심하거나 질문을 묵살하고 수다스럽게 험담만 하는 이들도 있지만 그것은 전체의 일부에 지나지 않습니다. 딱딱하고 심술궂은 사람이나 까탈스럽게 구는 사람은 사회에도 있겠지요. 이런 사람들이 사형수를 만날 때 일부러 과장된 태도를 취하는 것이 꼭 무리는 아닐 것입니다.

　어쨌든 제 일지에 나오는 치우친 교도관의 모습을 보고 그들의 인상을 결정해 버린다면 공평함이 결여된 일이겠지요. 예를 들면 사형에 대해서도 "법에 정해져 있는 것인데 그게 왜 나쁜가?"라고 쏘아붙이는 사람도 있지만, 의문을 품거나 집행이 있으면 침울해하면서 평소보다도 깊게 묵례하는 사람들도 있습니다. 폐를 끼치지 않기 위해, 이미 정년 퇴직을 했거나 다른 감옥으로 전출한 교도관에 한해 그들의 말과 행동 일부를 소개해 보겠습니다.

예전에 낸 제 책『사형 확정 중』[316]과 하이쿠집『친구에게』[317],『까마귀의 눈』[318]을 읽은 교도관이 있었는데, 도쿄 구치소 당국이 교도관 대기실에 참고 도서로 비치해 두고 있는 것이 아닌가 추측한 적이 있었습니다. 그러나 그렇지 않았던 모양입니다. "읽었다"는 교도관에게 물어보니 그들 모두가 "직접 책을 샀다"고 했기 때문입니다. 어떤 교도관은 기타센주北千住의 책방에는 제 책이 없어 신주쿠까지 갔다며 책방의 이름까지 구체적으로 말해 주었습니다. 그렇다면 왜 일부러 책을 샀느냐고 물으니, 처우에 대해 무슨 이야기를 썼는가라는 흥미도 있었던 것 같지만 그 이상으로 사형수인 제가 무엇을 생각하고 있는지를 알고 싶어 했습니다. 일상적으로 만나는 그들에게도 사형수는 불가해하면서 곤혹스러운 존재라는 걸까요.

또 우리가 빅터 프랑클의『밤과 안개』[319]를 읽고 있었음을 알게 된 교도관이 야근을 하다가 말을 걸어온 적이 있습니다. 그때까지 말을 나눠 본 적이 없는 교도관이었지만 나치 강제 수용소에서의 체험이 쓰인 이 책을 간수의 입장에서 생각해 본 적이 있었던 것 같습니다. 요컨대 그들은 사형이 절대적인 정의이며 사형 집행에 어떠한 의문도 없다고 보지는 않기에 제 책이나『밤과 안개』를 읽고 있었던 것입니다.

도쿄 구치소나 다른 곳에서 사형 집행이 이루어져 항의하면 "직무상 명령이니

---

316 大道寺将司.『死刑確定中』, 太田出版, 1997.

317 大道寺将司.『友へ─大道寺将司句集』, ぱる出版, 2001.

318 大道寺将司.『鴉の目─大道寺将司句集』, 海曜社, 2007.

319 Viktor Emil Frankl(1905~1997). 오스트리아 출신의 심리학자, 신경학자이며 홀로코스트의 생존자이다.『죽음의 수용소에서 Man's Search for Meaning』등의 저서가 있다. 한국어판은 서석연 역,『밤과 안개』, 도서출판 범우, 2008. ─ 역자 주.

까"라든지 "나도 처자식이 있어서 먹고 살려면 명령에 따를 수밖에 없다"라는 변호가 돌아오기도 합니다. "명령이니까"라는 말이 도피에 지나지 않는다고 손쉽게 판단해 버릴 수는 있지만, 그 말을 쥐어짜 내는 그들의 표정은 고충에 차 있어서 사형이 그들에게도 무거운 일임이 충분히 전해져 왔습니다. 어떤 교도관은 형이 집행되는 사형수가 좋은 녀석이라 해도, 아니 좋으면 좋을수록 말다툼을 벌였던 기억 등을 억지로라도 살려 내서 나쁜 녀석이었다고 간주하고 사형 집행을 정당화한다고 했습니다. 또 절이나 미술관을 돌며 마음을 달래려 한다는 사람도 있었습니다.

직접적인 관계를 맺지 않더라도 사형수와 일상적으로 만나고 있기에 사형 집행이 교도관에게 가혹한 심리적 부담을 강요한다는 것은 틀림없습니다. (2009년 4월)

2010년

- 1월 10일

미디어가 후텐마 기지를 다루며 하토야마 정권의 우유부단함을 비판하는데, 그렇다면 자민당과 공명당이 결정한 헤노코에 옮기는 편이 낫다는 말일까요? 미디어가 해결책을 제시할 필요는 없고 비판만 하면 된다 치더라도, 정권이 교체되었기 때문에 우왕좌왕하는 것이 당연하다고 볼 수는 없을지요. 그리고 줄곧 헤노코밖에 없다고 말해 온 미국에게는 왜 "조용히 하라"고 하지 못하는 걸까요.

역대 자민당 정권이 JAL을 망하게 만들었다고 해도 되겠지요. 방만한 경영을 눈 감아 줬을 뿐만 아니라 NHK와 마찬가지로 사유화해서 유력 의원의 딸이나 아들을 입사시키는 등 제멋대로 해 왔으니까요. 요즘 사원의 연금을 삭감한다는데, 단물을 빨아먹는 어중이떠중이들을 백일하에 드러내고 조금이라도 대가를 치르게 해 주어야겠지요.

태양을 우러르는 / 그 기쁨이여 / 겨울에 들어

- 1월 18일

아사히 신문 석간에「검증 쇼와 보도檢証 昭和報道」라는 연재가 있는데, 18일자「젊은이의 반란」 페이지에 제 코멘트가 게재되어 있었습니다. 작년 여름에 취재 요청이 있었고 응한 것은 연말이 가까워졌을 때였습니다. 되도록 짧게 해 달라고 해서 가능한 한 생략해 몇 개의 질문에 답했는데, 게재된 것을 보니 "전공투 운동으로 시작하여 나중에는 반차별이나 반원전 운동에 가담한 이들도 많다. 다만 아시아인에 대한 일본의 착취 등에 대해서는 전쟁 전과 후를 통틀어 가해자라는 인식이 희박했고 이후로도 계속되는 사상과 운동을 이끌어 내지 못했다"라고 대단히 콤팩트하게 요약되어 있었습니다. 몇 개의 질문과 대답을 하나로 짧게 요약했기 때문에 약간 의미가 통하지 않을 것 같았지만, 그래도 이 정도로 열심히 요약했구나 하는 생각도 했습니다. 비꼬는 것이 아니라 신문 기자(이 경우는 F 씨인데)의 요약 능력에 혀를 내둘렀습니다. 어쨌든 무언가 끝내서 그나마 다행입니다.

자리에 누워 / 르 카레[320]의 서적과 / 정월 대보름

- ## 1월 22일

어제 저녁 허리에 '마녀의 일격'을 당해 디스크(추간판 헤르니아)에 걸렸고, 재빨리 누웠지만 시간이 흐르면서 고통이 심해져 움직일 수 없게 되는 바람에 오늘부터 3일간 모로 누워 있게 되었습니다. 요추가 아픈 것도 아픈 것이지만 디스크의 통증은 정수리를 꿰뚫는 번개 같아서 아무것도 할 수 없습니다. 몸을 뒤척일 수도 없고 눈앞에 있는, 약 2미터 앞의 화장실에 가기까지 과장 않고 한 시간 이상 걸렸습니다. 그 사이에도 몇 번이나 격통이 덮쳤고, 그럴 때마다 반쯤 기절 상태에 빠져 10도 안팎의 추운 밤중에 잠옷 한 벌만 입고 잎벌레처럼 굴러다니며 비지땀을 흘리는 형편입니다. 진통제의 효과가 없어지는 밤부터 아침까지가 좌우간 고통스러울 뿐이지요. 요추에 통증을 느낀 이후로 팔을 감싸는 자세, 걷는 자세를 취하면 어떻게 해도 허리에 부담이 가는데, 준코 씨에게 배운 요통 방지 체조를 흉추가 아파 그만둔

---

320 John le Carré(1931~2020). 영국의 소설가로 본명은 데이비드 존 무어 콘월David John Moore Cornwell 이다. 『추운 나라에서 돌아온 스파이 The Spy Who Came in from the Cold』 등으로 잘 알려져 있다. 한국 어판은 열린책들, 2005. – 역자 주.

것이 잘못이었을까요. 열흘쯤 전부터 팔이 너무 아파서 아침에 세수도 못 했던 날이 있었는데 추워서 그랬을 뿐이라고 태평하게 여겼습니다. 7~8년마다 이런 통증을 경험하고 있으면서도 학습력이 부족합니다. 그렇지만 움직일 수 없게 되고 나니 반신마비나 내장 기관의 병으로 고통과 싸우는 친구들을 생각하게 되었습니다.

- **2월 2일**

1월 26일의 도쿄 신문 석간 「물의 투시화법水の透視画法」이라는 연재 에세이에서 헨미 요 씨가 「리프레자」에 기고했던 제 하이쿠와 우에노 잇코[321] 씨의 평론을 다루어 주었습니다. 감사드립니다. "형벌이 아닌, 한 구句에 삶을 걸어라"는 말을 마음에 깊이 새기겠습니다.

- **2월 6일**

아사히 신문의 부고로 치카프 미에코[322]씨가 급성 골수성 백혈병으로 영면하셨음을 알게 되었습니다. 그녀와는 구시로 시 야요이 중학교釧路市弥生中学를 같이 다녔습니다. 중학교 시절에 딱히 친하지는 않았지만 제가 체포된 후 연락을 주었는데, 그때 그녀는 하치오지에 살고 있어서 몇 번씩이나 면회를 와 주었습니다. 그녀는 손수 제작한 아이누 문양의 자수가 들어간 보자기를 차입해 주었습니다. 삿포로에 간 후 건강 상태가 악화되어 입원한 것 같은데, 홋카이도 신문에서 부활했다는 보도를 접한 적이 있음에도 이렇게 되어 안타깝습니다. 그녀도 미련이 남았겠지요. 명복을 빕니다.

두 눈을 감은 / 올빼미 한 마리가 / 바람을 낳고

---

321 우에노 잇코上野一孝(1958~). 효고현 출신의 하이쿠 작가. 1975년『삼나무杉』지로 등단한 이후 이 잡지의 편집장을 거쳐 2005년 퇴임. - 역자 주.

322 치카프 미에코チカップ美恵子(1948~2010). 홋카이도 출신의 작가, 아이누 문양 자수가. '치카프チカップ'란 올빼미 눈을 가리키는 아이누 표현. 본명은 이가 미에코伊賀美恵子이다. - 역자 주.

- 2월 17일

　오전 중에 헨미 요 씨와 면회. 처음 얼굴을 마주했지만 편하게 이야기했습니다. 헨미 씨의 저작을 읽으며 그의 사진을 보고 왔기 때문일까요. 게다가 헨미 씨가 예전 도쿄 구치소 근처의 찻집에서 어머니와 종종 만난 적이 있었고, 어머니가 커피를 사 주셨다는 이야기에 편안함을 느꼈기 때문일까요. 어쨌든 추운 와중에 먼 곳에서 찾아와 주신 호의를 느꼈습니다. 아침 일찍 나오셨는데 몸 상태가 나빠지지 않았기를 빕니다. 하기야 제가 그의 건강을 걱정하기보다 오히려 그가 제 요통을 걱정해 주었습니다. 뇌경색으로 우반신이 마비된 데다가 대장암 수술로 입퇴원을 반복했으니 대단히 힘드셨겠지만 그럼에도 기력이 쇠하지 않았음은 대단한 일입니다. 건강에 유의하시고 건필을 휘두르시길 기원합니다.

- 3월 1일

　요통이 가라앉지 않아 주말부터는 일어설 수 없을 만큼 아픕니다. 밤에 요의를 느껴 일어서려고 하니 허리에 '전기'가 흐르는 듯한 찌릿함을 느꼈고, 화장실에서 일어서려고 해도 버틸 수가 없었습니다. 1월 이래 가장 격렬한 통증을 느꼈습니다. 재발한 거지요. 허리를 삐끗한 거라면 2~3일 정도 잔 후에는 격통이 사라지고 1주일 내에 원래의 생활로 돌아갈 수 있었지만 이번에는 분명히 상태가 다릅니다. 아픔이 오래갈 뿐만 아니라 아픈 느낌도 다릅니다. 진찰을 요구하고는 있지만 정형외과 의사가 없어서(외부의 의사가 1개월에 한 번 정도 회진을 옵니다) 방치된 상태입니다. 시간이 흐르면서 조금이라도 나아지면 좋겠지만 악화 일로라 적잖이 초조합니다.

- 3월 5일

　오전 중에 뢴트겐 사진을 찍은 후 가까스로 외과 의사에게 진찰을 받았습니다. 의사가 사진을 보더니 요추 중의 하나가 압박 골절로 망가져 있다고 합니다. 저도 사진을 보았는데, 문외한이 보아도 확실히 알 수 있을 정도로 심각했습니다. 1월에 이미 이렇게 되어 있었는지 '재발'했을 때 이렇게 된 것인지 지금으로서는 알 수 없습니다. 의사는 긴 세월에 걸쳐 조금씩 이렇게 되었을 가능성도 있다고 하지만 말이지요. 치료법 혹은 이 아픔이 언제 사라질지에 대해서는 정형외과 의사의 진단을 기다릴 수밖에 없습니다. 아무래도 부정적인 말투였습니다. 뼈가 부러진 이상 휠체어 신세를 질 수밖에 없겠지요. 원래 쓰던 것보다 더 강한 좌약식 진통제를 받아 써봤지만 격통이 가라앉지 않습니다. 제 자신의 몸이라 곤란하기 이를 데 없습니다.

• 3월 10일

밤중에 화장실을 가기가 힘들어 8일부터 요강을 쓰고 있습니다. 화장실까지 가도 그곳에서 일어서기가 힘든 데다가 일어선다 해도 격통이 닥쳐오기도 합니다. 하지만 요강을 쓰면서 꽤 편해졌습니다. 그리고 소변을 보는 횟수가 두 번 정도로, 즉 반 이하로 줄어들었습니다. 심리적으로 안정되었기 때문이겠지요. 지난주부터 방 바깥으로 나갈 때는 휠체어에 의지하고 있습니다. 또 물건을 받을 때 누웠다가 바로 일어날 수 없어서 직원이 문을 열어 주는데, 이런 입장이 되니 친절한 사람과 그렇지 않은 사람의 차이를 강하게 느낍니다. 건강할 때는 그런 걸 전혀 몰랐지요. 이런 이야기를 쓰는 것은 불친절한 직원을 비판하기 위해서가 아니라 입장을 바꾸어 제가 직원이라면 친절하게 대할 수 있을까를 생각하고 있기 때문입니다.

• 3월 12일

오후 늦게부터 병동으로 들어가게 되었습니다. 그 정도로 상태가 좋지 않다고 판단한 것이겠지요. 지금은 병동에서 안정을 취하는 것 이외에 치료를 받지 않고 있어도(저린 곳을 완화시켜 주는 약이 새롭게 추가되었지만) 의사의 진찰을 받기 쉽고 검사도 쉽기 때문일까요. 병실은 원래 방보다 배로 넓은데(다다미는 세 장 정도 넓이밖에 되지 않지만 그 외의 바닥이 넓습니다) 외과용 병실이라 치료 기구들을 놓기 위한 공간이겠지요. 지금까지 있던 방은 손을 뻗으면 대부분의 물건에 닿았고 벽에 기대어 걸을 수도 있었지만 이번에는 조금 궁리(?)를 할 필요가 있습니다. 놀란 것은 병실의 넓이가 아니라 온기 때문입니다. 전에 있던 곳과는 10도 정도 차이가 납니다. 잠옷만 입어도 춥지 않습니다. 이불을 덮으면 더워서 땀으로 흠뻑 젖게 됩니다. 무거운 이불이 괴로웠던 만큼 조금은 편해질 것 같습니다(밤에도 모포만 덮으면 되기 때문입니다). 또, 제게 당장 필요한 필기구나 책, 옷 등만이 옮겨질 예정이었는데 모든 것이 옮겨지게 되었습니다. 외견상이지만 방을 일시적으로 옮기는 것이 아니라 영구적으로 방을 바꾸게 되었습니다. 의사는 "죽은 사람처럼 처져 있지 않도록" 하라는데, 혹여 그럴 가능성이 있다고 보는 걸까요. 어쨌든 회복되기를 바랄 뿐입니다.

봄 새싹이여 / 사망 통지서처럼 / 병동에 들어

- 3월 14일

병동은 휴양을 위한 곳이기 때문에 오후(2시 45분까지)에는 필기와 독서가 금지되어 있습니다. 밤에는 일찍 자야 해서(잠이 안 와도 누워 있어야 합니다) 펜을 쥐는 것은 오전과 저녁뿐이지요. 그뿐만이 아니라 동작이 건강한 사람보다 굼뜨거나 늦어서 세 배 혹은 네 배 걸리기 때문에 긴 글을 쓸 수 없습니다. 책이나 팸플릿을 훑어보는 일도 어렵기에 당분간은 여러 방면에서 의리를 지킬 수 없다는 점에 양해를 바랍니다.

- 3월 31일

마유미 씨로부터 온 소식에 따르면, 미야기 형무소에 있는 마루오카 씨[323]의 건강

---

323 마루오카 오사무丸岡修(1950~2011). 도쿠시마현 출신의 활동가. 중학교 시기까지는 우익 소년으로 자위관을 꿈꾸어 왔지만 고등학교 입학 후 베트남 전쟁에 의문을 품고 좌익 계열의 운동에 참가하게 되었다. 1972년 일본을 빠져나와 아랍 게릴라들에게 군사 훈련을 받았고, 적군파 멤버로서 1973년 일본 항공 납치 사건과 1977년 일본 항공 472편 납치 사건(일명 '다카 납치 사건')을 일으켰다. 그는 곧 국제 수배되었고, 1987년 일본 도쿄에서 위조 여권을 사용하다가 체포되었다. 2000년 무기 징역이 확정되어 미야기 형무소에 복역하게 되었고 2011년 하치오지 의료 형무소에서 심장병으로 사망했다. – 역자 주.

이 좋지 않아 산소 호흡을 계속하고 있다고 합니다. 괜찮냐고 물으면 "괜찮다"고 답하지만 적잖게 지쳤다고 솔직하게 이야기도 한다는데, 그럴 것 같습니다. 저 자신도 병동에 수용되어 고통에 신음하고 있기에 힘내라고 하기가 어렵습니다. 어떻게든 조금이라도 상태가 나아지기를 기원합니다. 또 마유미 씨는 "시간이 약"이라고도 썼는데, 그랬으면 좋겠습니다. 그 말을 격려로 삼고 있습니다.

- 4월 13일

헨미 요 씨로부터 시문집 『잘린 목』[324]을 받았습니다. 감사합니다. 「인사挨拶」라는 제목의 시는 저라고 생각되는 망령 같은 남자와의 면회기로, 꿈과 현실이 뒤섞인 수수께끼 같은 풍경이 그려지고 있습니다. 당사자였던 저도 그 면회가 어쩐지 헨미 씨가 그려 낸 것과 같았다고 생각합니다. 보이는 것을 뒤집어서 보는, 혹은 보이지 않는 것을 드러내는 시인의 상상력과 안목에 깊이 감동했습니다.

- 4월 14일

진통제를 써서(내복약 이외에도 강한 좌약 4정을 사용하고 있습니다) 격통은 잦아들었지만 골절의 원인이 다발성 골수종으로 의심되기에 가까운 시일 안에 확정 검사를 받게 되었습니다. 혈액 검사로 볼 때 거의 확실해 보이지만 만일을 위해서겠지요. 다발성 골수종이란 뼈의 암이기 때문에 점점 쉽지 않아지고 있습니다. 그렇다고는 해도 낙심하지는 않습니다. 어디까지나 앞을 보면서 견디고 있기 때문입니다. 어쨌든 그런 연유로 편지를 보내는 것도 면회도 종전과 같지는 않겠지만 잘 부탁드리겠습니다.

---

324 辺見庸, 『生首』, 毎日新聞社, 2010.

- 4월 17일

  새벽녘에 추워서 잠에 들지 못하고 소변을 보며 밖을 바라보니 완전한 순백이었습니다. 4월의 이 시기에 눈이 온다니 놀라지 않을 수 없습니다. 그런데 4월의 이런 기후는 병자에게 영향을 끼치고 있습니다. 입원 전부터 거의 기절 상태였기 때문에 배도 고프지 않았고 약효도 있어서, 식사량이 건강했을 때의 50~60퍼센트 정도가 되었습니다. 의사와 간호사가 먹고 남긴 것을 보고 놀랄 정도였습니다. 원래 말랐지만 최근에는 더욱 바싹 말라 버려 누워 있어도 뼈가 아픕니다. 추워서 이불을 덮고 있는데 그 무게로 인해 한층 더 심합니다. 밤에 잠들지 못하는 것은 환부의 통증 외에도 이런 뼈의 통증 때문입니다.

  통지를 받고 / 삐걱대는 뼈 같은 / 봄날의 서리

- 4월 26일

  결론부터 말씀드리자면 '다발성 골수종'이라고 합니다. 근거는 "형질 세포가 65.6퍼센트다. 통상 10퍼센트이기 때문에 이는 명백히 높은 수치이다. 암의 진행도를 측정하는 듀리-새먼[325]은 3단계 중 '1'이지만, ISS로 보면 3단계 중 '2'다. 혈액 검사에서 단백질의 IgG가 4그램으로 증가했다. 보통 1.5 정도이기 때문에 이 역시 높은 수치이다. 이상을 통해 종합적으로 판단했다"라는 진단입니다. 의무부장은 "항암제 치료를 하는 것이 좋겠습니다. 다만 강제하지는 않으니 답변을 기다리겠습니다"라고 했습니다. 4일간 복용하고 한 달 쉬고 다시 4일간 복용하는 사이클로 상태를 보는 듯합니다.[326] 저로서는 치료를 받겠다고 마음먹은 이상 의무부장의 판단을 따르려고 합니다. 그리고 도쿄 구치소에는 골수종 전문의가 없기 때문에 외부 전문

---

325 Durie-Salmon criteria. 국제 병기 분류 체계International staging system, ISS 및 개정 국제 병기 분류 체계R-ISS가 쓰이기 전에 많이 사용되던 다발성 골수종의 병기病期 기준. - 역자 주.

326 'MP요법'이라 불리는, 이전부터 가장 많이 사용되는 1차 치료의 표준적인 요법. M: 알케란 정Alkeran Tab., 별명인 멜팔란Melphalan의 M에서 온 것으로 항암제. P: 프레드니솔론 정Prednisolone Tab., 스테로이드제. - 원주

의와 상담해서 치료를 진행하고자 합니다. 앞서 언급했던 두 종류의 약도 그 결과로 나온 것이지요.

- 5월 13일

항암제 복용 첫 번째 사이클이 종료되었습니다. 사흘째부터 병변부인 허리와 등의 통증이 강해졌는데 항암제의 영향이었을까요. 그 외에도 첫날부터 코가 근질거리고 콧물이 계속 흐르며 눈도 까끌까끌한 걸 보니 역시 먼지에 민감해진 것이겠지요. 코가 근질근질한 것은 재채기로 이어지기 때문에 또 골절될까 걱정입니다. 그밖에도 나른함이 느껴집니다. 하지만 영향은 약을 복용한 후, 즉 이제부터 나타날 것 같아서 '끝났다'고 안심하지 않도록 각오하고 있습니다.

- 6월 2일

5월 28일의 혈액 검사 결과는 다음과 같습니다. 백혈구 2,500, 적혈구 365만, 혈소판 26.4만, 헤모글로빈 11.9. 백혈구의 기준치는 3,700~9,700이고 지난번에는 3,600이었기 때문에 확실히 줄어들었습니다. BUN(Blood Urea Nitrogen, 혈중 요소 질소) 8.3, 크레아티닌Creatinine 0.7. 신장 기능은 수분 보급에 신경을 쓰고 있기에 문제가 없는 것 같습니다. ALP 374, ALP란 간장과 뼈의 상태를 보여 주는 것으로 5월 18일보다 조금 늘었습니다. 하지만 골절의 고통이 엄청났을 때는 좀 더 수치가 나빴을 테니 지금이 더 안정되어 있다는 것이겠지요. 무엇보다도 중요한 것은 아직 뼈가 부러지기 쉬운 상태라는 점입니다. GOT 16, GPT 20, γGTP 40[327]. 다음에 검사할 때 두 번째 사이클이 언제가 될지 결정할 것 같은데, 어쨌든 잘 먹고 체력을 길러야겠다고 다짐하고 있습니다.

---

327 GOT(Glutamic Oxaloacetic Transaminase), GPT(Glutamic Pyruvic Transaminase), γGTP(γ-glutamyltransferase). 일반적으로 간 기능을 측정하는 데 사용되는 기준이다. - 역자 주.

- 6월 4일

  오후에 마유미 씨와 유아사 씨, 마사쿠니 씨와 면회를 가졌습니다. 예정대로라면 항암제 복용의 두 번째 사이클이 6월 7일(월)에 시작되기 때문에 그 전에 보자는 걸까요. 실은 아침에 채혈을 했던 결과 백혈구 수가 2,600이어서 상태가 나빠 보였기 때문에 1주일 연기하자는 고지를 받았습니다. 백혈구 수 3,000을 목표로 하고 있기 때문입니다. 모포 한 장이 무겁고(!) 잠을 잘 못 잔다고 하니 얇은 타월 이불과 가벼운 모포를 차입해 주었습니다. 또 강아지의 사진집도요. 히라노 씨가 보낸 것이지요. 감사합니다.

- 6월 11일

  아침에 채혈했습니다. 백혈구가 늘어나지 않고 오히려 저번보다 적은 2,500이 되었음은 여전히 제 건강이 회복되지 않았다는 뜻이기에, 두 번째 사이클은 다시 1주일 연기되었습니다(예정대로라면 6월 14일부터였습니다). 6월 18일에 다시 채혈을 하는데, 그때는 백혈구 수가 늘지 않더라도 항암제 복용량을 줄여서 두 번째 사이클을 실시한다고 합니다. 계속 연기만 하면 항암제 효과에 문제가 생길 수 있다는 것이겠지요.

  간호사에게 / 읍소하는 목소리 / 장마에 들다

- 6월 18일

  아침에 채혈을 했습니다. 두 번째 사이클이 언제 시작될지는 이번 채혈에 달려 있습니다. 오후에 의무부장이 채혈 결과를 알려 줬습니다. 그는 백혈구 수가 3,600으로 늘어났기 때문에 다음 주 일요일에 두 번째 사이클을 시작하겠다고 했습니다. 그런데 첫 번째 사이클이 끝나고 제 몸 상태가 계속 나빴기에(그것 때문에 결국 두 번째 사이클이 연기되었지요) 이번에는 항암제 알케란을 하루 6정에서 5정으로 줄인다고 합니다. 프레드니솔론은 변함없이 하루 12정. 백혈구 수는 1주일 전에 있었던 저번 채혈보다도 1,100이 늘어나 거의 기준치에 가까워졌다는 말을 듣고 놀랐습니다. 실은 체온을 쟀을 때 36.8도(혹은 36.9도)가 계속되어서 미열이 그치지 않았는데 어제와 오늘 36.6도로 내려갔습니다. 건강을 되찾고 있음이 백혈구 수로 나타나고 있는 걸까요. 두 번째 사이클 이후 또 건강이 나빠질 것 같으니 잠깐뿐이겠지만요.

• 7월 3일

밤중에 상태가 나빠져서 아침에 일어나는 데 상당히 노력을 해야 했습니다. 열이 나는 것 같아 체온을 재 보니(토요일은 전원 체온 측정이 없는 날이라 담당 직원에게 빌린 것이지만) 37.7도였습니다. 힘들었던 게 당연합니다. 부작용의 영향보다는(항암제를 복용하면 환부에 염증성 열이 납니다) 방이 차서 감기에 걸린 것일지도 모릅니다. 대낮에는 운동복을 겹쳐 입고 밤에는 모포를 겹쳐 덮어서 춥지 않도록 하는데도 어째서 이렇게 되어 버린 걸까요.

눈꺼풀 위로 / 무성하고 우거진 / 빛줄기 스쳐

• 7월 21일

어젯밤 너무 추워서 큰일이라고 생각했는데, 아니나 다를까 아침에 체온을 잴 때 38.3도였습니다. 어제는 일요일에 하는 교대 목욕일이었는데, 추워지면 안 되겠다는 생각에 머리를 감지 않았습니다. 게다가 침구는 세 장을 덮었고 환기구도 닫지 않은 채 바깥의 온기가 들어오도록 했습니다. 그래도 열이 나고 만 것이지요. 회진을 돌던 의사는 "감기가 아니라 병(그는 사려가 깊어 암이라고 하지는 않았습니다)으로 인한 염증성 열 같습니다"라고 했습니다. 종일 누워 있었네요. 오늘 목욕은 하지 않았습니다.

- 8월 2일

   세 번째 사이클이 시작됩니다. 아침부터 항암제를 먹었고, 체온은 36.9도였습니다. 허리가 너무 아팠기에 아침 회진 때 그 얘기를 했더니 오전 중에 뢴트겐 촬영을 했습니다. 오후에 의무부장으로부터 새롭게 제3요추에도 압박 골절이 생겼다는 설명을 들었습니다(이전에는 제2요추). 비전문가인 저는 사진을 봐도 잘 알 수 없었지만 분명히 모양이 변한 것 같았습니다. 의무부장은 "병이 악화되고 있다고 보지는 않는다"고 했는데, 그 말인즉 암이 전이된 것은 아니라는 뜻이겠지요. 첫 압박 골절의 아픔이 상당히 가셔서 이대로 회복되나 싶었는데 쉽지 않았습니다. 이것이 다발성 골수종이라는 병이겠지요. 다발성 골수종에 대해서는 질릴 정도로 자료를 읽었기 때문에 '생각했던 대로'라고 말할 수도 있겠습니다. 맥이 풀리거나 의지를 잃지는 않았어요. 저번 통증의 원인을 알았기 때문에 다행이기도 하고, 아무튼 뼈가 약해졌다는 것을 알아서 다행이라고 생각하기 때문입니다. 또 제가 통증에 둔감해서 그런지도 모르겠지만, 뼈가 부러졌다는 생각은 안 들 정도의 통증입니다.

- 8월 7일

   간 나오토의 핵 억지력 발언은 무엇인가요. 라디오 뉴스를 듣고 대체 무슨 생각을 하는 건가 싶어서 아픈 허리도 잊은 채 벌떡 일어났습니다.

   장애인에 대한 폭언이나 압박이 보도되던데 아직도 이런 일이 많이 일어나는 모양입니다. 저번 면회 때 면회실로 데려가던 젊은 직원이 저에게 휠체어를 줄 테니 자기 힘으로 움직이라고 했습니다. 그것도 세 번이나요. 저는 부축받는 게 당연하다는 태도를 취하지는 않는 데다가, 그 또한 제 몸 상태를 당연히 알고 있었겠지만요. 튼튼하고 젊은 사람이었기 때문에 병에 걸린 사람을 헤아릴 수 없었던 것이겠지요. 수감실 담당자나 야근 담당자는 잘해 줍니다. 그런 젊은이와 만난 것만으로 사회의 사정을 쉽게 알 수 있을 것 같습니다.

- 8월 13일

아침에 36.6도였습니다. 부작용은 심하다고 하면 심하지만 괜찮습니다.

접수처로부터 열아홉 살 학생 K·미나미 씨의 차입을 받았습니다. 감사합니다. "책의 독자"라고 쓰여 있는데, 마쓰시타 선생의 책인가요? 혹은 「기타코부시」? 젊은 사람과는 딱히 인연이 없었기에 기쁘면서도 놀랍습니다.

- 8월 16일

오늘 아침에는 36.7도였습니다. 13일 혈액 검사에서는 백혈구 수치가 3,800이었습니다. 그리고 체온이 정상에 가까워서 세 번째 사이클의 부작용도 아직 괜찮습니다. 식사도 잘하고 있습니다.

며칠 전 아사히 신문에 소아암에 걸린 아이들이 홋카이도에서 캠핑을 했다는 보도가 있었습니다. 소아암은 진행이 빠른 데다가 백혈구의 경우, 만성은 약으로 치료할 수 있어도 급성은 치료가 곤란하다고 합니다. 암의 치료법이 진보하고 있다고는 하지만 소아암이야말로 꼭 나았으면 합니다. 저 자신이 부작용을 체험하고 있기에 아이들에게 이 고통을 어떻게든 줄여 주고 싶습니다. 그런 고통을 견딘 아이들이 건강해져서 사회로 돌아갈 수 있도록 기원합니다.

- 8월 18일

연자 씨가 「히다고보ひだご坊」에 「슬픔의 힘悲しみの力」이라는 글을 보냈는데, "슬픔에 공감하는 것이야말로 사랑이라고 생각한다"고 되어 있습니다. 동감합니다. 일

본인 군인의 죽음만을 슬퍼하며 야스쿠니 신사에 참배하는 사람들을 생각하게 되었습니다.

- 8월 30일

미쓰비시 중공업 폭파로부터 37년이 지났습니다. 피해자, 그리고 관계자분들께 마음 깊이 사죄합니다. 옥중에서의 나날, 특히 항암제 치료 중인 병상에서의 나날은 피해자분들을 생각하는 시간입니다. 깊이 자기 자신을 비판합니다.

- 9월 3일

아침에는 36.3도였습니다. 오늘은 백혈구 검사가 있기에 채혈은 한 번만 합니다.

저는 신문과 팸플릿이 검열되거나 불쾌한 일을 당해 직원과 언쟁을 벌인 일들만 편지에 적습니다. 그것을 읽는 사람은 도쿄 구치소의 직원 모두가 불친절하고 불쾌한 짓만 한다고 생각할지도 모릅니다. 그러한 직원이 있는 것은 사실이지만, 이는 사회에도 그러한 사람들이 있는 것과 마찬가지입니다. 또 직원이 옥살이를 하는 사람과 친밀한 관계를 갖는 것은 금지되어 있기도 하고, 특히 사형수나 공안범과의 접촉을 신경 쓰고 있는 모양이라 저와의 교류가 어색할 수밖에 없음은 당연할지도 모르겠습니다. 친절한 직원도 많고, 제가 고맙게 생각하는 일도 적지 않지만 편지 등에 그런 내용을 쓰면 해당 직원에게 폐를 끼칠 수 있기 때문에(간부에게 추궁당한다든가) 묵혀 두고 있습니다.

- 9월 10일

아침에 36.8도. 오후에는 의무부장과 구치소장, 수간호사, 담당자가 찾아왔습니다. 오늘 아침 채혈 결과 백혈구가 2,300으로 떨어졌지만 세 번째 사이클도 이미 6

주차가 되었기 때문에 다음 주부터 네 번째 사이클을 시작하겠다고 했습니다. 또 항암제 알케란을 6정에서 5정으로 줄이고 스테로이드제인 프레드니솔론 12정을 식후 4정씩이 아니라 아침, 낮 6정씩으로 나누어 복용하라고 했습니다. 그리고 백혈구를 늘린다는 주사를 맞았습니다(피하 주사). 다음 주 월요일에 재차 채혈을 할 텐데 과연 백혈구가 늘고는 있는 걸까요. 세 번째 사이클은 배가 아픈 것 외에는 발열도 없어서 몸은 편했지만 이번 주 들어 열이 나고 나른함도 강해졌습니다. 항암제의 부작용은 예측할 수 없는 모습을 띠고 있습니다.

암과 싸우다 / 선잠에 빠져 버린 / 길고도 긴 밤

- 9월 13일

항암제 복용의 네 번째 사이클이 시작되었습니다. 아침 7시가 넘어 알케란 5정, 아침을 먹은 후 프레드니솔론 6정을 복용했습니다. 오전 일찌감치 코가 근질근질하고 눈이 침침해지는 등 먼지에 민감해졌고 첫날부터 상당히 나른합니다. 몸 상태가 돌아오지 않은 채로 시작해서일까요. 주말에 배 속 상태가 괜찮아서 건강이 돌아온 것 같았지만 도로아미타불입니다. 센 약이니(스테로이드제 프레드니솔론은 어찌나 쓰던지) 어쩔 수 없는 일이겠지요. 그만큼 느긋하게 생각하고자 합니다. 아침에 잰 체온은 36.6도였습니다.

- 9월 27일

중국의 강경한 자세[328]는 과거 침략국이었던 '소일본小日本'에 대한 특별한 반일 감정 때문이 아닌가 생각합니다. 혹은 내부 정치를 위해서일지도 모르고요. 하지만

---

328 2010년 9월 7일 센카쿠 열도(중국명 댜오위다오)에서 일어난 중국 어선과 일본 해상보안청 간의 충돌 사고, 그리고 이에 대한 중국의 후속 조치를 가리킨다. 중국 어선과 일본 순시선이 충돌하여 어선 두 척이 파손되었고 어선 선장이 체포되어 일본에 구류되었는데, 중국 정부는 "댜오위다오는 중국 고유의 영토"임을 내세우며 선장의 석방을 요구하였다. 일본 정부가 거절하자 중국 정부는 주중 일본 대사를 소환하고 보복 조치를 감행했으며, 얼마 지나지 않아 선장은 석방되어 본국으로 귀국했다. - 역자 주.

남사 군도[329]를 둘러싸고 베트남, 필리핀 등과 벌이는 알력의 연장선상에 있겠지요. 중국은 군사뿐만 아니라 경제적으로도 미국과 어깨를 나란히 하고 있기에 내셔널리즘 우선 사상을 넘어섰으면 합니다.

· 10월 4일

아침 36.7도. 권태감이 강합니다. 병상에서 일어나 환기구를 열었더니 만리향桂 향기가 났습니다. 지난주에도 한순간 느꼈는데 확인을 해 보고 싶어 강하게 숨을 들이쉬니 알 수 없게 되었습니다. 그래도 오늘 아침에는 분명히 만리향 향기를 맡았습니다. 작년에는 10월 8일쯤이었는데 조금 빠른 듯합니다.

· 10월 6일

K·미나미 씨가 「기타코부시」에 등장하리라곤 전혀 생각지 못했습니다(기쁘고 놀랍다는 이야기입니다). 표지의 일러스트는 프로 뺨치는 실력인데, 미술 대학 학생일까요? 일러스트의 의미를 생각하고 있자니 잠을 설치게 되었습니다!

다발성 신경 섬유종증이라는 오사카의 O 씨는 두 달마다 수술인가요? 큰일이네요. 좋아지시길 빕니다.

· 10월 14일

아침 36.6도. 여전히 습진이 있지만 백혈구는 늘어나지 않는 것 같은데, 뭐 원래 이런 것일까요. 칠레의 광산에서 33명 전원이 구출되었군요.[330] 일본 신문까지 1면

---

329 南沙群島(베트남명 Quần đảo Trường Sa). 영문명은 'Spratly Islands'이며 남중국해의 중부에 위치하는 약 30개의 작은 섬과 400개 이상의 암초·환초군. - 역자 주.

330 2010년 8월 6일, 칠레 산호세 구리 광산 붕괴 사고로 지하 700미터 지점에 매몰된 33명의 광부와 운전사, 조수가 10월 13일 전원 구조되었던 일을 가리킨다. - 역자 주.

톱으로 보도하는 것은 그만큼 밝은 뉴스가 없기 때문이겠지요. 칠레는 광산이 많은 나라임에도 광부의 대우나 노동 환경이 너무 열악했던 것은 아닌지요. 이번 일을 계기로 그러한 것들을 개선해야만 합니다.

- **10월 18일**

아침 36.6도. 몸 상태는 딱히 나쁘지 않습니다. 다만 움직이면 금세 숨이 차고 습진도 생기는 걸 보니 백혈구가 적어진 것 같습니다. 이전을 생각해 볼 때 이 정도 상태라면 백혈구가 좀 더 있어야겠지만 항암제를 계속 복용해서 백혈구 증가가 비교적 둔화된 것이 아닌가 합니다. 항암제는 암세포뿐 아니라 건강한 세포도 공격합니다. 제 경우라면 혈액을 만드는 골수를 공격하는 것이지요. 그래서 백혈구가 그다지 늘지 않는다고 할 수 있겠습니다. 혈액 검사에서 빈혈 기운이라는 이야기를 계속 듣는데, 이것도 다발성 골수종 때문에 피를 만드는 기능이 손상을 입었거니와 지금은 항암제도 사용하기 때문에 더욱 그럴 겁니다.

오후에 직원이 밀걸레질 등의 청소를 해 주었습니다.

- **10월 22일**

아침 36.3도. 오늘 아침 채혈한 결과 백혈구는 2,300으로 내려갔고 이대로라면 다음 주부터 시작되는 다섯 번째 사이클을 실시할 수 없어서 백혈구를 늘리는 주사를 맞았습니다(점심 식사 후). 오후에 의무부장, 구장, 수간호사, 담당 등이 방에 왔습니다. 다음 주부터 다섯 번째 사이클을 시작하겠다고 고지했습니다. 의무부장은 회진에서 저를 보고 3,000 이상은 되겠다고 생각했는데 유감이라고 했습니다. 지금 하고 있는 치료는 해를 넘길 듯합니다.

오전 중에 마사쿠니 씨와 면회를 가졌습니다. 도시아키 군의 건강이 좋지 않음을 알게 되었습니다. 반신마비로 언어 장애가 있는 것 같다고 하더군요. 이전부터 글을 잘 쓸 수 없게 되었다고 호소하기도 했고, 진찰을 받긴 한 것 같은데 고혈압 치료는 받았는지 모르겠습니다. 진찰이 건성은 아니었는지요. 올해 들어 제가 병상에 누워 있다 보니 그가 고군분투하느라 심신에 무리가 갔던 걸까요. 이제부터는 치료에 전념해 주길 바랍니다. 그렇다고 해도 반신마비라면 감옥 생활이 대단히 어려워지겠지요. 제가 그의 몫까지 대신할 수 있으면 좋겠습니다.

친우의 아픔 / 달도 보이지 않는 / 바람 거세고

- ## 10월 25일
  다섯 번째 사이클이 시작됩니다. 아침에는 36.1도였지요. 오늘 아침 채혈을 해 보니 백혈구가 4,100이었습니다. 22일의 2,300보다 대폭 늘어났지만 백혈구 증가 주사를 맞았기 때문입니다. 인위적이라고 할까, 약으로 늘어난 것이라 체감상 4,100 같지는 않습니다.

  도시아키 군을 생각하니 주말 동안 잠을 잘 수 없었습니다. 저는 우선 제 자신의 병을 치료하는 데 전념해야 하는데, 다발성 골수종 때문에 건강했을 때처럼 움직일 수 없어서 그가 염려될 수밖에 없습니다.

- ## 10월 26일
  다섯 번째 사이클 2일차. 아침에는 36.3도. 항암제의 영향으로 첫날부터 먼지에 민감해져서 어제는 점심이 지나고 코가 근질거리면서 눈이 까끌까끌(?)해졌습니다. 마스크를 하고 잤네요. 오늘 아침은 플래시 증상[331]이 나타나 얼굴이 달아오르

---

331 핫 플래시Hot flash 혹은 갱년기 열감이라고도 한다. 얼굴이 갑자기 빨갛게 달아오르다가 전신으로 퍼지기도 하며, 심장 박동 수가 늘어나고 식은땀을 흘리기도 한다. - 역자 주.

고 상기되었습니다. 오전에 홍조가 사라졌지만 약이 강하다는 것을 다시 한번 실감했습니다.

2010년 〈같이 울려 퍼뜨리자 사형 폐지의 목소리〉의 응모 작품을 봤습니다. 회화 작품은 축소되어 있고 단색이라서(원래는 채색된 것이겠지요) 감상은 잠시 접어 두겠지만, 짧은 시 중에서 교노 완코[332] 씨의 단가와 하이쿠는 단연 빼어났습니다. 하이쿠에 상투적인 표현도 있었지만 구체적인 사물이나 사건을 통해 심정을 그리고 있어 훌륭합니다. 단가와 하이쿠를 짓는 사람들의 본보기가 될 수 있다고 해도 좋겠지요.

• 11월 11일

아침 36.2도, 맥박 수 74. 어제부터 또 배 속이 좋지 않습니다. 게다가 심각한 불면증으로 이번 주부터는 말 그대로 잠을 잘 수 없었습니다. 다섯 번째 사이클의 3주차이기 때문에 부작용의 밑바닥이겠지요.

• 11월 15일

K·미나미 씨로부터 차입이 있었습니다. 감사합니다. 10엔이라든지 100엔처럼 딱 떨어지지 않고 어중간한 금액이라, 이해하는 데 잠깐 시간이 걸렸지만 의미(39엔 차입은 'Thank you'를 의미한다던가요)[333]를 알게 된 것이지요. 재미있어서 크게 웃었습니다. 미나미 씨는 멋을 아는 사람 같습니다.

---

332 교노 완코響野湾子(1955~2019). 이는 필명으로, 본명은 쇼지 고이치庄子幸一이다. 2001년 가나가와현 야마토 시大和市에서 주부 두 명을 살해하여 사형이 언도되었고 2019년 8월 2일에 사형이 집행되었다. 그의 사형은 레이와 시대 최초의 사형 집행으로 논란을 일으키기도 했다. ─ 역자 주.

333 '39'를 각각 읽을 경우 'San-kyū', 즉 일본어식 영어의 'サンキュー(Thank you)'와 동일하게 읽을 수 있다. ─ 역자 주.

- 11월 18일

　아침 36.2도, 맥박 수 72. 요코하마 지방재판소의 재판에서 처음으로 사형 판결이 나왔습니다. 재판장이 공소를 권유한 것 같은데, 배심원의 판단이 나뉘었기 때문이었겠지요[334]. 반대해도 다수결로 사형이 내려진다는 것은 너무 끔찍한 이야기입니다. 저는 피고의 자세와 말에 주목했는데, 원래는 검사의 피고인 비판과 도발적인 규탄에 반발한 게 아니었을까요. 제 경우에는 검사뿐만 아니라 재판관까지 명백한 도발과 비판을 했기 때문에 시종일관 그들에게 반발했습니다. 이번 피고에게 좀 더 시간이 있다면, 그가 한 말의 진짜 의미와 자세의 변화가 사형을 지지한 배심원에게 전해졌을 수도 있지 않을까요.

- 11월 23일

　아사히 신문 석간의 「말로 전해 가는 전장 ③」에 중국의 시인 천후이[335]를 다루고 있습니다. 중일 전쟁이 한창일 때 항일 활동을 했던 천후이의 시 「한 명의 일본군 병사一个日本兵」는 전사한 일본군 병사를 통해 그 병사의 고향에 있는 어머니를 그리고 있는데, 침략자와 저항자 간의 장벽과 국경을 넘어서는 대단한 작품입니다. 뒤집어 보자면 당시의 일본 시인은 대체 무슨 시를 쓰고 있었던 걸까요. 군부와 황실에 굴복하는 것밖에 없었던가요.

- 11월 25일

　아침 36.3도, 맥박 수 72. 어제 검사에서 허리에 새로운 골절은 없었습니다. 북한의 포격[336]에 대해 간 나오토 정부는 조선 학교의 고교 무상화를 뒤로 미루겠다고

---

334 일본에서는 2004년 5월 21일에 「배심원이 참가하는 형사재판에 관한 법률」이 성립하여 2009년부터 배심원 제도를 도입하였다. – 역자 주.

335 천후이陳輝(1920~1945). 중국 후난 성 출신의 시인. 본명은 우성후이吳盛輝. 1937년 중국 공산당에 입당했고 대학을 졸업한 후 기자 생활과 당 활동을 하며 시를 썼다. 시는 주로 항일 운동을 다루었다. – 역자 주.

336 2011년 11월 23일 북한이 한국의 대연평도에 포격을 가한 사건. – 역자 주.

하고 있습니다. 재일 조선인, 특히 그 자제들과 포격이 대체 어떻게 묶이는 걸까요. 무슨 생각을 하는 걸까요.

- **11월 26일**

아침 36.1도, 맥박 수 78. 아침 회진 때 의무부장이 허리에 골절은 없지만 갈비뼈 두 군데에서 부러진 흔적을 발견했다고 했습니다. 여기 들어올 때는 없었다고 합니다. 등 오른쪽 중간 부분의 골절은 여기 온 지 얼마 되지 않았을 때 생긴 것 같습니다. 일어날 때 신음이 나고, 진통제 좌약을 네 알씩 복용해도 아팠던 것은 갈비뼈의 골절도 있었기 때문이겠지요. 왼쪽 앞의 골절은 9월이었던 것 같습니다. 9월 들어 왼쪽 갈비뼈가 아파 살로메틸을 계속 발라 주었습니다. 잘 때에는 작게 접은 셔츠 등을 대주었습니다. 근육통이라고 생각해서 한 달 정도 계속했는데 골절이었던 모양입니다.

센다이 지방재판소의 재판에서 배심원 제도 도입 이래 처음으로 소년에게 사형 판결이 내려졌는데, 배심원이 사형 판결을 내렸을 때의 고뇌가 보도되었더군요. 그렇지만 아무래도 '굽어보는 시선'이라 기분이 나쁩니다. 사형 폐지 입장인 사람이 배심원으로부터 배제되어 있다는 걸 알고는 있지만, 고뇌라고 말하고 싶다면 왜 사형 제도 자체에 대해서는 의문을 품지 않는 걸까요.

- **12월 6일**

여섯 번째 사이클이 시작됩니다. 아침에는 36.3도였지요. 춥기 때문인지 공기가 건조하기 때문인지 목구멍이 말라붙어서 갈색 가래가 나옵니다. 백혈구가 적기 때문에 신경을 쓰고 있긴 하지만 마스크를 벗기도 하니, 세균이 침투한 건 아닐까요.

- 12월 7일

  아침 36도, 맥박 수 72. 일전에 현재의 항암제 치료가 몇 사이클까지 계속되는지 물어봤는데 아침 회진 시에 의무부장이 "연초에 외부 전문의와 상담해서 결정하겠습니다"라고 했습니다. 골수를 언제 재검사할지도요. 이전에 썼던 것처럼 저는 지금 받는 치료를 몇 사이클이라도 시도할 기개가 있지만, 골수의 상태가 어떻게 되어 있는지도 궁금하기 때문입니다.

  약을 먹을 정도로 / 지독한 겨울 / 다가왔어라

- 1월 8일

신문을 보니 항암제 이레사 소송[337]에서 재판소가 화해 권고를 했다고 하는군요. 항암에 사용되는 약이지만 약 8년간 800명 이상이 부작용으로 죽었고 살아남은 사람들도 부작용으로 큰 고통을 받고 있다고 합니다. 의사들 자신이 항암제를 투여받은 경험이 없다면 부작용에 대해서는 거의 신경을 쓰지 않고 그 고통에 대해서도 잘 모르는 듯합니다. 이레사를 승인한 후생노동성의 관료가 부작용에 대해 어디까지 고려했는가, 실로 의문스럽습니다.

모딜리아니 / 나부의 곁눈질과 / 겨울의 파리

- 1월 13일

아침 36.4도, 맥박 수 78. 오후에는 마사쿠니 씨와의 면회가 있었습니다. 오늘부터 도시아키 군은 병실이 아니라 면회실에서 면회를 할 수 있게 되었다고 합니다. 그렇다는 것은 친족 이외의 친구들과도 면회를 가질 수 있게 되었다는 이야기겠지요. 잘됐습니다. 얼마 전부터 신문도 보기 시작했다는 이야기를 들었는데, 면회소

---

337 항암 치료제 이레사의 부작용으로 인해 간질성 폐렴이 발병하여 사망한 사건이다. 이레사는 일본에서 신청 5개월 만에 승인을 얻었다. 이는 세계 최초이며, 이례적으로 빠른 예였다. 승인 후 2011년 9월에 이르기까지 834명이 간질성 폐렴으로 사망했다는 공식 발표가 있다. – 역자 주.

까지 행동 범위를 넓혔다는 것은 큰 전진입니다. 초조해하지 않아도 되니 착실하게 회복하기를 기원합니다.

와카 씨와 도쿠사부로得三郞 씨로부터 연하장(?)을 받는 것도 허가할 수 없다는 고지를 받았습니다. 연하장도 받을 수 없어 유감이지만, 두 분께 감사드립니다.

- 1월 18일

아침 36.2도, 맥박 수 84. 일본 변호사 연합회日弁連로부터 작년에 실시된 사형수의 처우와 상황에 대한 설문 조사의 회답을 받았습니다. 그것을 읽고 제가 쓴 책 『사형 확정 중』에 대한 가네즈카 사다후미[338] 씨의 평을 떠올렸습니다. 어느 고개에 히데요시(도요토미 히데요시)의 목숨을 노렸던 자가 머리만 남긴 채로 파묻혀 있었는데, 고개를 넘으려는 자는 톱으로 죄인의 목을 켜지 않고서는 지나갈 수 없었다나요. 죄인은 몇 사람의 손에 조금씩 머리가 잘려 고통받으며 죽는데, 가네즈카 씨는 그것이야말로 사형 제도의 적나라한 모습이 아닌가라고 말합니다. 국가가 법에 근거하여 사람을 죽인다는 것은 국가의 구성원인 한 사람 한 사람이 사형수의 목을 조금씩 톱으로 잘라 내는 것과 마찬가지라고요. 사형 제도를 존속시킴은 의식적으로든 무의식적으로든 톱을 켜는 일이겠지요.

- 1월 21일

아침 36.1도, 맥박 수 90. 해 질 녘에 이루어졌던 헨미 요 씨와의 면회에서 투병을 할 때 어떤 목표를 가지는 것이 좋은가라는 이야기가 나왔는데, 헨미 씨는 하이쿠 집을 만들어야 한다고 했습니다. 고마운 이야기지만 지금의 몸 상태로는 어렵기에 회복한 다음에나 시도해야겠다고 생각했습니다. 그런데 헨미 씨의 말은 지금부터

---

338 가네즈카 사다후미金塚貞文(1947~). 일본의 번역가이자 평론가. 와세다 대학을 중퇴했으며 주로 영어와 프랑스어 번역을 해 왔다. 1993년에 가라타니 고진의 주도로 마르크스의 『공산당 선언Manifest der Kommunistischen Partei』을 『공산주의자 선언』으로 번역한 바 있다. – 역자 주.

바로 시작하라는 것임을 알게 되었고, 그래서 제2집인『까마귀의 눈』이후의 하이쿠를 정리하기 시작했습니다. 하이쿠 잡지「무요」와 잡지「리프레자」에는 하이쿠만을 발표했기에 그중에서 고르면 되겠지만,「기타코부시」의 하이쿠는 일지와 겹치기에 최근 5년여간의 일지를 다시 읽게 되었습니다. 그곳에는 처형되어 버린 다나카 마사히로[339] 씨와 오카시타 가오루[340] 씨의 이야기도 있었는데(그들의 편지도 있었습니다) 안타까우면서도 숙연해졌습니다.

- 2월 4일

아침 36.5도, 맥박 수 72. 오늘 아침 채혈에서 백혈구 수치가 1,800이 나왔습니다. 병동에 들어와서 처음으로 2,000 아래로 떨어져 최저치를 갱신했습니다. 일곱 번째 사이클의 부작용이 그만큼 가혹하다는 것을 보여 주는 것 같습니다. 잘 수가 없고 습진도 난 데다가 구내염이 나아지질 않기 때문에 낮은 수치가 나오는 것 같습니다. 수치를 알려 준 사람이 비통한 표정을 지었기에 "괜찮아요"라고 오히려 제가 위로해 주었습니다.

추운 새벽녘 / 삐걱대는 지붕과 / 눈발 깊어라

- 2월 7일

연합적군의 나가타 히로코 씨[341]가 운명하셨다는 이야기를 들었습니다. 투병 중이었지만 무척 애쓴 셈이 아닐까요. 사형이 아니어서 다행입니다.

---

339 다나카 마사히로田中政弘(1965~2007). 도쿄와 가나가와, 가가와, 도쿠시마에서 살인 사건을 일으켰다는 용의로 체포되었다. 2007년 4월 27일 형이 집행되었다. – 역자 주.

340 오카시타 가오루岡下香(1946~2007). 도쿄 스기나미 구의 재력가 노부부 살해 사건을 일으켰다는 용의로 체포되었다. 2008년 4월 10일 형이 집행되었다. 사형 집행 당시 나이는 61세였다. – 역자 주.

341 나가타 히로코永田洋子(1945~2011). 신좌익 활동가이며 연합적군 중앙 위원회 부위원장을 맡았다. 1972년 체포되었고 1983년 사형이 언도, 2011년 2월 5일에 도쿄 구치소에서 뇌위축과 흡인 폐렴Aspiration pneumonia으로 옥사했다. – 역자 주.

- 2월 22일

  아침 36.3도, 맥박 수 84. K·미나미 씨로부터 편지가 왔지만 허가할 수 없다고 통보받았습니다. 아쉽습니다. 그리고 감사합니다. 미나미 씨의 작품이 쇼가쿠칸小学館의 월간지에 소개되었습니다. 신인상을 받았다는데, 미나미 씨는 열세 살에 첫 투고를 했고 이번에 다시 투고하여 상을 받았다는 등의 이야기입니다. 세 명의 심사위원 전부가 미나미 씨가 열세 살에 그린 작품을 놀랄 만큼 잘 기억하고 있습니다. 그것도 선명하게요. 열세 살의 작품치고는 놀랄 만한 힘이 있었다는 이야기겠지요. 그녀의 그림이 예사롭지 않음을 깨달았던 제 눈도 옹이구멍은 아니었다고 안도(!)하면서도「기타코부시」의 표지 그림을 유념하면서 감상해야겠다고 생각했습니다. 그리고 신인상 수상을 축하드립니다.

- 2월 28일

  여덟 번째 사이클이 시작됩니다. 아침 36.1도, 맥박 수 78. 오늘 아침의 백혈구는 4,600. 지난 주 금요일에 백혈구 증가 주사를 맞은 결과입니다.

  튀니지와 이집트는 인터넷을 사용해서 구체제를 타도했고 리비아와 바레인 등에서도 투쟁이 확대된 반면, 중국 정부는 북아프리카와 아랍의 투쟁이 파급될까 봐 신경을 곤두세우고 있습니다. 그런가 하면 일본에서는 인터넷으로 대학 시험을 커닝하다니요. 용케 그런 생각을 하는구나 싶어 무릎을 치다가도, 양자의 차이에는 실망하고 맙니다. 중국에서는 체제 비판을 입에 올린 것만으로 10년이나 구금된다고 하니, 어설픈 각오로는 인터넷을 쓸 수 없겠지요.

- 3월 11일

  아침 36.3도, 맥박 수 90. 오늘 아침의 백혈구는 2,800. 안정 시간이 끝난 직후에 일어섰는데 비틀거리기에 현기증 인 줄 알았습니다. 하지만 바로 방문이 덜커덩거리기 시작해 화장실에서 물이 떨어지는 소리가 났기에 지진임을 깨닫고 주저앉았습니다. 이 방은 네 모퉁이의 천장과 벽에서 먼지와 모르타르 파편이 떨어지는 정도였지만 천장의 패널이 떨어졌던 곳도 있는 듯합니다. 그 정도로 큰 요동, 그것도 꽤 긴 시간 흔들렸습니다. 저는 지금도 이동할 때 휠체어를 타고 있기 때문에 지진 직후부터 방 앞에 의사와 간호사가 붙어 있었습니다. 밖에 나갈 때를 대비한 것이겠지요. 어느 정도 규모의 지진이었는지 아직 모르지만 피해를 입은 모든 분께 위로를 드립니다.

거세게 떨리는 벽 / 멈추지 않고 / 지저귀는 봄

- 3월 13일

산리쿠오키三陸沖[342] 지진과 해일의 피해가 심각합니다. 해일이 일어난 곳의 사진을 보니 돌아가신 분이 얼마나 많을지 모르겠습니다. 기와 조각과 진흙탕에 매몰된 이들, 바다로 떠내려가 버린 사람들이 한 사람이라도 많이 구출되기를 기원합니다. 도쿄 전력의 원자력 발전소 사고는 인재일 뿐입니다. 재난 피해를 입은 모든 분께 위로의 말씀을 올립니다.

어제부로 병실에 들어온 지 딱 1년이 지났습니다. 항암제 부작용으로 몸 상태가 좋다고는 할 수 없지만 자력으로 걸을 수 있게 되어 회복으로 향하고 있습니다. 지진과 해일의 피해 지역에 도움을 주러 가고 싶습니다.

- 3월 14일

도쿄 전력과 원자력 발전 추진파들은 원자력 발전소 사고를 '예상 외' 같은 말로

---

342 산리쿠三陸란 무쓰陸奥, 리쿠추陸中, 리쿠젠陸前이라는 옛 지명의 총칭으로, 오늘날 아오모리현과 미야기현 일대를 가리킨다. 산리쿠오키三陸沖는 이들 지역의 해역명이다. - 역자 주.

회피하고 있는데, 무슨 정신 나간 소리들을 하는 건가라는 생각이 들었습니다. 유아사 씨를 필두로 각지에서 반원자력 발전 운동을 해 온 사람들은 이러한 사태를 예측해 왔기 때문이지요.

• 3월 16일

아침 36.3도, 맥박 수 78. 해일에 쓸려갔다가 해상에서 구출된 분, 해일에서 도망칠 수 없을 것 같아 거꾸로 차를 바다로 돌려 구출된 분 등의 뉴스가 감동적이었습니다. 어떤 상황이라도 포기하지 않는 것이 중요하겠지요. 그런 뉴스 한편으로 도쿄 전력의 사고 은폐 체질과 도지사 이시하라[343]의 천벌 발언은 용서하기 어렵습니다. 도쿄 전력 사장을 비롯한 회사 간부들은 도쿄의 본사에 틀어박혀만 있지 말고 후쿠시마 현지로 가라고 하고 싶군요. 이시하라는 오만 그 자체인 놈인데, 아무리 그래도 정말 무슨 생각일까요. 명색이 작가라면서 기가 찹니다.

휩쓸리면서 / 또 휩쓸려 버리니 / 저편이로다

• 3월 31일

마사쿠니 씨로부터 미야기 형무소의 공장에 화재가 일어나 교도관과 그 가족 중에 세상을 떠난 분도 있다는 이야기를 들었습니다. 도쿄 구치소에서도 지원 물자를 보냈다는 알림 방송이 있었는데(미야기 형무소가 아니라 피해지에 보낸다고 했지만) 통조림 같은 보존식도 꽤 보낸 모양입니다. 도쿄 구치소의 식사는 크게 변하지 않았지만 예정된 메뉴 중에 사라진 것이 있는 걸 보니 그것이 피해지로 간 것이겠지요.

---

343 이시하라 신타로. 이시하라는 2011년 3월 14일, 동일본 대지진은 천벌이라고 말한 바 있으며 바로 다음날인 15일, 발언에 대해 사과했다. - 역자 주.

- 4월 7일

　36도, 맥박 수 90. 밤늦게 또 큰 흔들림이 있었습니다. 진원은 미야기현의 먼바다이며 센다이 등에서는 진도 6이 감지되었다고 합니다. 여진이 1개월 가까이 지속된다는 이야기를 들었는데 여진이라고 부르기에는 너무 컸습니다. 피해지에서는 힘내어 복구에 노력을 기울이고 있는 것 같으니 지진이 이제는 그만 왔으면 좋겠습니다. 이와 관련해서, 이번 원자력 발전소 사고에서 후쿠시마 현지의 피해가 막대하다는 것은 말할 것도 없지만 도쿄 전력과 일본 정부가 방사능을 공기와 바다에 방출한 셈이니, 한국과 중국 등 이웃 나라에도 피해를 주고 있습니다. 현장에서 방사능을 맞으며 일하고 있는 분들께 경의를 표하면서, 일본은 방사능 가해국이 되었음을 자각해야 한다고 생각합니다.

부모 죽음을 / 모르는 여자아이 / 새는 떠나고

- 4월 15일

　35.3도, 맥박 수 66. 아홉 번째 사이클의 약 복용이 끝나서 편안해졌기 때문인지 어젯밤은 푹 잘 수 있었습니다. 병동을 담당하는 준간호사(교도관)가 이번 봄에 교대해서 새로운 얼굴이 배치되었는데 그가 처음으로 채혈을 해 주었습니다. 피차 조마조마(?)했지만 제 혈관이 잘 보이는 듯해서 무사히 끝냈습니다. 또, 오늘 아침의 백혈구는 4,400이었습니다. 매번 1주차는 높지만 지난주에 백혈구 증가 주사를 맞지 않았는데도 이 정도 수치라서, 나쁘지 않습니다. 「올리브 나무オリーブの樹」를 보니 시게노부 씨의 항암제 치료가 효과를 보고 있는 듯하나 부작용이 심한 것 같습니다. 구내염과 후들거림은 마찬가지지만 그 외에는 증상이 다릅니다. 부작용은 괴롭지만 어쨌든 효과는 있다는 얘기니 힘내 주시기 바랍니다.

아무도 없는 / 후쿠시마의 거리 / 벚꽃 흩날려

- 4월 18일

　38도, 맥박 90. 오랜만에 열이 났습니다. 보잘 것 없지만 일본적십자사에 동일본 대지진 의연금을 보낼 수 있도록 신청서를 썼습니다. 아사히 신문이라면 어디에 보내야 할지 알아서 좀 더 빨리 보낼 수 있었겠지만, 외부와 교류가 제한되어 허가가 날지 모르기 때문에(실제로 신청을 하지 않으면 허가가 날지 안 날지 모릅니다) 유아사 씨가 일본적십자사의 주소를 알아봐 주었습니다. 친구들로부터 기부를 받아 생활하는 제가 의연금이라니, 주제넘은 일이겠지만요.

- 4월 27일

　센다이의 후나키舟木 변호사로부터 연락을 받았습니다. 위문 편지를 보냈는데 오히려 심려를 끼치고 만 걸까요. "매우 당연한 것들이 하루 만에 흩어져 사라지는 공전절후의 혁명적 참사와 조우했다"는 건 재해 지역의 당사자라 할 수 있는 이야기겠지요. "3·11을 남은 삶의 원점으로 삼자고 다짐했다"는 후나키 씨가 건강하게 활약할 수 있었으면 합니다.

- 4월 29일

　며칠 전 전국 형무소와 구치소의 약 5,000명으로부터 한 달 만에 2천 수백만 엔의 의연금이 모였다는 보도를 보았습니다. 지바 형무소가 가장 많았던 것 같은데, 그곳은 무기수나 장기수가 수용된 곳입니다. 의연금을 보내도 형이 줄어들지는 않으므로 옥중에 있는 사람이 자발적으로 낸 셈입니다. 옥중에 있는 사람이 아무리 건강해도 잔해를 철거하는 데에 발 벗고 나서 도우러 갈 수는 없기 때문에 형편 닿는 대로 얼마 되지 않는 영치금을 보낸 것이겠지요. 살인이나 상해 등의 죄로 인해 담의 '이쪽'에 있는 자도 '저쪽'에 있는 사람들과 마찬가지로 이번 지진에 가슴 아파하고 있습니다.

- 5월 16일

36.6도, 맥박 수 84. 오후에 유아사 씨와 면회를 했습니다. 원자력 발전이 우라늄 채굴부터 입지 선정, 사고로 인한 방사능 오염, 뜬소문으로 인한 피해까지 모든 차별 구조의 산물이라는 유아사 씨의 주장에 동의합니다. 원자력 발전의 필요성을 아직도 주장하면서, 원자력 발전이 없어지면 전력 부족으로 일본이 파국을 맞이할 것처럼 선전하는 일당들과 미디어는 논외로 치더라도, 원래부터 자민당 정권에 가담하거나 지지하고 원자력 발전을 용인해 온 자기 자신을 돌아보지도 않고 정부와 도쿄 전력을 비난하는 사람들은 뭔가 싶습니다. 반원전, 탈원전파가 늘어나는 것은 좋지만요.

- 5월 18일

36.5도, 맥박 수 78. 도쿄 전력의 은폐 체질은 전혀 바뀌지 않은 것 같습니다. 이번 원전 사고는 어딘가의 배관이 헐거워 빠진 정도가 아니라 멜트다운이기에, 방사능을 대기와 바닷물에 계속 방출하고 있습니다. 폭발로 부서진 건물의 영상을 전 세계 사람들이 보고 있습니다. 그래도 사고가 작아 보이도록 애쓰는 것은 대체 뭘까요. 은폐를 한다는 것은 결국 사고 대응에 실패하고 선수를 빼앗겨 버렸다는 뜻이겠지요. 감추거나 거짓말을 하면 나중에 더 큰 비판에 직면하는 걸 모르는 걸까요. 이전에 도쿄 전력 부사장에서 자민당 참의원 의원이 된 남자가 후쿠시마 피해 구역의 방사선량이 건강에 좋다 운운했는데, 그렇다면 그곳에 가서 살아 보라고 하고 싶습니다. 이런 사람이 지금도 도쿄 전력에 영향력을 가지고 있다니 암울합니다.

- 5월 23일

35.7도, 맥박 72. 열 번째 사이클의 첫날입니다. 오늘 아침의 백혈구는 4,900. 20일에 주사를 맞아 인위적으로 늘린 수치이지만 그래도 이 정도 되면 나쁘지 않습니다.

• 5월 30일

36.2도, 맥박 수 72. 마루오카 군이 어제 아침 하치오지 의료 형무소에서 사망한 것을 신문으로 알게 되었습니다. 작년 여름 전이었나요, 후나키 변호사가 당시에는 미야기 형무소에 수감되어 있던 마루오카 군과 면회하고 "이번 여름을 넘기지 못하는 건 아닌가"라는 이야기를 들었다는 말을 전해 들었는데 그로부터 1년을 견뎠군요. 그 이전에도 몇 번이나 "위험하다"는 이야기를 들은 적이 있지만 잘 버텨 왔습니다. 무척 애썼다고 생각합니다. 일전에 차입받은 『꿈과 희망 통신夢と希望つうしん』에서, 재판에서는 거짓말을 했지만 지금은 진실을 말한다는 유언 같은 이야기가 실려 있었기에 슬슬 때가 됐나 싶어 불안했습니다. 제 자신이 병이 들어 다시금 그의 정신적인 강인함을 느끼는데, 괴로운 일도 많았겠구나 싶습니다. 명복을 빕니다.

• 6월 7일

36도, 맥박 66. 아오모리현 지사 선거는 원전 추진파인 현직 지사가 당선되었습니다. 원자력 발전만이 쟁점은 아니었던 듯한데, 현직 지사의 지명도가 높았다고는 하지만 도쿄 전력 후쿠시마의 사고를 경험했음에도 원자력 발전 추진파가 압승한 것을 보니 암담한 생각에 빠져들게 됩니다. 결국은 원자력 발전 머니Money라는 걸까요. 후쿠시마도 그렇지만 전력 회사는 가난한 벽지를 노리기 때문에 한번 원자력 발전 머니의 '은혜'를 입으면 마약에서 헤어날 수 없게 되는 것이겠지요. 돈이 영원히 나오는 것도 아닐 텐데 말이지요.

• 7월 1일

36도, 맥박 수 66. 오늘 아침의 백혈구 수치는 2,600. 대상 포진이 생겼고 나른해진 상태입니다. 요시무라 아키라[344]의 『산리쿠 해안 대해일』[345]을 읽으니, 예전의 기억과 기록이 전해졌다면 이번 지진에서 많은 사람이 도움을 받을 수 있지 않았나 하는 생각이 듭니다. 그리고 이시노마키石卷의 오카와大川 초등학교의 경우 왜 뒷산에 올라가지 않고 천변으로 피난을 갔을까요. 1896년(메이지 29년)에 지진이 났을 때 해일이 3킬로미터 상류까지 올라와 커다란 피해를 입혔는데도요.

강가에 무리지어 / 숨을 죽였던 / 반딧불의 밤

• 7월 4일

36도, 맥박은 깜빡하고 못 들었습니다. 열한 번째 사이클 첫날입니다. 저번 주까지 대상포진 치료약(발트렉스)을 복용해서 그런지 위에 둔통을 느낍니다. 지난 주말 백혈구 증가 주사를 맞았기 때문에 오늘 아침에도 채혈했습니다. 점심이 지나고 수치를 재 보니 5,700이었다고 합니다. 잘못 들은 것 같아 다시 물어봤습니다. 지금까지는 주사를 맞아도 4,000대였기 때문입니다. 수치가 높은 것은 나쁘지 않지만 금요일부터 3,000 이상을 인위적으로 늘렸기 때문에 주말에는 몸 상태도 안 좋아지겠지요.

• 7월 13일

35.8도, 맥박 수 78. 마사쿠니 씨가 보내 준 북한의 그림엽서(아시아 프레스)를 보면 항간에 전해지는 것처럼 북한의 식량 부족이 심각하다는 것을 알 수 있습니다. 시장에서 물건을 구걸하는 아이들 모습, 마르고 몸집이 작은 병사들 모습에도 가

---

344 요시무라 아키라吉村昭(1927~2006). 도쿄 출생으로 가쿠슈인 대학을 중퇴하고 소설을 쓰기 시작했다. 장편 역사 문학으로 유명하다. - 역자 주.

345 吉村昭, 『海の壁 三陸沿岸大津波』, 中公新書, 1970. 국내 미출간.

습이 꽉 막힙니다. 병사들(강변 모래밭에서 식사 준비를 하고 있습니다)은 일본의 중학생 정도로밖에 보이지 않습니다. 북한은 기후도 냉랭하거니와 경지 면적도 적기 때문에 식량을 자급하기는 어려울 겁니다. 그런데 공산주의나 사회주의의 이름을 내걸고 있다면 장군부터 말단 병사까지 빈궁한 식료품을 동등하게 나누어 가져야만 하겠지요(걸인의 존재는 제쳐 놓더라도). 그런데 김정일 일족은 살집도 좋고, 여러 추종자들을 거느린 채 외국에 나가 놀면서 지냅니다. 정말 암울한 사회가 아니겠습니까. 제가 이런 글을 쓰면 '좌'익이나 '혁신'파의 빈축을 사게 될까요? 색안경을 벗고 사실을 직시해야 하지 않겠습니까.

- 8월 4일

36도, 맥박 수 78. 오후에 오랜만에 옥상에서 운동을 할 예정이었습니다. 정확히 1시에 담당 직원이 "준비하세요"라고 해서 일어나 채비를 하고 있었는데 바로 온 하늘에 먹구름이 끼더니 비가 내려서 중지되었습니다. 장소가 동굴처럼 어두운 4층 운동장으로 변경되었기 때문에 낙담하고 있었는데, 주룩주룩 내리던 비가 잠깐 사이에 엄청나게 쏟아지며 대단한 소리를 내고 있었습니다. 비가 하얀 화살 다발처럼 보였습니다. 게릴라성 호우라는 건가요. 이런 비를 아주 가까이서 본 게 대체 몇 년 만일까요(새로운 감옥은 비가 내려도 알 수 없는 경우가 있기 때문입니다). 푸른 하늘을 우러러볼 수는 없었지만 상쾌한 기분이 들었습니다.

- 8월 12일

36도, 맥박 72. 오늘 아침의 백혈구는 3,400. 지진으로부터 5개월이 지났지만 신문에는 피해 지역의 사진이 실리지 않게 되었고, 가설 주택을 세웠다든지 어시장이 재개했다는 등의 기사만이 눈에 들어오지만 아직 잔해 철거가 끝나지 않은 곳도 많다고 합니다. 국회의원 전원이 삽을 들고 피해 지역의 잔해를 철거해야 하는 것 아닐까요. 2박 3일 정도면 되니까요. 그러면 하찮은 일로 서로의 발목을 잡거나 체면

치레에 급급하지 않게 되지 않을지요.

자유가 없는 / 만백성의 궐기여 / 가을이 되어

- **8월 24일**

36.4도, 맥박 80. 가나가와 신문에 실린 지바 게이코 전 법무상의 인터뷰를 읽으니, 법무 관료가 재촉했기 때문이 아니라 사형 문제에 대한 질의 때문에 주체적으로 집행을 준비했다고 이야기합니다. 그리고 집행에 입회하여 '무기질적인 죽음'에 '커다란 위화감을 느꼈다'고도 합니다. 이런 식의 정당화와 표현은 좀 아니지 않습니까. 같은 시기에 에다 법무상[346]은 요미우리 신문 인터뷰에서 "3월 11일(동일본 대지진)이 있었고, …… (사형 집행으로) 목숨을 잃는 것을 굳이 인간의 이성적 활동에 추가할 때는 아니다"라고 말하고 있습니다. 지바 씨의 발언은 3·11 이후라서 더욱더 유감입니다. 사형수인 제가 삶에 대해 이야기해도 "무슨 소리를 하는 거야?"라고 생각할지도 모르겠습니다.

잔해 없어진 / 대지의 황량함에 / 뜨거운 가을

- **8월 30일**

35.8도, 맥박 수 78. 미쓰비시 중공업을 폭파하여 많은 분을 사상케 한 날입니다. 미쓰비시 중공업 폭파와 자연재해를 같은 차원에서 말할 수는 없겠지만, 올해는 3·11 대지진이 있었고 많은 이재민과 유족의 모습, 여러 말들을 접하는 것만으로도 제가 저지른 잘못의 심대함을 마주하게 됩니다. 미쓰비시 중공업 폭파로 돌아가신 분들과 부상을 입은 분들에게 애도의 뜻을 바치며 마음속으로부터 사죄의 말씀

---

346 에다 사쓰키江田五月(1941~). 오카야마현 출신의 변호사, 정치가, 제87대 법무 대신. 2020년 현재 입헌민주당 오카야마현 연합 고문. – 역자 주.

을 드립니다. 도시아키 군은 날짜를 기억하는 것이 어려운 듯하여 그의 몫까지 고
개를 숙입니다.

- 9월 1일

　36.5도, 맥박 90. 새로이 수상이 된 노다[347] 총리가 A급 전범에 대해 한 말은 침략
당한 피해자를 전혀 고려하지 않고 있습니다. 만약 국내만을 염두에 둔다 해도 오
키나와 히로시마, 나가사키, 도쿄…… 300만 명이라는 사망자를 냈기 때문에 A
급 전범의 책임은 처형되어도 사라지지 않습니다. 노다 씨의 부친이 자위관이었던
것 같은데, 그것이 그의 편파적인 사고방식을 만들어 냈다고 한다면 이 또한 문제
입니다.

- 9월 26일

　열세 번째 사이클 첫날입니다. 36.1도, 맥박 수 78. 저번 주 목요일에 백혈구 증가
주사를 맞았기에 오늘 아침에도 채혈을 했습니다. 백혈구는 3,000. 지금까지는 주
사를 맞으면 4,000을 넘었지만 골수가 지쳐 버린 걸까요? 연휴 중에 몸 상태가 돌
아오지 않았고 게다가 습진이 계속되고 있어 수치가 좋지 않을 것 같았기에 놀라지
는 않습니다.

- 9월 29일

　열세 번째 사이클 4일차입니다. 36도, 맥박 66. 어젯밤에도 잠은 서너 시간 잤습
니다.「주간 금요일」9월 16일 호의「70년대의 빛과 그림자」에 샤코가「'늑대' 다이
도지 마사시와 동아시아반일무장전선, 속죄할 수 없는 속죄」를 기고했습니다. 동

---

347 노다 요시히코野田佳彦(1957~) 제95대 내각 총리대신, 중의원 의원(8선). 지바 민주 연합 대표. 와세다
　대학 정치경제학부를 졸업했으며 1987년 정계 입문. 다이도지가 글을 쓰던 2010년에는 민주당 소속이
　었다. - 역자 주.

지인 샤코에게 고맙다고 하는 것이 이상할지도 모르겠지만, 마음이 담긴 글에 감사합니다. 미쓰비시 중공업 폭파와 그 후에 낸 성명문에 대한 자기비판을 한층 심화하고 있습니다.

• 10월 8일

오늘 사형 폐지 포럼이 주최한 집회가 있었는데 얼마나 많은 사람이 모였을까요. 10월 8일에는 아무래도 1967년에 일어났던 일을 생각하게 됩니다. 히토시等 군과 스즈키鈴木 군은 하네다 공항으로 향하는 데모대 속에 있었겠지요. 저는 그때 오사카에 있으면서 가마가사키釜ヶ崎[348]에 들락거렸지만 데모나 학생이 경관대에게 살해당했음을 알고 도쿄로 가기로 마음을 먹었습니다. 10월 8일의 데모 뉴스를 보고 제 안의 무언가가 쾅 하고 튀어 오르는 느낌을 받았습니다.

한순간뿐인 / 펴지 않은 몸뚱이 / 갓난 솔방울

• 11월 3일

휴일이어서 체온 측정은 없었습니다. 후쿠시마 제1 원자력 발전소 2호기에서 핵분열 반응이 일어났을 가능성이 있다고 도쿄 전력이 인정했습니다. 아직 사고가 수습되지 않고 방사능을 흩뿌리고 있는데도 정부는 피난민이 집으로 돌아가길 촉구하고 있어서 "어이, 괜찮은 거야?"라고 생각했습니다. 베트남에 원자력 발전소를 수출하고 정지된 발전소를 재가동시키기 위해 '큰 사고는 없었다'는 생각을 심는 것은 아닐까요. 피난 중인 사람들이 자기 집으로 돌아가고 싶어 하고 자신들의 고향을 복구하고자 하는 것은 잘 알겠지만, 정부와 현은 주민의 목숨과 건강을 제일로 생각해야만 하겠지요.

---

348 오사카 시 니시나리西成 구에 있는 아이린あいりん 지구의 옛 명칭. 1960년대부터 2000년대까지 부당한 노동 조건에 반발하여 일용직 노동자들이 지속적으로 폭동을 일으킨 바 있다. 이 폭동은 '가마가사키 폭동' 혹은 '니시나리 폭동'이라 불린다. - 역자 주.

- **11월 15일**

　35.6도, 맥박 90. 오늘도 머리가 대단히 아프고 나른합니다. 도쿄 전력 후쿠시마 제1 원자력 발전소 사고로 방출된 방사능이 홋카이도와 주고쿠中国, 시코쿠四国 지방에서도 검출되었다는 보도가 있었습니다. 무지한 민중은 이미 그런 것을 예상하고 있었답니다. 방사능이 아직도 방출되고 있는데 정부와 경제산업성은 원자력 발전소 수출에 혈안이 되어 있습니다. 용서하기 어렵습니다. 후쿠시마 사고와 수출이 모순되지 않는다고 에다노[349] 대신이 강변하는데, 원자력 발전소 메이커들이 그리 말하도록 만든 게 아닐까요. 올림푸스 때문에 일본 기업이 신뢰성을 잃었다는 사람이 많지만[350], 그런 이야기를 하자면 도쿄 전력과 원자력 발전소 메이커, 그리고 원자력 발전소 수출 그 자체를 문제로 삼아야겠지요.

- **11월 29일**

　36.2도, 맥박 수 72. 건강 진단을 했는데 체중이 늘었습니다. "아직 50킬로는 안 되지 않을까" 하면서 체중계에 올라갔는데 55킬로그램. "오오!" 하고 환성을 올렸습니다. 1년 8개월 전 입원했을 때는 46킬로그램 정도였기 때문에 10킬로그램 가까이 살이 찐(?) 것이지요. 최근 구내염도 잦아들고 배 속 상태도 괜찮아져서 식사를 잘할 수 있게 되었기 때문일까요. 모 간호사는 "기운을 차린 거 아냐?" 하더군요. "옳으신 말씀!"이겠지요. 오후에는 흉부 뢴트겐을 촬영했습니다.

　헨미 씨로부터 시집 『눈의 바다』[351]를 받았습니다. 감사합니다. 깊게 읽고 글맛을

349　에다노 유키오枝野幸男(1964~). 도치기현 출신으로 입헌민주당 소속. 2011년 당시 노다 내각에서 제16대 경제산업 대신을 역임하였다. ─ 역자 주.

350　2011년 11월 8일에 드러난 20년간의 회계 조작 사건을 가리킨다. ─ 역자 주.

351　辺見庸, 『眼の海』, 毎日新聞社, 2011.

즐기도록 하겠습니다.

뜻하지 않게 / 눈동자는 물으로 / 겨울의 바다

- **12월 6일**

　35.9도, 맥박 수 78. 「증언 연합적군」 8호는 나가타 히로코 씨를 보내는 모임의 특집이었는데(타이틀이 「관을 덮다」, 「나가타 히로코를 보내는 모임」), 나가타 씨가 뇌종양 때문에 법정에서 앉아 있지도 못하는 상태가 되었을 때 꾀병이라고 의심받았던 것이 떠오릅니다. 나가타 씨에 대한 비판이 엄혹했기 때문이겠지요. 괴로운 일입니다. 저는 그녀와 좋은 관계는 아니었지만(직접 편지를 주고받고 구 도쿄 지방재판소의 유치장에서 몇 번이나 얼굴을 마주쳤습니다), 꾀병이라는 의심을 한 적은 없었습니다.

- **12월 12일**

　36.1도, 맥박 84. 3·11 이후 9개월이 지났습니다. 지진도 해일도 자연의 일이라 그 자체는 어쩔 수 없습니다. 그러나 피해를 얼마만큼 줄일지는, 기억록記憶錄의 계승은 물론이고 그 사회 자체와 관련되어 있습니다. 인위적인 것이지요. 원자력 발전은 이번 사고로 인해 그 위험성이 환기되었지만, 위험하다고 생각하면서도 편리성이나 경제성 등의 이유로 허용되어 왔습니다. 3·11은 지금까지의 그러한 사고방식과 삶의 방식을 변화시켜야 한다고 촉구하고 있습니다. 돌아가신 분을, 아직도 행방불명인 사람들을 위해서라도 그렇게 해야 합니다.

- **12월 15일**

　36.1도, 맥박 수 78. 한국의 일본 대사관 앞에서 이루어지고 있는 전 종군 위안부에 대한 사죄와 배상을 요구하는 행동이 1,000회를 넘었다고 합니다. 일본 신문을

읽으면 이 운동이 그렇게 오래 계속되었음을 알 수 없습니다. 관방 장관이 일본 대사관 앞에 설치된 소녀상의 철거를 요청했지만, 기억을 풍화시키지 않게 하기 위해서라도 철거는 말도 안 됩니다.

- **12월 20일**

  열다섯 번째 사이클 2일차. 35.9도, 맥박 수 72. 김정일이 사망했다는 뉴스를 접하고 암살이라고 생각했지만 꽤 이전부터 중병설이 나오고 있었습니다. 세습 3대째가 권력을 계승할 것 같은데, 군이 보다 힘을 늘려서 압박을 강화할 것이 근심입니다. 식량 부족 때문에 시장에서 구걸을 하는 아이들이 늘어나거나 막대기처럼 야윈 말단 병사들의 사진을 볼 때마다, 누구나 충분한 식량을 얻을 수 있는 사회가 되기를 바랍니다. 그를 위해서는 김씨 일족의 세습 지배나 군부 체제를 바꿀 필요가 있겠지요.

- **12월 31일**

  2011년이 끝납니다. 봄부터 괴로운 1년을 보냈습니다. 19년 만에 사형 집행이 없었던 것이 위안이지만, 이것도 사형 폐지의 기운이 높아졌기 때문이 아니라 법무상이 단기간에 교체되거나 집행에 신중한 법무상이 뒤를 이었기 때문이겠지요. 옴 진리교의 형사 재판이 끝나면 미디어는 바로 집행을 부채질하는 기사를 싣는데, 지금처럼 꽉 막히고 비관용적인 사회를 양성하고 있는 걸까요. 어찌 되었든 불안했던 연말 집행이 없었기에 교도관의 표정은 온화합니다. 의사와 간호사도 마찬가지입니다. 사형 집행이 있으면 직접적으로 관여하는 교도관이 아니라도 험악하고 침울한 표정이 됩니다. 사형 집행을 부채질하는 미디어는 집행에 관여하는 사람들을 전혀 고려하고 있지 않겠지만요.

2012년

- **1월 11일**

  37.1도, 맥박 수 96. 한밤중에 오한이 심하게 들어 눈을 떴습니다. 또 열이 나는 것 같습니다. 발열과 두통만 있을 뿐 감기 기운은 없습니다. 회진 때 의사는 "골수에 염증이 생겨 그런 것이 아닌가"라고 합니다. 백혈구가 적어서 무슨 일이 일어나도 이상하지는 않겠지만요.

- **1월 19일**

  36도, 맥박 수 84. 전 옴 진리교의 히라타[352] 용의자가 출두했다고 보도하는 미디어의 논조와 억측에서 미디어와 기자가 국가를 등에 업고 있는 것처럼 보이는 데 신경이 쓰입니다. 3·11 이후에 나온 보도에서도 볼 수 있었지만, 국가의 의지를 미디어가 대변하는 것은 좀 아니지 않나요. 억측도 좋고 미디어로서 주장을 하는 것도 좋지만 국가의 의지를 대변하는 건 명확하게 구별해야 할 것입니다.

---

352 히라타 마코토平田信(1965~). 홋카이도 삿포로 시 출신. 옴 진리교의 간부였으며 옴 진리교 사건을 일으켰던 이들 중 한 명이다. 2011년 12월 31일 자진출두하여 체포되었으며, 2016년 1월 13일 징역 9년이 선고되었다. - 역자 주.

- 1월 27일

　36.1도, 맥박 수 78. 작년 10월 포럼이 주최한 집회에서 헨미 씨가 강연한 내용이 「FORUM 90」 121호에 실렸습니다. 공감하고 동의하면서 읽었지만, 지바 게이코 전 법무상에 대한 내용에서는 마냥 수긍을 할 수만은 없었습니다. "'내 속의 지바 씨'라는 가능성이 남아 있는가 없어졌는가라는 물음입니다"에 "있을 리가 없다"고 단언할 수 있을까 하는. 사형 폐지를 주장했고 앰네스티 의원 연맹의 대표 격이었던 그녀가 왜 집행 도장을 찍었는가, 지금도 저는 이유를 모르겠습니다. 그러나 3·11 이후 미디어와 언론계의 거국일치적인 모습을 접하거나, 혹은 국가를 등에 업은 듯한 신문과 방송의 논조를 볼 때면, 어지간한 준비 없이는 지바 씨처럼 저러한 물결에 삼켜질지도 모릅니다.

　　　　대한大寒의 저 하늘은 / 끝 간 데 없는 / 푸르름일까

- 1월 30일

　열여섯 번째 사이클의 첫날. 그저께부터 감기 증상이 있어서(콧물은 저번 주부터) 주말은 조용히 보냈습니다. 감기 증상을 단 채로 약을 먹으면 어떻게 될까요?

　오후에 헨미 씨와 면회를 가졌습니다. 제 하이쿠집의 출판사가 정해졌음을 특별히 전해 주러 온 것입니다. 지난 주 내린 눈이 아직 남아 있을 정도로 지독한 추위에도 불구하고 폐를 끼치고 말았습니다. 3월 말 출판 예정이기 때문에 몸 상태가 좋다 나쁘다 말할 계제가 아닙니다. 그건 그렇고 헨미 씨가 이렇게 애를 써 주셨군요. 팔리지 않는 하이쿠집의 간행을 떠맡아 주신 오타 출판에도 감사드립니다.

- 2월 6일

　38.9도, 맥박 108(서투른 간호사라서 수치를 확실히 이야기해 주지 않았기에 한 자릿수의

수치는 다를지도 모릅니다). 주말부터 기침이 심했고, 어젯밤에도 너무 추워서 잠을 잘 수 없었습니다. 감기치고는 고열이 나는 바람에 회진 때 독감 검사를 요청했습니다 (대상 포진에 걸렸을 때처럼 치료가 늦어지면 안 되기 때문에). 그랬더니 A형 독감 양성이라고 합니다. 제가 수용되어 있는 병동은 고령자와 암 환자 등 저항력이 낮은 사람이 많기 때문에 옮겨야 한다고 해서 격리 병동으로 '유배'되었습니다. 격리 병동 끝쪽 방이며 가까운 방에는 아무도 없기 때문에 그야말로 '유배'입니다. 그리고 북향인 데다가 운동장의 구조물이 만든 그림자에 가려져 있어 자고 있으면 바깥이 밝은지 어두운지도 모르게 됩니다. 저녁 식사 이후부터 타미플루를 복용했습니다. "당신은 2층에서 뛰어내릴 만한 나이가 아니라서……" 같은 이야기로 위로를 받으면서요. 취침 전(밤 9시 가까이)에 체온을 재니 38.8도였습니다.

- 2월 8일

아사히 신문 석간에 「뽑고 잣다つむぐ織る」라는 칼럼이 연재되고 있습니다. 그 아홉 번째가 「아이누의 직물, 민족의 마음アイヌの織物 民族の心」이었는데, 거기에 나온 염색가 오가와 사나에[353] 씨는 초등학교 때 반장도 선수도 되지 않도록 조심했다고 합니다. 눈에 띄면 "아이누 주제에"라며 괴롭힘을 당하기 때문이었다고 합니다. 제 중학교 동창인 치카프 미에코 씨와 마찬가지였습니다. 저는 그녀가 얌전했다고 기억하는데, 나중에 초상권 소송을 벌이거나 각지에서 열었던 강연을 본 후 적극적으로 자기주장을 펼치는 사람이라고 생각하게 되었습니다. 중학교 때에는 "아이누 주제에"라는 말을 듣지 않기 위해 얌전히 있었던 것이겠지요. 괴롭습니다.

- 2월 9일

36.3도, 맥박 수 78. "추우니 조치를 좀 취해 달라"고 계속 호소하니 어제 오후부

---

353 오가와 사나에小川早苗(1940~). 홋카이도 출생으로 아이누 문화를 전승하는 데 진력해 왔다. 주로 전통 공예품을 만들거나 복원하는 데 주력해 왔으며, 여러 차례 일본 국내외 전시를 기획한 바 있다. – 역자 주.

터 온도가 올라가(냉풍이 온풍으로 바뀌었습니다) 밤에도 춥지 않게 되었습니다. 그 때문인가 어젯밤에는 땀에 젖어 옷을 두 번이나 갈아입었습니다. 옮길 때 필요한 것을 최소한으로 가져왔기 때문에 젖은 옷을 바로 말려야 하는 등 꽤 바쁩니다. 그렇다고 해도 이처럼 땀이 나서 열이 내렸다는 것은 알겠지만, 열로 인한 에너지 소모와 약의 부작용이 겹쳐 상당히 나른하고 기침, 콧물이 계속되고 있습니다.

- **2월 22일**

36.2도, 맥박 84. 오후에 마사쿠니 씨와 면회를 가졌습니다. 시부야에서 상영 중인 사형 영화제에 1,200여 명이 왔다고 합니다.[354] 추울 때인데도(기후적으로도 심정적으로도) 많이들 모여 주셨습니다. 이번에 상영된 작품 중에는 요시다 요시시게[355] 감독이 있었는데, 그가 찍은 작품을 신주쿠의 '아트 시어터'에서 본 기억이 있습니다. 이미 40년이나 지난 옛날이지만 모든 스태프 분들께 감사드립니다.

- **2월 24일**

35.8도, 맥박 78. 오늘 아침에는 네 번 채혈했습니다. 백혈구는 2,800. 완전히 예상이 적중했습니다. 지난주보다는 좋지만 3,000까지는 올라가지 못했기 때문에 그저 지난주보다 500 올라간 것으로 만족해야겠습니다. 하지만 예상이 적중했어도 얻는 게 없네요(!).

다발성 골수종은 환부를 절제하면 낫는 암이 아닙니다. 그래서 파골 세포가 정상치로 돌아와도 약은 계속 복용해야 한다는 것은 알겠는데, 약을 먹어서 백혈구가

---

354 날짜로 보았을 때 2012년 2월 시부야의 유로스페이스ユーロスペース에서 열린 제1회 사형 영화 주간第1回死刑映画週間으로 생각된다. - 역자 주.

355 요시다 요시시게吉田喜重(1933~). 전 영화 감독. 도쿄 대학을 졸업하고 1955년 쇼치쿠 영화사에 들어가 1960년 〈별볼일 없는ろくでなし〉으로 데뷔, 2002년 마지막 작품을 촬영하고 영화에 대한 책을 쓰기 시작했다. - 역자 주.

297

2012년

줄어들고 저항력이 약해지는 것은 어쩔 수 없는지 의사에게 물었더니 혈액내과의 전문의와 상담하고 있다고 합니다. 약의 양을 줄일 수는 있을지도 모릅니다. 부작용으로 인한 몸 상태의 난조와 피로는 참을 수 있지만, 대상 포진과 인플루엔자에 시달렸던 것을 생각하면 암 증상이 완화되더라도 별것도 아닌 감염증 때문에 갑자기 저세상으로 가 버릴지 모르기 때문입니다.

덧씌워 입은 / 교만함으로 / 비틀어진 등이여

• 3월 6일

35.6도, 맥박 84. 백혈구가 많지 않아서인지 몸 상태에 무언가 부족함을 느낍니다. 『마지막 유곽 도비타』[356]를 다 읽었습니다. 45년도 지난 예전인데, 가마가사키에서 아파트로 돌아오는 도중 우연히 도비타에 들어갔다가 기겁을 했습니다. 홋카이도 시골 출신의 소년이라도 그것이 '유곽'이었음을 깨달았기 때문입니다. 가마가사키의 주변, 특히 신세카이에도 밤이 되면 창부나 호객꾼이 서 있었지만 도비타를 보고는 놀라고 말았습니다. 이 책에 따르면 그곳은 반세기 가까이 지났지만 아직도 당시의 모습인 듯합니다. 왜 지금도 남아 있는 것인지 대략은 알게 되었어도, 인력시장寄せ場과의 관계를 그다지 따지고 있지 않은 것은 저자에게 그러한 문제의식이 없기 때문일까요. 산야山谷와 구 요시와라旧吉原[357]는 가마가사키와 도비타의 관계와 마찬가지 같습니다. 즉 과거처럼 관리받는 매춘업이 아닌 것 같아도 포주가 여성을 돈으로 얽어매는 수법에는 신물이 납니다. 하시즘의 하시모토[358]는 그 포주들

---

356 井上理津子, 『さいごの色街 飛田』, 筑摩書房, 2011.

357 구 요시와라도 산야와 마찬가지로 다이토 구에 있었던 유곽촌이었다. - 역자 주.

358 하시모토 도루橋下徹(1969~). 오사카 유신회 대표. 도쿄 출신으로 빈곤한 가정에서 태어났으며 야쿠자였던 아버지가 초등학교 저학년 때 자살하는 등 성장기에 많은 어려움을 겪었다. 이후 와세다 대학에 입학하고 사법 고시에 합격하여 변호사로 활동. 각종 미디어에 출연하여 인기를 얻었고 그 여세를 몰아 19대 오사카 시장이 되었다. 재임 시절 극우적 언동과 정책으로 큰 논란을 일으켰다. 본문에서 언급하는 '하시즘ハシズム'이란 (하시모토와 파시즘의 합성어로 그의 이러한 행동을 비판하기 위해 사용되고 있다. - 역자 주.

의 자문 변호사였다던가요(지금도일까요?). 여성의 고혈을 짜내는 패거리가 남긴 것을 주워 담고 있었던 겁니다.

- **3월 12일**

　35.8도, 맥박 78. 열일곱 번째 사이클의 첫날입니다. 약을 먹은 첫날부터 부작용이 나서 조금 좋지 않습니다. 3·11의 1주기라는 점 탓에 좀체 잠들지 못한 데다가 잠이 들어도 얕은 잠을 자는 날들이 이어졌기 때문일지도 모릅니다. 재해를 입지 않은 저이지만 아직도 침울합니다. 가슴이 빨갛게 벗겨진 채라고 표현해야 할까요. 가까운 이를 잃은 사람들은 상실감이 사라지지 않겠지요. 괴롭겠지만 살아남은 사람들이 계속 살아갈 수 있길 바랍니다.

　오후에 마사쿠니 씨와 면회를 가졌습니다. 하이쿠의 마지막 교정 건으로 폐를 끼치고 말았네요. 면회 시간 안에 서른 곳이 넘는 교정을 끝낼 수 있을까 걱정했지만 어떻게든 잘 해냈습니다. 마사쿠니 씨라서 할 수 있었다고 해야겠지요. 책을 내면서 교정은 아슬아슬하게 시간을 맞출 수 있겠지만 옥중에 있는 자, 특히 사형수의 경우 감옥 당국의 검열 등 몇 번이나 '난관'을 넘어야만 하는 것이 마치 줄타기 같았습니다. 오타 출판의 오치아이落合 씨에게 무리한 부탁을 해 버렸네요.

- **3월 21일**

　36.1도, 맥박 78. 3·11 이후 '인연絆'이라는 말이 여러 곳에서 쓰이면서 신문에서 이 말을 못 보는 날이 없을 정도인데, 이렇게 되면 안 됩니다. 말에 책임이 있는 것은 아니지만 그것이 대량 소비되면서 손때가 묻고 정치가(꾼)와 관료들까지 쓰게 되면 왠지 수상한 말이 되어 버리기 때문입니다. 그저 표현의 문제뿐만 아니라 의식까지 얽어매고 말기 때문이겠지요.

- 3월 22일

  35.9도, 맥박 72. 요시모토 다카아키[359]가 사망했군요. 예전에는 그의 책을 읽고 그의 말에 주목했던 적도 있었지만 언제부터인가 읽지 않게 되었습니다. 늙어서도 계속 말을 하는 것이 요시모토답다고 생각하면서도, 그의 주위에 의견을 말해 주는 사람이 없나 하는 생각도 하게 됩니다. '만년의 절조晩節'라는 말이 떠오르는군요.

- 3월 26일

  36.4도, 맥박 72. 오후에 헨미 씨와 면회. 제 하이쿠집이 다 만들어졌기에 몸소 오셔서 실물을 보여 주고 차입해 주셨습니다. 오늘은 분명 헨미 씨의 시집『눈동자의 바다』가 다카미 준高見順 상을 받는 날이었기에 그에 대해 물으니 "제 일은 어찌 되어도 상관없습니다. 그보다 이 하이쿠집이 만들어진 것이 기뻐서……"라고 눈물을 글썽이며 말씀해 주셨습니다. 「후기」에도 있지만, 헨미 씨가 전력을 다해 주시지 않았다면 간행되지 못했다는 사실을 생각할 때, 감사할 따름입니다. 디자인은 흰 종이에 회색 띠로 심플하지만, 하얀색 단색이 아니라 고급 일본지 같은 요철과 음영이 있어서『한 기의 관棺一基』이라는 표제와 잘 어울립니다. 덕지덕지 여러 가지를 붙여 놓지 않아서 좋습니다. 음을 달거나 해설이 많다고 하이쿠를 짓는 사람들로부터 비판받을지 몰라도 하이쿠에 익숙하지 않은 사람이라면 쉽게 이해할 수 있겠지요. 오타 출판의 오치아이 씨도 같이 와 주셨던 것 같은데 부족한 시간 속에도 성심껏 만들어 주셔서 기쁩니다.

- 4월 5일

  36도, 맥박 72. 3·11로부터 1주년을 맞아 방영된 NHK 스페셜 방송에서 처음으로 해일 영상을 보았습니다. 피해자에 대한 배려인지 영상은 짧았고, 피해가 막대

---

359 요시모토 다카아키吉本隆明(1924~2012). 도쿄 태생의 철학자. 1950년대부터 활동을 시작했으며 특히 1960년대와 1970년대에 큰 영향력을 행사했다. 미셸 푸코나 펠릭스 가타리 등의 철학자가 일본에 왔을 때 거의 항상 참여하여 대담을 나누었다. 2012년 3월 16일 폐렴으로 사망했다. - 역자 주.

했던 이시노마키石巻와 게센누마気仙沼의 영상은 없었지만, 해일이 가마이시釜石 시가지를 덮쳐 가옥이 물에 쓸려가는 모습과 미나미산리쿠 정南三陸町 관청의 옥상까지 해일이 몰아닥치는 모습에는 숨을 멈추게 되었습니다. 피난할 수 있었던 사람 중에는 가족과 친구, 지인을 잃었을 뿐 아니라 해일에 휩쓸려 가는 사람을 본 이도 있겠지요. 살아간다는 것이 괴로워질 때가 있을지 모르지만 부디 삶을 이어 나가길 빕니다.

• 4월 6일

36.2도, 맥박 78. 오늘 아침에 채혈을 네 번 했습니다. 백혈구는 3,000. 그렇게 나쁘지는 않을 것이라 생각했지만 여하튼 3,000이나 되니 안심입니다. 오사카의 교직원은 학생들이 기미가요를 부르는지 안 부르는지 입 모양을 감시한다고 합니다. 대단하네요. 으스스하다기보다 무섭습니다. 말 그대로 하시즘입니다. 오사카 사람들은 이런 상황을 원했을까요? 하시모토의 인기에 편승하려는 어중이떠중이 여러분은 입 모양까지 감시하는 전체주의의 첨병이 되려는 걸까요? 똑똑히 눈을 뜨고 잘 생각해 봤으면 합니다.

조각나 버린 / 한 사람의 생애가 / 움터 오르고

• 4월 18일

36.2도, 맥박 84. 오후에 마사쿠니 씨와의 면회. 얼굴을 보자마자 "중간이야"라고 하기에 대체 무슨 말인가 싶었더니 『한 기의 관』이 매진되어 재고가 없다고 합니다. 그것도 아마존 문예 부문에서 1위, 종합 27위라니 놀랄 뿐입니다. TV와 신문(마이니치에 크게 소개가 실렸다든가)이 가진 영향력의 힘이겠지요. 유아사 씨 이야기로는 NHK의 교육 방송이 헨미 씨의 독무대 같았다는데, 나레이터가 이치하라 에쓰코360 씨였고 제 하이쿠를 히라타 미쓰루361 씨가 낭독해 주었다고 합니다. 그런 저명한 배우

들(저도 이름을 알 정도입니다)이 참여해 줄 거라고는 생각도 못 했습니다. 일이 어마어마하게 커져 버렸군요. 그건 그렇지만 하이쿠집이 중간된다는 이야기 같은 건 들어본 적도 없습니다. 하이쿠를 모르는 사람들, 사형 폐지 운동과 반일 지원 이외의 사람들도 이 책을 구입해 주었다는 뜻이겠지요. 토를 단 것과 글머리, 어휘 해설을 다는(늘리는) 등, 하이쿠집답지 않은 하이쿠집으로 만든 것도 적중했다고 할 수 있겠네요.

• **4월 19일**

35.8도, 맥박 78. 오전 중에 스즈키 군과 나가이 군의 면회. NHK에서는 "왜 테러리스트 방송을 만들었나"라는 항의가 쇄도하고 있다고 합니다. 방송의 내용을 전해 듣고서 걱정하던 참이긴 했습니다. 스즈키 군은 NHK 방송 다음날 일이 있어 오타 출판에 갔더니 대소동이 벌어졌다고 합니다. 오타 출판에도 항의 전화가 왔던 모양입니다. 오타 출판과 NHK의 방송 제작 스태프 분들께 죄송합니다. 어제는 마사쿠니 씨에게 "외출했을 때 두들겨 맞지는 않나요"라고 물었는데 이제는 헨미 씨도 걱정이군요. 무언 전화[362]보다 심한 짓을 벌이는 이가 나오지 않기를 빕니다.

• **4월 23일**

열여덟 번째 사이클 첫날. 35.8도, 맥박 78. 백혈구는 4,600. 20일(금요일) 노이트로진 주사를 한 번 맞고 두 배 가까이 백혈구가 늘어난 걸 보니 제 골수가 꽤 분투해 줬구나 싶습니다. 다만 주말의 몸 상태는 좋지 않았습니다. 2,000 가까이 늘어난 영

---

360 이치하라 에쓰코市原悦子(1936~2019). 지바현 출신의 중견 배우. 1957년에 데뷔했으며 1960~1970년대에 전성기를 맞았다. 이후 2011년 후쿠시마 발전소 사고와 관련하여 '원자력 발전 제로를 향한 7.2 긴급행동原発ゼロをめざす7.2緊急行動' 등에 참여하기도 했다. – 역자 주.

361 히라타 미쓰루平田満(1953~). 아이치현 출신의 배우. 다수의 드라마, 영화, 연극에 출연하였다. 가네시로 가즈키 원작의 영화〈GO〉와 김대중 납치 사건을 다룬〈KT〉등에도 출연한 바 있다. – 역자 주.

362 無言電話. 전화를 걸고 상대가 끊을 때까지 아무 말도 하지 않는 것. 주로 협박의 의미로 사용된다. – 역자 주.

향 때문이겠지요. 몸 상태가 악화된 걸 보니 백혈구 수치가 높아졌음을 예측할 수 있었습니다.

- 5월 10일

　36.3도, 맥박 72. 〈잃어버린 말을 찾아서 — 헨미 요, 어느 사형수와의 대화〉의 대본과 방송 감상문을 읽고 감격했습니다. 면회 때 단편적으로 내용을 전해 들었지만 이 정도로 심도가 있을 줄은 몰랐습니다. "용케도 NHK가 해냈구나" 싶은 감상이 들었는데, ETV 특집은 원자력 발전소도 다루고 있으니 NHK의 양심이라고 할 수 있겠지요. NHK의 OB가 저에 대한 비판을 하면서도 "잘했다"며 디렉터 S 씨를 필두로 스태프들을 높이 평가하는 걸 보니 NHK에도 기골이 있는 사람들이 있긴 있군요. 그런데 보내 주신 VTR이 차입됐다는 고지가 없었기에 "NHK의 VTR이 분명 차입됐을 텐데요"라고 물으니 교도관이 "그 하이쿠 건 말이군요"라고 답했습니다. 그가 하이쿠 방송이라고 생각할 만큼 제 하이쿠가 많이 인용된 모양이지요. 헨미 씨가 제 하이쿠의 인도자와 같은 역할을 해 주신 데 대해 죄송스러우면서도 감사하게 생각합니다.

- 5월 21일

　37도, 맥박 84. 주말에는 이마에만 났던 헤르페스가 왼쪽 눈꺼풀과 코, 볼 등까지 퍼졌습니다. 코에는 아직 수포가 나지 않았지만 빨간 두드러기 같은 것이 생겼고 열도 납니다. 아침부터 항바이러스제 발트렉스를 복용했습니다. 또 이마의 침출액이 눈에 들어가는 것을 막기 위해 거즈를 붙여 두었습니다.

- 5월 22일

　36.8도, 맥박 84. 대상 포진이 크게 창궐해서 드디어 코, 왼쪽 눈꺼풀, 등, 허리까

지 수포가 났습니다. 참을 수 없을 만큼 심하지는 않지만 이마와 코가 아픕니다. 또 오늘부터 이마뿐만 아니라 코까지 거즈를 더 크게(코를 완전히 덮을 만큼) 붙였습니다. 오늘은 목욕을 하는 날이었지만 입욕과 운동이 금지되었습니다.

• 5월 29일

36.4도, 맥박 78.「올리브 나무」 111호를 보면 시게노부 씨가 자궁에 생긴 암과 소장을 적출했다고 합니다. 큰일을 치르신 것 같습니다. 그래도 개복 수술을 했을 때 예상 외의 병을 찾아낸 것은 행운이었을까요. 종양 마커[363]가 안정되면 좋겠군요. 그런 수술을 받은 직후임에도 불구하고『한 기의 관』을 읽어 주신 데에 감사한 마음뿐입니다. 읽고 쓰기에 의욕을 불태우면서 그라운드를 달리고 있다니, 요양 중인 자로서 큰 격려를 받습니다.

• 6월 4일

35.9도, 맥박 79. 열아홉 번째 사이클의 첫날입니다. 오늘 아침의 백혈구 수치는 4,500. 주말에 대단히 나른했기 때문에 주사를 맞고 꽤 늘었음을 느꼈습니다. 늘어나고 줄어드는 폭이 크면 신체의 부담도 큽니다.

• 6월 8일

35.6도, 맥박 72. 오늘 아침의 백혈구는 4,300. 고빈다 프라사드 마이나리[364] 전 피

---

363 인체 속에 종양이 생기면 건강할 때는 거의 볼 수 없는 특수한 물질이 종양에서 대량으로 만들어져 혈액 속에 출현하게 되는데, 이를 '종양 마커' 혹은 '종양 표지자'라고 한다. 혈액 검사에서 이 물질이 기준치 이상으로 나왔을 때는 암을 의심할 필요가 있다. -역자 주.

364 Govinda Prasad Mainali. 네팔인으로 1997년 일어난 도쿄 전력 여직원 살인 사건의 용의자로 체포되었다. 이후 15년간의 법정 공방을 거친 후 검찰 측에서 제시한 증거에 문제가 발견되어 본문에서 다이도지가 말하는 재심 청구 인정으로 풀려났다. 그는 미등록 상태였기에 네팔로 추방되었으며, 2012년 10월 29일 무죄를 선고받았다. - 역자 주.

고의 재심 개시와 무기형의 형 집행 정지가 인정되었다는데, 당연하겠지요. 너무 늦었습니다. 고빈다 피고가 네팔인이라는 차별 의식이 뒤에 깔려 있기 때문이겠지요. 이번 건뿐만 아니라 경찰과 검찰은 한번 범인이라고 결정하면 증거를 감추어서라도 죄 없는 이를 범인으로 만들어 왔습니다. 마에다 검사만의 문제가 아니지요. 조직적인 체질이라고 할까요, 무섭습니다. 이외에도 이번 케이스와 마찬가지인 사례가 더 있겠지요. 헨미 요 씨로부터 연락이 있었습니다.

왼쪽 손에 든 / 글씨 엽서는 / 장마 속 한가운데

- **6월 13일**

  36도, 맥박 78. NHK ETV 특집 〈잃어버린 말을 찾아서 — 헨미 요, 어느 사형수와의 대화〉 비디오를 시청할 수 있도록 문서로 요청했습니다. 이번 ETV 특집은 4월 갤럭시 상 수상작이라고요. NHK의 S 씨께 축하드립니다. 그리고 헨미 씨를 비롯한 출연자와 스태프 여러분께 감사드립니다. 어떤 사람들이 갤럭시 상의 심사를 하는지 알 수 없고, 저는 대본밖에 보지 않았지만 이 방송이 상을 받는 사회는 아직 구원의 여지가 있지 않을까요.

- **6월 18일**

  36.1도, 맥박 84. 오후에 1.3킬로미터 정도 걸은 후 쉬고 있으니 유아사 씨의 면회로 호출되었습니다. "바깥에 큰일이 났어"라고 하기에 오이大飯 원전[365] 이야기인

---

365 간사이 전력関西電力이 운영하는 원자력 발전소. 후쿠이현福井県에 위치한다. 4기의 원자로가 존재하며, 2011년의 동일본 대지진 때 발생한 원자력 발전소 폭발 및 오염수 누출 사고 이래 개정된 신법규에 근거하여 가동을 중지한 바 있다. 1호기와 2호기는 2017년 12월 22일 이후로는 가동하지 않고 있다. 그러나 3호기와 4호기는 각각 2018년 3월, 5월에 재가동을 시작했다. 이 원자력 발전소는 행정구역상으로는 후쿠이현에 속하나, 실제 지리적으로는 교토부京都府의 북쪽에 위치한다. 교토부민들이 가동 중지 가처분 신청을 한 바 있으나 기각됐다. 또한 오이 원자력 발전소의 4기 전부 미쓰비시 상사와 미쓰비시 중공업이 주 계약자이다.

가 싶었는데『한 기의 관』이야기라고요? 어제 아사히 신문에 다나카 유코[366] 씨의 서평이 실린 건 물론이요, 하이쿠 잡지 「무요」와 월간지 「하이쿠카이俳句界」 7월 25일 발매분에서 특집이 줄줄이 나왔다고요. "어디까지 계속될까?"라고 물어보서서 "곧 끝나겠지요"라고 답했습니다. 이런 소동이 벌어져 본인이 제일 당황한 상태입니다.

- ## 6월 28일

35.6도, 맥박 78. 하이쿠 잡지 「무요」 27호를 받아 봤습니다. 『한 기의 관』 특집을 꾸려 주어서 감사한 마음이 들었습니다. 호의적인 평은 기쁘게 생각하지만 개중에 당혹감과 불쾌감을 느끼는 분도 있는 듯합니다. 제가 벌인 일을 용서할 수 없다면 제가 한 모든 말을 믿을 수 없겠지요. 유감스럽지만 어쩔 수 없겠습니다.

- ## 7월 12일

35.8도, 맥박 72. 오쓰大津 시의 중학교 2학년 학생이 괴롭힘을 당해 자살한 사건에서 중학교와 시 교육 위원회, 경찰이 괴롭힘을 부정하거나 부모의 호소를 묵살했던 것은 소년을 괴롭혔던 학생들의 부모가 PTA[367] 회장이거나 의사라는 '유력자'였기 때문이 아닐까요? 그게 아니라면 단순한 책임 회피일까요? 제가 어렸을 때는 가난해서 고등학교에 가지 못하거나 도시락을 매일 들고 올 수 없는 학생이 비뚤어지는 일도 있었지만, 요즘이 훨씬 더 차갑습니다. '자살 연습' 같은 걸 강요당한 소년은 필시 대단히 괴로웠겠지요.

---

366 다나카 유코田中優子(1952~). 호세이 대학 일본 문학과를 졸업하고 에도 문화 연구자로서 다수의 저서를 남겼으며 에세이스트로도 이름이 알려져 있다. 호세이 대학 19대 총장을 역임했다. - 역자 주.

367 Parent-Teacher Association. 1946년 일본에 온 미국의 교육 사절단이 '민주주의 교육 추진'의 목적으로 최초 계획을 입안하였으며 1947년부터 일본 각지에서 결성되기 시작했다. 학부모와 교사가 중심이 되어 설립된 단체(학생은 대상이 아님)이며, 임의 가입 단체로 법적인 가입의무는 없다. 최근에는 'Community'를 더해 PTCA라고 불리기도 한다. 학생 차별이나 회비 유용, 명단 유출 등의 문제가 불거진 바 있다. - 역자 주.

- 7월 16일

스무 번째 사이클의 첫날. 2년 이상 계속되고 있지만 휴일에 약을 먹는 것은 처음입니다. 아침에 간호사가 잊지 않고 알케란을 가지고 와 주었습니다. 체온을 재지는 않았습니다.

- 7월 25일

35.7도, 맥박 78. 오후에 마사쿠니 씨와 면회를 가졌습니다. 「하이쿠카이」 8월 호를 차입해 주었습니다. 『한 기의 관』에 대해 작은 특집이 실려 있었습니다. 이걸로 『한 기의 관』을 둘러싼 야단법석은 어쨌든 끝이겠지요. 저는 하이쿠 문단에서 묵살되어 왔기 때문에, 「하이쿠카이」 편집부는 과감한 시도를 해 주었습니다. 감사드리지 않을 수 없지요. 그리고 마사쿠니 씨가 오타니大谷 변호사 등과 이어 오고 있는 나가야마永山[368] 군에 대한 집회의 참가자가 300명이었다고 하는군요. 『무지의 눈물』[369]의 인세 총액이 1억 엔을 넘었다면서, 사후에도 그의 영향력은 대단하다고 했습니다. 오쓰 시의 교육 위원과 오지야마皇子山 중학교 교장, 그리고 남의 입 모양 따위를 감시하는 오사카부와 시의 교육 위원들을 나가야마 군의 집회에 참석시켰으면 좋겠습니다.

- 8월 3일

35.6도, 맥박 78. 오늘 아침의 백혈구는 3,100. 핫토리 준야[370] 씨와 마쓰무라 교조 씨[371]

368　나가야마 노리오永山則夫(1949~1997). 홋카이도 출신으로 열아홉 살 때 미군의 권총을 훔쳐 도쿄, 교토, 나고야, 하코다테에서 살인을 저질렀고 1969년 체포되었다. 1990년 사형이 확정되었는데, 옥중에 있는 동안 글을 익혀 작가가 되었다. 자신이 저지른 일을 1997년 사형당하기까지 참회하면서 그를 토대로 여러 작품을 내었다. - 역자 주.

369　永山則夫, 『無知の涙』, 河出書房, 1990.

370　핫토리 준야服部純也(197?~2012). 2002년 시즈오카에서 아르바이트를 끝내고 집에 돌아가는 여대생을 차로 친 후 성폭행. 범행이 드러날 것을 두려워해 기름을 뿌리고 불을 붙여 살해했다. 동년 7월에 체포되고 2003년 사형이 구형되었다. 집행은 2012년. - 역자 주.

가 사형당했습니다. 다키 마코토[372] 법무상은 취임한 지 2개월밖에 지나지 않았는데 과연 기록을 자세히 보긴 했을까요? 진흙탕 내각의 일원으로서 애가 탔던 걸까요? 핫토리 씨와는 병동으로 옮겨질 때까지 몇 년간을 같은 곳에서 보냈는데, 고등법원에서 사형 판결 → 상고 기각 → 사형 확정에 이르기까지 시간이 흐르면서 맥이 빠지는 것을 보고 상당히 신경이 쓰였습니다. 유감입니다.

속죄 공물은 / 몸뚱이 하나뿐인 / 추해당의 꽃

- 8월 10일

　　35.6도, 맥박 78. 일본 정부는 한국의 이명박 대통령의 독도(일본명 다케시마) 상륙에 항의하면서 방문이 실현된다면 주한 일본 대사를 소환하겠다며 으르렁거리고 있는데, 미국이 하는 일에는 "예, 예" 하고 따르기만 하면서 중국이나 한국, 북한에 대해서는 왜 이렇게 고압적일까요. 예전에 침략과 식민지 지배를 했던 경험이 지금도 정치가나 관료의 의식에 '우월'감으로 남아 있는 걸까요? 한국과의 관계에 대해서 말하자면, 이번 건에서 한국을 도발한 것은 외무상의 발언이었고, 종군 위안부 문제를 무시했던 일이겠지요. 자기 자신의 언동을 돌아보지 못하는 걸까요?

구름바다에 / 떨어진 사람의 영影 / 사라져 가고

- 8월 23일

　　35.6도, 맥박 72. 시리아 내전을 취재하던 야마모토 미카[373] 씨가 사망했습니다.

371　마쓰무라 교조松村恭造(1982~2012). 2007년 1월 금전 때문에 친척 두 명을 살해하고 2월에 체포. 법정에서 "작은할아버지에게는 어떤 원한도 없었다. 살인이라는 커다란 인생의 첫 경험을, 두 건이나 대단히 냉정한 상태에서 완수했다" 등의 도발적인 발언을 지속했고 2008년 사형이 언도되었다. - 역자 주.

372　다키 마코토滝実(1938~). 도쿄 대학 법학부 출신의 정치가. 법무 대신과 중의원 의원, 소방청 장관, 나라현 부지사 등을 역임하였다. - 역자 주.

373　야마모토 미카山本美香(1967~2012). 재팬 프레스 소속의 종군 기자. 2012년 시리아 내전 취재 당시 격전

최종 옥중 통신最終獄中通信

시리아에서 이미 스무 명이 넘는 저널리스트가 살해당했던 모양인데, 불합리한 사실을 알리고 싶지 않은 자들이 저널리스트를 노리고 총을 쏘는 것이겠지요. 그렇다면 더욱 현지의 사정을 전하는 저널리스트의 역할이 커진다고 할 수 있겠습니다. 야마모토 씨의 죽음을 애도합니다.

• 8월 27일

35.5도, 맥박 78. 스물한 번째 사이클의 첫날입니다. 오늘 아침의 백혈구는 4,700. 주말에 맞은 노이트로진 주사 때문이지요. 주사 한 번에 2,000이 넘게 늘어나기 때문에 골수가 굳세게 싸우고 있습니다. 목욕 때 체중을 재니 54.6킬로그램. 몸에 걸친 건 달랑 팬티 한 장뿐이었으니 체중이 원래대로 돌아온 셈입니다.

• 8월 30일

35.8도, 맥박 78. 스물한 번째 사이클의 네 번째 날. 미쓰비시 중공업을 폭파했던 날입니다. 피해자와 유가족분들, 그리고 부상당하신 분들께 마음 깊이 사죄합니다. 왜 그 당시 멈출 수 없었는지, 가해자인 제가 계속 살아가는 의미와 더불어 늘 생각하고 있습니다. 제가 해를 입힌 분들께 깊은 애도를 올립니다.

• 9월 11일

36도, 맥박 72. 오후에 유아사 씨와 면회를 가졌습니다. 「지원련 뉴스」의 게이코 씨가 도시아키 군과 면회했던 기록에서 그녀의 인품이 드러나서 좋았다(도시아키 군이 읽어도 기뻐할 것입니다)고 이야기하고 난 후에 유아사 씨가 "좋은 뉴스와 나쁜 뉴스가 있다"고 했습니다. 좋은 뉴스는 마리가 에키타 씨와 면회했다는 것이었습니다. 지금까지 몇 번이나 신청을 해도 면회할 수 없었는데 처음으로 할 수 있게 되

지였던 알레포Aleppo에서 정부군의 총격을 받고 사망. - 역자 주.

309
2012년

었다고 합니다. 잘됐습니다. 나쁜 뉴스는 8월 25일에 미네峰 씨가 돌아가셨다는 것이었습니다. 저와 마찬가지로 다발성 골수종에 걸렸던 분으로, 입퇴원을 반복하면서 조언과 격려를 해 주었습니다. 그는 사형 폐지와 옥중에 있는 사람을 지원하는 데도 힘을 쏟았습니다. 안타깝습니다. 지금까지 보여 주신 두터운 정에 감사드리면서 명복을 빕니다.

- ## 9월 12일

35.7도, 맥박 78. 어젯밤 미네 씨를 생각하니 잠이 오지 않았습니다. 그는 저보다 훨씬 수치가 좋지 않았습니다. 봄 무렵의 이야기인데, 그의 IgG 수치는 8,000대(제가 입원했을 때는 4,000)였고 노이트로진(백혈구를 늘리는 주사)을 4일인가 5일 연속으로 주사해도 백혈구가 겨우 2,000대여서 면역력이 상당히 떨어져 있었습니다. 제병 상태에 대한 긴 편지를 주셨을 때(유아사 씨에게 보낸 편지)에도 상당히 괴로운 상태였던 것 같습니다. 미네 씨에게 수고하셨다는 말을 전하고 싶었습니다.

오키나와에서 오스프리 배치에 반대하는 항의 집회가 열려 11만 명이 참가했다는 보도가 있었는데, 이는 오키나와 전 인구의 10분의 1로, 도쿄로 치자면 100만 명 이상에 필적하는 규모입니다. 하지만 노다野田든 자민당 총재 선거에 이름을 올린 인간들이든 오키나와 민중의 목소리를 듣지 않습니다. 오키나와를 미군의 지배하에 두는 주제에 시리아의 아사드 정권을 비난할 수 있는가 싶습니다.

- ## 9월 20일

36도, 맥박 84. 오후에 도쿄 구치소 시찰 위원(남성)과 면접을 가졌습니다. 도쿄 구치소 당국이 인근으로부터 들어온 민원을 구실로 삼고 있는 것 같은데, 미늘창을 내렸다는 이야기입니다. 5층 병동에서는 도쿄 구치소의 부지가 극히 일부만 보였습니다. 11층에 수용되어 있었을 때도 부지 바깥에 민가 같은 것은 보이지 않았지요. 혹시 보이는 방이 있다면 그 부분만을 어떻게 조치해 두면 될 것이고 일률적으로 모든 창을 닫아 버릴 필요는 없습니다. 그리고 보인다고 해도 미늘창의 좁은 틈새뿐이며, 10층과 11층에서는 망원경이라도 쓰지 않으면 지상의 사람이 남자인지 여자인지도 구별할 수 없습니다. 그래서 도쿄 구치소가 했던 일은 과잉 반응이라고 할 수밖에 없지요. 시찰 위원은, 바로 나갈 사람이라면 몰라도 사형수가 정원의 풀과 나무도 볼 수 없게 하는 것은 너무하다고 했습니다. 그리고 외부와 소통하는 건에 대해서는, 종래의 '다섯 명까지'라는 것은 잠정적이었으며 법령에서 정한 바가 아니었기에, 이미 여섯 명 이상과 소통하는 사례가 있다고 도쿄 구치소가 인정했다는군요. 사형수 감방에서 병동으로 옮겼어도 사형수 처우에 대한 규제는 엄격하게 지키면서, 완화와 개선은 두 번째, 세 번째로 밀리는군요.

- 9월 28일

　36.3도, 맥박 84. 오늘 아침의 백혈구는 3,100. 오후 늦게 마사쿠니 씨와 면회를 가졌습니다. 동분서주하며 바쁜 와중이라 죄송한 마음이 듭니다. 인터넷 TV에 출연해서 분쟁 중인 '영토' 문제에 대해 이야기하고 왔다고 합니다. 신문과 TV에서는 중국의 반일 데모라든지 순시선의 방수 영상(사진)만을 보도하고 있지만, 원래는 각자가 어떤 주장을 하고 있는가를 보도해야 하겠지요. 요미우리 신문 독자가 쓸데없이 반중 감정을 선동하고 있는 것 같기 때문입니다. 그리고 8월에 들어『한 기의 관』이 300권 정도 팔렸다고 오타 출판의 다카세高瀨 씨가 말했다나요. 「하이쿠카이」특집의 영향일까요?

영토와 영해 / 국난과 애국 / 땅강아지는 울고

- 10월 8일

　스물두 번째 사이클의 첫날입니다. 휴일이어서 체온 검사는 없었습니다. 약간 힘듭니다.『가마가사키 유정』[374]을 다 읽었습니다. 현재의 가마가사키와 노상 생활자를 그리고 있습니다. 젊은 사람들이 자원봉사로 들어가 있다고 하는데 남성보다 여성이 더 거침없는 모양입니다. 열여덟 살이었던 저도 들어갈 때 몇 번이나 망설였는데, 봉두난발에 수염투성이 아저씨들이 무서웠기 때문이 아니라 소변과 알코올이 섞인 진한 냄새에 압도되어 버렸기 때문입니다. 한번 그 벽을 깨 버리면 아무것도 아닌데 말이지요. 그런데 가마가사키에서는 아이들을 볼 수 있었지만 도쿄로 나와 산야에 들락거릴 때는 아이들을 거의 볼 수 없었습니다. 정말 성인 남성뿐이었지요. 가마가사키에는 일가족이 살고 있는 경우도 있었다는 뜻이겠습니다.

- ## 10월 15일

36.1도, 맥박 78. 12일(금요일) 오후부터 몸 상태가 급속하게 나빠져서 13일(토요일) 밤에는 강한 오한에 마디마디가 아파 잠을 잘 수 없었습니다. 14일(일요일) 아침에 체온을 재니 약 38도였습니다. 머리도 아팠기 때문에 록소프로펜을 먹었습니다. 위아래 모두 몇 번이나 갈아입을 정도로 땀을 흘려서 오전에는 36도 정도로 열이 내려갔지만(그리고 그때 맥박은 100이었습니다) 구토감이 들고 상태도 좋지 않습니다. 오늘 아침에도 일어나 옷을 갈아입었지만 회진 이후에는 누워 있었습니다.

- ## 10월 17일

35.7도, 맥박 78. 아침에 의무부장이 회진할 때 "약을 쉴 수는 없나요?"라고 물으니 "검토하고 있다"는 대답을 받았습니다. 스물한 번째 사이클에서 IgG 단백이 50 정도 늘었기 때문에 약을 쉬는 건 물 건너간 듯합니다. 외부의 전문의와 상담하고 있는 모양인데 스물두 번째 사이클에서는 어떻게든 IgG 수치를 내려 약 복용을 쉬었으면 합니다.

---

374 神田誠司,『釜ヶ崎有情』,講談社, 2012.

- 10월 19일

　35.5도, 맥박 78. 오늘 아침의 백혈구는 3,300. 3,000이 안 될 거라고 생각했기 때문에 고마울 따름입니다. 골수가 상당히 건투해 주고 있습니다. 「주간 아사히」가 오사카 시장인 하시모토의 출신 등을 연재 기사로 낸 것 같은데, 동정 심리를 일으키기 위해서라는 의심이 들고 말 정도로 인권 감각을 결여하고 있습니다. 「주간 신초」나 「주간 분슌」과 마찬가지로 팔리기만 하면 그만이라는 걸까요.

간청하건대 / 박달나무 그 향기 / 잃지 않도록

- 11월 7일

　35.7도, 맥박 78. 『산야로 가는 복도 — 사진가 난조 나오코의 기억 1979-1988』[375]에서 '게리ゲーリー' 이토 준이치伊藤淳一 씨와 다시 만났습니다. 그는 자주 면회를 왔습니다. 연극을 하고 있다고 했는데, 그것이 가라 주로[376]의 「상황극장状況劇場」일 줄은 미처 몰랐습니다. 낯을 가리고 온화한 그와 텐트 연극[377]이 잘 이어지지 않지만, 산야에 있을 때는 투쟁 현장 선두에 서곤 했지요. 돌아가시고 나서 3년이나 지났습니다. 그와는 사회에서 만나고 싶었습니다.

375　織田忍, 『山谷への回廊—写真家・南條直子の記憶1979—1988』, アナキズム誌編集委員会, 2012.

376　가라 주로唐十郎(1940~). 극작가, 연출가, 배우. 원래 이름은 오쓰루 요시히데大鶴義英이다. 전위 극단 가라구미唐組의 대표이며, 2010년에는 이병주 문학상을 수상하기도 했다. - 역자 주.

377　텐트, 즉 오픈된 형식의 무대에서 상연하는 연극. 일반 실내 극장에서는 상연하기 어려운 형식의 시도를 한다. 또한 무대도 특정 장소에 구애되지 않고 이동하는 것이 특징이다. 텐트 연극은 1960년대 중기에서 1970년대 전반에 걸쳐 전성기를 맞은 언더그라운드 연극アングラ演劇에서 그 기원을 찾을 수 있으나, 현재는 그 특징이 계승되고 있는지 말하기 어렵다. 배우이자 연출가, 극작가인 가라 주로의 '가라구미'(붉은 색의 텐트에서 상연했다고 하여 붉은 텐트紅テント라고도 불린다), '극단 검은 텐트劇団黒テント', 사쿠라이 다이조桜井大造가 주도하는 '바람의 여단風の旅団' 등이 유명하다. 최근 이준익 감독의 영화 〈박열〉(2017)에 소속 배우가 다수 출연한 '신주쿠 양산박新宿梁山泊'의 대표인 김수진은 가라 주로의 상황극장 출신이다. 신주쿠 양산박의 전 멤버이자, 영화 〈피와 뼈〉(2004) 각본으로도 유명한 극작가 정의신도 검은 텐트 출신이다. - 역자 주.

- 11월 12일

36.1도, 맥박 72. 11월 2일에 검사했던 IgG는 1,517. 저번보다 100 이상 내려갔을 뿐만 아니라 이로써 다섯 사이클(반년) 동안 정상치 안쪽입니다. 그래서였겠지요. 아침에 의무부장이 스물두 번째 사이클은 약을 쉰다고 했습니다. 완쾌라고 할 수는 없기 때문에 약을 쉬는 것이 언제까지가 될지 모르겠지만 항암제를 약 2년간 계속 복용하느라 입은 손상을 회복하고 싶습니다.

오후에 유아사 씨와 면회를 가졌습니다. 약을 쉰다는 이야기로 신이 나서 하이파이브를 나눴습니다. 과학자답게 유아사 씨는 약을 쉰다는 것이 치료를 중지한다는 것과 마찬가지라서 어떻게 될지 의문을 던지고 있긴 하지만, 저로서는 다음 주의 스물세 번째 사이클에 들어가지 않고 쉬는 것만으로 감사할 따름입니다.

- 11월 26일

36.6도, 맥박 72. 히지카타 데쓰[378]의 하이쿠집 『표류漂流』를 다 읽었습니다. 서장에서 스즈키 무리오[379]가 "분노를 껴안은 중층重層과 태평스러운 충실함"이라고 썼는데, 틀림없습니다. 결코 입맛에 맞는 하이쿠들이 아니며 읽은 후에 까칠한 느낌이 남지만 나쁘지는 않습니다. 히지카타는 후기에서 "두리뭉실한 하이쿠가 범람"하는 데 "못 하나를 박고 싶다"고 쓰고 있는데, 1995년 이 하이쿠집이 출판된 이후 17년이 지난 지금, 사회도 하이쿠도 더욱 두리뭉실해져 있습니다. 히지카타의 하이쿠는 지금도 한 개의 못이 아니라 몇 개의 못이 될 수 있을 거라 생각합니다. 차입해주신 시마타니島谷 씨에게 감사드립니다.

---

378 히지카타 데쓰土方鐵(1927~2005). 교토 출신의 작가, 배우, 각본가. 본명은 후지카와 마사미藤川正美. 차별을 받던 교토의 부락部落에서 태어나 초등학교 졸업 후 철도원으로 종사하다 1942년 폐결핵으로 입원. 1953년부터 부락 해방 운동에 뛰어들었고 1963년 『땅줄기地下莖』로 신일본문학상 수상. ─ 역자 주.

379 스즈키 무리오鈴木六林男(1919~2004). 하이쿠 시인. 본명은 스즈키 지로鈴木次郎. 태평양 전쟁 전에 하이쿠 시인으로 활동하고 있었으며 신흥 하이쿠 운동에도 참가했다. 1940년 태평양 전쟁에 참전, 중국 대륙과 필리핀 등을 전전하다 1942년 바탄-코레히도 전투에서 부상을 입고 귀환한 후 그대로 제대했다. 전후에 상업 학교로 돌아갔지만 중퇴했고, 하이쿠 시인으로서 다시금 정력적인 활동을 시작했다. ─ 역자 주.

- 12월 10일

　36.2도, 맥박 72. 오후 뢴트겐 촬영이 있었습니다. 흉부 한 장, 흉추, 요추 각 두 장 (정면과 측면). 새로운 골절은 없었고 정기적으로 하는 것이라 생각됩니다.

　뢴트겐 촬영이 끝난 직후에 유아사 씨와 면회를 가졌습니다. 에키타 씨가 4년 후에 출옥하기 때문에 지금부터 지원련이 그녀를 맞이할 준비를 해야 한다 등등. 출옥하고 나면 구 일본적군의 '세력권'이 아니란 건가요? 먼저 석방된 분들과 관계자가 그녀의 출옥에 만반의 준비를 끝내고 기다리고 있는 줄 알았습니다. 체포도 그렇지만 출옥 후에 일어난 일은 자기 책임이라는 것인가요. 구 일본적군을 지원하고 있다(고 생각되)는 사람들은 이에 대해 모르는 척을 하고 있는 건가요. 박정하군요.

- 12월 12일

　35.9도, 맥박 78. 올해는 다쿠보쿠[380] 사후 100주년으로 그의 사상이 동시대인과 함께 거론되고 있습니다. 저는 그의 대역사건과 러시아의 무정부주의자, 조선 침략 등을 다룬 시와 단가를 외울 만큼 읽었지만, 그러한 작품을 남기면서도 창부와 관계를 가졌다는 것은 엉망진창이고 아무래도 좋지 않다고 생각합니다. 시대적인 제약 같은 것을 고려해도 말이지요.

- 12월 18일

　36.2도, 맥박 78. 오후에 유아사 씨와 면회를 가졌습니다. 저번에 저의 몸 상태가 좋지 않아 보였기 때문에 "무슨 일 있었어?"라며 물어 왔습니다. 뢴트겐 촬영 직후에 녹초가 되어 늘어져 있었기 때문이겠지요. 골절된 요추와 흉추를 쭉 펴서(?) 몇 장이나 찍었기 때문에 꽤나 힘들었습니다. 그리고 선거 결과에 대해서도 얼마간 이

380　이시카와 다쿠보쿠石川啄木(1886~1912). 시인, 문학 평론가. 본명은 이시카와 하지메石川一. 이와테현 모리오카盛岡와 홋카이도, 도쿄 등에서 활동했다. 1910년 천황 암살을 획책했다는 대역사건에 흥미를 가지게 되면서 사회주의에 관심을 가지기 시작하고 여러 글과 노래를 지었다. 1912년 폐결핵으로 사망. – 역자 주.

야기했습니다. [노다]를 필두로 간부들이 한 말을 읽어 보니 민주당이 왜 패배했는지를 알고는 있나 하는 인상을 받았습니다. 변절도 갈 데까지 갔죠. 저로서는 그중에서도 지바 법무상의 사형 집행이 결정적이었습니다. 민주당이 사형 폐지를 내걸고 있는 건 아니지만, 지바 씨는 사형 폐지를 주장해 왔고 앰네스티 의원 연맹의 대표를 맡은 적도 있기 때문입니다. 그녀의 변절이 민주당의 변절을 상징하고 있다는 생각이 들었습니다.

- **12월 19일**

36.5도, 맥박 78. 오전에 간치쿠 씨, 와타나베渡邊 씨와 면회를 가졌습니다. 와타나베 씨는 도시아키 군과 처음으로 면회를 했다는군요. 도시아키 군은 말수가 적었고 목소리도 잘 안 들릴 만큼 작았지만 얼굴색은 좋았다고 합니다. 초超우익 정권 탄생으로 재심에 영향을 받을지 모르지만 잘해 나가자면서요.

2013년

• 1월 3일

아침, 산야 혹은 어떤 정당의 선전 차량이 와서 옥에 갇힌 사람들을 격려했습니다. 산야 쟁의단과 당파 관련자가 다수 수감되어 있던 때는 새해 정초부터 연달아 선전 차량이 와서 북적거렸는데 최근에는 조용해졌군요.

• 1월 16일

36도, 맥박 78. 헨미 씨가 「하이쿠」 1월 호를 차입해 주었습니다. 헨미 씨의 인터뷰라도 실렸나 해서 찾아보니 어디에도 없었습니다. "응? 뭐지?" 하며 페이지를 넘기자 가네코 도타[381]의 신년구와 논평이 『한 기의 관』을 다루고 있었습니다. 그것도 아사히 하이쿠 문단의 하세가와 가이[382]와 함께 호의적으로요. 도타가 『한 기의 관』

---

381 가네코 도타金子兜太(1919~2018). 사이타마현 출신으로 하이쿠 시인이다. 하이쿠 시인이었던 아버지의 영향을 받아 고교 재학 시절인 1937년부터 본격적으로 하이쿠를 짓기 시작한다. 전시에는 해군 중위로 트럭 섬에서 복무하였는데, 아사자가 속출했음에도 기적적으로 살아남아 1946년 귀국한다. 1947년부터 다시 하이쿠에 몰두하기 시작하여 여러 작품을 남겼다. 특이한 점으로는 전업 하이쿠 시인이 아니라 1943년 대학을 졸업한 이래 1974년 55세의 나이로 정년퇴직을 할 때까지 일본 은행에 계속 근무했다는 사실이 있다. – 역자 주.

382 하세가와 가이長谷川櫂(1954~). 구마모토현 출신의 하이쿠 시인. 중학교 재학 시절부터 하이쿠를 쓰기 시작했으며 1993년 39세의 나이로 하이쿠 잡지를 창간했고 현재도 정력적으로 활동 중이다. 하이쿠를 다루는 개인 사이트(1억 인의 하이쿠 입문: http://gokoo.main.jp)를 운영하는 등 새로운 미디어에도 큰 관심을 가지고 있다. – 역자 주.

을 읽었으리라고는 생각지 못했습니다. 90세가 넘어서도 제 하이쿠까지 읽을 만큼 건강하시군요. 그리고 고마운 일입니다. 헨미 씨도 일부러 책을 가져다주시니 감사 드릴 뿐입니다.

- 1월 21일

　36.1도, 맥박 78. 앞서「하이쿠」1월 호에서 가네코 도타가『한 기의 관』을 다루었 다고 적었는데, 도타의 신년구가「약한 이들을 / 공갈하는 녀석들 / 늑대에 먹혀」.

- 1월 22일

　잡지에 게재된 K·미나미 씨의『편지를 보라』[383]를 보았습니다(!). 그림은 말할 것 도 없지만 내용이 정말로 잘 짜여 있었습니다. 미래 우주의 판타지라는 장르로 설 정되어 있지만 사실 현재를 그리고 있지요. 평범한 사람은 떠올리지 못할 구상력입 니다. 감사합니다.

- 1월 31일

　36.1도, 맥박 72. 오후에 마사쿠니 씨와 면회를 가졌습니다. 시부야에서 사형 영 화 주간의 준비로 대단히 바쁜 듯하여 죄송스럽습니다. 〈사형수 표현전〉에 출품된 모든 작품(그림)의 전시회가 2개월이라는 긴 기간에 걸쳐 후쿠야마福山 시에서 예정 되어 있다고 합니다. 사형수의 그림이라는 것이 특이하게 보였는지 그것만 주목받 고 있는 듯하지만 어쨌든 작품으로서 인정받고 평가되었다는 뜻이겠지요. 많은 사 람들이 보아 주었으면 합니다. 그리고 새롭게 만들어지고 있는 세이큐샤青弓社판의 세시기歲時記에 제 작품이 실릴지도 모릅니다(하이쿠 세 편).

383　K·미나미 씨 본인에 의하면, 이 작품은 고단샤講談社의 만화잡지인 월간「애프터눈」의 사계상四季賞이 　　라는 콘테스트에서 가작으로 선정되었다. 잡지에는 연재되지 않았다. 다이도지 마사시에게는 원고의 　　복사본에 대사를 넣은 것, 잡지에 실린 가작 소개 페이지의 복사본을 차입했다. – 역자 주.

- **2월 15일**

35.6도, 맥박 84. 이케자와 나쓰키[384]가 "이번 결말은 어이가 없군!"이라며 책을 평론했기에 "이건 꼭 읽어야 한다" 생각해서 오랜만에 존 르 카레[385]의 『우리들의 반역자』를 읽었습니다. 분명히 예측을 불허하는 어이없는 결말이었는데, 국가의 비정함과 추함을 이보다 잘 표현한 작품이 없다는 점에서 납득도 됩니다.

물싸리 향기 / 어리어 있는 / 어젯밤 눈물방울

- **2월 21일**

36.2도, 맥박 78. 야간 뉴스로 도쿄와 나고야, 오사카에서 사형 집행이 있었음을 알게 되었습니다. 다니가키 법무상[386]이 집행을 공언하긴 했지만 취임하고 2개월여 만에 집행을 한다는 건 상당히 빠릅니다. 법무 관료가 대기하고 있었던 것이겠지요. 도쿄 구치소에서는 사형 집행이 이루어진 당일이었음에도 뉴스가 끝난 후, 포테이토칩 용량이 바뀌었다는 공지를 "그만 좀 해라!"고 이야기하고 싶어질 만큼 큰 소리로 내보내고 있었습니다. 상복을 입으라고까지 하지 않아도 사람의 목숨을 빼앗은 날에 이런 모욕이라니요.

베라 자술리치[387]를 생각하며

---

384 이케자와 나쓰키池澤夏樹(1945~). 홋카이도 출신의 소설가, 시인, 번역가. 1960년대부터 번역을 시작했으며 1975년 그리스로 이주한 후 3년을 보냈다. 귀국 후에 첫 시집『소금길塩の道』을 출판하여 첫 작가 커리어를 만든다. 2001년 미국의 9·11 테러 직후 이와 관련된 100편의 컬럼을 썼고, 2002년에는 이라크를 방문해 그에 관한 글을 쓰기도 했다. - 역자 주.

385 여기서 논하고 있는 책은 2010년 발표작인 『Our Kind of Traitor』(한국어판은 알에이치코리아, 2015)이다. - 역자 주.

386 다니가키 사다카즈谷垣禎一(1945~). 교토 출신의 정치가, 변호사. 자민당 소속으로 재무 대신, 법무 대신 등의 여러 공직을 역임했으며 자민당 총재를 맡기도 했다. - 역자 주.

387 베라 이바노바 자술리치Вера Ивановна Засулич(1849~1919). 러시아의 하급 귀족으로 태어났으며 기숙학교 재학 중 자매의 영향으로 혁명 사상에 눈을 뜨게 되고 나로드니키(인민주의) 운동에 참가하였다. 무정부주의를 지향하다가 트레포프 암살 미수 사건 이후 스위스로 망명하고 그곳에서 마르크스주의자로 전향했다. - 역자 주.

- **2월 25일**

36.0도, 맥박 78. 헨미 씨가 『국가, 인간 혹은 광기에 대한 노트』[388]와 『물의 투시화법』[389]을 선사해 주셨습니다. 감사합니다. 『국가, 인간…』에 우카이 사토시[390] 씨와의 대담 「역사의 광기에 대해」가 게재되어 있는데, 영토와 자기 자신으로부터의 적극적인 파시즘[391], 사형…… 등 실로 자극적인 이야기가 오가고 있습니다. 슈에이샤 문고의 「후기」에는 병으로 수상을 사임한 직후의 아베와 헨미 씨가 병원에서 마주친 이야기가 있군요.

오후에 유아사 씨와 면회를 가졌습니다. 도시아키 군은 제가 약을 쉬고 있음을 알고 있었고, 히라노 씨가 미소를 지으며 "잘됐군요!"라고 하니 고개를 끄덕였다고 합니다. 약을 쉬는 보람이 있습니다.

- **3월 8일**

35.5도, 맥박 84. 채혈을 다섯 번 했고 백혈구는 3,000이었습니다. {아베 신조}가

---

388 辺見庸, 『国家、人間あるいは狂気についてのノート』, 毎日新聞社, 2013.

389 辺見庸, 『水の透視画法』, 集英社文庫, 2013.

390 우카이 사토시鵜飼哲(1955~). 도쿄 출신의 철학자. 파리 제8대학에서 자크 데리다에게 사사하여 프랑스 현대 사상을 연구해 왔다. 다수의 저서와 데리다 역서를 낸 바 있다. - 역자 주.

391 국가나 위로부터 강제된 파시즘이 아니라, 우리 스스로가 '공공의 복리'라는 명목하에 '합의'를 만들어 내는 일을 가리킨다. 예를 들어 이라크전 당시 일본 자위대의 파병 여부를 둘러싸고 사회적으로 논쟁이 일었을 때 당시 후쿠다 야스오 관방 장관은 "국민에게 (전쟁 협력의) 의무를 부과하는 것은 아니지만 가능한 한 협력해 주길 바란다", "국민이 가진 권리의 제한은 국가 및 국민의 안전을 지킨다는 고도의 공공 복리를 위해 합리적인 범위라고 판단되는 한에서 이루어지며 '국민의 권리에 대해서는, 공공 복리를 해치지 않는 선에서 입법과 그 외의 국정 운영을 하며, 최대한의 존중을 필요로 한다'는 헌법의 취지에 따른 것이다"라고 말했다. 이는 실질적인 의무 규정을 '국민 보호'라는 표현으로 치환하는 행위라 할 수 있다. 辺見庸, 『国家、人間あるいは狂気についてのノート』, 毎日新聞社, 2013, 55~56쪽, 189~194쪽 참고. - 역자 주.

4월 28일에 주권 회복의 식전을 연다고 합니다. 이 남자한테는 일본이 미국에 점령당했던 과거의 지식은 있어도 일본 정부와 군(아베의 조부가 정부 고관이었지요)이 타국을 침략하고 식민 지배를 했던 지식은 '융통성 있게' 빼 버린 모양입니다. 또, 그날이 오키나와가 미군의 통치하에 놓인 날이라는 것도 '융통성 있게' 잊어버리고 있습니다. {아베}의 동료이자 지지자이기도 한 우익들은 오키나와의 지자체 수장들이 도내에서 데모를 펼쳤을 때 "일본에서 나가라"고 고성을 질렀던 것 같은데 잘도 그런 허튼소리를 하고 있군요. 기꺼이 나가 주면 어떨까요.

비눗방울아 / 일출 보이지 않는 / 시간을 향해

• **3월 11일**

35.5도, 맥박 78. 동일본 대지진으로부터 정확히 2년입니다. 검은 바다에 삼켜져 돌아가신 분들과 피난처에서 돌아가신 분들을 애도합니다. 살아남으신 분들과 남겨진 분들도 분명 괴로운 시간을 보내고 있겠지요. 후쿠시마에서 재해를 입고 올해 중학교를 졸업하는 학생들의 사진을 보았는데, 여학생의 눈물 젖은 웃음에는 만감이 교차하는 것 같아 저도 따라 울었습니다.

오후에 유아사 씨와 면회를 가졌습니다. 9일 반원전 집회와 데모에 참가했던 이야기를 했습니다. 10일에도 히비야日比谷에서 집회가 있었음은 신문과 히토시 군의 편지를 통해 알고 있었는데 그때는 주최자가 달랐다고 합니다. 운동의 후퇴 국면이 오면 분열하거나 당파성이 얼굴을 들이밀기도 하는데 탈(반)원전은 어떻게 될까요.

• **3월 21일**

35.6도, 맥박 82. 로마 교황으로 선출된 베르골리오 추기경(프란치스코 1세)이 취

임 미사에서 "굶주린 이와 목 마른 이, 떠돌아다니는 이, 보호받지 못하는 이, 병든 이, 감옥에 있는 이들을 보호하겠다"[392]고 맹세했다며 보도되었습니다. 옥에 갇힌 자들을 언급하는 교황은 이전에 없었나요?

도쿄 구치소 정원의 벚꽃이 피었습니다(운동장에서 보입니다). 이제 막 피기 시작했을 뿐이지만요.

- **3월 22일**

35.8도, 맥박 84. 백혈구는 3,700. 전 옴 진리교 신도인 히라타 마코토 피고의 배심원 재판에 확정 사형수 세 명이 증인으로 '출정'할 듯한데, 도쿄 지방재판소에서 하든 도쿄 구치소에서 하든 민간인인 배심원과 확정 사형수가 얼굴을 마주하고 경우에 따라서는 말을 주고받겠지요. 외부와 소통이 제한되었지만 예외로 하는 걸까요? 현재의 엄혹한 외부 소통 제한이 없다면 아무 문제도 없겠지만(도쿄 구치소에서 할 경우 재판이 비공개로 이루어지게 됩니다).

뱀 굴을 뛰쳐나온 / 이유 까맣게 / 잊혀 버리고

- **3월 28일**

35.4도, 맥박 72. 재특회의 반한反韓 데모(라기보다 욕설을 내뱉을 뿐이지만)에 대항하여 항의 행동이 이루어지고 있다고 합니다. 기쁜 일입니다.

후견인이 있다는 이유로 선거권을 상실한 다운 증후군 여성에게 도쿄 지방재판

---

392 마태복음 25장을 참조한 이 설교의 원문의 뉘앙스는 약간 다르다. "마태오 복음사가는 사랑에 관한 최후의 심판 이야기에서 그들을 나열하고 있습니다. 그들은 바로 굶주린 이들, 목마른 이들, 나그네들, 헐벗은 이들, 병든 이들, 감옥에 있는 이들입니다. 오직 사랑으로 섬기는 이들만이 보호할 수 있습니다." 「가톨릭뉴스」 2013년 3월 20일자 「교황 프란치스코 즉위미사 거행」 참조. – 역자 주.

소가 투표권을 인정했지만 정부가 공소했습니다. 이 일 만으로도 {아베} 정권은 타도해야 한다고 생각하는데, 불로소득으로 이득을 보는 여러분들은 어떻습니까?

가해하는 우리들 / 꽃샘추위의 / 한가운데서

• **4월 1일**

36도, 맥박 72. 오후에 유아사 씨와 면회. 도시아키 군의 상태가 최근 좋지 않다고 하는데 2월, 3월의 극심한 온도 변화는 병자에게 타격을 입히기 때문(병동은 일반동 보다 온도가 높게 설정되어 있지만 그렇다 하더라도)이 아닐까요? 몸이 좋지 않을 때는 질문에 답을 하는 것도 내키지 않게 되지요.

• **4월 2일**

36.3도, 맥박 74. 데루이 미도리[393] 씨의 하이쿠 「쌍둥이라서 / 똑같은 죽은 얼굴 / 복숭아 꽃잎」, 「봄날 아침의 / 냉장고보다도 더 / 새까만 진물」, 「하얀 매화가 / 진흙덩이를 뚫고 / 피어오르다」에서 무시무시함을 느낍니다. 그녀는 이와테현 가마이시釜石의 고등학교 교사(중학교였을 지도?)이기 때문에 실제로 보고 접한 것을 읊었겠지요. 옥중에서도 데루이 씨가 읊어 낸 것을 상상할 수 있는데(특히 세 번째 하이쿠 등), 그것을 말과 하이쿠로 풀어낼 수 있을까 생각하니 꽤 어렵게 느껴집니다. 좀 더 감성을 연마해야겠습니다. 데루이 씨의 하이쿠를 이전부터 주목하고 있었는데, 지진과 관련된 여러 편의 하이쿠 중에서 단연코 뛰어납니다.

---

393 데루이 미도리照井翠(1962~). 이와테현 출신의 하이쿠 시인. 2011년 동일본 대지진으로 피해를 입어 1개월간 체육관의 합숙소에 거주한 바 있다. - 역자 주.

- 4월 12일

  35.8도, 맥박 84. 전 옴 진리교의 확정 사형수를 증인 신문할 때 검찰 측은 저와 도시아키 군이 도쿄 구치소 내에서 증언한 것을 전례로 삼아 "이번에도 비공개로 하자"고 주장하는 모양입니다. 그러나 당시와 지금의 배심원 재판은 사정이 다릅니다. 또 우리는 증인이 되는 것, 그러니까 에키타 씨와 다시 만나는 일에 주안을 두었기 때문에 어디서 할지를 놓고 버티진 않았습니다. 버티다가 증인으로 채택되지 않을 가능성을 피한 것입니다. 그리고 당시의 재판장인 야마무로山室(현 변호사) 씨는 사형수를 바깥으로 내보냄으로써 사회에 대한 미련을 느끼게 하고 싶지 않았기에 비공개 증인 신문을 도쿄 구치소에서 했다고 합니다. 사형수의 심리적 안정을 우선으로 했다고요. 저는 야마무로 씨에게 나쁜 인상을 갖긴 않았지만 아무래도 관료적인 발상이었다고 생각합니다. 사형수의 심정을 운운한다면 사형이 집행되기 전에 스미다가와 강변의 벚꽃이나 긴자 부근의 풍경을 보여 주겠다는 생각은 못 했을까요. 죽음이 선고되어 심란한 자는 틀어박히면 틀어박힐수록 더 심란해지고, 그렇지 않은 자는 사회를 보더라도 평온하겠지요. 그런 것도 모르면서 재판관 노릇을 하고 있었는지 묻고 싶습니다.

  타는 사람도 / 하나 없어라 / 흔들리는 그네야

- 4월 25일

  36.2도, 맥박 72. 마사쿠니 씨가 알려 준 소식에 의하면 도모노쓰鞆の津 박물관에서 〈극한 예술 사형수의 표현〉전의 첫날과 둘째 날 각각 100명 가까운 사람이 방문하여 오픈 1주년 최다 기록을 세웠다고 합니다. 또 쓰즈키 교이치[394] 씨의 강연회에는 90명이 참가했다고 합니다. 도모노쓰는 교통이 불편한 곳인 데다가 쓰즈키 씨의 강연이 밤에 있었는데도 대단한 일입니다. 사형수의 그림을 통해 사형에 대해

---

394 쓰즈키 교이치都築響一(1956~). 도쿄 출신의 사진가, 저널리스트. 조치 대학(미국 문학 전공)에 재학할 때부터 현대 미술과 디자인 분야에 대한 글을 써 왔다. 본문에서 다이도지가 이야기하는 강연회는 2013년 4월 21일 18시~20시에 열렸다. - 역자 주.

생각하는 사람이 한 명이라도 늘어났으면 합니다.

- **4월 27일**

보도를 보니 어제 도쿄 구치소에 수감되어 있던 하마사키 가쓰지 씨와 미야기 요시히데[395] 씨의 사형이 집행되었다고 합니다. 법무 관료가 '재고 정리'를 계획하고 다니가키 법무상이 따라간 걸까요. 집행된 사람들과 면식은 없지만 그들의 죽음을 애도하며 「기타코부시」156호의 감상을 정리하고 있습니다.

히토시 군이 썼던 것처럼 사형은 제도일 뿐이라서 폐지가 결정되면 그 순간부터 국가의 살인이 제로가 됩니다. 어째서 늘 미루는 걸까요. 인민 재판에 대해, 저는 질질 끌려 다니는 신세이기 때문에 의견은 접어 두겠습니다.

니나가와蜷川 씨가 소개해 주신 『졸병 다나카』[396]는 1940년은 물론이요, 지금이라도 일본인이 쓸 수 없을 것입니다. 극중에서 판사가 말하는 것처럼 "혁명적인 위험 사상" 때문이지요. 게오르크 카이저의 이름을 기억하겠습니다.

슈지 군도 제 하이쿠를 읽었을 거라고, 히카타日方 씨가 쓰셨기에 꿋꿋하게 하이쿠를 써야겠습니다. 꿋꿋하다고 하면 슈지 군인데, 슈지 군의 최후가 그러했습니다. 숨통이 끊어지던 그때 "사형 집행은 내가 마지막이었으면 한다"고 말할 수 있었기 때문입니다.

---

395 하마사키 가쓰지浜崎勝次(1948~2013), 미야기 요시히데宮城吉英(1956~2013). 전 야쿠자. 이치하라 시의 식장에서 경쟁 조직 조직원을 살해. – 역자 주.

396 Georg Kaiser, Der Soldat Tanaka, Oprecht Verlag, 1940. 독일의 극작가 게오르크 카이저가 쓴 연극이다. 그의 고향인 독일에서는 검열을 받아 발표되지 못했으나 스위스로 망명한 후 1940년 11월 2일 취리히 연극 극장에서 프란츠 슈나이더Franz Schnyder와 카를 파릴라Karl Paryla의 감독으로 초연되었다. – 역자 주.

- 5월 1일

　35.5도, 맥박 72. 약한 자를 괴롭히는 건 예전부터 있었고 익명 엽서나 무언 전화 등 정체를 감추고 협박하는 일도 있었지만, 인터넷이라는 것이 존재하는 지금은 그 규모도 음습함도 과거와 비교할 수 없을 겁니다. 그렇다고 해도 사쿠라이 아무개 씨[397]가 대표로 있는 재특회에 소속된 인간들과 생활 보조 수급자에 대한 비난을 부끄러워하지 않는 가타야마 사쓰키[398]를 지지하는 인간들은 자신이 하고 있는 행동을 돌아볼 수 있을까요. 정말 한심한 사람들입니다.

- 5월 16일

　35.4도, 맥박 72. 히토시 군이 차입해 준 기노쿠니야 서점 출판부의 「스크립터スクリプタ」라는 홍보지에 쓰즈키 교이치 씨의 「알 수 없는 독자読みびとしらず」가 사형수의 회화전을 다루고 있었습니다. 쓰즈키 씨는 사형 폐지를 어필하고 있지는 않지만 사형수의 목소리와 그 작품을 소개하고 있습니다. 그의 독자가 사형 폐지 운동에 관여하지 않는 사람이라는 점에서 쓰즈키 씨의 발언은 매우 소중합니다.

- 5월 21일

　35.8도, 맥박 84. 하시모토 도루는 종군 위안부가 필요했다는 자신의 주장을 정당화하기 위해 미국과 한국도 전장에서 여성을 성적으로 이용했다고 말하고 있습니다. 그렇다고 쳐도 왜 종군 위안부가 필요했다며, 지극히 단순하게 연결하고 있는 걸까요. 군대가, 전쟁이 여성을 성적으로 희생시킨다면 군대와 전쟁 같은 건 필요치 않다고 생각해야 하는 것 아닌가요. 하물며 종군 위안부는 식민지 지배를 하

397　사쿠라이 마코토桜井誠(1972~). 후쿠오카현 출신의 정치가. 본명은 다카다 마코토高田誠. 재특회의 초대 회장이었으며 혐한 활동이 그의 주 커리어였다. 2016년 일본제일당日本第一党을 창당하였고 2020년 7월 도쿄 도지사 선거에서 17만 8,784표(2.92퍼센트)를 획득하여 5위를 차지하였다. – 역자 주.

398　가타야마 사쓰키片山さつき(1959~). 사이타마현 출신의 정치가. 자민당 소속으로 위안부를 부정하거나 독도 문제에서 극우적인 정치적 입장을 보여왔다. – 역자 주.

고 있던 일본의 관민이 결탁해서 조선의 여성들을 희생시킨 것이니까요.

• 5월 30일

35.6도, 맥박 78. 어제부터 간토 지방도 장마에 들어섰다고 합니다. 오늘 아침의 「천성인어」[399]에도 나오는데, 습기로 세탁물에 냄새가 뱁니다. 도쿄 구치소에서는 속옷을 '방'에서 말리도록 되어 있지만 바람이 들어오지 않아 잘 마르지 않으니 냄새 때문에 곤란하네요. 오래된 수감동에 바람이 더 잘 듭니다. 어쨌든 음울한 날이 계속되더라도 건강을 해치지 않도록 합시다.

미디어에 대한 {아베} 정권의 압력은 너무나도 야비합니다. 게다가 미디어가 나쁜 것을 쓸 수도 없고 방송할 수도 없다고 자기 규제를 하기에 더 지독해지고 말았지요.

장맛비 쏟아지는 / 피폭의 어둠 / 일그러지고

• 6월 5일

35.6도, 맥박 72. 오늘로 65세가 되었습니다. 체포되었을 때에는 지금까지 살아 있을 거라고 생각하지 못했습니다. 많은 분들이 힘을 보내 주신 덕분입니다. 감사함을 느끼면서도 저희로 인해 목숨을 잃으신 분들의 원통함을 가슴 깊이 새깁니다.

• 6월 20일

35.6도, 맥박 72. 자민당 정조회장인 다카이치[400]가 "원자력 발전소 사고로 인한

---

399 天聲人語. 아사히 신문 칼럼 제목. 번역하자면 '하늘의 소리, 사람의 말'이다. - 역자 주.

400 다카이치 사나에高市早苗(1961~). 오사카 출신의 정치가. 자민당 소속으로 2020년 현재 총무 대신, 내각부 특명 담당 대신(마이넘버 제도) 직을 역임하고 있다. 다이도지가 글을 쓰던 2013년 6월 20일에는 제

사망자는 없다"고 한 말을 철회했다고 하는군요. 발전소 재가동이나 수출에 지장이 있기 때문일까요. 임시변통으로 철회하는 게 아니라 아예 본색을 드러내면 좋을 텐데 말이지요. 그리고 (아베) 정권도 같이 침몰하면 좋겠군요.

• 6월 24일

35.6도, 맥박 66. 지난 주 뢴트겐 검사에서 새로운 골절은 없지만 흉추 세 군데, 요추 두 군데, 늑골 세 군데에 부러진 흔적이 있다고 합니다. 검사할 때마다 늘어나는 걸까요? 여덟 군데나 골절이 있다는 사실에 아연실색했습니다.

• 7월 29일

35.7도, 맥박 76. 이집트의 상황은 군대와 경찰이 민중을 지키는 것이 아니라 민중을 향해 총을 쏜다는 것을 가르쳐 줍니다. 예전 일본군도 그랬고, 중국 인민 해방군도 그랬지요.

• 7월 31일

35.9도, 맥박 72. 도쿄 전력이 고농도 오염수를 바다에 방출하고 있었음을 선거가 끝나고 밝혔습니다. 이제야 인정하다니요. 도쿄 전력 현장의 폐로에서 밤낮으로 일하는 사람들이 있는 반면, 데이터를 감추고 공표를 늦추거나 방기하는 본사의 간부 같은 인간들도 있습니다. 본사에 진을 친 인간들은 지금도 원자력 발전소 사고를 남의 일이라고만 생각하고 있는 건 아닐까요?

55대 자민당 정무 조사 회장이었다. 그는 2013년 6월 1일 효고현 고베 시 강연회에서 본문에 등장하는 발언을 하여 논란을 일으켰다. - 역자 주.

- 8월 5일

35.8도, 맥박 72. 오후에 유아사 씨와 면회를 가졌습니다. 면회실에 들어가니 얼굴에 한가득 웃음을 띤 유아사 씨가 일어나면서 "축하해"라고 면회창에 대고 하이 파이브. 저도 그렇게 했지만 이유를 몰랐습니다. 어리둥절한 저의 얼굴을 보고 "일본 1행시 대상을 수상했어"라고 하더군요. 오타 출판을 경유하여 마사쿠니 씨로부터 '예선 통과'라는 말을 먼저 들었고 면회에서도 잠깐 이야기했지만, 저는 단순히 화제를 만들기 위해 통과되었던 것이라고 생각하고 있었습니다. 동시 수상은 단가短歌의 나가타 가즈히로[401] 씨였다고 합니다. 아사히 가단歌壇의 위원이기도 하며 독자적인 성취를 거둔 인물이기도 하지요. 그런 사람과 같이 서다니 놀랄 뿐입니다. 나가타 씨는 민폐라고 생각할까요?

- 8월 6일

35.8도, 맥박 66. 오키나와에서 미군 헬리콥터가 추락. {아베} 정권이 오키나와 기지의 부담을 줄이겠다고 한 이상 이 사고를 계기로 오스프리 배치 중지, 기지 축소 및 철거 등을 요구해야 합니다.

세세한 기사까지 체크하는 당국이 제가 상을 받았다는 것을 요미우리 신문을 통해 파악한 듯합니다. 간부들이 시찰할 때 시선이 유난히 '귀찮다'고 느껴졌는데 그 때문일까요. 당국은 사형수가 미디어에 거론되면 온 촉각이 곤두서는 모양입니다.

- 8월 8일

35.9도, 맥박 66. 마사쿠니 씨가 보내 주신 일본 1행시 대상의 주최자가 쓴 '원고 의뢰장'의 교부가 불허되었습니다. "왜요?"라고 물어보니 "외부 소통이 허가되지 않은 사람으로부터 온 문서이기 때문에"라고 합니다. "외부 소통이 허가된 마사쿠

---

401 나가타 가즈히로永田和宏(1947~). 교토 대학 명예 교수. 세포 생물학자이면서 시인이기도 하다. - 역자 주.

니 씨가 보냈습니다"라고 해도 듣지 않습니다. 괴롭히는 거지요.

- **8월 15일**

  35.6도, 맥박 72. 오후에 헨미 씨와 면회를 가졌습니다. 35도가 넘는 더운 날씨에 오셔서 감사하고 또 죄송했습니다. "(1행시 대상의) 수상을 축하합니다. 수상 후의 첫 번째 하이쿠집을 만들어 볼까요?"하고 하셨기에 "예?"라고 했습니다. 수상을 예측하지도 못했고 새로운 하이쿠집은 전혀 생각지 못했기 때문에 하이쿠집을 엮을 만큼의 시구도 없습니다. "가급적 빨리"라고 하셨는데 헨미 씨의 건강 상태도 고려하여 "그러면 가능한 한 노력해 보겠습니다"라고 대답했습니다. 그리고 "(수상식이 있는) 9월 17일에는 꼭 저 대신에 참석해 주십시오"라고 요청했습니다. 헨미 씨는 선고 위원의 높은 식견을 언급했지만 제가 동감하는 것도 이상하고, 자만일지도 모르지만 용케도 사형수의 하이쿠집을 골랐다는 생각이 듭니다. 헨미 씨, 마비 상태가 좋지 않은 데다가 어쨌든 날씨가 이리도 더우니 부디 건강 잘 챙기시길 빌겠습니다.

- **8월 16일**

  35.9도, 맥박 72. 이집트의 군경이 일으킨 학살은 쿠데타를 묵인해 온 미국과 유럽의 책임이 큽니다. 오바마의 태도에는 이제 진절머리가 납니다.

"진절머리" 하면 또 {아베} 수상입니다. 야스쿠니 신사 참배를 하지 않는 대신일까요, 패전일에 아시아의 나라들에 대한 가해 책임과 전쟁을 하지 않겠다는 맹세를 피했습니다. 선거에 이겨서 교만해진 건지, 우둔하다고 할 수밖에 없습니다.

'죽은 이의 영혼'을 / 팔아 치우는 / 늦더위로세

• 8월 19일

35.7도, 맥박 72. 오후에 구장이 지난 주 월요일(8월 12일)에 마사쿠니 씨 앞으로 보내도록 신청된 편지를 들고 와서 "이건 오타 씨 앞으로 되어 있지만 책의 수상 소감은 잡지에 실리는 것이기 때문에 보낼 수 없다"고 했습니다. 그래서 "오타 씨 앞으로 보낸 것이고, 어디어디로 보내 달라든지 누구에게 말을 전해 달라는 내용은 일절 쓰지 않았는데 이상하지 않습니까?"라고 물으니 "우리는 외부 소통 이외의 발신이라고 판단했다"고 합니다. 한술 더 떠서 "이 편지는 지금은 교부하지 않겠다. 교부를 원하면 신청서를 작성하도록"이라고 하네요. 괴롭히는 것이 아니면 뭘까요. 1행시 대상 수상이 결정되고 나서 소장을 비롯하여 간부들의 시선이 험악해졌기 때문에 상당히 신경을 곤두세우고 있다는 생각은 듭니다. 그래도 1주일 후에 발신을 불허하다니요.

• 8월 30일

35.4도, 맥박 72. 미쓰비시 중공업을 폭파한 날입니다. 피해자 분들께 마음으로부터 사죄드립니다. 제가 범한 과오에 그저 고개를 숙일 뿐입니다.

우가진 히사이치 군이 산야에서

남자들 춤사위에 / 나의 하이쿠를 / 읊어 올리니

• 9월 2일

36도, 맥박 80. 오후에 유아사 씨와 면회를 가졌습니다. 8월 30일에 마리, 샤코, 히라노 씨와 함께 세이료清涼 씨의 묘지를 참배하고 왔다고 합니다. 늦더위가 심한데도 참배해 주셔서 감사드립니다. 마리가 가진 참배의 마음을 알게 되어 감격했습니다. 살아 있음의 의미에 대한 질문을 받은 듯한 느낌입니다.

지난달에 세키関 씨와 요코陽子 씨, 이즈카飯塚 씨가 해 주신 면회 신청에도 감사드립니다. 이즈카 씨는 어떤 분인지요? 피해자와 관계된 분인가요?[402]

- 9월 18일

35.6도, 맥박 72. 오후에 지하루와 면회를 가졌습니다. 어젯밤의 1행시 대상 수여식의 모습을 들었습니다. 상상했던 것보다 더 성대했던 듯합니다. 태풍의 영향 때문에 무리라고 생각했던 다쿠야卓也 군, 시마타니島谷 씨, 오타니大谷 씨도 참석해 주셨다 하네요. 오타 출판의 오치아이 씨와 다카세 씨에게도 감사드립니다.

- 10월 1일

35.9도, 맥박 84. 자민당 간사장인 이시바[403]라는 군사 오타쿠가 "헌법을 개정해서 군사 법정을 설치할 수 있도록 하고, 명령을 어긴 자위대원을 극형에 처할 수 있도록 한다"라고 공공연하게 말하는데, 이렇게 안이하게 극형(=사형)을 운운하다니 사형수로서 믿기 어렵습니다. 자민당 간사장이라서 무엇이든 할 수 있다고 생각하는 건가요. 아베 정권에 소극적인 보도 기관 사람들도 사람의 죽음을 이렇게 가볍게 입에 올리는 권력자의 교만함을 느끼지 못하는 걸까요.

- 10월 8일

35.5도, 맥박 66. 재특회에 대한 교토 지방재판소의 판결은 재판소에서마저 헤이트 스피치를 그냥 내버려 둘 수 없는 차별이라고 판단했다는 뜻입니다.

---

402 본문의 "세이료 씨"는 1974년 8월 31일 미쓰비시 중공업 폭파 때의 희생자이다. 이즈카는 세이료의 고등학교 시절부터 친구로, 이즈카를 통해 세이료에 대한 이야기와 가족의 사정 등을 일부 알 수 있었다고 한다. 이즈카는 지원련이 주최하는 집회에도 참석한 적이 있다. - 역자 주.

403 이시바 시게루石破茂(1957~). 돗토리 출신의 정치가. 1986년부터 정계에 입문하여 자민당 소속으로 여러 요직을 역임하였다. 2020년 현재 중의원 의원. - 역자 주.

- **10월 15일**

35.8도, 맥박 72. 오후에 이탈리아 토스카나 지방을 돌아보고 온 유아사 씨와 면회를 가졌습니다. 여행기를 준비 중이라 해서 여러 화제를 나누었습니다. 12일에 열린 사형 폐지 포럼에 참가자가 많이 오지 않았다고 표정을 흐리기에 "집회에 지친 것이 아닐까요"라고 했습니다. 탈원전의 큰 집회와 데모가 예정되어 있었고 3일 연휴에다가 행사가 겹치기도 했지요. 집회로서 매력이 있느냐의 문제만은 아니라고 생각합니다. 또 「지원련 뉴스」용의 원고를 보내지 않아서 심려를 끼쳐드렸는데, 유아사 씨가 여행 중이었고 이전 호도 1행시 대상과 관련된 제 이야기가 절반 가까이 차지했기 때문에 다음 호는 쉬자고 생각했습니다. 도시아키 군을 조금만 다루고 있는데 도시아키 군의 몫이라는 것도 있으니, 저만 너무 눈에 띄면 좋지 않다고 생각하기도 했고요. 균형을 맞추는 것이 어렵군요.

- **10월 24일**

{아베 신조}를 필두로, 정부와 여당이 개헌과 비밀 보호법[404]에 대해 얄팍한 소리를 하는 것을 들으면, 반천황파인 저라도 현재의 천황과 황후의 인식(그들이 정치에 관여하는 발언을 않는다고는 하지만) 쪽이 지극히 멀쩡하다고 생각됩니다.

저편의 해안 / 손도 가닿지 않고 / 태풍 찾아와

- **11월 1일**

35.1도, 맥박 60. 야마모토 다로[405]가 탈원전의 의지를 담은 편지를 천황에게 건

---

404 누설되면 국가의 안전 보장에 현저한 지장을 줄 우려가 있는 정보를 '특정 비밀'로 지정하여, 그 '특정 비밀'을 다루는 사람을 조사, 관리하는 한편, 외부에 알리거나 알리려고 하는 외부의 사람 등을 처벌하여 '특정 비밀'을 엄중히 지키고자 하는 법률이다. – 역자 주.

405 야마모토 다로山本太郎(1974~). 전 배우이자 정치가. 1990년부터 연예계 생활을 하며 다수의 영화와 드라마 등에 출연했다. 2011년부터 반원전 활동을 시작했고, 2013년에 참의원에 당선되어 정치가로서의 길을 걷기 시작했다. 2013년 천황에게 직접 편지를 전달하여 논란을 일으키는 등 화제의 인물이 되었

넸다고 비판하는 사람들이 있는데, {아베} 내각이 갔다 온 것이야말로 천황(황족)을 정치적으로 이용한 것이라 비판하지도 않으면서 잘도 그런 소리를 하는군요. 지금까지 야마모토 다로와 같은 행동을 하지 않았던 것이야말로 문제 삼아야겠지요.

다가온 겨울 / 가슴에 돋은 비늘 / 문질러 닦아

• 11월 6일

35.4도, 맥박 80. 정부 여당은 특정 비밀 보호법이 보도의 자유와 알 권리를 침범하지 않는다고 하는데, 그런 이야기를 하는 대신과 당 간부는 10년 혹은 20년이 지나면 사라지겠지요. 그러나 악법은 남습니다. 일장기와 기미가요가 그랬지요. 이 법률을 제정할 때 자민당 정권은 '강제는 하지 않는다'고 공언했지만 지금은 말도 못 할 상태가 되었습니다. 도쿄와 오사카 등의 교육 현장에서는 강제 이외의 그 무엇도 없습니다. {아베 신조}의 취미인 악법은 만들어지면 안 됩니다.

• 11월 12일

35.4도, 맥박 78. 니나가와 씨의 『새로운 죽음』[406]을 다 읽었습니다. 후나모토船本 씨와 나가타 씨뿐만 아니라 오리온자리의 별이 되었을 사람들이 그려지고 있어서, 아주 두툼한 책임에도 불구하고 니나가와 씨만이 가진 기백에 눌려 다 읽었지요. '되었을 사람'이라고 썼는데, 실명으로 나오지 않으며 데포르메되고 코팅됨은 물론, 시간축이 엇갈리는 식으로 그려지고 있기 때문에 제 생각이나 추측이 들어갔을지도 모릅니다. 어찌 되었든 독해력을 시험하는 작품입니다. 현재 장편을 집필 중이라고 하는데 이것보다 긴 작품이라면 대체 어떻게 될까요.

다. 2019년 정당 레이와 신센구미れいわ新選組를 창당했다. 2020년 도쿄 도지사 선거에서 65만 7,277표를 얻어 3위를 차지했다. – 역자 주.

406　蜷川泰司, 『新たなる死』, 河出書房新社, 2013.

• 11월 27일

35.8도, 맥박 80. 비밀 보호 법안을 강행 체결하는 걸 보면 자민당은 나치당인가 싶어집니다. 심의나 공청회는 알리바이에 지나지 않으며 처음부터 결론이 나 있습니다. 공명당公明党과 모두의 당みんなの党은 "나막신에 들러붙은 눈"[407]인가요. 정말 용납하기 어렵습니다.

늑대의 울음소리 / 사바세계를 / 건너지 못해

• 12월 10일

36도, 맥박 78. 히토시 군이 새로운 현수막 '용서할 수 없다 특정 비밀 보호법'을 만들었다고 합니다. 아베 신조는 법이 만들어진 후에 '반성'을 말하는데, '웃기고 있네!' 싶습니다.

들뢰즈의 「리좀」개념을 다루는 니나가와 씨의 장편 작품을 보고 '역시!' 라고 생각했습니다. 재차 말씀드리지만 『새로운 죽음』을 많은 사람들이 읽었으면 좋겠습니다.

• 12월 13일

35.6도, 맥박 80. 백혈구 4,300. 어제 도쿄와 오사카에서 사형이 집행되었습니다. 도쿄 구치소에서 처형된 후지시마 미쓰오藤島光雄 군은 예전에 같은 곳에 수용된 적이 있어 얼굴이 익은 사람입니다. 유감입니다. 올해로 네 번째, 여덟 명입니다. {다니가키}는 {아베}, {이시바}와 누가 더 권력이 강한지를 겨루고 있는 듯합니다.

---

407 원문은 "下駄の雪". 정치에서 자주 사용되는 표현으로, '여당과 야당이 뒤편에서 합의하다', '대립하던 파벌이 손을 맞잡는다' 등의 의미로 사용된다. - 역자 주.

• 12월 27일

35.6도, 맥박 72. 네 번의 채혈과 백혈구 4,300. 오후에 히토시 군과 면회를 가졌습니다. 여름 이래로 처음이군요. 해고를 당했나 걱정했더니 올해의 마지막 일은 어제 마쳤다고 합니다. 제 몸 상태에 대해서 물어봤지만 딱히 보고할 거리가 없었고, 도쿄 구치소 앞의 아라카와 하천 부지에 파란 시트를 두른 임시 건물이 들어섰다는 히토시 군의 이야기를 듣고 예전의 인력 시장과 합숙소 이야기를 했습니다. 스즈키 군이 종종 일할 곳을 소개해 주어 같이 합숙소에 들어갔는데 그가 밤이 되면 모습을 감추었던 것도.

아베 신조가 야스쿠니 신사를 참배했다고 합니다. 최근에는 NHK의 야간 뉴스(낮 뉴스의 녹음)를 듣지 않아서 오늘 아침 신문을 볼 때까지 몰랐습니다. 야스쿠니 신사를 참배하고 "평화"를 말하다니 바보라고밖에 할 수 없지요. 당 간부가 "더 이상 누구도 막을 수 없다"고 말했다니 마치 북한의 3대 세습자인 김정은 같았습니다(아베도 조부인 기시 노부스케로부터 헤아리면 3대째이지요). 생각이 얕고 우둔한 것으로는 저도 뒤지지 않지만 아베에게는 두 손 들었습니다. 야스쿠니 신사에 매달리는 것은 국가 신토[408]=신사 신토로의 회귀를 지향하는 것이라고 할 수밖에 없지 않을까요.

만민 백성을 / 고사시켜서 / 국가를 곧추세우고

• 12월 30일

올해 마지막 목욕입니다. 최근에는 추워서 갈비뼈가 아픕니다. 부러졌던 그곳이

---

[408] 國家神道. 일본의 전통 신앙이었던 신토를 메이지 유신 이후 천황을 정점으로 하는 국가주의적 이데올로기로 변모시킨 것. 세계 대전 이후 GHQ에 의해 금지되었으나 그 이론적 체계는 현재에도 일정 정도 남아 있어 극우주의의 사상적 기반이 되기도 한다. - 역자 주.

지요. 따뜻한 방에 있어도 여전히 손과 귀가 차갑습니다. 그리고 9일 연휴 중에는 방 밖에 나가서 운동을 할 수 없습니다. 그래서 매일 병실 안을 걸어 다닐 뿐입니다.

• 12월 31일

며칠 전 작가인 호시노 도모유키[409] 씨가 아사히 신문에 썼던 일본의 현 상황과 분위기는 옥중에 있는 저라도 알 것 같습니다. 헤이트 스피치에 대한 내용도 수긍이 갑니다. 그렇더라도 헤이트 스피치에 참가하는 인간들이 희희낙락하면서 목소리를 드높이는 데는 소름이 끼칩니다. 그런 인간들과 아베 신조가 손을 잡고 공명하고 있는 것이지요. 위기를 선동하고 싶지는 않지만, 아베에게 지성이란 것이 없는 데다가 그에게 충고할 수 있는 사람도 없다는 점은 골칫거리입니다. 무거운 심정으로 한 해를 넘기지만, 내년은 한 사람 한 사람이 할 수 있는 일을 함으로써 아베 일당의 폭주를 저지했으면 좋겠습니다.

---

409 호시노 도모유키星野智幸(1965~). 소설가. LA에서 태어나 어릴 때 일본으로 이주. 대학을 졸업하고 산케이 신문에 들어가 일하다가 1991년부터 수차례에 걸쳐 멕시코시티로 사비 유학을 갔다. 1997년 소설 『마지막 호흡』으로 문예상을 수상한 이래 정력적인 활동을 펼치고 있다. – 역자 주.

2014년

- **1월 10일**

35.5도, 맥박 66. 백혈구는 3,600. 회진 시에 의사가 IgG와 총단백질 등의 추이 그래프와 혈액상(검사 회사가 찍은 것)을 보여주면서 재치료에 대해 설명해 주었습니다. 벨케이드 단독 혹은 스테로이드제인 레나덱스와 같이 사용(BD 요법)할지에 대해 마지막 검토를 하고 있다고 합니다. 혹 BD 요법을 사용할 경우 레나덱스를 바깥에서 가져와야 하기 때문에 조금 늦어질 것 같습니다. 벨케이드는 정맥 주사(점적 주사)와 근육 주사가 있는데, 그 둘은 효과가 같기 때문에 근육 주사를 놓겠다고 합니다. '집행 유예 기간'이 또 연기되었습니다.

- **1월 17일**

35.7도, 맥박 80. 오후에 마사쿠니 씨와 면회를 가졌습니다. 구니타치國立의 H 씨로부터 영치금을 의탁받아 왔다고 합니다. 항상 감사드립니다. 아베의 야스쿠니 참배 이후 더욱 강해진 배외주의적 상황에 대해 이야기하면서 이번 도지사 선거 이야기도 했습니다. 자민당과 공명당 후보를 큰 차이로 누를 수 있었다면 아베의 폭주에 제동을 걸 수 있지 않았나 하고요. 그리고 새해의 어전 발표회歌会始에서 나가타 가즈히로 씨가 위원이 되었다는 이야기도 했습니다. 천황 부처는 아베 '비판'을 계속하고 있지만요.

- **1월 20일**

36도, 맥박 84. 나고名護 시장 선거에서 헤노코로의 이전을 반대하는 현직 시장이 재선되었습니다. 돈다발과 권력으로 무엇이든 할 수 있다는 아베 정권과 자민당의 공갈 정치에 우치난추[410]의 기개를 보여 주었습니다. 1,500표 정도였던 저번보다 약 4,000표로 차이를 벌린 것은 아베와 이시바, 그리고 나카이마[411] 지사에 대한 강한 비판이겠지요.

암을 기르는 / 몸뚱아리를 / 추위 속에 놔 두고
눈꺼풀 떨려 / 매서운 겨울밤이 / 이리 길던가

- **1월 25일**

휴일이지만 어제부터 항암제 치료를 다시 시작했기 때문에 간호사가 아침, 점심, 저녁에 상태를 확인하러 옵니다. 아침을 먹은 후 36.4도, 맥박 85, 혈압 129-90. 주사 자국이 5센티미터×10센티미터 정도의 넓이로 빨갛게 부었습니다. 콧물과 두통, 나른함 같은 감기 증상도 있습니다. 어젯밤은 스테로이드의 영향도 있었는지 거의 잠들지 못했습니다. 그리고 종일 멍한 느낌이 들었는데 오늘은 걱정했던 것만큼 심하지 않습니다.

---

410 沖縄人(ウチナンチュー). 오키나와 방언으로 오키나와인이 자기 자신을 가리키는 말. 본토인은 '야마톤추(ヤマトンチュー)'라 부른다. – 역자 주.

411 나카이마 히로카즈仲井眞弘多(1939~). 일본의 정치가, 기업가, 1961년 도쿄 대학 공학부를 졸업한 후 1961년부터 통상산업성에서 관료 생활을 시작. 2006년부터 2014년까지 자민당 소속으로 오키나와현 지사를 역임했다. – 역자 주.

- 1월 27일

아베 신조의 지방 정부 방침 연설의 첫머리는 만델라가 했던 말이었습니다. 부끄러움을 모르는 남자라지만 너무한 것 아닌가요. 사무를 보는 관료들이 원고를 썼을 테니 그자들이야말로 수치를 모른다고 해야 할까요.

- 1월 31일

35.9도, 맥박 84. 요전 옴 진리교의 증인 심문에서 나카가와 군이 증언할 때, 그가 방청석으로부터만 감추어진 것이 아니라 법정 안으로 들어올 때와 나갈 때 칸막이로 모습이 보이지 않도록 해 두었다고 하더군요. 방청석과의 사이에는 방탄 스크린까지 설치되어 있는데 말이지요. 미디어 관계자도 다수 방청하고 있었을 텐데 "너무했다"라고 생각지는 않는 걸까요? 사형수가 된 순간, 인간 이외의 존재가 되는 지금의 상황을 상징하는 것 같습니다. 이 증인 출정을, 사형수도 아직 살아 있는 인간이라고 목소리를 높이는 계기로 삼아야겠지요.

해가 기우는 / 골목에서 말없이 / 봄을 기다려

- 2월 11일

도지사 선거는 아쉬운 결과였습니다. 우쓰노미야[412] 씨의 공산당과 사민당의 표가 100만을 넘었고, 호소카와[413] 씨는 이노세[414]가 돈 문제로 사퇴했는데도 사가와

---

412 우쓰노미야 겐지宇都宮健児(1946~). 에히메현 출신의 정치가, 변호사. 도쿄 대학을 중퇴하고 1971년에 변호사를 개업, 2010년부터 2011년까지 1년간 일본 변호사 협회장을 역임했다. 2012년과 2014년에 도쿄 도지사 선거에 출마했으나 낙선하였고, 2016년에는 중도 사퇴. 2020년에 재출마하여 15퍼센트가량의 표를 받았지만 고이케 유리코에 밀려 낙선하였다. - 역자 주.

413 호소카와 모리히로細川護熙(1938~). 도쿄 출신(본적지는 구마모토)의 정치가. 1993년부터 1994년까지 내각 총리대신을 역임하였다. 1998년 정계 은퇴를 선언했지만 2014년 도쿄 도지사에 출마하겠다고 선언했다. 이때 반핵과 탈원전의 뜻이 맞아 전 총리인 고이즈미 준이치로가 지지 유세를 하기도 했다. 결과는 3위로 낙선. - 역자 주.

414 이노세 나오키猪瀬直樹(1946~). 나가노현 출신의 작가, 정치가. 2012년 도쿄 도지사 선거에 전 지사 이시

택배의 정치 자금 건으로 정부와 자민당에게 네거티브 캠페인을 당한 데다가 나이도 아슬아슬해서 많은 득표를 얻기 어려울 것이라 예측했지만, 아베 정권이 밀어준 {마스조에}[415]를 당선시키는 도쿄 도민에게는 실망을 금할 수 없습니다. 어쨌든 탈(반)원전파에게는 어려운 결과가 될 것이라고 보아 다모가미[416]의 득표수에 주목하고 있었습니다. 기껏 10만, 혹은 20만 정도라고 생각했지만 60만 표라니요. 기가 막혔습니다. 네오나치 같은 다모가미가 60만 표라니, 도쿄=일본의 우경화는 여기까지 진행된 것인가요. 아베는 웃음을 멈출 수 없겠지요.

- 2월 21일

36.6도, 맥박 84. 아침부터 몸 상태가 좋지 않아 운동은 중지했습니다. {아베 신조}의 폭주는 멈추지 않습니다. 개헌처럼 흐리멍덩한 일은 하지 않고 각의 결정으로 헌법 해석을 변경하겠다고 합니다. 집단적 자위권이 필요한 이유로 주변 환경의 변화를 들고 있는데, 위험한 상황을 외교적 노력으로 회피하고 해소하는 것이 정치가의, 특히 내각 총리대신의 일인데도 {아베}를 비롯한 그 측근들은 도발적인 언동을 반복해서 주변 환경의 긴장을 높여, 전쟁을 벌일 수 있도록 만들고자 하기 때문에 맹목적이고 천박하다고 할 수밖에 없습니다. 도쿄가 우크라이나의 키이우Kiev나 태국의 방콕 같은 반정부 투쟁의 장이 되어도 이상하지 않을 상황에 일본인들은 너무 조용한 것이 아닌지요. 그게 아니라면 전쟁 같은 것은 일어나지 않는다고 믿

<hr />

하라 신타로의 지지를 받아 높은 득표율로 당선되었다. 하지만 2013년 정치 자금 스캔들로 사퇴. - 역자 주.

415 마스조에 요이치枡添要一(1948~). 후쿠오카현 출신의 정치가. 1980년대 중후반부터 TV에 출연하여 인지도를 쌓았으며 1999년 도쿄 도지사에 출마하였지만 낙선. 2001년에는 자민당의 공천을 받아 참의원이 되었고, 2007년 아베 신조 내각에서 후생노동상이 되었다. 2009년 탈당 후 2014년 도쿄 도지사에 출마하여 아베 신조의 지원을 받아 당선되었으나 2016년 도비를 사적으로 사용했다고 추궁을 받아 해임되었다. - 역자 주.

416 다모가미 도시오田母神俊雄(1948~). 후쿠시마 출신의 군인, 정치가. 1971년 항공 자위대 소위로 임관하여 2007년 한국의 공군 참모 총장 격인 항공 막료장에 취임하였다. 막료장 재직 시 태평양 전쟁을 부정하는 글을 써서 논란을 일으켰고 곧 경질되었다. 잦은 극우적 발언으로 일본 내에서도 많은 비판을 받는 인물. - 역자 주.

2014년

고 있는 걸까요.

꼭두서니 하늘이 / 살얼음 벌판 / 붉게 물들여

- **2월 28일**

35.6도, 맥박 84. 두 번째 사이클의 첫날입니다. 아침 식사 후에 스테로이드제를 세 알 먹었습니다. 그 후 회진 시에 오른 다리 아래에 주사를 맞았지요. 저번처럼 배 위쪽이라고 생각했는데 시계방향으로(즉 원을 그리듯이) 이동한다고 합니다. 그렇게 전혀 각오가 안 된 채로(!) 아픈 주사를 맞습니다. 이럴 거면 처음부터 아픈 곳에 맞는 게 나았을지도요. 그 직후에 봄의 따스한 기운에 이끌려(18도도 안 되었지만) 옥외 운동을 나가 1.7킬로미터를 걸었습니다. 의식적으로 힘을 아낀 것이 아니라 주사를 맞은 직후라서 그것이 한계였던 것이지요.

늦은 추위와 / 다리 한편에 / 남은 주사자국은

- **3월 11일**

35.7도, 맥박 72. 3·11 지진으로부터 3년입니다. 가족과 지인을 잃은 분들의 슬픔은 오늘도 깊습니다. 해일과 지진에서 살아남은 사람들도 솔직하게 기뻐할 수 없는 꺼림칙함을 느끼고 있을 것입니다. 한편으로 정부와 도쿄 전력은 말과는 다르게 이재민을 등한시하고 원전 사고를 다른 사람 일인 양 생각합니다. 3·11 지진으로 돌아가신 모든 분들을 애도합니다.

- **3월 28일**

35.2도, 맥박 78. 시즈오카 지방재판소에서 재심이 결정되어 하카마다 씨가 풀려

342

나게 되었다고 합니다. 잘됐습니다! 구금에서 풀려나 병이 조금이나마 나아지기를 기원합니다. 물론 무죄 확정도 말이지요. 그와는 병동으로 옮겨 갈 때까지 10년 넘게 같은 곳에 수용되어 있었습니다. 매일 얼굴을 마주할 수 있는 가까운 곳에서 지내기도 했기에, 정말 잘됐습니다. 이번에는 DNA 감정 결과에서 재심이 결정될 것이라 예상은 했지만, DNA 감정이 없었더라도 그는 좀 더 빨리 누명임을 인정받아야만 했습니다. 경찰과 검찰뿐만 아니라 그처럼 판단하지 않았던 재판관(재판소)도 너무합니다. 하야시 마스미[417] 씨, 가자마 히로코씨도 하카마다 씨에 이어서 사형 제도에 새바람을 불어넣었으면 합니다.

하카마다 씨의 출옥

원하는 만큼 / 온몸으로 느끼자 / 봄의 저녁놀

- 3월 31일

35.5도, 맥박 78. 주말의 따스함으로 꽃들이 단번에 피어서, 놓치면 안 될 것 같아 운동을 나가니 역시 햇볕이 잘 드는 아야세綾瀬 쪽에 꽃들이 만발해 있었습니다. 또 마당 한가운데의 가는 벚나무(작년까지 수양벚꽃이라고 생각했는데, 줄기와 가지 모두가 가늘어서 헷갈렸습니다)도 하나는 7~8할, 하나는 5할 정도 피어 있었습니다. 이번 주에는 운동을 쉴 수 없겠군요.

간부들도 대폭으로 바뀌는 걸까요, 의무 담당과 야근자가 두 명 정도, 그리고 운동 담당이 바뀌는 듯합니다. 의무 담당은 1년 교대이고, 작년부터는 베테랑이 배치되었기 때문에 불편함은 없었지만 야근 담당자들이 숙달되기까지, 그들도 우리 수감자도 약간 어색할지 모르겠습니다.

---

417 하야시 마스미林眞須美(1961~). 1998년, 지역 축제에서 나눠 주는 카레에 비소를 주입하여 예순일곱 명이 중독, 네 명이 사망한 '와카야마 독 카레 사건'의 용의자. 2002년 와카야마 지방법원에서 사형 판결을 받았으며 2009년에 대법원 판결로 사형이 확정되었다. - 역자 주.

- **4월 1일**

35.8도, 맥박 84. 이즈카 사건[418]은 재심이 불허되었군요. 사형이 집행된 구마 씨의 재심을 인정한다면 사형 제도의 근간이 흔들리기에 재판관이 타협한 걸까요? 직간접적인 압력이 있었을까요? 혹은 DNA야 어쨌든 구마 씨가 범인이라고 예단한 걸까요? 유감스럽지만 이걸로 끝은 아닙니다.

- **4월 4일**

35.4도, 맥박 72. 세 번째 사이클 첫날입니다. 회진 시에 왼쪽 복부 위에 주사를 맞았습니다. '꽃놀이'(?)를 겸해서 1.7킬로미터 정도 걷고 목욕을 했는데, 아니나 다를까 오후부터 숨이 찹니다. 이번 항암제는 치료 중보다도 그 후 약을 쉴 때가 힘든 것 같습니다. 이는 같이 먹고 있는 스테로이드제 때문에 백혈구가 널뛰기를 하는 것은 물론이요, 치료 중의 불면(2주 동안 8일간은 잠을 못 잤습니다)에 '딸려' 나오는 것이겠지만요.

NHK 취임식에서 {모미이}[419] 모 회장의 인사에 어이가 없었습니다. 정치꾼들 중에는 낯 두꺼운 자들이 지천에 널려 있어서, 웬만한 신경이 아니면 저렇게 뻔뻔스럽고 부끄러운 줄 모르는 말을 태연한 얼굴로 뱉을 수 없을 것 같지만 NHK 회장이 그런 정치꾼의 부하라니 대체 어쩔 참일까요. 현 정권하에서 감수성을 바라는 것은 무리일까요. 제 말을 듣고 싶지는 않겠지만요.

---

418 이즈카 사건飯塚事件. 1992년 2월 후쿠오카현 이즈카 시에서 같은 초등학교에 재학 중인 1학년생 여아 두 명이 등굣길에서 행방불명되었고, 사건 직후 국도변에서 멀지 않은 잡목림에서 사체가 발견됐다. 용의자는 당시 54세였던 구마 미치토시久間三千年이다. 1999년 후쿠오카 지방재판소에서 열린 제1심에서 사형 판결이 내려지고, 2001년 후쿠오카 고등재판소의 공소심 판결은 제1심의 판결을 유지, 2006년의 최고재판소는 상고를 기각하여 구마의 사형이 확정됐다. 사형은 2008년 후쿠오카 구치소에서 집행됐다. 구마의 배우자가 2009년 후쿠오카 지방재판소에 재심 청구를 했으나 2014년 재심 청구심에서 청구가 기각됐다. 그 후로도 즉시 항고와 기각, 그리고 2018년 현재 최고재판소에 특별 항고가 된 상태이다. - 역자 주.

419 모미이 가쓰토籾井勝人(1943~). 후쿠오카현 출신의 실업가, 제21대 NHK 회장. 취임 기자 회견에서 "군 위안부는 전쟁을 하는 어느 나라에나 있었다"는 발언을 하여 논란을 불러일으켰다. 2014년 1월 25일부터 2017년 1월 24일까지 NHK 회장직을 역임했다. - 역자 주.

「해마다 저편 / 피안으로 가기에 / 추위 느낌은」 마사오카 시키

올해도 역시 / 비바람의 꽃을 / 흩날려 보세

- **4월 18일**

  36도, 맥박 72. 세 번째 사이클 네 번째(마지막) 치료. 이번 주가 두 번째여서 상당히 괴롭습니다. 민주당은 원자력 발전 수출을 추진하고 있습니다. 전력 노조 등의 표를 생각하기 때문일까요. 무엇을 하면 안 되는지를 아직도 모릅니다. 대체 '철학'을 공유하고 있긴 할까요?

  최근 야스쿠니 신사를 참배한 신도[420] 총무상의 조부는 이오지마硫黃島의 지휘관이었던 구리바야시 다다미치栗林忠道 육군 대장이었다고 하는군요. 아베의 조부인 기시 노부스케岸信介는 도조 히데키東条英機 내각의 각료이자 전범이어서 과거 전쟁을 일으킨 자들의 자손이 현 내각을 형성하고 있습니다. 자위대원의 죽음을 계속 강조하는 자민당 간사장 이시바를 포함해서 그들을 '귀한 혈통'처럼 숭배하는 것은 멈춰야 하지 않을까요.

  한국 진도

  가라앉음을 / 넋 놓고 지켜보는 / 4월이로다

- **5월 1일**

  35.7도, 맥박 72. 아사히 신문 조간에 연재되고 있는 「프로메테우스의 올가미プロメテウスの罠」의 「지진과 황실」편에서, 천황과 황후가 얼마나 3·11 지진에 가슴 아파하고 재해를 입은 사람(지역)을 걱정하는지 써 내려가고 있습니다. 현재의 천황과

---

420 신도 요시타카新藤義孝(1958~). 사이타마 현 출신의 정치가. 1996년 중의원 당선으로 정계에 입문하였으며 2005년 재선하여 현재까지 이어지고 있다. 2012년 아베 신조 내각에서 총무 대신을 역임하였다. - 역자 주.

2014년

황후가 아베와 아소, 이시하라 등의 각료들, 이시바 등의 자민당 간부들보다 훨씬 지성이 있고 인격이 고결함을 인정하는 데 인색하지 않습니다. 그러나 천황과 황후는 그저 그런 아저씨 아줌마들과는 사정이 다르지요. 지금처럼 뒤가 구린 상황에서 천황과 황후를 칭송하는 것은 천황을 중심으로 한 내셔널리즘을 부채질하게 됩니다. 저는 애초에 천황과 황후를 칭송함으로써 아베의 우둔함을 돋보이게 하려는 것인가 생각했지만, 그런 게 아니었습니다. 그저 찬양하고 있는 것뿐이지요. 대체 뭘하고 있나 싶습니다.

봄의 상념과 / 거리에는 빈곤한 / 반전의 노래

- 5월 16일

36.3도, 맥박 80. 아베 신조가 집단적 자위권의 행사, 즉 해외에서의 교전을 헌법 해석 변경으로 가능케 하려 한다고 공언했습니다. 아베는 저번 정권을 내던졌기 때문에 이번에도 그럴 것이라 생각하는 사람도 있는 듯하나 만만치 않습니다. 인상이나 말의 가벼움으로 판단하면 그대로 당하고 말 거라는 생각이 듭니다. 각오하고 싸워야 합니다.

보릿가을의 / 부끄러움을 / 알지 못하는 걸까

- 6월 2일

36.2도, 맥박 78. 오후에 유아사 씨와 면회를 가졌습니다. 유아사 씨는 도쿄내기라서 더위에 태연합니다. 저는 주말부터 시작된 더위로 하쿠센[421]의 "헌병 앞에서 미끄러져 넘어지다" 상태(?!)입니다.

---

421 와타나베 하쿠센渡辺白泉(1913~1969). 도쿄 태생의 하이쿠 작가. 신흥 하이쿠 운동을 주도하였으며 반전 의식을 다룬 하이쿠로도 잘 알려져 있다. - 역자 주.

- 6월 4일

　천안문 사태로부터 25년이 지났습니다. 시진핑 정권은 언론을 탄압하고 정권 비판을 용납하지 않는데, 그런 '사회주의'를 위해 시진핑의 부친을 비롯한 그 세대들이 혁명을 일으켰던 걸까요? 도시와 농촌의 격차가 벌어지고 부의 편중도 드러나는 데다가 언론까지 탄압당하고, 대체 무엇을 위한 혁명이었을까요.

- 6월 18일

　36도, 맥박 72. 다섯 번째 사이클의 두 번째입니다. 6월 12일의 IgG는 1,639. 1,600대로 돌아왔지만 다시 1,700 이하. 다섯 번째 사이클 전날의 수치로서는 나쁘지 않습니다.

　햐쿠타 나오키[422]는 자민당의 기후岐阜현 연합회 정기 대회에서 군의 필요성을 빼먹지 않고 말하면서 군대를 가지지 않는 바누아투와 나우루에 대해 "집을 예로 들자면 빌어먹게 가난한 집합 주택이라서 도둑도 들지 않는다"고 했답니다. NHK 경영 위원은 미디어에 관련된 자이므로 자신의 발언을 책임져야겠지요. NHK 방송에서 똑같은 말을 할 수 있나요, "빌어먹을" 햐쿠타 군?

- 6월 23일

　오후에 유아사 씨와 면회를 가졌습니다. 원자력 자료 정보실의 회의가 있어서 오늘은 쉰다고 했기에 면회 호출이 있었을 때 "잘못 부른 게 아닌가요?"라고 반문했습니다. 회의가 막바지에 취소되어 시간이 났다고 하더군요. "다이도지 씨는 너무

422　햐쿠타 나오키百田尚木(1956~). 오사카 출신의 소설가, 방송 작가. 1978년 방송 출연을 시작으로 오랜 기간 방송 작가 생활을 했으며 『꿈을 파는 남자』 등의 소설을 출간한 바 있다. NHK 경영 위원이기도 했다. 2006년 구 일본군을 미화하는 첫 소설 『영원의 제로永遠の0』로 큰 인기를 모았으며 이후 지속적으로 극우적 언동을 공공연하게 보여 왔다. 흥미로운 것은 햐쿠타의 『영원의 제로』와 다이도지의 책은 물론 그가 본문에서 지속적으로 언급하는 오타 마사쿠니의 책 『납치 대론』 등이 모두 오타 출판에서 나왔다는 점이다. - 역자 주.

큰 혜택을 받고 있는 겁니다"라는 비판이 나오고 있음을 전하기 위해서라도 일부러 와 주신 것이겠지요. 무엇을 두고 "혜택을 받는다"라는 이야기를 듣는지 알 수는 없지만, 면회가 없는 사람이나 생활비를 얻기 위해 청원 작업[423]을 하는 사람들에 비하면 혜택을 받은 셈이기도 하고, 현재 받고 있는 치료를 봐도 혜택을 받고 있는 것일지도 모릅니다. 그렇기 때문에 이러한 비판이 나와도 반론할 수 없지요. 어머니의 이름이 붙은 기금도 있기 때문에 눈에 띄지 않도록 조심했지만 그렇다고 마냥 입을 다물고 있을 수만은 없기에 고민스럽습니다.

• 6월 26일

38.4도(!), 맥박은 듣지 못했습니다. 혈압은 113-63. 차게 자서 그런가 한밤에 식은땀을 닦고 옷을 갈아입었더니 추워서 떨림이 멈추지 않았습니다. 모포를 더 덮어도 와들와들 떨립니다. 게다가 겨드랑이 밑의 림프샘이 아파 아침까지 잘 수 없었습니다. 오랜만에 열이 났습니다. 아침에 채혈 다섯 번. 백혈구는 1만 2,700. 열이 났기 때문에 많겠거니 생각했지만 이렇게 많을 줄은 몰랐습니다. 그러고 아침을 먹은 후 해열제를 먹었습니다. 9시쯤에는 36.5도, 오후 3시쯤에는 35.9도로 내려갔습니다. '차게 잤다'고 썼지만 항암제의 부작용 때문에 저항력이 떨어진 것이겠지요. 의사도 비슷한 견해였습니다.

• 6월 27일

36.3도, 맥박 80. 열이 내려갔기 때문에 예정대로 다섯 번째 사이클의 4일차를 시작했습니다. 오늘 맞은 주사는 평소보다 조금 더 아팠습니다. 와카ワカ 씨로부터 영치금과 우표를 받았습니다. 특히 2엔짜리 우표를 붙여 주셔서 감사드립니다. 와카 씨도 형편이 좋지는 않은 듯한데 도리어 폐를 끼친 게 아니었을까요.

---

[423] 일본의 형법상, 소정의 작업이 의무화되어 있는 징역 수형자 및 노역장 유치자를 중심으로 형무 작업을 행하나, 그 의무가 없는 금고 수형자와 미결 구금자 등은 희망자에 한해 청원 작업을 하는 것이 가능하다. - 역자 주.

어제 오사카 구치소에서 가와사키 마사노리[424] 씨의 사형이 집행되었다고 합니다. 하카마다 씨의 재심 개시 결정으로 졸속 집행이 이루어지지는 않을 것 같았는데 유감입니다. 또 같은 날 도쿄 구치소에서 오카자키 시게오[425] 씨가 병사했다고 합니다. 제 가까이에 수감된 사람이었을까요. 산소 흡입을 하는 사람이 가까이에 있었지만 며칠 후에 이감되었습니다. 나은 것처럼 보이지는 않는데 어떻게 되었을지 신경이 쓰입니다.

우렛소리 속 / 경계선 위를 / 훌쩍 넘어 가누나

• 7월 1일

35.5도, 맥박 72. 북한이 미사일을 발사한 것 같은데, 해석 개헌으로 집단적 자위권을 강행하려고 하는 아베 정권에 지원 사격을 해 준 것이라 의심하기 좋은 타이밍입니다. 한국과 중국의 관계가 농밀해지는 이 와중에 일본-북한 관계가 대항하는 걸까요?! 김정은과 아베 신조는 비슷한 점도 많고요.

• 7월 2일

36.1도, 맥박 84. 6월 26일의 IgG는 1,581. 아베 정권이 집단적 자위권을 각의 결정했습니다. 예상했던 일이라 놀라지는 않고 맥이 풀리지도 않았지만 각오도 지성도 느껴지지 않는 아베의 설명에 각료 한 사람도 이의를 제기하는 자가 없고, 자민당과 공명당에서 한 사람밖에 반대하는 이가 없었다는 건 이상할 따름입니다. 야당도 의지가 없는 걸까요.

---

424 가와사키 마사노리川崎政則(1946~2014). 가가와현에서 친족 세 명을 살해한 혐의로 2008년 유죄 판결을 받고 2012년 최고재판소에서 사형이 확정되었다. - 역자 주.

425 오카자키 시게오岡崎茂男(1949~2014). 이와테, 후쿠시마, 지바현에서 1986~1991년에 걸쳐 회사 사장 등 세 명을 유괴하고 두 명을 살해한 혐의로 체포. 이와테현의 경찰관(형사)이기도 했던 그는 2014년 급성 호흡 부전으로 사망. - 역자 주.

2014년

- ## 7월 14일

35.9도, 맥박 76. 오후에 유아사 씨와 면회를 가졌습니다. 최근 계속 사형수가 병사하고 있는데, 얼마 전에도 나고야 구치소에서 이쿠시마[426] 씨가 사망했기 때문에 도시아키 군의 상태를 물었습니다. 자기 몸이나 신경 쓰라는 이야기를 들을 것 같지만요. 도시아키 군은 상태가 어떤지 말하지 않아서 확실히는 알 수 없지만, 면회에는 나왔다고 합니다. 괜찮다면 좋을 텐데요.

팔레스타인에서 하마스와 이스라엘군의 '전투'는 전형적인 비대칭으로, 팔레스타인 사망자만 늘고 있습니다. 어서 빨리 정전停戰을 해야 할 것입니다.

- ## 7월 15일

35.9도, 맥박 88. 사토 마사루[427]가 집단적 자위권의 행사에 "공명당이 제동을 걸었다"고 하는데, 안이한 생각이겠지요. 책벌레가 빠지는 함정이 아닐까요. 아베는 제동 따위 전혀 생각하고 있지 않습니다. 자민당 단독이 아니라 공명당을 포함한 각의 결정으로 가는 길이 열리면 그 이후에는 어떻게든 되게 되어 있다고 생각하기 때문입니다.

- ## 7월 18일

35.9도, 맥박 80. 여섯 번째 사이클의 첫날입니다. 몸 상태가 완전히 돌아오지 않았지만 기합은 들어 있습니다. 야외 운동을 지정 시간 전에 끝낸 후 욕탕에 너무 오래 들어가 나른해지지 않도록 목욕을 할 때에도 힘을 아꼈습니다.

---

426 이쿠시마 겐지幾島賢治(1947~2014). 2000년 도야마현에서 폭력단 조장 부부를 총으로 사살한 혐의로 사형이 확정. 간 부전으로 67세에 나고야 구치소에서 사망. – 역자 주.

427 사토 마사루佐藤優(1960~). 도쿄 출신의 작가. 도시샤 대학과 시즈오카 문화예술 대학 객원 교수. 외무성에서 근무한 경력이 있다. 2002년 배임 등의 혐의로 2년 가까이 수감되어 있었으나 무죄 판결. 이후 전업 작가로 활동 중이다.『흐름을 꿰뚫는 세계사 독해』(역사의 아침, 2016) 등이 한국에도 소개되어 있다. – 역자 주.

팔레스타인을 실효 지배하고 있다는 하마스는 군사력으로 상대가 되지 않으면서 팔레스타인 사람들을 희생시킴으로써 이스라엘의 폭압을 국제적으로 보여 주려는 걸까요? 하마스 간부는 재빨리 몸을 숨기지만 희생되는 것은 아이와 여성들입니다. 대체 무슨 짓인가, 이스라엘군뿐만 아니라 하마스에 대해서도 그런 생각이 듭니다.

짙은 어둠이 / 흔들리고서 / 반딧불 불타오르다

- **7월 30일**

35.7도, 맥박 78. 28일과 29일에 스테로이드를 복용했기 때문에 잠을 못 잤는데(29일은 피곤해서 조금 꾸벅꾸벅했지만), 그렇게 잠 못 들고 있을 때, 그러니까 한밤중이었는데 드보르작Dvořák의 〈유모레스크Humoresque〉가 끝없이 귓속에 흘렀습니다. 저녁에 들었던 음악이 계속해서 들리는 건 여태까지 있었던 일이지만 왜 〈유모레스크〉였을까요?

- **8월 7일**

36도, 맥박 78. 채혈 네 번. 백혈구는 5,300. 백혈구 수치가 내려가려나 생각했는데, 골수를 억제하지 않은 걸까요. 가자에서는 팔레스타인인 사망자가 1만 명을 넘어서야 '정전'한다고 합니다. 하마스가 무슨 생각을 하는지 알 수 없지만, 세계가 팔레스타인인이 가진 목숨의 무게를 너무 가볍게 보고 있는 게 아닌가요. 가자에서는 3·11 이후 재난을 입은 사람들에게 격려를 해 주었습니다. 격려를 해 준 사람들, 특히 아이들이 죽어 가고 있는데 입을 다물어도 되는 걸까요.

- **8월 18일**

36.1도, 맥박 80. 정부는 헤노코의 매립 공사를 강행하려고 합니다. 기지를 철거할 수 없다고 해도 왜 헤노코로 이전해야만 하는 걸까요? {아베} 정권과 여·야당이 서로 이야기를 나눈 적은 있을까요? 한번 매립하면 지금의 바다는 돌아오지 않습니다. 바다에도 생물이 있다는 걸 생각지는 못하나요? 미군 기지의 존재 그 자체를 의문시하는 데까지 갈 것도 없이 말입니다. 그리고 반대하는 사람들을 배제하고 방해하려고 경찰과 해상 보안청, 민간 경비 회사가 버티고 있습니다. 지금 와서 깨닫게 된 건 아니지만 자위대를 포함해서 경찰, 해상 보안청, 경비 회사는 권력, 자본의 주구입니다.

- **8월 28일**

35.8도, 맥박 72. 어젯밤도 치료의 영향으로 한시도 잠에 들지 못했습니다. 그런데도 낮에 졸리지 않으니 이상한 일입니다. 이번 달 초 아사히 신문이 종군 위안부에 대해 일부 오보가 있었다고 검증 기사를 게재하자, {아베}의 주변과 자민당의 다카이치, 산케이, 요미우리, 「주간 분슌」, 「주간 신초」, 「포스트」 등은 의기양양하게 "종군 위안부에 강제성은 없었다"고 하며 고노 담화도 변경해야 한다고 목소리를 높이고 있습니다. 그런데 만약 당시의 군대와 경찰이 직접, 강제적으로 끌고 갔다 하지 않더라도 그러한 권력과 결탁한 업자에게 '고용되어' 갔던 위안소의 경우도 광의의 강제성입니다. 현 상황에서도 권력이 한번 해야겠다고 정한 것에 저항하고 반대하는 것은 어렵다고 생각하는 사람이 많은데, 식민지하의 조선이라면 더욱 그러하지 않을까요. 그런 것을 상상할 수는 없는지 물어보고 싶어집니다. 그런 상황에서 종군 위안부 그 자체가 없었다는 주장까지 등장하는 것에는 할 말을 잃게 되는군요.

- 8월 29일

　35.5도, 맥박 72. 어젯밤에도 한두 시간이나 잤는지 모르겠습니다. 나른하지는 않지만 밤을 새운 느낌입니다. 이번 주말의 사형 집행을 걱정했는데, 아침부터 분위기가 이상했고 직원 배치가 평소와는 달랐기에 도쿄 구치소에서 사형 집행이 있었음을 알게 되었습니다. 센다이와 도쿄 구치소에서 두 명인지요. 유감입니다.

　　　　　　비오는 날의 / 향기를 아끼거라 / 계요등의 꽃

- 9월 1일

　36도, 맥박 78. 일곱 번째 사이클 3회차입니다. 40년 전 8월 30일, 미쓰비시 중공업 폭파로 돌아가신 분들께 사죄하고 애도하면서 머리를 숙입니다.

- 9월 11일

　36.1도, 맥박 80. 채혈 다섯 번. 백혈구는 1만 300. 1주 전 8,900에서 그렇게 떨어질 것 같지는 않았는데, 줄어드는 게 아니라 오히려 늘어 버렸습니다. 염증 반응이 없다는 점에서 스테로이드의 영향일까요?

　9·11을 의식했는지 오바마가 시리아 공습을 확대했다고 합니다. IS 같은 존재는 지금처럼 빈부 격차가 지속된다면 계속 생겨납니다. 그런 건 못 본 체하고 군사력으로 해결하려고 하다니요.

- 9월 15일

　사흘간의 연휴였지만 몸 상태는 좋아지지 않았습니다. 지금에서야 부작용이 나타나는 것이겠지요. 1만을 넘은 백혈구가 크게 떨어질지도 모릅니다.

『종이를 이어라!』[428]를 읽었습니다. 서평에는 책 종이의 4할을 생산하던 일본 제지 이시노마키石巻 공장이 3·11 지진 이후에 다시 살아나는 다큐멘터리라고 되어 있는데, 그것은 그것대로 인상이 깊었지만 3·11 당일의 이야기에 눈이 갔습니다. 페이지 수는 얼마 안 되지만 짧은 내용을 접하는 것만으로도 이 책을 읽은 의미가 있다고 생각합니다. 신문에는 보도되지 않았던 내용을 담담하게 다루고 있기 때문입니다. 지진 직후에 골프 클럽과 야구 배트를 든 사람들이 무인 편의점과 자동판매기를 두들겨서 약탈했다는 것 등을 말이지요. 가게 주인이 있는데도 창문을 깨 의류 등을 약탈한 자들까지 있었다고 합니다. 아사히 신문의 오보나 날조 기사는 제쳐 두고서라도 신문들이 깨끗한 일만 보도하고 있는 게 아닐까요.

- 9월 17일

35.9도, 맥박 80. 11일 검사에서 IgG는 1,445. 두 번째로 1,400대입니다. 제가 나방을 끌어당기는 페로몬을 내뿜고 있는 걸까요(?!), 방 안에 나방 몇 마리가 날아다니고 있습니다. 나방은 날기 시작하면 꽤 커지지만 그늘에 숨으면 조그마한 검은 얼룩으로밖에 보이지 않습니다. 모기보다도 작아서 환기구의 방충망을 뚫고 들어오는 걸까요? 회진 시에 의사와 간호사 앞을 팔락거리며 놀래서 곤란합니다. 제 방만 그런 것 같기 때문입니다.

- 10월 2일

35.2도, 맥박 80. 내각은 여성을 활용하겠다며 여성 대신의 수를 늘리거나 여성을 우루과이 대사로 임명하겠다고 합니다. 국제 회의 등에서 이를 강조하면 평판은 나쁘지 않겠지만, 요약하자면 경제 활성화를 위해 여성을 이용하겠다는 것입니다. 인구 감소를 고려하여 여성을 이용해 극복하겠다고 말이지요. 그것도 그 관점이 "능력 있는 여성"에 맞추어져 있어 파견 노동자 등은 제외되어 있습니다(오키나와와

---

428 佐々涼子, 『紙つなげ! 彼らが本の紙を造っている』, 早川書房, 2014.

후쿠시마 지사 선거를 대비해서 말로는 궤도를 수정했지만요).

멀고 먼 저편 / 함성을 맞지르는 / 석산의 꽃들

• **11월 17일**

36도, 맥박 80. 아홉 번째 사이클이 끝나면서 약을 쉬기 시작했기 때문에 기분은 괜찮지만 주말에 잠을 못 자서 몸 상태는 그다지입니다. 이제부터 회복하도록 노력하겠습니다.

오키나와현 지사 선거의 결과는 예상대로였습니다. 헤노코로의 미군 기지 이전을 인정하지 않겠다는 오키나와 사람들의 의사가 반영되어야 합니다. 이는 '본토'에 사는 사람들의 책임입니다.

오후에 유아사 씨와 면회를 가졌습니다. 오다와라 노리오[429] 씨를 기리는 모임에 참가했다고 합니다. 오다와라 씨는 미결수 시절에 면회를 오신 적이 있기도 하고 「리프레자」에 제 하이쿠를 게재해 주시는 등 여러모로 힘을 보태 주셨습니다.

• **11월 27일**

36.2도, 맥박 78. 오후에 유아사 씨와 면회를 가졌습니다. 도쿄 구치소 내부는 꽤나 추운데 유아사 씨는 가벼운 옷차림이었습니다. 바깥은 제법 따뜻하다고 하더군요. 오늘은 운동이 없는 날이기에(한 달에 두 번) 바깥에 나가지 않아서 몰랐습니다.

아사히 신문을 보니 구시로 지구가 학력 테스트에서 홋카이도 최하위라고 합니

---

429 오다와라 노리오小田原紀雄(1945~2014). 히로시마현 출신의 기독교 목사. 일본 기독교 교단 내에서 반야스쿠니, 반천황 운동을 비롯해 여러 사회 운동을 펼쳤다. 2014년 8월 23일 울혈성 심부전으로 사망. - 역자 주.

다. 홋카이도가 도도부현[430] 중 최하위나 다름없으니 구시로 지구가 일본 최하위 같습니다. 제가 살던 때에도 마찬가지였을 것 같은데, 당시보다 과소화와 빈곤화가 더욱 진행되었기 때문에 격차가 더 커진 것이겠지요. 도쿄 같은 도회지에서는 결코 알 수 없는 현실이 지방에 있습니다.

전쟁을 깊이 숨긴 / 섣달 그믐의 / 선거로구나

- **12월 3일**

36.1도, 맥박 78. 주말부터 부어서 아프던 오른편 깊은 곳의 잇몸(오른쪽 치아에 칫솔을 대면 펄쩍 뛸 정도로 아파, 히토시 군과 식사량이 비슷해지는 바람에 일요일과 월요일에 진통제를 복용했습니다)을 절개했습니다. 화농이 진행되고 있어서 의사가 농을 "긁어냈다"고 했습니다. 항암제를 복용해 왔기 때문에 면역력이 저하된 나머지 치아와 잇몸 사이에 균이 들어간 것이 아닌가 싶습니다. 절개 그 자체는 마취 덕분에 아프지 않았지만 부은 곳에 마취 주사를 놓는 건 엄청나게 아팠습니다. 그리고 마취가 풀리고 나니 절개했던 부분이 아픕니다. 그래도 어떻게든 진통제를 복용하지 않고 참았습니다.

- **12월 4일**

35.8도, 맥박 72. 아사히 신문의 여론 조사에서는, 자민당이 300의석으로 공명당과 합치면 헌법 개악도 가능하다고 합니다. 유권자 여러분은 그것을 용납할 수 있는지요? 야당이 칠칠치 못해도 정권 여당의 단독 승리를 막아야 합니다. 기권하지 말고 비자민당 후보를 승리케 합시다.

---

430 都道府県. 일본의 행정 단위로 한국의 광역시보다 공간적으로 더 큰 개념이다. 도쿄 도都, 홋카이도道, 오사카와 교토부府 및 43개 현県이 있다. - 역자 주.

- 12월 5일

35.8도, 맥박 78. 「임팩션インパクション」이 휴간했다고 합니다. 팔리지 않아서가 아니라 후카다 씨의 연세에 따른 체력과 기분의 문제라고 합니다. 오랜 시간 수고하셨습니다. 반일무장전선 특집을 꾸려 주셨고 사형 폐지에 대해 지속적으로 참여해 주셨습니다. 반일도 사형 폐지도 팔리는 내용이 아닌 데다가 반발만 샀던 것 같지만, 그럼에도 특집을 꾸려 주신 데에는 필시 각오가 필요했겠지요. 감사합니다.

놋카맛프[431]에 / 흩뿌려 깔린 / 마른 잎에 우뚝 서

- 12월 25일

35.7도, 맥박 80. 가마다 가쓰미[432] 씨가 9일 돌아가셨습니다. 6월에 교코 씨와 마유미 씨, 히로유키 군과 회식을 했다고 해서 몸 상태가 나아지고 있다고 생각했는데요. 그는 동갑이기도 하고 한때 도쿄 구치소에 수감된 적도 있기에 동료 한 사람이 떠난 데에 안타까움을 느낍니다.

제 치료가 막다른 곳에 이르렀는지 "계속할까요? 어떻게 했으면 합니까?"라는 질문을 받았습니다. 선택지는 그 둘밖에 없는 건가! 치료를 무리하게 강요하지 않겠다는 뜻이겠지만요. 지금 여기서 멈추고 원만한 죽음을 기다릴 수는 없습니다. 그렇다면 병상에 옮겨 왔을 때 치료를 거부했겠지요.

---

431 봉기했던 아이누가 학살당한 곳. - 원주
　　원문은 "ノッカマップ". 네무로根室 시 동북쪽의 옛 지명. 1790년 마쓰마에松前 번이 놋카마프 집락을 형성하며 개발되었다. 아이누 해방 운동 등에서 심리적 구심점이 되는 지역으로 자주 언급된다. 원주의 "봉기"는 1789년의 '구나시리-메나시의 싸움クナシリ・メナシの戦い'을 가리킨다. - 역자 주.

432 가마다 가쓰미鎌田克己(1948~2014). 1968년 대학에 입학 후 전공투 운동에 참가. 1971년 폭탄 투쟁에 관여하여 1972년 지명 수배되었고, 약 8년의 도피와 7년의 투옥 생활을 겪었다. 2014년 12월 9일 암으로 사망. 저서로 『어느 전공투 불량파의 생애ある全共闘不良派の生涯』, 明月堂書店, 2015가 있다. - 역자 주.

- 12월 26일

35.7도, 맥박 80. 이전 선거는 지독한 결과로 끝났지만, 선거가 있어서 연말 사형 집행이 없었다는 건 불행 중 다행이었을까요. 간수와 간호사들의 표정도 밝습니다.

- 12월 30일

올해 마지막 목욕을 했습니다. 오키나와의 오나가[433] 지사가 도쿄까지 나와 관방 장관 등과 만나려 하니 "바빠서"라는 이유로 거절당했다고 합니다. 그리고 정부는 오키나와 진흥 예산을 삭감하는 데 동의한다고 합니다. 수상 A와 그 일당은 자신의 말을 듣지 않는 자들을 박살 내는 강권 정치에 거리낌이 없군요. 너무 노골적이라서 용납할 수 없습니다.

---

433 오나가 다케시翁長雄志(1950~2018), 오키나와 출신의 정치가. 오키나와 7대 지사를 역임했다. 헤노코 미군 기지 이전을 반대하며 일본 정부와 대립각을 세웠다. 2018년 4월 지사직 중에 췌장암이 발견되어 절제 수술을 받았으나 건강을 회복하지 못하고 8월 8일에 사망했다. – 역자 주.

2015년

• 1월 9일

35.3도, 맥박 72. 프랑스의 신문사 총격 사건[434]에 대해 수상 A가 비난 성명을 냈는데, 커닝 페이퍼가 없으면 제대로 말도 못 하는지 종잡을 수 없는 이야기를 늘어놓고 있었습니다. 그리고 불관용이라고 하는데 그건 A 자신을 가리키는 게 아닌가요. 미디어를 자신의 동조자 혹은 아첨꾼으로 채워서 비판이나 이견을 허용하지 않지요. 총을 쏜 사람들을 비난할 거라면 자신부터 돌아보아야 할 것입니다.

겨울 기러기 / 울음소리 하나로 / 건너는구나

• 1월 12일

체온 검사 없음. 프랑스의 반테러 행진에 올랑드, 메르켈과 나란히 이스라엘의 네타냐후가 맨 앞에 서 있습니다. 가자 폭격으로 팔레스타인인을 그만큼 학살했던 장본인이 어찌 저리 낯이 두껍냐고 생각한 사람은 저뿐일까요?

---

434 2015년 1월 7일 일어난 샤를리 엡도Charlie Hebdo 테러 사건을 가리킨다. - 역자 주.

- 1월 13일

  35.6도, 맥박 80. 채혈 다섯 번. 백혈구는 4,000. 결코 많지는 않지만 이보다는 적을 거라고 생각했기에 건투해 준 골수가 고마울 뿐입니다. 우에노 지즈코 씨가 말하길 최근 15~20년간 우익은 세대 교체에 성공했지만 좌익은 실패했다고 합니다. 분명 그렇겠지요. 그리고 페미니즘도 고령화와 점진적 악화를 거듭하고 있던 때에 인터넷 세계에 발을 내디딘 덕분에 그럭저럭 세대 교체가 이루어지고 있다고 합니다. 재특회와 아베 신조가 인터넷으로 이어져 있기에 거기에 등을 돌리는 것이 좌익의 자세라고는 할 수 없습니다. 재특회의 헤이트 스피치에는 여중생까지 참가하여 큰 소리로 욕을 한다는데 여중생에게 그런 짓을 시키면 안 되겠지요(여자 혹은 중학생에 환상을 품는 것은 아니지만 그래도 아직 아이니까요). 좌익 또는 리버럴파도 인터넷을 싫어하는 자신의 태도를 반려해야 합니다.

- 1월 14일

  35.5도, 맥박 80. 오후에 유아사 씨와의 면회가 있었습니다. 프랑스 사정에 밝은 그에게 이번에 문제가 된 무함마드의 풍자화에 대해 물어보니 요컨대 표현의 자유와 신앙의 자유, 존중과의 상극이라고 합니다.

- 1월 21일

  35.1도, 맥박 66. '이슬람 국가'가 일본인 두 사람을 구속하고 일본 정부에 2억 달러를 내지 않으면 살해하겠다고 통보했다고 합니다. 두 사람이 구속된 것 같다는 보도는 이전부터 있었는데, 아베 수상은 당연하게도 이를 알고 있으면서 중동을 순방했다고 합니다. 이번 살해 예고를 "비겁"하다고 비난하기 전에 자신의 경솔함을 부끄러워해야 하는 것이 아닐까요. 아베 수상이 이번 사건을 이용해서 자위대의 해외 파병을 소리 높여 주장하지 않는다면 다행이겠지요.

- 1월 26일

36.2도, 맥박 66. '이슬람 국가'에 구속되었던 유카와[435] 씨가 살해당했다고 합니다. 고토[436] 씨의 메시지를 읽어 보니 일본 정부는 몸값을 지불할 생각이 없었음을 알게 됩니다. 부총리라는 아소 다로가 "(몸값은) 내지 않는다"고 공언했는데, 대외적인 발언이 아니라 본심을 그대로 말한 것이었습니다. 즉 죽게 내버려 둔 겁니다. "비겁하다"고 비난하거나 "풀어 주라"고 요구하는 것은 의미가 없습니다. 정치가, 권력자이기에 할 수 있는 일은 얼마든지 있습니다. "전력을 다해 해방하라"고 말한 이상 모든 수단을 써야 합니다.

- 1월 30일

35.5도, 맥박 80. 아침부터 눈이 내립니다. 그것도 대단히 많이 옵니다. 아직도 눈을 보면 '흥분'하게 됩니다. 기온이 낮아서 운동을 나가는 사람이 적기 때문에 평소보다 약간 일찍 호출이 있었는데, 허겁지겁 밖으로 나가 눈을 보고 왔습니다.

- 2월 2일

36도, 맥박 72. 고토 겐지 씨가 '이슬람 국가'에 살해당했습니다. '이슬람 국가'는 교섭 의지가 없었다는 전문가가 있지만, 저는 도리어 일본 정부에 교섭 의지가 없었고 '죽게 내버려 두었다'고밖에 생각되지 않습니다. 아베 수상이 "테러에 굴하지 않는다"고 반복할 뿐이고, 각료는 처음부터 "(몸값은) 내지 않는다"고 공언했으며 요르단에 수감된 사형수와의 교환을 '이슬람 국가' 측이 요구해도 요르단에 떠넘길 뿐이었습니다. 죽게 내버려 두고서 "비겁하다"라든지 "용서할 수 없다"라는 말을

---

435 유카와 하루나湯川遥菜(1973~2015). 본명은 유카와 마사유키湯川正行. 시리아에서 이슬람 국가IS 병사들에게 피랍. 2015년 1월 25일 살해당했다. - 역자 주.

436 고토 겐지後藤健二(1967~2015). 미야기현 출신의 프리랜서 저널리스트. 2014년 상술한 유카와의 납치 소식을 듣고 시리아로 입국한 후 행방불명되었다. 2015년 1월 20일 IS의 협박 영상에서 체포된 채로 등장하였고, 2015년 2월 1일 살해되었다. - 역자 주.

잘도 내뱉는군요.

• 2월 12일

35.9도, 맥박 84. 작년 말에 신문에서 홍백 가합전에 등장하는 가수와 곡명을 보니 아베와 {모미이} 취향이 줄줄이길래 안 보고 잤습니다. 섣달 그믐날만큼은 소등후에도 12시 넘어서까지 라디오를 틀어 놨지만요. 그랬더니 구와타 게이스케[437]가 〈피스와 하이라이트ピースとハイライト〉라는 곡을 불러 인터넷상에서 비난의 화살을 받고 있음을 알게 되었습니다. 최근 담배에 대해 다루고 있기에[438] 꼭 들어야겠다는 생각이 들어 DVD로 홍백 가합전 후반부를 시청했습니다. 담배라고 썼지만 담배의 이름을 빌려다 쓴 〈평화와 극우平和と極右〉겠지요. 가사는 대단히 진지했고 공연장의 관객(요코하마에서 라이브를 한 것 같습니다)도 상당히 고양되어 있는 록 음악이었습니다. 여기에 극우나 아베 동조자가 반발해서 구와타가 사과해야 한다는 점을 이해할 수 없습니다. 이 정도도 노래하지 못하는 걸까요. 정치가를 주제로 삼은 개그는 안 되고 풍자를 살린 노래도 안 된다니, 일본 짝짝짝 이외에 허용되지 않는 것은 태평양 전쟁 개전 전야나 마찬가지 아닌가요.

• 2월 26일

36도, 맥박 84. 오늘도 하루 종일 온몸이 아픕니다. 소노 아야코[439]가 아파르트헤이트를 용인하는 발언을 한 것은 아무리 멍청한 사람이라도 용납하기 힘든데, 일본인과 일본 사회는 서구인 이외의 사람들이 자신들보다 열등하다고 생각하는 걸까요. 그래서 아무렇지도 않게 외국인 실습생 제도를 만들어서 중국인 등을 저임금

---

437 구와타 게이스케桑田佳祐(1956~). 가나가와현 출신의 음악인. 서던 올스타즈サザンオールスターズ의 보컬로 유명하다. - 역자 주.

438 피스Peace와 하이라이트hi-lite 모두 시판 중인 담배 이름이다. - 역자 주.

439 소노 아야코曽野綾子(1931~). 도쿄 출생의 작가. 20세 때부터 문학 동인 활동을 했으며 1953년에 발표한 소설『멀리서 온 손님들遠来の客たち』을 발표, 아쿠타가와상 후보가 되며 크게 알려졌다. 오키나와의 집단 자결을 '민중의 자기 결정에 의한 것'처럼 쓴 소설 등으로 논란을 일으켰다. - 역자 주.

으로 혹사시키는 것이겠지요. 요전에 기후현에서 염소를 도살해서 먹고 있던 베트남인들이 체포당했는데, 그들도 나가노에서 노예 노동 같은 일을 당했다고 합니다. 일본인을 특별한 존재로 보는 헤이트 스피치 녀석들이나 아베는 자신들이 가진 민족주의의 우둔함을 무엇보다 우선적으로 배워야 합니다.

大道寺将司くんと社会をつなぐ交流誌

キタコブシ VOL. 165

2015年3月5日　3月号

郵便連絡先　東京都西東京市北町2-3-21　太田方　キタコブシ係
電話連絡先　080−5325−2690（13時〜22時、大道寺）
郵便振替　00180−0−132916／加入者名　キタコブシ
誌代　1部200円（送料込、1年間1800円）

三日月の
血を流すごと
冬木立

イラスト／K・ミナミさん

- 3월 13일

　35.7도, 맥박 80. 첫 번째 사이클의 4일차 치료입니다. 파골 세포를 줄여 준다면 참 좋을 텐데요. 헤노코 기지의 이전 추진이야말로 아베 정권의 강권적 자세가 나타난 것입니다. 경찰관과 해상 보안관 개개인이 생각하는 것이 따로 있을지라도 용납할 수 없습니다.

- 3월 27일

　36.5도, 맥박 84. 19일에 검사한 IgG는 3,185. 조금 올랐습니다. 아파서 3,000을 넘을 것이라고 예상은 했지만, 실제 수치를 알게 되고 그것도 오른 것을 보니 약간 맥이 풀립니다. 또 아픈 이유를 알게 되어 어떻게든 이 고통을 줄이고 싶은 투지도 솟아오릅니다. 의사는 "변동이 없군요"라고 위로해 주지만요.

구름 속의 보살상

얼마만큼의 / 재난을 거쳐 / 건너편으로 갈까

- 4월 8일

　37.2도, 맥박 72. 2일에 한 검사의 IgG는 3,263. 또 늘어났습니다. 안타깝지만 몸이 아픈 이유를 알게 되어 다행입니다(?). 두 번째 사이클의 2일차. 예보로 추워진다는 것은 알고 있었지만 눈이 조금씩 내리기 때문일까요. 난방이 없는 방 안은 한겨울보다 춥습니다.

　팔라우에서 천황이 했던 발언은 과거의 전쟁을 부정할 뿐, 전쟁을 일으킨 부친 쇼와 천황에 대해 말하지 않는 건 위선인 데다가 현재의 전쟁 추진파인 아베 일당에게 아무 영향을 주지 않을 겁니다.

- 4월 20일

36도, 맥박 84. 하이쿠 잡지「구사쿠키くさくき」에서 아라카와 씨의「겨울의 장미 / 맞서서 바라봄이 / 아니 두려워」(고바야시 린小林凜)를 읽었습니다. 공감했습니다. 아라카와 씨는 가선歌仙도 하고 계시지요. 어느 정도의 준비는 할 테지만 재즈의 즉흥 연주 같은 것이겠지요. 저력이 없으면 할 수 없는 일입니다.

미디어에 압력을 가하는 정부와 자민당의 행동을 보고 있자니 마치 독재 국가 같습니다.

- 5월 1일

?도, 맥박 66. 4월 23일의 IgG는 2,960. 1주일 전보다 20 가까이(!) 줄었습니다. 적어도 100 단위로 줄어들면 좋겠다 싶지만 3,000대로 돌아가지는 않았기에 다행이라고 생각하지요.

후생성이 구소련에 억류되었던 북한과 중국, 사할린 등 1만 명의 사망자 명단을 공개했는데, 여기서 주목해야 하는 것은—이제 와서 새삼스럽게 이야기하는 건 아니지만—일본군이 북한과 중국을 침략했다는 사실입니다. 관동군 간부와 그 가족은 계획을 세워 재빨리 도피했기 때문에 하급 병사나 종군 간호사들만 억류되었던 것이겠지요. 아베와 그 추종자들은 이런 인식을 결여하고 있습니다.

새싹이 돋은 / 고향의 꽃길 / 가는 이는 없구나

- 5월 5일

갓난아기는 아무 죄도 없지만, 태어나면서부터 로열 베이비로 안팎의 미디어에서 다루어지고 왕위 계승까지 결정되어 있는 아이가 있는 한편, 초등학교도 다니지 못하고 가혹한 환경에서 노동을 강요당하는 아이들이 세계에 5,700만 명 있다고 합니다. 일본의 격차도 해를 거듭할수록 커지고 있습니다. 이 현실을 그대로 내버려 두어도 될까요.

• 5월 13일

35.9도, 맥박 76. 7일 검사에서 IgG는 2,784. 400 가까이 줄어들었을 거라 기대했지만 약 200이었습니다. 한 번에 확 줄기보다는 차근차근 줄어드는 게 좋겠지요. 세 번째 사이클의 2회차입니다. 주사를 맞은 후 운동을 나가 1킬로미터 정도 걸었습니다. 내일은 야외 운동 중지이고 날마다 몸 상태가 다르니까요.

「주간 금요일」에 헨미 요 씨가 게재하고 있는 「1★9★3★7 시간은 왜 지워지는가」는 홋타 요시에[440]와 다케다 다이준의 작품을 통해, 또 황군의 일원으로서 '출정'하고 돌아온 아버지를 통해 황군=일본군의 중국 침략 실태를 그리고 있는데, 읽을 때마다 심장이 쿵쾅거릴 만큼 굉장합니다. 아직 읽어 보지 않은 분들은 중간부터라도 읽어 주셨으면 합니다.

• 5월 15일

35.7도, 맥박 88. 아베 내각이 전쟁 법안을 각의 결정했습니다. 미국(군)의 하청으로 세계 끝까지 가려고 하는 듯한데, 지금 막지 않으면 돌이킬 수 없겠지요. 전쟁 전의 분위기와 같다는 경험자의 목소리에 귀를 기울여야 합니다.

소금쟁이가 / 그려 낸 얼굴 / 사라지지 않고서

---

440 홋타 요시에堀田善衞(1918~1998). 도야마현 출신의 소설가, 평론가. 중국 국민당에 징용되었던 경험을 토대로 쓴 작품으로 문단에 들어섰으며 1951년에 아쿠타가와상을 수상했다. - 역자 주.

- 5월 20일

  36.1도, 맥박 84. 오전에 마사쿠니 씨와 면회를 가졌습니다. 40일 만의 면회였는데 입회한 베테랑들은 면식이 있지만, 연행 담당인 젊은 형무관들은 처음 보는 사람들이라 그런지 과하게 신경을 써서 오히려 제가 피곤해졌습니다. 면회소 내의 약 7~8미터 거리를 걸으려 하니 어깨를 껴안는 식으로요. 시종일관 준비 중인 하이쿠의 이야기를 했습니다. 해설자를 붙인다는 이야기가 나온 것 같아서 그럴 경우에는 누구에게 의뢰할까도 이야기했습니다. 출판사에서는 가네코 도타에게 의뢰하려고 타진했지만 그가 거절했다고 합니다. 나이(96세)나 병을 이유 삼지 않은 것은 과연 그 분답다며 감탄했습니다. 그렇다 해도 해설을 도타에게 의뢰하다니 대담하군요. 어쨌든 초봄까지만 해도 과연 가능할까 생각했던 것이 지금은 모습을 보이고 있습니다.

- 5월 22일

  36.1도, 맥박 78. 세 번째 사이클의 마지막 날입니다. 부작용으로 나른해졌고 덤으로 위가 아프지만 조금은 마음이 놓입니다. 스즈키 군에게서 "면회하러 간다"는 연락을 받았습니다. 갑자기 찾아오면 구치소로부터 거절당할지 몰라 "조금 더 기다려 달라"고 답장을 보냈습니다. 아픔은 보이지 않기 때문에 전하기 어렵습니다.

  반딧불이는 / 스러져 가는 때를 / 비추어 내고

- 6월 12일

  35.7도, 맥박 76. 네 번째 사이클의 첫날입니다. 몸 상태가 하강 조짐이라 약간 힘들지도 모르겠습니다. 국회 헌법 조사회에서 자민당이 추천한 학자를 포함해 세 명이 모두 안보 법제는 헌법 위반이라고 밝혔는데도 자민당과 공명당은 위헌이 아니라고 우기고 있습니다. 아무것도 모르는 문외한이 봐도 처음부터 고

무라[441]와 기타가와[442]의 정당화 논리는 무리라고 생각하는데, 이대로 헌법 위반을 용납해서는 안 됩니다.

빗방울 밀어내는 / 개미의 수족 / 큰 힘 실어서

• 6월 18일

36도, 맥박 76. 어젯밤에는 스테로이드의 영향으로 전혀 잠을 자지 못했습니다. 이른바 '철야'를 했지요. 마사쿠니 씨의 연락을 듣자니 6월 13일 지원련 집회에는 150명 정도가 참가했다고 합니다. 80석 정도의 작은 공간이라고 들었는데 그 정도로 참가하는 사람이 많을 줄은 몰랐습니다. 당일 보조 의자를 꺼냈지만 선 채로 보는 사람까지 나올 정도로 회장이 꽉 찼다고 합니다. 젊은 사람의 모습도 드문드문 보였다는 것은 기쁘지만, 드문드문 보였다는 점에서 연배가 있는 사람들이 압도적으로 많았다는 뜻이겠죠?!

이른 장마는 / 온몸의 조화로움 / 나른케 하여

• 6월 26일

36.3도, 맥박 84. 네 번째 사이클의 4회차. 어제 사형 집행이 있었음을 신문으로 알게 되었습니다. 조만간 있을 거라는 예감이 들었습니다. 나고야 구치소라서 도쿄 구치소와는 직접적으로 관계가 없긴 하지만, 봄에 이동해 온 형무관에게는 다른 감옥이라고는 해도 첫 번째 체험이기 때문에 떨거나 굳은 표정을 지은 사람들이 적

---

441 고무라 마사히코高村正彦(1942~). 야마구치현 출신의 정치가, 변호사. 자민당 소속으로 중의원 의원과 법무 대신 등을 역임하였다. 자민당 추천으로 안보 법제 논의에 참여하였다. - 역자 주.

442 기타가와 가즈오北側一雄(1953~). 오사카 출신의 정치가, 변호사. 공명당 소속으로 중의원 의원과 국토교통 대신 등을 역임하였다. 공명당 추천으로 안보 법제 논의에 참여. 특이한 점으로는 어렸을 적에 재일 코리안이 많이 살던 지역에서 학교를 다녔으며, 초등학교와 중학교 시절 같은 반 급우의 3분의 1에서 4분의 1 정도가 재일 조선인이었다고 한다. - 역자 주.

지 않았습니다. 병동에 수용되어 있는 사형수는 저와 도시아키 군 정도여서(제가 모르는 그 밖의 사람이 있을지도 모릅니다) 사형수를 어떻게 대해야 할지 모르기도 하겠지요. 처형된 사람은 스스로 공소를 취하한 듯한데, 30몇 만의 사형 탄원서를 두고서도 밀어붙인 걸까요.

아이 목소리 / 어지러이 흩어져 / 맑게 갠 장마

- **7월 3일**

35.7도, 맥박 84. 6월 25일의 IgG는 3,156. 드디어 3,100대로 늘고 말았습니다. 놀라지는 않았지만 부작용을 감내하고 있었기 때문에 조금 줄어들지 않았을까 했는데, 회진 시에 의사가 자신이 만든 IgG 그래프로 설명해 주었습니다. 지난번처럼 급격하게 줄지는 않았지만 3,100대도 허용 범위이며 천천히라도 효과가 나오고 있기 때문에 "조금 더 해 봅시다"라고 했습니다. 다음번은 7월 17일입니다.

마사쿠니 씨가 히로시마에서 있었던 후나모토 씨의 모임에 대해 말해 주었습니다. 참가자가 100명을 넘었고 구시로에서도 한 명이 참가했다고 합니다. "어? 구시로에서?" 싶었습니다. 어떤 분이었을까요.

간수 부르는 / 한밤중의 목소리 / 장마의 추위

- **7월 6일**

36.3도, 맥박 78. 아베 신조의 '친위대'가 매스컴을 장악하려 하는 등 기염을 토하고 있는 데 대해 이시바파와 아소파가 비판을 했다고 합니다. 하지만 이시바는 징병제를 공언하고 있는 데다가 아소도 지금까지 지독한 소리를 반복하고 있습니다. 한마디로 끼리끼리 노는 셈이지요.

- 7월 7일

  37.2도, 맥박 84. 아직 누워 있었던 새벽녘에 권태감을 심하게 느꼈는데 아니나 다를까, 열이 나고 있었습니다(아침부터 시간이 흐를수록 열이 나는 느낌이 강해져서 점심 후에 해열제를 먹었습니다).

- 7월 10일

  36.3도, 맥박 88. 2일 검사했던 IgG는 2,922. "치료가 효과를 보고 있네요"라는 의사의 말대로였습니다. 다만 의사는 감소 폭이 크기를 기대했던 것 같지만요. 몸 상태로 보아 저는 이번에도 3,000대를 예측하고 있었기 때문에 오판이 오히려 기쁩니다. 저도 꽤나 끈질긴가요?! IgG가 3,000대 밑으로 내려간 데다 오랜만에 날씨가 맑아서(12일 만인가요) 걷는 연습 삼아 운동을 나갔는데 녹슨(?) 뼈가 삐걱거리는 소리가 들려오는 듯했습니다.

  전쟁 있던 곳 / 해파리들도 / 하나씩 사라지고

- 7월 14일

  36.5도, 맥박 84. 아사히의 여론 조사에서 내각을 지지하지 않는 이가 지지자보다 많다고 하는데, 그럼에도 아직 39퍼센트나 지지하고 있지요. 아베 일파가 우둔한 건 그렇다 쳐도 그들을 지지하는 자들도 우둔하다고밖에 할 수 없습니다. 저 같은 사람한테서 이런 말을 듣고 싶지는 않겠지만요.

- 7월 22일

  36도, 맥박 78. 7월 16일의 IgG는 2,820이었습니다. 이전보다 100이 줄었지요. 크게 내려간 건 아니지만 17일, 다섯 번째 사이클 전날의 수치이기 때문에 나쁘지 않습니다. 다만 어젯밤에 열이 난 데다가 다리와 겨드랑이의 림프샘이 아파 잠을 잘 수 없었습니다. 해열제를 복용하니 열은 내려갔지만요.

- 7월 23일

   35.3도, 맥박 84. 오랜만에 유아사 씨에게서 연락이 왔습니다. 지원련의 집회에 자극받아 다케다 다이준의『숲과 호수의 축제』[443]를 읽었다고 합니다. "어? 읽은 적 없어요?"라는 이야기를 했는데(이 작품은 영화[444]로도 만들어졌습니다), 도쿄에 살고 있는 사람은 홋카이도, 아이누와 멀리 떨어져 있는 존재라고 새삼스럽게 생각하게 됐습니다. 식민지라는 인식도 그렇지요. 달리 보자면 오키나와와 헤노코도 그렇습니다. '본토'의 인간에게는 멀고 먼, 다른 사람의 일이겠지요.

- 7월 30일

   36.3도, 맥박 78. 아침에 다섯 번 채혈을 했습니다. 백혈구는 4,200.『이런 게 어른일 리 없어』[445]에서『한 기의 관』을 다루고 있습니다. 시미즈 씨의 이름은『게드 전기』[446]의 번역자로 기억하고 있는데(『게드 전기』는 모든 권을 읽었습니다) 그 시미즈 씨가『한 기의 관』을 읽었다니. 약 두 페이지 정도이지만 언급해 주신 데 감사드립니다. 또 시미즈 씨가『한 기의 관』을 다루었음을 발견해 주신 분께도 감사드립니다.

- 7월 31일

   35.6도, 맥박 84. 다섯 번째 사이클의 네 번째(마지막 날)입니다. 아쓰기厚木 기지의

---

443 武田泰淳,『森と湖のまつり』, 新潮社, 1958.

444 内田吐夢 監督,〈森と湖のまつり〉(DVD), TOEI COMPANY, 1958.

445 清水真砂子,『大人になるっておもしろい?』, 岩波書店, 2015. 한국어판은 시미즈 마사코 저, 이주희 역,『이런 게 어른일 리 없어』, 티티, 2016.

446 Ursula K. Le Guin, 清水真砂子 訳『ゲド戦記』, 岩波書店, 2009.

소음 소송이 도쿄 고등재판소에서 승소했고, 자위대 전투기의 야간 비행 금지와 앞으로의 배상금이 더해졌습니다. 도쿄 고등재판소에서 역전 패소하는 게 아닌가라고 근심했지만 즐거운 오산이었습니다. 하지만 미군기에는 손을 대지 못하는군요. 미군기야말로 문제인데 말입니다. 그래도 이번 승소가 전쟁법을 반대하는 힘이 되었으면 합니다.

멀고 먼 불꽃놀이 / 책의 무게에 / 눈이 떠지고

• 8월 3일

35.8도, 맥박 84. 신문을 보니 고교생도 전쟁법 반대로 들고일어나 시부야에서 5,000명이 데모를 했다고 합니다. 그렇게 되어야겠지요.

• 8월 13일

35.9도, 맥박 78. 오키나와에서 미군 헬기가 또 사고를 일으켰습니다. 오스프리를 포함하면 대체 얼마나 사고를 일으키고 있는 걸까요? 정부와 여당은 이토록 사고만 치는 미군에 의지하고 있지만요.

• 8월 26일

36.1도, 맥박 76. 여섯 번째 사이클의 두 번째. 국제정치학자라고 하는 후지와라 기이치[447](도쿄대 교수인 듯합니다)가 집단적 자위권이 필요하다는 취지를 아사히 신문 석간에 기고했습니다. 다만 아베 정권의 주장을 전면적으로 인정하는 건 아니고 정부와 야당의 주장 모두 문제가 있다고 합니다. 하지만 '그렇다면 어떻게 하면 되

---

447 후지와라 기이치藤原帰一(1956~). 도쿄 출신으로 현재 도쿄 대학 대학원 법학 정치학 연구과 교수이다. – 역자 주.

2015년

는가'라는 점에 대해서는 아무것도 쓰지 않았습니다. 미국에 강하게 공감하는 논조이긴 합니다. 항상 우유부단하게 자신의 주장을 펼치지 않는 사람이지요. 흑백을 단정할 수 없는 것들이 많고 아베 일당처럼 그릇된 단정을 해도 곤란하지만, 애매모호하기만 해서야 손을 쓸 도리가 없습니다.

• 8월 28일

36.3도, 맥박 66. 20일 검사에서 IgG는 3,096. 몸이 아파서 수치가 조금 늘었을 거라 예측했는데 3,000대로 돌아올 줄은 몰랐습니다. 지난번보다 300 가까이 늘어 버렸군요. 그래도 뭐 여섯 번째 사이클이 끝나면 또 내려가겠지요.

자민당은 고삐가 풀린 것인지, 아니면 일당독재 상황의 필연일까요. 70세가 넘는 할배부터 고이즈미 신지로[448], 그리고 수상의 부인마저 발정이 난 것을 감추려고도 하지 않습니다. 일본 국민들은 이런 사람들에게 고마워하고 있군요.

전쟁 법안
반대를 주저하는 / 이는 무엇을 / 두려워하나

• 8월 31일

36도, 맥박 84. 전국 각지에서 전쟁법에 반대하는 데모가 일어나 국회 주변에 12만 명이 집결했다고 합니다. 「유루훈ゆるふん」에는 몇 명이나 모였을까요? 히토시 군이 위장도 없는 몸으로 더운 날씨에 이리저리 뛰어다녔기에, 어떻게든 많은 친구들이 참가했으면 좋겠습니다. 그리고 예상은 했지만 NHK 라디오 뉴스는 이를 전혀 다루지 않았습니다. 노골적이지요.

---

448 고이즈미 신지로小泉進次郎(1981~). 가나가와현 출신의 정치인. 전 총리 고이즈미 준이치로의 차남으로, 2020년 현재 환경상으로 재임 중이다. - 역자 주.

저는 하루 종일 미쓰비시 중공업 폭파로 인해 돌아가시거나 다치신 분들께 머리를 숙였습니다.

• 9월 8일

35.7도, 맥박 78. 히토시 군의 메일이 차입되었습니다. 전쟁법을 반대하는 데 이번 주가 승부처라는 행동 요청과「유루훈ゆるふん」에 결집할 것을 호소하는 내용이었습니다. 신주쿠에서도 대규모의 데모가 있었던 것 같은데 무정하게도 비가 계속옵니다. 저는 마음속으로 응원할 수밖에 없을지라도 여러분께서는 힘내 주셨으면합니다.

K·미나미 씨로부터 온 5일자 편지는 허가를 받지 못했습니다. 받지 못해 유감이지만, 그래도 감사드립니다. 비가 계속 와서 기온도 낮습니다. 건강에 유의하셨으면 합니다.

• 9월 14일

35.7도, 맥박 78. 후쿠시마에서는 지난 호우로 방사선에 오염된 낙엽이나 나뭇가지 등을 담은 봉투가 상당수 유실된 듯합니다. 원자력 발전소를 재가동해도 안전하다고 반복하는 정부와 전력 회사는 이 사실을 보시오. 특히 아베 신조 당신.

• 9월 15일

36.3도, 맥박 72. NHK 뉴스가 처음으로 국회 주변의 데모를 다루었습니다. 그렇지만 정부 및 여당과의 대결 자세를 굳히면서 전쟁 법안을 인정할 수 없다는 민주당 오카다[449] 대표의 발언이라는 문맥으로 나왔습니다. NHK가 아베 정권에 가담

---

449 오카다 가쓰야岡田克也(1953~). 미에현 출신의 정치가로 민주당 대표, 외무 대신 등을 역임했다. 외국인

하고 있다든가 데모에 대해서 보도하지 않는다는 주간지의 비판을 받아(NHK에 직접 항의와 비판을 보낸 사람들도 있었던 것 같습니다) 조금 궤도를 수정한 걸까요.

• 9월 18일

35.8도, 맥박 80. 참의원에서 강행 체결되었다는군요. 예상했던 결과긴 하지만 분합니다. 전쟁법을 추진하고 찬성, 지지한 자민당과 공명당 의원들은 미국을 추종하면 중국에 대항할 수 있다고 진짜로 믿고 있는 걸까요? 그것도 헌법을 묵살하고 훼손하면서요. 알 길이 없습니다. 군비 경쟁이 제어되지 않는 상황까지 생각이 미치지 못하는 걸까요. 이웃(나라)과 사이좋게 지내는 것이 전쟁을 멀리하는 길인데 그런 당연한 것도 모르는 걸까요.

5년간 보살펴 주신 혈액내과 의사의 회진이 오늘로 마지막이라서 조용히(?) 마지막 진찰을 받았습니다. 감옥을 담당하는 의사라고 볼 수 없을 만큼 정중히 대우해 주신 분이지요.

달은 휘영청 / 혀에 쓰디쓴 맛은 / 여전히 남아

• 9월 21일

전쟁법이 성립하니 날씨가 좋아진다라……. 하늘은 데모 참가자들에게 가혹하군요. 이시다 준이치[450]와 오타케 시노부[451]가 국회에 나갔다고 하고, 프로레슬러 다

참정권을 추진하거나 한일 합방 100주년에 맞추어 한국에 사죄해야 한다고 주장하는 등, 비교적 주변국을 배려하는 자세를 취한 바 있다. – 역자 주.

450 이시다 준이치石田純一(1954~). 도쿄 출신의 배우. 1979년 NHK 드라마로 데뷔했다. 그는 2015년 9월 17일 국회 의사당 앞에서 이루어진 '평화 안전 법제 관련 법안에 대한 항의 활동'에서, 과거 신문 기자에 의해 잘못 해석되어 생산된 자신의 유행어를 빗대어 "전쟁은 문화가 아닙니다. 전후 70년간의 자랑스러운 평화를 80년, 100년 이어 갑시다"라고 발언한 바 있다. – 역자 주.

451 오타케 시노부大竹しのぶ(1957~). 도쿄 출신의 배우. 1973년 데뷔. – 역자 주.

카다 노부히코[452]도 공공연하게 반대 의사를 표명했습니다. 일을 못 하게 될지도 모르는데 자신의 의지로 반대에 나서다니, 지금까지의 운동과는 분명히 다릅니다. 젊은이들도 많이 참가하고 있으니, 이제부터겠지요.

- 9월 23일

오나가 다케시 오키나와현 지사가 UN 인권위에서 미군 기지가 오키나와에 집중되어 있음을 비판했는데, 그를 고립시켜서는 안 됩니다. 전쟁법에 반대하는 고바야시 세쓰[453] 씨도 그렇지만, 보수파였던 사람이 마음을 바꾸어 권력과 싸울 때는, 뿌리부터 좌익이었던 사람보다 훨씬 강하다고 생각합니다. 각오의 차이일까요.

- 9월 24일

36.4도, 맥박 64. 채혈 다섯 번. 백혈구는 2,700. 지난주에 6,900이었는데 4,000 이상 감소했습니다. 애초에 지난주의 6,900이 이상했던 것이겠지요. 그렇게 많을 리 없기 때문입니다.

아침에 환기구를 여니 어렴풋하게 만리향의 향기가 났습니다. 벌써 핀 걸까요? 해마다 10월 7일 혹은 8일에 피었기 때문에 '설마'라고 생각했지만 만리향의 향기가 맞았습니다.

히토시 군이 최근에 보낸 편지를 받았는데, 가수 사다 아무개 씨가 전쟁법 찬성 발언을 했다고 합니다. 그의 노래를 좋아하지 않아서 거의 듣지 않았지만, 그 '좋아하지 않아서'라는 게 그저 감성의 문제만은 아니었군요.

---

452 다카다 노부히코高田延彦(1962~). 가나가와현 출신의 프로레슬러. 본명은 한자만 다른 다카다 노부히코 高田伸彦. 탤런트와 사업가 등을 겸하기도 했으며, 격투 이벤트 PRIDE의 총괄 본부장을 역임하기도 했다. - 역자 주.

453 고바야시 세쓰小林節(1949~). 도쿄 출신의 법학자, 변호사, 게이오 대학 명예 교수. - 역자 주.

- 10월 1일

36도, 맥박 90. 도쿄 고등재판소로부터 2년 전 12월에 냈던 "도쿄 지방재판소가 결정한 재심 기각에 대한 즉시 항고를 기각한다"는 결정서를 송부받았습니다. 매달려 볼 여지가 없다는 내용입니다. 간치쿠 변호사로부터 "특별 항고하겠다"는 전보를 받았습니다. 감사합니다.

- 10월 5일

36도, 맥박 90. 나바리 독포도주 사건의 오쿠니시 마사루 씨가 하치오지 의료 형무소에서 사망했다고 합니다. 하치오지에 이감될 때 이미 고령이기도 해서 위험할 것 같았습니다. 병이 들기 전에 사회의 공기를 들이마실 수 있게 해 주고 싶었습니다.

- 10월 14일

37.6도, 맥박 88. 밤에 럼프샘 등이 아파 "큰일이군" 하고 생각하자마자 열이 났습니다. 이것도 부작용이겠지요. 중국이 세계 유산으로 신청한 '남경 대학살 기록'을 유네스코가 등록하면 일본 정부가 유네스코에 분담금을 지불하지 않겠다고 공갈을 놓았습니다. 생각이 좁군요. 일본 정부는 "남경 대학살은 없었다"고 하고 싶은 걸 텐데, 그런 소리는 일본 정부와 자민당(공명당은?), 재특회 같은 우익이나 하겠지요. UN에서 "당당히" 그렇게 한번 말해 보면 좋을 텐데요.

- 10월 27일

36.1도, 맥박 78. '안보 관련법에 반대하는 학자의 모임'의 심포지엄을 위해 회장을 빌리고자 했더니 릿쿄 대학이 불허했다고 합니다. 결국 호세이 대학에서 개최되었다고 하는데, 정권 측이 압력을 넣기 전에 타협을 한 것이겠지요. 릿쿄에도 실즈

SEALDs[454]에 참가한 학생이 있지 않을까요. 한심합니다.

• 10월 28일

36.5도, 맥박 78. 무기 징역으로 복역하고 있던 오사카의 남녀가 재심 청구를 해서 석방되었는데, 재판관은 사형에 비해 무기와 유기 징역을 살고 있는 사람들에게 재심을 쉽게 내리는 걸까요. 오사카 사건의 재심은 잘된 일이라 생각하면서도, 같은 내용인데 사형 사건이라면 재심이 됐을까요. 사형의 경우는 어지간한 일이 아니라면 재심은 어렵지요.

• 10월 30일

35.7도, 맥박 84. 여덟 번째 사이클(통산 열일곱 번째 사이클)의 첫날입니다. 오전 중에는 괜찮았는데 오후부터는 축 늘어져 있습니다. 헤노코에서는 공사를 강행하는 한편 사가佐賀현에서는 오스프리 훈련을 하지 않겠다고 방위 대신이 공언했습니다. 이것이 오키나와 차별이 아니라면 무엇일까요.

새로운 계절 / 바람이 펄럭이는 / 가을날 저녁

• 11월 16일

35.5도, 맥박 72. 파리 사건[455]은 프랑스군의 폭격에 대한 보복일까요. 프랑스 사회가 이슬람에 불관용과 차별을 보여 왔다고 느낀 이슬람계 젊은이들이 적지 않습

---

454 Students Emergency Action for Liberal Democracy(자유와 민주주의를 위한 학생 긴급 행동). 2015년 5월에 자위대의 해외 파병 등에 반대하기 위해 만들어진 학생 운동 단체였다. 2016년 8월 15일 해산. - 역자 주.

455 2015년 11월 13일 파리 여러 곳에서 동시다발적으로 발생한 테러 사건(130명 사망)을 가리킨다. - 역자 주.

니다. 파리는 서구권의 상징과 같은 도시이므로 IS가 보기에 절호의 표적이겠지요.

• 11월 17일

37.6도, 맥박 88. 어젯밤에도 열이 나고 오한과 통증으로 잠을 잘 수 없었습니다. 최근 치료가 끝난 다음주에는 반드시 열이 났는데, 긴장이 풀려서일까요? 37.6도 는 오전(10시경)의 체온이고, 밤에는 38도를 넘을지도 모릅니다.

프랑스가 IS에 즉시 보복 폭격을 가하고 항공 모함도 출동시킨다고 합니다. 보복 의 연쇄가 멈추지 않습니다.

• 11월 18일

36도, 맥박 84. 12일의 IgG는 2,888. 3,000이 벽이라고 생각했는데 조금이나마 줄 어들었습니다. 제가 당장이라도 죽어 버릴 거라고 생각하는 사람이 있을 듯한데, 꽤 버티는군요.

정부는 오나가 다케시 지사를 제소했습니다. 오나가는 단호하게 싸워 나가겠다 고 높은 의지를 보이고 있지만, 야마토(본토인)의 오키나와 차별은 실로 심각합니 다. '본토'의 사람들이야말로 오키나와를, 헤노코의 싸움을 지원하고 추진해야 합 니다.

• 11월 19일

35.9도, 맥박 78. 채혈 다섯 번. 백혈구는 3,500. 제 하이쿠집 『지새는 달』[456]을 받 았습니다. 봄부터 준비해서 8개월. 어떻게든 간행이 되었군요. 띠지에 "『한 기의

---

456 大道寺将司, 『残の月』, 太田出版, 2015.

관』으로부터 3년……"이라고 되어 있는데,『한 기의 관』은 증쇄를 했다고는 하지만 1만 부도 팔리지 않았는데 과연 이 표제로 알 수 있을까요?

- ## 12월 3일

35.9도, 맥박 69. 아홉 번째 사이클의 첫날입니다. 오늘부터 매주 목요일에 주사를 맞는 2차 요법이 시작됩니다. 2차 요법이란 결국 의사로서도 손쓸 방법이 없다는 것이겠지요. 치료 전에 위내시경 검사를 했습니다. 위 상태가 나쁘지 않지만 어쨌든 과정(?)이니까요. 돌기(폴립)가 있으면 양성이라고 합니다. 순간, 수술을 도쿄 구치소에서 하는 건가 하고 생각했습니다. 검사 자체는 그다지 괴롭지 않지만(도쿄 구치소에서는 지금도 입으로 삽입하는 커다란 관을 씁니다) 스테로이드제를 복용하려면 식사를 해선 안 되는데 검사 직후에 입속과 인후가 마취로 저려서 상당히 골치 아팠습니다.

오나가 지사가 후쿠오카 고등재판소 나하 지부에서 한 말은 그야말로 옳습니다. 왜 오키나와에만 기지를 과중하게 밀어붙이는 것인가. 이것은 '본토'에 사는 사람이야말로 생각하고 결단해야 하는 일입니다.

- ## 12월 4일

35.8도, 맥박 88. 12월 1일 검사했던 IgG는 3,146. 최근 또 몸이 아파 3,000을 넘을 것이라 생각했습니다. 3,000을 경계로 밀고 당기는 것 같습니다. 공명당은 전쟁법 입법에 적극적이었으면서, 세율을 낮추는 건에 대해서는 자민당에게 저항하고 있습니다. 도무지 알 수 없는 정당입니다. 그 공명당-창가학회에 사토 마사루 씨가 속해 있는데, 원래부터 친화적이었던 걸까요. 그는 지금도 공명당의 기본 방침이 평화라고 하는데 이상한 것 아닌가요.

2015년

- 12월 9일

36.4도, 맥박 80. 저녁에 마유미 씨로부터 연락이 왔습니다. 마유미 씨가 도쿠사부로 씨의 몫까지 『지새는 달』을 '싹쓸이'해 주었기에 감사장을 썼는데 그에 대한 답신이지요. 당초에는 제 하이쿠집의 제목을 수수하게 '흙덩이土塊'로 하자고 출판사에 제안했지만, 같은 제목의 책이 이미 나와 있다고 하여 '지새는 달'이 되었다고 털어놓으니(편집자가 제안했습니다) "『지새는 달』이 훨씬 낫다"며 교코 씨와 열을 올렸다고 합니다. '흙덩이'라면 장정이 갈색이 되었을지 모르겠지만, 멋진 푸른색과 녹색이 담긴 『지새는 달』의 디자인이 될 수는 없었겠지요.

두들겨 맞고 / 살아 있는 것들에 / 아픈 강바람

- 12월 14일

36.5도, 맥박 72. 「후린 통신ふうりん通信」 24호를 보니 가자마 씨가 낸 재심 청구의 즉시 항고가 기각되었다고 합니다(11월 7일). 후쿠오카의 가나가와金川 씨도 기각되었다고 언뜻 들었습니다. 저와 도시아키 군을 포함해서 재심 청구를 모조리 기각하고 사형 집행을 '준비'하려고 하는 걸까요. 연내에 집행하겠다는 예고로밖에 보이지 않습니다.

도쿠사부로 씨가 야마쿠니강山国川 어귀에서 찍은 새벽달 사진을 보내주었습니다. 오전 7시인데도 대단히 멋졌습니다.

- 12월 18일

35.9도, 맥박 76. 아침부터 공기가 무겁더니 도쿄 구치소에서 사형 집행이 있었음을 알게 되었습니다. 11월 들어 재심 청구가 하나둘 기각되고 있기에 집행 예고라고 생각했습니다. 배심원 재판에 대한 비판과 의문을 일소하기 위한 사형 집행이

라고 한다면 노골적으로 정치적입니다. 저와 도시아키 군도 위태로운 걸까요. 유감입니다.

겨울 나비는 / 구겨지고 부서져 / 버리고 말아

- 12월 21일

35.9도, 맥박 76. 15일의 IgG는 3,200을 넘었습니다. 최근 또 동통이 느껴져 괴롭습니다. 지난 주 연기되었던 인플루엔자 예방 접종을 오전에 맞았습니다.

- 12월 22일

35.8도, 맥박 84. 오전에 마사쿠니 씨와 면회, 한국에서 우리에 대한 다큐멘터리 영화를 제작 중인 여성[457]이 있다고 합니다. 그녀는 7~8년 전에 우리들에 대한 영화를 만들려고 했지만 단념했고, 이번이 재도전인 것 같습니다. 한국의 재야에는 명석한 메시지를 발신하며 노력하는 사람들이 있군요.

- 12월 23일

동짓날인 어제는 따뜻했지만 오늘은 매우 춥습니다. 방위비가 5조 엔을 넘었는데 휴지를 먹으면서 허기를 참는 아이도 있습니다. 어렵사리 연명하는 사람들이 살 수 있도록 하는 게 먼저지요.

- 12월 28일

35.2도, 맥박 78. 다섯 번의 채혈. 백혈구는 4,500. 2개월 늦게 손에 넣은 「지원련

---

457 다큐멘터리 영화 〈동아시아반일무장전선〉(2019)의 감독 김미례를 가리킨다. - 역자 주.

뉴스」10월호에 실린 샤코의 「재활일기リハビリ日記」에 8월 30일 국회 앞 시위에 대한 묘사가 있습니다. "…… 사람이 넘치고 있었다. 해방된 감성이 소용돌이치고 끓어오르고 있었다. 무언가가 태어날 것이라는 감개무량함. 유루훈 깃발이 정문 앞에서 펄럭이고 있었다. 반전 운동, 여기에 있다." 이겁니다, 이거. 긴 설명은 필요 없습니다. 샤코가 쓴 이 몇 줄로 당시의 정경이 또렷하게 눈에 떠오릅니다. 히토시 군의 감정이 고조되었음도 잘 알 수 있습니다. 샤코와 마리가 미쓰비시 중공업 폭파의 피해자들을 참배해 주었습니다. 감사드립니다.

- 12월 19일

위안부 문제가 "해결"되었다고 보도되고 있습니다. 그런데 이 정도 내용을 가지고 어째서 그토록 긴 시간이 걸렸던 걸까요. 전 위안부 분들이 이미 몇 명이나 고령으로 돌아가셨는데.

2016년

- ## 1월 6일

35.8도, 맥박 90. 도쿠사부로 씨가 친구인 하이쿠 선생에게 『지새는 달』을 드렸더니 "왜 여러 제약이 있고 형식이 부자유스러운 하이쿠를 택했을까? …… 하이쿠 형식을 택했다는 점의 의미를 생각해 보게 되었다"는 감상을 들었다는 마유미 씨의 연락이 있었습니다. 분명 마쓰시타 류이치 씨로부터도 같은 이야기를 들은 적이 있습니다.

- ## 1월 8일

36도, 맥박 76. 아침에 다섯 번의 채혈. 백혈구는 6,300. 12월 28일의 IgG는 2,756. 저번보다 500 감소. "진짜예요?"라고 다시 물어보기까지 했습니다. 나쁘지는 않지만 이대로 쭉 내려갈 것 같지는 않습니다. 뭐 신년 서비스(?) 정도로 생각해 두지요. 도쿠사부로 씨가 단풍 사진을 찍어 주었는데, 날짜를 보니 12월 7일이었습니다. 12월에 들어서도 아직 이만큼 선명한 단풍을 볼 수 있다니, 역시 도쿄와는 달리 날이 따뜻하군요. 도쿄라고 해도 고스게小菅의 안뜰인데, 최근에는 이미 잎이 다 떨어져 버렸습니다. 아야세 쪽의 민가 정원에 있는 나무도 반 가까이 잎이 떨어져 버렸고 남아 있는 것도 이렇게 색이 선명하지 않습니다. 구기자나무 열매도 멋졌습니다. 구기자나무 열매를 본 적이 있긴 하지만 이 정도로 멋진 것은 처음입니다. 덕분에

385

2016년

눈 호강을 했습니다. 감사합니다.

초이렛날에 / 일찍 치료를 / 시작하게 되나니

• 1월 14일

35.8도, 맥박 90. 열 번째 사이클의 2일차 치료입니다. 헨미 씨로부터『유사流砂 속에서』[458]를 받았습니다. 감사합니다. 도쿄대 교수인 다카하시 데쓰야[459] 씨와의 대담인데,『1★9★3★7』이 나오고 나서 단시간에 세 권 연속으로 나온 책입니다. 지금여기에서 말해야만 하는 것들을 다루고 있는데, 실로 정력적이시군요. 대담집은 빨려 들 듯 읽게 됩니다. 사토 마사루를 다룬 곳도 있는데, 사토와 이케가미 아키라[460]가 같이 쓴 책이 몇십만 부나 팔리고 있기에, 아베 정권의 지지율 40퍼센트와 마찬가지로 이상하다고 생각했었습니다. 그랬더니 사토는 창가 학회 및 공명당과 관계가 깊을 뿐만 아니라 연호에 황기皇紀를 쓰는 등의 울트라 우익이었을 줄이야. 예상하지 못한 아베 정권의 별동대였습니다. 미디어는 마음대로 부리기가 편해서 써먹고 있는 것이겠지만 정신 차리라고 하고 싶습니다.

• 1월 15일

35.8도, 맥박 84, 8일의 IgG는 3,095. 또 3,000대로 늘어났지만 이미 예측하고 있었습니다. 가마다 가쓰미 씨의 유고집『어느 전공투 불량파의 생애』[461]는 다에코妙子씨가 보낸 것인가요? 감사드립니다. 형님인 도시히코俊彦 씨와는 뭔가 약간 다른 글

458 辺見庸, 高橋哲哉『流砂のなかで』, 河出書房新社, 2015.

459 다카하시 데쓰야高橋哲哉(1956~). 후쿠시마현 출신의 철학자, 대학 교수. 데리다 철학에 정통하며 좌파적 시각으로 여러 논의를 펼치고 있다. - 역자 주.

460 이케가미 아키라池上彰(1950~). 나가노현 출신의 저널리스트. 여러 대학에서 교수직을 역임했으며 NHK에서 기자와 뉴스 캐스터를 맡은 바 있다. 우익적인 논조를 표방하며 한국에 대해서 근거 없는 비난을하는 경우가 있어 비판을 받기도 한다. - 역자 주.

461 鎌田克己『ある全共闘不良派の生涯』, 明月堂書店, 2015.

을 쓰는 분이었군요. 보이지 않는 부분에서 최선을 다하셨지요. 돌아가시고 1년이 지났는데, 아무래도 너무 일찍 가셨습니다.

- 1월 18일

  35.7도, 맥박 78. 놀랐습니다. 침상에서 일어나니 눈이 와 있었습니다. 산간 지방에 눈이 올 거라고 생각했지만 가쓰시카[462]라니요. 당연히 자동차 소리도 나지 않았습니다. 병동은 일반동에 비해 운동하러 나가는 사람이 적어, 날씨가 좋은 날에도 대여섯 명 정도만 나가는데 오늘은 한 사람뿐이군요. 저는 회진이 끝나자마자 눈을 보러 나갔습니다. 눈이 비로 바뀌어 소리가 주룩주룩으로 바뀌었지만 그래도 정원에 내린 눈으로 충분히 만족했습니다.

- 1월 27일

  37.6도, 맥박 78. 아침에 다시 치료가 있어 운동을 나가려고 생각했지만 열이 나서 그만뒀습니다. 아침 식사 후 해열제를 먹고 땀을 흘렸기 때문에 오후 3시경에는 35.5도였습니다. 면역력이 떨어지고 있다는 건 알고 있지만 한밤중에 떨거나 약간의 기온 변화에 적응할 수 없음은 괴롭습니다.

- 1월 28일

  36도, 맥박 84. 열 번째 사이클의 4회차. 천황과 황후가 필리핀에 갔다기에 "왜 지금인가?" 싶었는데, 아베 정권과 궁내청이 사전에 꾸민 모양이군요. 60년이라는, 기념할 만한 해이긴 해도 천황을 정치적으로 이용한 것에 지나지 않습니다. 필리핀에서 전사한 사람들의 유족이나 보도를 접하는 사람들은 천황과 황후의 이번 필리핀 방문을 기뻐하며 그들의 인간성에 찬사를 보내지만, 누가 전쟁을 일으키고 지휘

---

462 葛飾. 도쿄 구치소가 있는 곳. - 역자 주.

387

2016년

했는가에 대해서는 전혀 다루지 않습니다. 쇼와 천황 히로히토를 비판하지 않는 과거의 반성은 무의미할 수밖에 없겠지요.

- **1월 29일**

35.8도, 맥박 84. 교도 통신에 실린 『지새는 달』의 평론가는 우다 기요코[463] 씨입니까? 몇 년인가 전에 다코쓰 상[464]을 받기도 했고 요미우리 신문의 심사 위원이었기 때문에(지금도인가요?) 가네코 도타 씨와 견줄 만한 대가입니다. 어쩌다가 그런 사람이 맡게 됐나 생각했습니다. 결국 제 하이쿠는 이른바 하이쿠로서 이렇다 할 평가가 내려지지 않았기 때문에 교도 통신이 초거물인 우다 씨에게 의뢰한 것이 아닐까요. 격려도 받았습니다. 감사합니다.

입춘에 들어서도 / 추운 기운은 / 세차게 남아

- **2월 4일**

37.8도, 맥박 78. 또 열이 납니다. 매주 발열이 있네요. 오한이 심해서 아무것도 할 수 없습니다. 모처럼 1개월 치료를 마치고 1주간 약을 쉬는데 아까운 일입니다. 그리고 발열과 함께 입술이 부어올랐습니다. 식사할 때 건드리게 되니 무척 성가시군요.

맑은 밤중에 / 별빛 그림자 / 바람에 흔들리누나

---

463 우다 기요코宇多喜代子(1935~). 야마구치현 출신의 하이쿠 시인. 1953년부터 하이쿠를 쓰기 시작하여 현대 하이쿠 협회 특별 고문 등을 역임하였다. - 역자 주.

464 蛇笏賞. 하이쿠 시인에게 수여되는 상. 이다 다코쓰飯田蛇笏(1885~1962)를 기리며 만들어졌다. - 역자 주.

- 2월 9일

35.8도, 맥박 76. 다카이치 총무상이 방송국의 전파 정지를 언급했습니다. 공평성이 결여된 방송을 반복했을 경우라고 하지만 방송국에 대한 노골적인 협박 행위지요.

- 2월 15일

35.7도, 맥박 88. 8일의 IgG는 3,145. 3,000은 넘을 것이라고 예상하고 있었습니다. 어제까지는 늦봄 혹은 초여름의 따뜻한 날씨였는데 갑자기 한겨울로 돌아왔습니다. 병자에게는 타격이 크네요.

- 2월 16일

35.8도, 맥박 84. 아사히의 여론 조사에서 내각 지지율이 40퍼센트, 반대가 38퍼센트를 넘었습니다. 각료의 사임과 공부 부족에서 드러나는 실언, 자민당 의원이 불상사를 일으키는 등의 일이 있었기 때문이겠지요. 주가만 올라가면 그만인 걸까요.

- 2월 17일

35.6도, 맥박 88. 우에노 공원에서 노숙자가 소년들에게 습격을 당했다고 합니다. 재미로 그랬는지는 모르겠지만 부상자나 사망자가 나오면 소년들도 일생 동안 괴로움을 겪겠지요. 교육의 필요성을 말하는 히라노平野 씨의 인터뷰가 같이 게재되어 있는데, 동감합니다.

- 2월 26일

　36.1도, 맥박 76. 23일의 IgG는 3,117. 지난번과 크게 다르지 않습니다. 신당 대지 新党大地[465]는 한심하군요. 지난 참의원 선거에서 32만 표를 얻은 것은 비자민당의 동정표 때문이었겠지요. 스즈키 무네오는 자민당을 탈당한 이후의 자신의 언동을 돌아본다면 자민당에 복귀 따위를 할 수 없을 겁니다. 그것도 하필이면 아베 신조에게 말이지요.

　　　　　춘삼월 불어오는 / 봄바람 이제 / 잦아들었네

- 2월 29일

　35.3도, 맥박 90. 작년 10월 12일 아사히 단가 문단과 하이쿠 문단에 「기타코부시」의 독자가 동시에 뽑혔을 줄은 몰랐습니다. 나가타永田 씨가 선정한 모리모토森本 씨의 한 수는 이미 알고 있었습니다. 나중에 시게노부 씨도 「올리브 나무」에서 다루지 않았나요. 나가타 씨의 평론에서와 같이, 분명 60년대의 동원형動員型 운동과는 달랐습니다. 도타가 뽑은 하마무라浜村 씨의 하이쿠, 「NO WAR / 사람글자 중 하나 / 가을의 하늘」에서는 사람으로 만든 문자와 그 가운데 하마무라 씨의 모습도 보입니다. "가을의 하늘"이 있기 때문이겠지요.

- 3월 4일

　35.4도, 맥박 88. 열한 번째 사이클이 끝났습니다. 아베는 개헌을 참의원 선거의 쟁점으로 삼겠다고 공언하고 있습니다. 할아버지의 숙원을 손자가 이룬다는 것은 대체 무슨 시대착오인지. 게다가 지금 할 수 있는 것부터 하겠다니, 바보 같은 소리를 하고 있군요. 다른 사람의 이야기, 특히 자신에게 반대하는 사람의 의견에는 귀를 닫으니, 참의원 선거(어쩌면 중의원 선거도)에서 어떻게 해서라도 3분의 2 의석은

465　자민당 출신의 정치가 스즈키 무네오가 2005년에 창당한 당. 홋카이도의 지역 정당이다. – 역자 주.

390

최종 옥중 통신最終獄中通信

막아야 합니다. 공산당은 싫다, 민주당은 똑바로 못 한다 같은 이야기가 나오는 건 잘 알겠지만, 이 선거에서는 그런 말을 하면 안 됩니다. 유권자 여러분은 반드시 투표하러 가 주십시오.

경칩이 되니 / 가해의 열매 / 단잠에서 깨어나

• 3월 11일

35.8도, 맥박 90. 8일의 IgG는 2,845. 이 수치도 결코 좋은 건 아니지만, 나름대로 내려갔으니 치료 효과가 있다는 이야기겠지요. 5년 전의 오늘도 추웠습니다. 도쿄는 맑았지만 재난 피해를 입은 곳은 눈이 왔기 때문입니다. 해일이 덮친 사람들 중에는 이 추위로 목숨을 잃은 분도 계셨겠지요. 돌아가신 분들께, 그리고 아직도 행방불명이신 분들께 애도의 마음을 바칩니다.

드맑은 바다에서 / 돌아오는 자 / 목소리 없어

• 3월 24일

35.9도, 맥박 90. 열두 번째 사이클(통산 스물한 번째 사이클)의 두 번째 날입니다. 요전 아사히 신문에 『지새는 달』의 소개를 써 주신 후쿠시마 야스키[466] 씨가 최근에 낸 인터뷰가 실려 있었는데(사진과 같이 큼지막하게), 이번에는 『지새는 달』의 서평을 교도 통신에 써 주신 우다 기요코 씨가 반도 다마사부로[467]나 쓰지하라 노보루[468]와

---

466 후쿠시마 야스키福島泰樹(1943~). 도쿄 출신의 단가 시인이자 승려. 대학 재학 시절부터 안보 투쟁에 참가하는 등 사회 현안에 큰 관심을 보여 왔으며, 2015년에는 탈원전과 안보법 반대의 입장을 보이기도 했다. – 역자 주.

467 반도 다마사부로坂東玉三郎(1950~). 도쿄 출신의 가부키 배우. 본명은 모리타 신이치守田伸一이다. – 역자 주.

468 쓰지하라 노보루辻原登(1945~). 와카야마현 출신의 소설가. 1990년 아쿠타가와상을 수상한 이래 다수의 상을 수상한 바 있다. 한국에는 『타타르말』(이용화 역, 논형, 2017) 등이 번역되어 있다. – 역자 주.

함께 예술원상을 수상했다고 보도되고 있습니다. 제 하이쿠집이 저자 이외의 관계자에게 무언가를 가져다주는 걸까요?

- 3월 28일

  36.2도, 맥박 90. 지난 주말의 사형 집행에는 그저 놀랐습니다. 전혀 예상하지 못했기 때문입니다. 국회 답변도 만족스럽게 못하는 이와키[469] 법무상이 집행 도장을 찍는 것 정도는 할 수 있다고 하는 걸까요. 그게 아니면 사형 집행으로 답변 실수를 무마하려던 걸까요.

- 3월 31일

  35.8도, 맥박 64. 통산 스물한 번째 사이클의 세 번째 날입니다. 자궁 경부암 백신의 후유증으로 집단 소송이 제기되었다는 보도가 있었습니다. 스물한 살에 22회나 입, 퇴원을 반복했다고 합니다. 휠체어에 몸을 의지해야 한다고 하는데, 후생성이 너무하다는 생각이 드는군요. 하물며 그런 환자들을 "개선될 경향이 있다"고 말하고 있기 때문입니다. 저는 항상 국가 공무원을 접하고 있어서 이른바 관료라 불리는 사람들의 생태를 알고 있습니다. 그래서 후생성 관료들의 보신주의를 보고 놀라지는 않지만 그 안이함에는 분노를 금할 수 없습니다. 물론 저는 현장의 형무관을 일상적으로 접하고 있는데 그들 중에는 대단히 성실한 사람도 적지 않습니다.

- 4월 11일

  36.1도, 맥박 104. 정원의 벚꽃에 잎이 나기 시작했습니다. 주말을 끼고 나흘 정도밖에 지나지 않았는데 말이지요. 무엇보다 신선한 녹색 잎을 멀찍이서 감상한다

---

469 이와키 미쓰히데岩城光英(1949~). 후쿠시마현 출신의 정치가이며 자유민주당 소속 3선 참의원. 후쿠시마현의 이와키いわき 출신으로 지역의 시의회 의원을 역임한 바 있으며 2015년부터 2016년까지 제97대 법무 대신을 지내기도 했다. - 역자 주.

면 이편이 낫겠지요.

신주쿠 교엔[470]에서 수상이 주최한 벚꽃 구경 모임에 1만 6,000명이 참가했다고 합니다. 꽃으로 이름난[471] 곳이 많기에 꽃을 보고 싶다면 어디로든 가면 되겠지만 일부러 수상이 주최하는 곳에 가지는 않을 겁니다. 만약 그렇게 된다면 데모에 참가해 달라고 소리치고 싶습니다.

• 4월 15일

35.9도, 맥박 92. 구마모토에서 진도 7의 지진이 난 걸 보고 놀랐습니다. 규슈에는 평생 한 번도 지진을 경험해 보지 못한 분들이 계실 겁니다(아닐까요?). 이런 일이 일어나니까 원자력 발전이 위험하다는 건데, 재판관을 포함한 원전 추진파들은 불편한 이야기에는 눈을 감고 귀를 닫습니다. 이번에는 진도 7이 우연히 국지적이고 얕은 지점에서 일어나 다행이지만, 장소가 조금 바뀌어 깊은 지점에서 일어난다면 센다이川內 원자력 발전소는 한순간도 버티지 못하겠지요.

새들이 돌아오는 / 흔들리는 땅 / 뒤로 하고서

• 4월 20일

36.1도, 맥박 96. 1주일 이상 편두통이 지속되고 있습니다. 게다가 오른쪽 얼굴이 벌겋게 부어올랐습니다. 오른쪽 눈이 충혈되어 아팠던 게 그 시작이었는데요. 대상 포진이지요. 대체 몇 번째인지 모르겠습니다. 의사가 "당신은 병에 쉽게 걸립니다"

---

470 新宿御苑. 에도 시대에 지어진 정원이며 1906년에는 황실 정원으로, 패전 후에는 '국민의 복리를 위해'라는 모토 아래 관리하는 관할 부처를 후생성으로 변경, 1949년에 일반 공개되어 국민 공원으로 재탄생했다. 신주쿠 근방에서 가장 큰 공원이다. - 역자 주.

471 '桜を見る会'로, 이 행사에 든 경비의 불분명한 출처와 참가자 명단의 비공개 등을 둘러싸고 여러 의혹이 제기되어 있고, 2020년 12월 현재 그 의혹은 전부 해명되지 않은 상태이다. - 역자 주.

라고 했는데, 그건 부작용으로 면역력이 약해졌다는 뜻이겠지요. 대상 포진 때문에 내일부터 받기로 한 항암제 치료는 1주일 연기되었습니다.

- 4월 27일

36.8도, 맥박 96. 오른쪽 얼굴의 대상 포진은 겉으로는 알아보기 어려운 상태가 되었지만 아직도 신경이 아픕니다. 호주가 신형 잠수함을 프랑스제로 도입하기로 결정해서 일본 정부의 잠수함 판매는 실패했다고 합니다. 오랜만에 좋은 뉴스입니다. 미쓰비시 중공업 나가사키 조선소는 여객선 건조를 하던 중 몇 번이나 화재를 낸 데다가 납기가 늦어져 몇천억 엔의 손실을 입었다고 하니, 호주로서는 그런 기업이 만드는 잠수함은 무서워서 못 타겠다는 뜻이겠지요. 무기 수출 같은 건 그만 둬야 합니다.

- 4월 28일

36.3도, 맥박 96. 대상 포진이 거의 다 나았기 때문에 4월 8일 이래 통산 스물두 번째 사이클을 다시 시작하게 되었습니다. 오랜만이라서 그런지 약이 빨리 들어 오전에는 축 늘어져 있었습니다.

마사쿠니 씨의 『〈탈·국가〉 상황론: 저항의 메모 2012-2015』[472]를 다 읽었습니다. 앞이 보이지 않고 맥이 빠지는 상황일 때야말로 많은 사람이 읽어 주었으면 하는 책입니다. 아베 신조의 조부 또한 수상이었던 것에서도 알 수 있듯이, 전쟁 전후가 구분되지 않는 현재 일본의 상징으로서 군인 은급 제도[473]도 다루고 있는데

---

472 太田昌国, 『〈脱·国家〉状況論: 抵抗のメモランダム 2012-2015』, 現代企画室, 2015.

473 軍人恩給制度. 일종의 구 일본군 군인의 연금 제도이다. 총무성의 설명은 다음과 같다. "(군인) 은급 제도는 과거 군인 등이 공무로 사망한 경우, 공무로 인한 부상으로 퇴직한 경우, 상당 기간 충실히 근무하다 퇴직한 경우에, 국가에 신체, 생명을 바쳐야 하는 관계에 있던 이들과 그 유족의 생활의 버팀목으로서 지급되는 국가 보상을 기본으로 하는 연금 제도이다. 출처: https://www.soumu.go.jp/main_sosiki/onkyu_toukatsu/onkyu.htm - 역자 주.

1953년부터 2011년까지 총 50조 엔이 지급되었다고 합니다. 자국민에게는 이렇게 극진한 보상을 해 주면서 한국과 북한에게는 왜 이리 야박할까요. 북한과는 국교도 회복하지 않고 있지요. 일본에 대한 그들의 관점이 냉엄한 건 당연합니다.

• 5월 5일

조박[474] 씨의 「복福 고양이 통신」[475] 165호 권두언에 『지새는 달』이 언급되고 있습니다. 바기양도 읽어 주었다니 행복한 하이쿠집입니다. "그 포효를 무참한 이 나라에 울려 퍼지게 하라"고 하시니 마음에 새기겠습니다. 이대로 끝낼 수는 없겠지요. 병도 이겨 내야 합니다. 감사합니다.

• 5월 11일

36.5도, 맥박 104. 서혜부와 팔의 림프샘이 아파서 어젯밤 잠을 못 잤습니다. 아마 열도 났던 듯합니다.

• 5월 12일

37.1도, 맥박 88. 어젯밤에도 열이 나서 땀을 흥건하게 흘리는 바람에 잠옷을 전부 갈아입었습니다. 아침부터 매우 몸이 나른해서 아직 열이 멈추지 않았다고 생각했더니 아니나 다를까. 스물두 번째 사이클 세 번째 치료입니다.

---

474 조박趙博(1956~). 오사카 출신의 재일 한국인 음악가. '조 바기Cho Paggie', '바기양バギやん' 등으로 이름을 표시하기도 한다. 피차별 부락에서 태어나 니시야마西山라는 통명을 쓰며 출신을 숨기기도 했다. 오랜 기간 예비교의 강사 생활을 하다가 자괴감을 느껴 그만두고 음악을 비롯하여 여러 가지 활동을 시작했다. 이외에도 조선 학교 지원금 지급 중단에 반대하는 모임에 참가하거나 천황제 등을 비판하기도 하였다. - 역자 주.

475 잡지의 원문은 "まねき猫通信". 복 고양이招き猫란 일본의 상점에서 쉽게 볼 수 있는, 어서 들어오라며 손을 흔드는 고양이 인형 혹은 상을 뜻한다. - 역자 주.

여기에서 야쿠자 영화는 "교육상 좋지 않다"라는 이유로 〈남자는 괴로워〉[476] 이외에는 보여 주지 않는데, 그래서 지금까지 스가와라 분타 [477] 주연의 영화는 한 편도 보지 못했습니다(다카쿠라 겐[478]의 영화도 도에이 영화사 시절에 찍은 것은 당연히 못 봤습니다. 프리 활동을 하고 있는 야마다 요지[479] 감독의 작품은 몇 편인가 보았습니다). 그런데 분타가 죽었기 때문에 민영 방송에서 그의 영화를 틀어 주었는데, 교육계가 그중에서 〈트럭 가이즈〉[480]를 리스트에 포함시켰습니다. 그래서 보니 세상에, 구시로가 무대이지 않겠습니까? 그것도 1976년에 만들어졌으니 제가 체포된 다음 해입니다. 당시에 구시로는 탄광 축소 등의 이유로 인구도 줄어들고 있었지만 어획량은 몇 년인가 연속으로 일본 최고였기에 항구에는 활기가 넘쳤고, 도쿄에 직통으로 가는 페리선도 있었습니다. 스즈키 노리부미[481]가 여기에 주목했겠지요. 쇼치쿠 영화사에서는 볼 수 없는 강한[481] 악역이 등장해서 꽤 재미있었습니다.

476　원제는 〈男はつらいよ〉. 야마다 요지山田洋次가 대본을 쓰고 감독을 맡은 TV 드라마, 영화 시리즈이다. 1969년 후지테레비의 TV 드라마에서 주인공이 사망하는 결말이 방영되자, 이에 항의하는 전화가 빗발쳐 동년 쇼치쿠松竹 영화사에서 영화화했다. 1969년부터 1995년까지 총 48화가 제작됐으며, 제3, 4화 이외에는 야마다 요지가 메가폰을 잡았다. 원래는 50부작을 기획했으나 주인공 '구루마 도라지로車寅次郎, 애칭 寅さん)' 역을 맡은 아쓰미 기요시渥美清의 사망으로 48화가 마지막이다. 1997년과 2019년에 특별편이 제작되었다. – 역자 주.

477　스가와라 분타菅原文太(1933~2014). 미야기현 출신의 영화배우. 1954년부터 활동을 시작했으며 대표작으로는 후카사쿠 긴지深作欣二 감독의 〈의리 없는 전쟁仁義なき戦い〉 등이 있다. – 역자 주.

478　다카쿠라 겐高倉健(1931~2014). 후쿠오카현 출신의 영화 배우. 본명은 오다 고이치小田剛一이다. 1955년 데뷔 이래로 숱한 영화에 출연했으며 큰 인기를 모았다. 초기에는 시대극, 야쿠자 영화로 유명했다. – 역자 주.

479　야마다 요지山田洋次(1931~). 오사카 출신의 영화 감독. 1961년 데뷔했으며 시대극 등으로 명성을 얻었다. 야마다는 1969년에 본문에서 언급하는 〈남자는 괴로워〉의 감독을 맡은 바 있다. – 역자 주.

480　원문은 〈トラック野郎〉. 도에이 영화사에서 1975년부터 1979년까지 나온 시리즈물. 장거리 트럭 운전사들의 이야기를 다루었다. 번역은 영화의 영문판 제목 Truck Guys를 가져왔다. 이 영화 자체는 트럭 운전사들의 업무와 관련하여 발생하는 에피소드와 사랑, 우정을 유머러스하고 휴머니즘 넘치게 그려 냈지만, 트럭 운전사의 문화(트럭을 현란하게 꾸미는 것, 동료 간 폭력, 웃음을 유발하기 위한 성적 표현)가 아주 적나라하게 표현됐다는 점에서, 구치소의 '교육계'가 선정했다는 사실이 흥미롭다. – 역자 주.

481　스즈키 노리부미鈴木則文(1933~2014). 시즈오카현 출신의 영화 감독. 〈트럭 가이즈〉의 감독을 맡았다. 본문에서 다이도지가 언급하는 작품은 구시로가 나오는 〈트럭 가이즈〉의 세 번째 작품 〈망향의 샛별望郷一番星〉(1976)로 보인다. – 역자 주.

- ### 5월 25일

  37.5도, 맥박 88. 한밤에 열이 났습니다. 가슴 등의 림프샘이 아파 잠을 잘 수 없었습니다. 매주 꼭 열이 나서 회진 시에 의사에게 물어보니 항암제로 면역력이 떨어져 있는 데다가 한 주의 중간쯤에 열이 나는 건 약의 영향일지도 모른다고 했습니다. 스테로이드 약효가 떨어지는 때라서 그렇다고 합니다.

- ### 6월 3일

  35.9도, 맥박 92. 5월 31일의 IgG는 3,071. 며칠 전 도쿠사부로 씨가 차입해 주신 유채꽃과 연꽃 등의 사진에 감사하다는 말씀을 전하고자 합니다. 「기타코부시」 171호 서두의 문장은 글자 수가 많아서 보내기 직전에 행의 수를 줄였더니 오히려 문맥이 어수선해져서 읽기 힘들어진 것 같습니다. 도쿠사부로 씨의 사진에 자극을 받은 건지 글을 줄이는 와중에 꽃에 관한 에피소드를 넣었습니다. 6학년 때였던 것 같은데, 아버지가 칸나와 달리아를 잘라 학교에 가지고 가라고 했습니다. 아침 일찍 일어나 준비를 하셨기에 "싫다"라는 말은 못하고 별 수 없이 그걸 손에 들고 학교에 갔습니다. 4학년까지의 담임 선생은 그런 꽃을 꽃병에 꽂고 학생들이 볼 수 있도록 교탁 위에 두었는데, 포마드로 머리를 다듬은 교사는 예상대로 부루퉁한 표정을 지으며 "쓸데없는 짓 하지 말라"더니, 청소용 양동이에 내버리듯이 던져 넣었습니다. 당연히 화가 울컥 났지만 아버지는 교사에게 보여 주고 싶은 게 아니라 학생들에게 보여 주고 싶었던 거라고 생각하며 참았습니다. 어머니는 어째서인지 그 일을 알고 계셨던 것 같은데, 저는 그 교사와의 불화를 부모님에게는 이야기하지 않았습니다. 아이들이 자살하면 부모는 아무것도 몰랐다고 보도되며, 그건 이상하다는 뉘앙스로 보곤 합니다. 그런데 아이들은 그런 일을 부모에게 말하지 않습니다. 더욱이 담임과의 불화라면요.

  금이 가 버린 / 산자락과 강 / 밀려드는 박쥐 떼

- 6월 13일

36.7도, 맥박 88. 운동을 나가서 조금 걸을까 했더니 비가 왔습니다. 그것도 강한 북풍에다 옆으로 비가 들이쳐서 금세 젖어 버리니 으슬으슬하다나요. 아침에 그런 이야기를 들었을 때는 "괜찮아요"라고 했는데, 얼마 뒤에 흠뻑 젖은 셔츠를 입은 교도관이 와서 "어떻게 할까요?"라고 묻기에 그만두기로 했습니다. 몸 상태도 좋지 않았는데 다행이라고 해야 할까요.

- 6월 14일

36.7도, 맥박 99. 아침에 채혈 다섯 번을 했습니다. 백혈구는 4,500이었지요. 가와사키의 헤이트 행진 저지 행동이 "민주주의에 위배된다"는 투고가 아사히 신문에 실렸는데, 헤이트 행진을 허락해선 안 되는 게 아닐까요? 하물며 폭력적으로 저지하는 것도 아닌데 말이지요. 저는 아무 문제가 없다고 생각하는데요.

- 6월 24일

35.9도, 맥박 80. 영국이 EU를 탈퇴할 것인가 남을 것인가에 대한 국민 투표 결과가 어떻든, 그 차가 근소한 것은 훗날 화근을 남기게 되겠지요. 세계적으로 우익-애국 세력이 늘고 있음을 느낍니다. 아베 정권과 마찬가지로요.

오키나와의 / 어둠에 활시위를 / 재는 반딧불

- 7월 5일

36.4도, 맥박 90. 채혈 다섯 번에 백혈구는 7,000입니다. 작년 4월 이래 처음으로 7,000대가 되었습니다. 약을 쉬는 중이어서 그럴까요? 그렇게 몸 상태가 좋은 것도 아니지만요.

- 7월 11일

36.1도, 맥박 72. 5일의 IgG는 3,004. 3,000 이상이 될 거라고 생각은 했었어도 '4'가 아쉽습니다! 참의원 선거 결과는 예상대로 영 좋지 않습니다. 자민당과 공명당의 지지율이 압도적인가 싶었는데 그게 아니라 민진당民進黨의 무능력함이 눈에 띄었습니다. 선거 직전에 당명을 바꾸거나 공산당과의 '공투共鬪'로 어수선했지요. 각료 두 명의 낙선, 특히 이와키 법무상이 낙선된 건 다행이지만요.

- 7월 12일

36.2도, 맥박 80. 낙선한 이와키 법무상이 대신을 계속한다고 합니다. 민의에 반하는 일이겠지요. 하물며 이와키는 사형 집행 도장을 찍는 것 이외에는 아무것도 못 하는 남자입니다. 달리 말하자면 사형 집행 도장을 찍는 데만 열심인 남자지요. 그런 남자를 법무상에 계속 둔다는 건, 사직 직전에 자포자기적 사형 집행을 시킬 셈인가 하고 의심하게 만듭니다.

- 7월 14일

36.5도, 맥박 80. 천황이 생전에 퇴위할 의향을 보였다고 보도되고 있는데, 미디어는 그걸 알고 있으면서도 참의원 선거가 끝날 때까지 숨기고 있었던 걸까요? 헌법 개악 논의가 활발해지고 있음이 알려진 지금에 와서야 생전 퇴위 문제가 밝혀진 것은 왜일까요.

여름날 동틀 녘에 / 잘못 꾸짖는 / 미열 있어라

- 7월 26일

37.3도, 맥박 88. 어젯밤 또다시 림프샘이 아프고 열이 났습니다. 채혈 다섯 번, 백혈구는 3,800. 오전 중에 마사쿠니 씨와 면회를 가졌습니다. 휠체어를 두는 곳에서

면회실까지 고작 10미터를 걷는 것만으로도 숨이 찼는데, 별 수 없으니 숨이 찬 기세를 몰아(?) 이야기를 나눴습니다. 공기가 새서 잘 들리지 않았을지도 모르겠습니다.

- ## 7월 28일

36.6도, 맥박 88. 통산 스물네 번째 사이클의 네 번째 치료입니다. 사가미하라相模原에서 일어난 사건[482]은 무엇일까요? 약물 중독의 영향이 아니라면 혐오 범죄에 감화된 것인가요? 어쨌든 이 젊은이가 온전해졌을 때 자신이 저지른 행동을 견딜 수 없게 되지 않을까요.

- ## 8월 8일

35.9도, 맥박 102. 기침이 멈추지 않습니다. 기침으로 체력이 소모되는 건 처음입니다. 기침으로 뼈가 부러질 수 있기 때문에 조심해야지요. 아침에 채혈을 하고 오전에 뢴트겐 촬영을 했습니다. 백혈구는 5,800. 염증 반응은 아직 높지만 지난주 금요일에 비해 나아졌다고 합니다. 그리고 왼쪽 다리에 놓은 주사 자국의 궤양은 거의 나았습니다.

- ## 8월 15일

36.2도, 맥박 88. 9일의 IgG는 2,792. NHK를 비롯해 매스컴은 오늘을 "종전의 날"이라고 부르는데 오히려 "패전의 날"이라고 해야 하지 않을까요. 그저 말을 바꾸는 문제가 아니라, 이날을 "종전의 날"이라 한다면 개전을 필두로 전쟁을 계속한 자들의 책임이 보이지 않게 되기 때문입니다. 종전이란, 전쟁이 저절로 끝난 것처

---

482 2016년 7월 26일, 가나가와현의 사가미하라에 있는 지적 장애인 복지 시설에서 전 직원이었던 우에마쓰 사토시植松聖가 칼로 19명을 살해하고 26명에게 부상을 입힌 사건을 가리킨다. 일명 '사가미하라 장애인 시설 살상 사건'이라고도 불린다. 1심 법원은 2020년 1월 용의자인 우에마쓰에게 사형을 선고했다. - 역자 주.

최종 옥중 통신最終獄中通信

럼 보이게 만드는 매우 무책임한 말입니다. 그래서 다카이치와 마루카와 같은 현직 각료가 저녁 산책을 나가듯 야스쿠니 신사에 참배를 가는 겁니다.

가해라는 말조차 / 알지 못하는 / 패전의 날에

• 8월 24일

36.4도, 맥박 80. 수상 A가 리우데자네이루 올림픽 폐회식의 어트랙션에 출연했다고 합니다. 민진당의 오카다 혹은 공산당의 시이[483]가 같은 일을 할 수 있을까 묻는다면 무리라고 해야겠지요. 민진당에서 수상을 했던 인간들도 못 할 겁니다. 수상 A는 그런 일을 아무렇지도 않게 하지요. 야마구치에서 태연하게 '행차'도 했고 말이지요. 퍼포먼스를 좋아하고 관심을 받고 싶어 하는데, 그의 국수주의나 호전주의적인 면만 강조되긴 하지만 그게 다는 아닙니다. 꽤 만만찮은 인간이지요.

• 8월 31일

36.6도, 맥박 88. 바람이 강하지만 태풍이 지나가고 나니 푸른 하늘이 펼쳐졌습니다. 그래서 이번 달에 한 번 남은 옥상 운동과 일광욕을 하러 나갔습니다. 그런데 뉴스에서 홋카이도와 이와테에는 아직 비가 많이 온다는 이야기를 듣고 놀랐습니다. 친구들이 피해를 입지 않았으면 좋겠습니다. 홋카이도의 다이키 정大樹町 고토쿠幸德의 누비나이ヌビナイ 다리가 떨어져서 한 사람이 행방불명되었다고 합니다. '고토쿠'는 역시 식민지의 지명 같지만 '누비나이'는 한자로 바꿀 만한 글자도 없습니다. 아이누 언어 그대로겠지요. 삿포로, 구시로도 그렇지만 홋카이도의 지명에서도 식민지를 생각해 주었으면 합니다.

---

483 시이 가즈오志位和夫(1954~). 지바현 출신의 정치인. 대학 1학년 시절에 공산당에 입당하여 현재는 위원장(당수와 같은 위치)에 재임 중이다. – 역자 주.

2016년

- 9월 15일

36도, 맥박 96. 통산 스물여섯 번째 사이클의 첫날입니다. 아사히가 구시로에 벚꽃이 피기 시작했다는 보도를 했습니다. 세 번 연속으로 태풍이 들이닥쳐 이파리가 모두 떨어진 데다가 바닷바람이 불어 벚꽃이 봄인 줄 알았나 봅니다. 구시로는 전국에서 가장 개화가 늦은 곳이기에 약 4개월에 두 번 정도 꽃놀이를 할 수 있었던 셈이군요. 하지만 내년 봄에는 피지 않겠지요. 태풍은 이런 영향도 남기는군요.

삿포로에서 발행되고 있는「오쿠로 가는 작은 길奧の細道」에 실린, 고스기 겐이치 小杉元一 씨가 써 주신 제 하이쿠에 대한 평론 중에「얼어붙은 나비여 / 감옥의 벽을 / 넘지 못하고」가 있습니다. 좋지도 멋지지도 못한 구라서 간과되거나, 혹은 '얼어붙은 나비가 벽을 넘지 못하는 건 당연하다'는 식으로 읽혀 왔습니다. 하지만 고스기 씨는 "얼어붙은 나비여"의 "여"라는 조사='기레지切れ字'에 집중합니다. 얼어붙은 나비가 벽을 넘지 못한다면 조사로 '가'나 '는'을 써도 된다고 하시면서요. '여'라는 조사는 기레지 중에서도 강한 것으로, 글자 그대로 그곳에서 한 구를 절단하는 기능을 합니다. 물론 호흡을 이어 주는 역할도 하지만요. 작자로서는 그저 얼어붙은 나비가 벽을 넘지 못했음을 말하는 게 아닙니다. 서툰 글을 정성스럽게 읽어 주신 고스기 씨에게 감사드립니다.

- 9월 16일

36도, 맥박 80. 13일의 IgG는 3,410. 지난번 정도일 거라 생각했지만 300이나 늘었습니다. 지금 쓰는 약으로 바꾸고 나서 3,400대 수치가 나온 건 처음입니다. 이대로 늘어간다면 10월 중에는 병실에 왔던 때의 수치로 돌아가 버리겠지요. "악화되고 있지요?"라고 의사에게 물으니 "다음번을 보고 어떻게 할지 생각해 봅시다"라고 했습니다.

매미 소리에 / 만가를 홀로 / 조용히 노래하며

최종 옥중 통신最終獄中通信

- **9월 27일**

  36.8도, 맥박 100. 채혈 다섯 번. 백혈구는 3,900. 최근 S 형제를 비판했던 탓인지(?) 몸이 아파져서 참아 왔던 진통제를 먹었습니다. 욕을 하지는 않았지만 다른 사람 이야기를 이것저것 하다 보면 업보가 자신에게 돌아오게 되는 걸까요.

- **10월 5일**

  37.3도, 맥박 80. 어제는 날씨가 좋은 데다가 몸 상태도 괜찮아서 야외 운동을 나가 조금 걷고 일광욕을 했는데, 밤이 되니 림프샘이 아프고 열도 났습니다. 아침 식사 후 바로 해열제를 먹었기에 온도를 잴 때는 '미열'이었지만, 밤에는 좀 더 났던 거지요. 하지만 일광욕을 해서 열이 나다니(바람도 조금 맞았지만) 난처한 일입니다.

- **10월 11일**

  36.4도, 맥박 92. 최근 몸이 아파서 어쩔 수 없이 진통제를 먹고 있지만, 회진을 오는 의사는 움직일 수 있는 범위 안에서 스트레칭을 하면 달라진다고 합니다. 제가 회진을 받을 때 일어나 있기 때문에 할 수 있는 이야기겠지요. 재활하고 있는 사람이 중간에 그만두겠다고 하기는 아직 이르기에 되도록 운동을 나가려고 합니다.

- **10월 14일**

  36.1도, 맥박 74. 밥 딜런이 노벨 문학상을 받았다고 합니다. 포크 송 시절의 가사에 대한 평가일까요? 미국에서는 백인과 흑인 사이에 인종 대립도 강해지고 있고요. 만약 그런 것이라면 심사 위원은 그 시대에 살았던 사람일 테니 70세 안팎이겠지요. 어쨌든 밥 딜런이 노벨상이라면 하이쿠나 단가를 짓고 있는 사람에게도 가능성이 있을지 모르지요?!

2016년

• 10월 20일

36도, 맥박 96. 오사카부 경찰 기동대원이 오키나와 사람을 '토인', '시나인'[484]이라고 불렀답니다. "멍청한 놈" 같은 말도 한 것 같은데, 그냥 오사카의 양아치 그 자체 아닙니까. 오사카의 데모에서도 "멍청이" 아니면 "토인", "시나인" 같은 말을 하는 걸까요. 오키나와 사람에 대한 차별 의식 그 자체이니 용서할 수 없습니다.

• 10월 21일

36.1도, 맥박 90. 2주간 약을 쉰 후 치료를 받기에 주사와 약 모두 잘 듣는 것이겠지요. 어젯밤은 전혀 잠을 못 잤습니다. NHK 뉴스에서는 오사카부 경찰 기동대원이 오키나와에서 한 차별 발언을 전혀 다루지 않고 있습니다. 오사카부 지사나 오키나와 담당 대신의 옹호 발언에 대한 '배려'일까요?

지렁이 울다 / 허연 환자복 / 색을 물들일 만큼

• 10월 25일

36도, 맥박 76. 마사쿠니 씨로부터 「야마오카 교이치[485] 학살 30년 야마 씨에게

---

484 원문은 "シナ人". 원래는 중국인支那을 가리키는 말이었는데, 장제스蔣介石는 이 말이 중국인을 매도하는 표현이라고 생각하여 불쾌하게 여겼다. 장제스의 생각과 마찬가지로, 오늘날 인터넷상에서 이 표현은 중국인을 비하하는 표현으로 사용되고 있기도 하다. - 역자 주.

485 야마오카 교이치山岡強一(1940~1986). 홋카이도 출신의 영화감독이자 산야 쟁의단山谷争議団의 리더. 고교 시절에 결핵을 앓아 대학에 가지 못했지만, 홋카이도 대학의 학생들과 함께 60년대 안보투쟁에 참가했다. 이후 여러 아르바이트를 전전하다가 1968년부터 산야에 정착. 1970년에 산야 현장 투쟁 위원회를 조직하고, 1980년 전국 일용직 노동자 조합 협의회의 산야 지부에서 실질적 리더로 활동했다. 산야를 다루던 다큐멘터리 영화 〈산야 ― 당하면 되갚아 줘라山谷―やられたらやりかえせ〉를 찍던 감독이 촬영 중에 살해당하자 바통을 이어받아 촬영을 계속했지만 1986년 1월 13일 노상에서 총을 맞고 사망했

선물해 줘!」라는 두꺼운 팸플릿을 차입받았습니다. 야마 씨가 산야의 폭력단원에게 총을 맞고 사망한 지 벌써 30년이 지난 건가요. 여러 사람들의 코멘트 중에 게리(이토 준이치)의 글이 있어서 반가웠습니다.

- 10월 31일

35.9도, 맥박 88. 가슴뼈가 아픕니다. 골절 부위뿐만 아니라 주위 전부가 아파서 (신경일지도) 시달리고 있습니다.

- 11월 7일

36도, 맥박 91. 1일의 IgG는 3,078. 호중구[486]는 66퍼센트. 수치상으로 아주 나쁘지는 않지만 가슴뼈가 아픕니다.

- 11월 9일

36도, 맥박 92. 이와나미 쇼텐岩波書店의 F 씨에게서 연락이 왔습니다. 12월에 간행될 이와나미 신서 『하이쿠 세평』[487]에서 제 하이쿠를 다룬 부분이 있기에 승낙해 주었으면 한다고 합니다. 그건 전혀 신경 쓰지 않지만, 도쿄 구치소는 책이 나오고 난 후에 받게 될 증정본을 어떻게 할까요?

다. - 역자 주.

486 호중구(好中球, Neutrophil)는 포유류의 백혈구 중 가장 많은 비율을 차지한다. 박테리아와 병원균에 반응하기에 선천 면역에서 중요한 역할을 하고 있다. 호중구의 일반적 비율은 40~75퍼센트이며, 항암제를 사용할 경우 호중구가 감소한다. - 역자 주.

487 오자와 노부오小沢信男, 『俳句世がたり』, 岩波書店, 2016.

- 11월 10일

  36.3도, 맥박 90. 놀랐습니다. 트럼프가 될 줄이야. 그게 그거라고 생각하면서도 트럼프는 아니겠지 하며 신문을 보고 있었기 때문입니다. 그리고 힐러리는 이메일 문제가 커져 버린 것이겠지요. 뿐만 아니라 기성 정치가와 셀러브리티를 비판하는 목소리가 높은데도 막판에 와서 유명한 가수 등을 동원하질 않나, 이상합니다. 그렇지만 금융과 관련된 강연으로 2,000만~3,000만 엔을 벌고 300만 엔의 옷을 입었다고 하니 아무리 미국이라 해도 미움을 살 수밖에 없겠지요.

- 11월 11일

  36.3도, 맥박 84. 한겨울날의 추위입니다. 가슴뼈와 등도 아픕니다. 그래도 골절은 예전보다 약간이나마 편해졌습니다. 회진을 돌 때 "나이에 비해 젊어 보인다"는 이야기를 들었지만, 그래 봤자 뼈에 구멍이 숭숭 났는데 말이지요.

  온몸의 뼈가 / 삐걱거리는 / 단 한 번의 기침아

- 12월 1일

  35.9도, 맥박 102. 스물여덟 번째 사이클의 두 번째 치료입니다. 요코 씨가 영치금을 주셨습니다. 항상 감사드립니다. 편지는 받지 못했습니다. 날이 추우니 건강에 주의하셨으면 합니다. 도쿄 구치소는 올해도 12월 중순 이후(16일?)가 되지 않으면 난방이 안 들어오는 듯합니다.

- 12월 2일

  36도, 맥박 92. 몸 상태는 병동으로 옮기기 전으로 돌아와 버린 듯하고, 상반신의 뼈라는 뼈는 모두 아픕니다. 진통제가 들었으면 좋겠지만 거의 일시적일 뿐입니다.

- 12월 7일

35.9도, 맥박 96. 아베 수상이 진주만을 위령한다고 합니다. 오바마의 히로시마 방문에 대한 답례인가요? 난징南京이나 충칭重慶은 묵살하면서요.

- 12월 12일

36도, 맥박 84. 아침에 일어나 식사를 한 후 누웠습니다. 가슴뼈와 다른 뼈들이 아프기도 한데, 8일부터 시작한 항암제의 부작용이 생겼기 때문입니다. 이불이 무거워서 참기 힘듭니다.

- 12월 14일

36.1도, 맥박 96. 가슴뼈가 여전히 아플 뿐만 아니라 가슴이 부은 듯이 느껴져 뢴트겐 촬영을 했습니다. 가슴뼈는 사진 찍기 어려운 곳 같지만 이번에는 확실히 골절이 있음을 알게 되었습니다. 이는 10월 20일경 골절된 곳이 다시 부러진 것입니다. 왼쪽 발목도 아파서 걷기가 '약간' 곤란하네요.

- 12월 15일

36도, 맥박 96. 사고만 나는 오스프리를 왜 계속 쓰는 걸까요? 승무원도 무섭지 않을까요?

2017년

• 1월 20일 씀

2016~2017년 연말연시의 기억

○ 연말 H 군과의 면회 후 폐렴에 걸려 지금처럼 산소 호흡을 할 수 있는 방으로 옮겨 갔다. 그 후 (도쿄 구치소의) ICU로.

○ ICU에서 마사쿠니 씨와 면회. 의식이 드문드문 있어 날짜도 이야기 내용도 분명하지 않지만 내가 "H 군이 침울해하지 않았으면 좋겠다고 전해 주십시오"라고 한 것은 기억하고 있다. 마사쿠니 씨 뒤에 의무반장뿐만 아니라 간부들이 늘어서 있던 것도. 두 번 정도 죽을 뻔했던 것 같다.

○ 준코 씨로부터 우표와 엽서, 세키 씨로부터 영치금을 받은 것이 언제인지 확실히 모르겠다.

○ 10일쯤인가 ICU를 탈출. 산소 흡입 가능한 침상이 있는 곳으로 이동했다. 그로부터 다시 10일 정도가 지나 꽤 괜찮아졌지만 가슴과 등을 비롯해 온몸이 아프다.

○ 19일에 미나미 씨와 R 씨로부터 영치금을 받았다. R 씨는 스물 두 살의 학생이다.

- 1월 23일

오후에 다다미가 깔린 방으로 옮겼습니다. 완전히 회복되지는 않았지만 산소 흡입을 할 필요성은 없다는 것이겠지요. 움직일 수 있는 공간이 넓어졌지만 숨이 차고 나른해서 생각만큼 잘 움직일 수 없었습니다.

- 1월 24일

『하이쿠의 피난소』[488]를 읽었습니다. 베갯머리에 계속 놓아 두었는데 지금 있는 방으로 옮기고 나서 처음으로 손을 댔습니다. 모치즈키望月 씨의 하이쿠만 있는 줄 알았는데『한 기의 관』같은 제 하이쿠에 대한 평론도 있어서 놀랐습니다. 그의 하이쿠에는 아름다운 시가詩歌가 많았습니다. 하이쿠에 관심이 있는 사람이 읽었으면 합니다. 인쇄는 후지타 인쇄소에서 맡았습니다.

ICU에서 하이쿠 셋

작년과 올해 / ICU 안에서 / 보내는구나

남겨진 벌레 / ICU에도 / 있는 듯하여

링거 소리를 고이 / 포개어 올린 / 소한小寒의 밤에

- 2월 6일

연말부터 연초까지 ICU에 들어가 있었을 뿐만 아니라 그 전후에 대기방(산소 호흡을 할 수 있는)에 들어가게 된 것까지, 기억의 대부분 혹은 일부가 사라져 있습니다. 마사미正美 군과 준코潤子 씨가 영치금을, 도시코俊子 씨가 우표를 보내 줬던 것 같은데 필기구가 없어 비망록을 남기지 못해 애매합니다. 요코 씨도 영치금을 보내 주었을까요. 필기구가 있어도 비망록을 남길 수 있었을지 모르겠지만, 빠진 내용이 있다면 앞에 쓴 일지에 더하겠습니다. 모처럼 보내 주신 분들에게 죄송합니다.

---

488 望月至高, 『俳句のアジール』, 現代企画室, 2016.

- 2월 7일

  1개월 만에 목욕(그 후 2월 10일에도). 욕조에 들어가지 않고 몸을 씻기만 했는데 완전히 지쳐 버렸습니다. 씻는 도중에는 죽는 건가(!) 하는 생각이 들기도 했고, 나온 후에는 숨을 고르는 데 30분이 넘게 하아하아, 씩씩거렸습니다. 2월 10일에는 간호사 분이 등과 팔을 씻어 주고 샤워도 시켜 주었지만 다시 늘어지고 말았습니다. 또, 나와서는 몸이 얼마나 아프던지요. 아직 1주일에 두 번 씻는 건 무리겠지요.

- 2월 8일

  오랜만에 채혈을 했습니다. 백혈구는 2,300. 항암제 치료를 하지 않고 있는데 이 수치라니 상당히 낮습니다. 몸 상태를 반영하고 있는 것이겠지만 감염증에도 주의를 기울여야겠습니다.

  입춘을 맞아 / 한밤중 독방에서 / 잔기침 한 번

- 3월 12일

  3월 1일 검사에서 IgG는 4,908.「기타코부시」175호에 3,500대가 되면 몸이 아프다고 나와 있는데 4,900대라면 몸이 당연히 더 아프겠지요. 3월 16일부터 항암제 치료가 다시 시작됩니다.

  「기타코부시」173호의「구름의 뒤편 / 무수한 은빛 / 펼쳐진 하늘의 강」이 시미즈 씨를 노래한 것이냐고, 편집자가 물었습니다. "예스"지요[489]. 그녀의 성격을 생각해서 "구름의 뒤편"이라고 표현했습니다.

---

489 "무수한"의 원문 '真砂'(마사고)는『게드 전기』의 번역자인 시미즈 마사코清水真砂子의 이름 '마사코'와 비슷한 음이다. - 역자 주.

최종 옥중 통신最終獄中通信

『하이쿠 세평』을 손에 넣었습니다.『한 기의 관』에서 두 편의 하이쿠를 인용하고 있는데,「차디찬 가을 / 물로 백 년 동안의 / 상을 치르다」가 포함되어 있어 감사했습니다.

미나미 씨의 그림은 데생력뿐만 아니라 구상력도 대단히 뛰어납니다. 그림을 그리고자 하는 마음을 자극했던 하이쿠에 자신의 그림을 붙인 것이 가루타[490]처럼 꽤 잘 어울리게 된 것 같습니다.『지새는 달』이후의 하이쿠를 컬래버레이션해 볼까요 (삽화 등으로)?

• 3월 13일

3월 16일에 치료를 받은 후에는 언제 씻을 수 있을지 모르기 때문에(폐렴으로 체력을 잃어서) 오늘 씻자는 이야기를 들었습니다. 오후에 넓은 샤워실까지 샤워용 휠체어로 이동해서 다섯 명의 간호사 분들이 통째로(?) 씻어 주었습니다. 지난번에서 거의 1개월이 지났지요. 욕조에는 들어가지 않고 샤워만 했습니다.

• 3월 14일

아침에 다섯 번의 채혈을 했습니다. 백혈구는 1,900. 또다시 백혈구가 줄어들고 말았습니다. 이렇게 계속된다면 호중구가 1,500대 이하로 내려갈 수도 있는데, 과연 3월 16일부터 치료가 가능하긴 할까요? M. M 씨라는 여성으로부터 온 연락을 받지 못했습니다. 아쉽지만 감사드립니다.

---

490 카루타. 일본식 카드놀이. 50장의 그림 카드와 50장의 설명 카드로 되어 있는데, 통상 그림 카드에 적힌 시의 첫 구절과 설명 카드의 짝을 맞추는 놀이이다. – 역자 주.

- 3월 15일

  아침에 손톱을 깎아 주었습니다(의무과의 남성 담당분이). 몸이 아파서 직접 자를 수가 없었습니다. 산케이 신문(3월 6일자)에서 사쿠라이 요시코[491]가 저를 비판하고 있습니다. '비판'은 사쿠라이 씨의 입장에서 말하는 것이겠지요.

- 3월 16일

  원래는 오늘부터 항암제 치료를 할 예정이었지만 아니나 다를까, 백혈구 수가 적어서 연기되었습니다. 의무부장 말로는 "폐렴으로 죽을 뻔했기 때문"이라고 합니다. 의사가 걱정하는 것은 잘 알겠습니다. 저는 얼른 시작해서 통증을 줄이고 싶지만 말이지요.

- 3월 17일

  3월 14일의 IgG는 4,863. 지난번에는 4,908이었는데 오랜만에 내려갔습니다. 또 호중구는 78퍼센트로 1,482. 3월 16일의 항암제 치료 재개를 연기한 것이 정답이었을지도요.

  연말연시 이모조모 돌봐 주신 담당(조장)과 부담당(보조), 그리고 교대를 해 준 부장(통상 담당과 보조가 휴무일 때 일을 맡아 주는 세 명 중의 한 명)이 이번 봄에 모두 교대를 하게 됩니다. 그리고 1년인가 2년 만에 교대하는 사람도 있어서 아쉽기는 하지만 저도 신세를 졌다고 인사를 했습니다.

  두 번 다시는 / 만나지 못할 / 이른 저녁 어스름

  봄날 밤에는 / 황천에 간 사람도 / 떠오르누나

---

491 사쿠라이 요시코櫻井よしこ(1945~). 베트남 태생의 정치 평론가. 하와이 대학을 졸업하고 니혼 TV에서 근무한 바 있다. 현재는 국가 기본 문제 연구소의 소장이자 평론가로 활동하고 있다. – 역자 주.

- 3월 20일

에키타 씨가 감옥에서 나갈 날이 다가오고 있습니다. 도쿄 구치소로 이동한 것 같은데, 도치기 형무소보다 엄격할까요? 속세의 바람도 결코 따뜻하지 않겠지만 건강했으면 합니다.

- 3월 21일

그제 밤과 어제보다도 8도 이상 내려간 듯 몸이 잘 움직이지 않습니다. 오늘부터 새로운 담당자 분과 교대역의 부장이 왔습니다(보조는 내일). 느낌이 좋은 사람들이 군요.

- 3월 22일

내일부터 항암 치료를 다시 하기 위해 백혈구를 늘리는 노이트로진 주사를 맞았습니다. 부작용은 괴롭겠지만 고통이 줄지 않을까 기대하게 됩니다.

- 3월 23일

항암제 치료를 다시 시작했습니다. 이전에는 몸에 어느 정도 지방이 있었기 때문에 복부 주사가 아프지 않았지만 지금은 비쩍 말라서 삐거덕거리기에 배도 아픕니다. 또, 스테로이드를 복용했기에 수면제도 먹었지만 4개월 가까이 지나서 잊어버린 것이 많습니다.

- 3월 24일

천황이 '상황'[492]인가요. 시대착오를 느끼는 건 저뿐일까요. 어제부터 치료를 다

---

[492] 「천황의 퇴위 등에 관한 황실 전범 특례법」에 의거해, 생전에 퇴위한 천황을 가리키는 칭호이다. 현재

시 시작했습니다. 간만에 잠깐 잠이 들었으나 몸이 아픕니다.

간호사가 오후에 머리와 등을 씻겨 주었습니다. 아직 기온이 안정되지 않고 추운 날도 있어서 전신 목욕은 중지되었습니다. 방 안에서 씻었는데 간호사 분의 솜씨가 빠르고 좋았습니다.

- 3월 27일

주말부터 몸 상태가 매우 좋지 않습니다. 상반신이 아프고 움직이는 게 고생입니다. 항암제에 이 정도로 괴로웠던 적이 없었는데, 역시 폐렴의 영향이 남아 상당히 체력이 떨어졌기 때문이겠지요.

- 3월 28일

지바에서 베트남 소녀가 살해당했다기에 무슨 일인가 싶었는데, 이번에는 고교생이 여덟 명이나 눈사태로 죽었다고 합니다. 인솔 교사는 절대로 문제가 없을 거라 생각했다는데, 절대라는 건 있을 수 없지요. 봄철의 산을 만만하게 봤다는 생각밖에 안 듭니다.

- 3월 29일

또다시 음용 보조 도구를 쓰게 되었습니다. 컵으로 물을 마시려니 다 흘려서 그렇습니다. ICU와 그 전후로 있던 방 이후 처음입니다. 오후에 몇 번째인지 모르겠지만 방을 옮겼습니다.

는 전 헤이세이 천황인 아키히토明仁가 2019년 4월 30일부로 퇴위를 해 '상황'이 되었다. – 역자 주.

- 3월 30일

회진을 할 때 두 번 주사를 맞았습니다. 왼쪽 복부이지만 살집이 없어서 꽤 아픕니다. 요코 씨로부터 영치금이 있었습니다. 매번 도와주셔서 감사합니다. 연락은 아쉽게도 받지 못했습니다. 옮긴 방은 이전보다 춥습니다. 그래서 별 수 없이 이불을 덮고 있는데, 무겁네요.

- 3월 31일

연말부터 정월에 걸쳐 의사도 아니면서 여러 가지로 도와주던 계장이 급한 전출 명령을 받아 밖으로 나가게 되었습니다. 이쪽 책임자들도 모두 떠나 버려서 "나는 마치 역병의 화신 같은 게 아닐까요"라고 했더니 손을 크게 흔들며 부정했습니다.

- 4월 3일

아침에 채혈을 다섯 번 했습니다. 백혈구는 3,400이었습니다. 오랜만에 3,000대로 늘었습니다. 그런 것치고는 몸은 계속 아프지만요.

- 4월 5일

오후에 셀레콕스Cellecox와 다케캡Takecab이라는 복용제가 나왔습니다. 그리고 진통제도요. 순한 약이라서 위에는 좋은 것 같습니다. 몸이 아파서 식사도 충분히 하지 못하고 있기 때문입니다.

- 4월 6일

7년 만에 병동 사람과 다시 만났습니다. 자세히는 모르겠지만 다른 감옥으로 전근을 갔던 모양입니다. 약 1년인가 2년 단위로 교대하게 되어 맥이 탁 풀리는 사람도 있는가 하면, 7년 만에 복귀하는 사람도 있네요. 희비가 엇갈립니다.

- 4월 7일

4월 3일 검사에 의하면 IgG는 5,461, 호중구는 95퍼센트. 전자는 약 500 내려갔고 후자는 3,000을 넘습니다. 지금 먹는 약(벨케이드)과 치료의 효과가 있군요. 저에게 수치를 말해 주는 의무부장의 표정이 밝았습니다. 요코 씨가 보낸 편지는 안타깝지만 받을 수 없었습니다. 인사이동 관계로 늦어졌다고 합니다.

- 4월 10일

마사쿠니 씨로부터 에키타 씨가 후루카와古川에서 찍은 사진을 받았습니다. 에키타 씨는 젊군요. 95세의 도모코智子[493] 씨도 체르노빌의 어머니 같은 모습입니다. 아침에 채혈 다섯 번. 백혈구는 1,600. 간호사분께서 "1,600입니다"라고 했을 때는 머리가 띵했습니다. 모처럼 수치가 늘어서 기뻐했는데 말이지요.

- 4월 11일

아침에 또 채혈. 정밀 검사를 위해서입니다. 의사도 어제의 수치를 납득하지 못하는 듯합니다. 그로 인한 극도의 빈혈로(건강한 사람의 3분의 1 이하) 수혈이 예정되어 있었는데 제 혈액이 응고되는 바람에 연기.

---

493 아라이 마리코 씨의 어머니이다. 그녀는 일본 패전 후 최대 누명 사건인 '마쓰카와 사건'의 구원 활동에도 참가했던 바 있다. 큰 보자기에 싼 전단지와 서명 용지 뭉치를 끼고서 외출하곤 했다고 아라이 마리코 씨는 회상한다. 아라이 마리코 씨의 언니인 아라이 나호코 씨는 학교에서 "너희 엄마는 빨갱이다"라는 말을 들었다고 한다. 荒井まり子,『未決囚十一年の青春 子ねこチビンケと地しばりの花』, 径書房, 1986, 76쪽. - 역자 주.

- 4월 12일

  어제 수혈을 받지 못했기 때문에 철분 약을 먹기 시작했습니다. 그런데 빈혈 때문인지 몸 상태가 좋지 않기 때문인지 아침에 쓰러지고 말았습니다. 이렇게 점점 베드룸으로 이동하라는 압력이 높아지게 됩니다. 그것도 괴로운 일이지만 쓰러졌을 때 여기저기를 다쳐서 몸에 아픈 곳이 늘어났습니다.

  「지원련 뉴스」가 차입되었습니다. 에키타 씨가 건강해 보여서 안심했습니다. 편집인인 K 군이 저와 도시아키 군을 다루고 있습니다. 두 사람은 나이도 있고 오랜 시간 투병을 해 왔기에 어떤 이야기를 듣든 태연하지만, 50대나 40대에 암과 싸우는 사람은 그것만으로도 어려움이 있겠지요. 자주 침울해지기도 하는 것 같습니다. 병에 걸린 사람도 살아가고 있잖아! 같은 생각을 해 버렸지만 말이지요.

- 4월 13일

  아침의 체온은 38.4도. 그리고 오전에 가슴 부위의 뢴트겐 사진을 찍었습니다(이게 엄청나게 아픕니다). 또다시 채혈도 했습니다. 결과를 듣자 하니 새로운 폐렴은 아니었고 백혈구가 2,700으로 저번보다 늘었다고 합니다. 폐렴으로 죽다 살아났으니 의무진도 신경이 날카로워졌습니다. 그 때문인지 어제 오후부터 히터가 들어왔습니다. 의무 부서(도쿄 구치소)가 자발적으로 해 준 것이지요.

- 4월 14일

  최근 가장 기쁜 일은 IgG가 3,852가 되어 4,000의 벽을 깬 것입니다. 의사는 웃는 얼굴이었고, 이쪽도 마찬가지지요. 또, 아침부터 점심 식사 때까지 수혈을 받았습니다.

- 4월 17일

아침에 37.5도. 이 정도의 열이 계속됩니다. 수혈 때문이겠지요. 채혈은 다섯 번, 백혈구는 1,700. 다시 돌아왔다고 해야 할까요, 줄어들었습니다. 때문에 이번 주의 치료는 또 연기되었습니다.

- 4월 18일

아침에 36.5도, 가까스로 줄어들었군요. 에키타 씨가 우표를 차입해 주었습니다. 고마워요. 놀랍기도 하고 기쁘기도 해서 주소를 쓰는 걸 잊어버렸습니다(?).

- 4월 19일

낮에 간호사 분이 "환기시키겠습니다"라고 하면서 환기구를 열었습니다. 결국 저녁 식사 시간이 가까워질 때까지요. 그런 계절이 되었군요. 이번 주도 치료가 연기되었다고 정식으로 통보받았습니다. 특히 백혈구가 너무 적다고 합니다. 백혈구가 적으면 감염증 등에 걸리기 쉬워지기 때문이지요. 저는 가능한 한 밥을 많이 먹기로 했습니다.

- 4월 20일

유키가 재심 회의에 참가해 주었다고 합니다. 바쁘다고 생각했는데 감사할 따름이지요. 회진을 돌 때 노이트로진(백혈구를 늘려 주는 약) 주사를 맞았습니다. 늘었으면 좋겠는데 말이지요. 점심 식사 전에 화장실을 청소하고 있었는데(철분제를 복용하고 있기 때문에 더러움이 눈에 띕니다) 너무 아파서—팔, 어깨뼈 등—기절해 버렸습니다.

- 4월 21일

  수치는 별개로 치더라도 혈색이나 표정 등이 지난주보다 훨씬 낫다고 합니다. 열도 내려갔는데, 부지런히 먹었기 때문일까요? 변호사 법인 기타센주北千住 퍼블릭 법률 사무소에서 편지가 왔지만 4월 20일자로 불허를 통보받았습니다.

  추신: 마사쿠니 씨가 차입을 해 주었습니다. 연휴 중에 잘 챙겨 먹으려고 합니다.
  (4월 17일 이후의 일기, 4월 22일자의 편지)

- 4월 24일

  아침에 두 번 채혈을 하고 백혈구와 철분 검사를 했습니다. 백혈구는 1,900. 크게 나빠진 것은 아니지만 좋아진 것도 아닙니다. 마사미 씨로부터 우표를 차입받았습니다. 고마워요. 편지는 유감스럽게도 불허였습니다.

- 4월 25일

  아침에 약 반년 만에 머리를 깎았습니다. 그 후에 목욕을 하며 머리 등을 감을 예정이었는데 열이 나서 중지되었습니다(아침 37.5도, 오전 중 38.1도). 어젯밤도 히터를 켜 놓고 잤는데 맥이 풀립니다.

- 4월 26일

  아침 38도, 왜 이렇게 높을까요? 골수종 악화 때문인지 양쪽 팔꿈치 피부가 벗겨져 엉망이 되었기 때문인지(백혈구가 적기 때문에 가벼운 상처라도 바로 반응이 옵니다). 외과 의사가 팔꿈치에 쿠션을 대라고 해서 간호사분이 잘 맞는 것을 찾아 주었습니다.

- 4월 27일

팔꿈치에 쿠션을 대니 출혈과 아픔이 없어졌습니다(다만 플리스 위에 대라는데 얇은 옷이라면 어떻게 될까요). 오늘 아침은 37도, 저녁은 37.4도였습니다. 몸 상태는 이 정도입니다. → 첫날은 '좋다'고 생각했는데, 아픔과 출혈이 계속됩니다.

- 4월 28일

어제 노이트로진 (백혈구를 늘리는) 주사를 맞았습니다. 백혈구가 늘어나면 좋을 텐데요. 아침에는 36.7도여서 씻을 수 있을 것 같았는데 오전에 37.5도가 되어 나른함 때문에 중지되었습니다.

추신: 마유미 씨로부터 엽서가 왔습니다. 도쿄로 못 오게 되었다고 합니다. 빈혈은 무서운 거예요. (이상으로 4월 29일자 편지)

- 5월 1일

아침 37.1도. 미열이 멈추지 않습니다. 감기 증상은 없지만 오후에 의사와 간호사 분들 5~6명이 와서 양 팔꿈치와 우측 허리의 욕창을 치료했습니다. 저한테는 보이지 않았는데 심각한 상태였던 모양입니다.

- 5월 2일

아침에 37.4도. 눕거나 일어나는 것이 괴롭고 한번 누우면 일어나기 힘든데, 밤중에 소변을 보러 가기 위해 일어났더니 그만 그대로 깨어 있게 된 적도 있습니다. 아직 밤에만 히터를 틀지만 그래도 춥습니다. 오전에 간호부장이 다른 간호사분들을 데리고 왔습니다. 연휴 중의 치료에 대해서 강습(?)과 실습을 하기 위해서입니다.

- 5월 3일

  아침 36.7도. 오랜만에 36도대로 들어왔습니다. 체온 등을 재는 아침보다도 일찍 (5시 30분쯤) 화장실에서 일어나다 쓰러졌습니다. 쓰러져도 괜찮도록 이불을 겹쳐 두거나 모포를 덮어 뒀지만 등과 다리가 아픕니다. 그런데 이걸로 몇 번째 쓰러진 걸까요. 오전 중 양쪽 팔꿈치를 치료했습니다.

- 5월 4일

  아침 36.7도. 오전 중에 양쪽 팔꿈치를 치료했습니다. 그리고 노이트로진 주사를 맞았습니다. 백혈구가 늘어날 때까지 매주 목요일에 주사를 놓기로 했습니다.

- 5월 5일

  아침 37.5도. 36도대가 계속됐는데 이렇게 되니 힘들어집니다. 오전에 양쪽 팔꿈치와 허리의 욕창을 치료했습니다. 일전에 사임했던 부흥상은 야쿠자도 하지 않을 화려한 넥타이를 매고 있었습니다. 옅은 화장도 했던가요? 아베 부부의 엉터리 짓과 더불어, 너무한 것 아닙니까.

- 5월 9일

  수혈. (이상, 5월 9일자가 마지막 편지)

2017년

大道寺将司くんと社会をつなぐ交流誌

キタコブシ VOL.178

2017年11月24日　最終号

郵便連絡先　東京都西東京市北町2-3-21　太田方　キタコブシ係
電話連絡先　080-5325-2690（13時〜22時、大道寺）
郵便振替　00180-0-132916／加入者名キタコブシ
誌代　　　1部200円（送料込、1年間1800円）

- 제40호

소집이라니 / 꿈인가 생시인가 / 오월의 어둠

작은 거미야 / 전쟁은 사람들을 / 미치게 하니

매화 푸르니 / 젊은이를 데모에 / 심으러 가자

단색 장맛비 / 하늘 저편에 / 멍하니 서 있을 뿐

장맛비 내리는 밤 / 저세상까지 / 향기를 내고

거세게 내리는 / 장맛비 소리 / 잠의 동반자 삼아

도마뱀붙이 / 그림자 없는 것이 / 꿈틀거리고

아무 말 없이 / 시간이 흘러가는 / 나무 그림자

약모밀 시들어도 / 생생히 솟은 / 꽃술 한 가닥

붉은 자양화 / 오늘 아침도 / 올곧이 살아 있어

- 제41호

가을 바람에 / 지면에 나의 이름 / 올라갔으니

형장 밖에는 / 단풍이 붉게 / 물들기 시작하고

가을 정어리 / 죽고 말라붙은 채 / 형태도 없어

난민의 목숨 / 가벼이 여기네 / 가을 모래톱

쓰르라미는 / 가을 바람에 / 하릴없이 흔들려

고추잠자리 / 오늘밤 머무를 곳 / 하나 없는데

민주주의란 / 표류해 가는 / 가을날의 구름

데모하는 날에는 / 다시 가을비 / 세차게 내려

저지선 넘어 / 격류가 되어 버린 / 데모의 흐름

군청색 하늘에는 / 가을 목소리 / 끝도 없어라

- 제42호

회귀하는 물고기 / 눈으로 좇는 / 흰꼬리수리

맑고 푸른 달 / 가슴 속 잉걸불을 / 풀무질하고

난민선 갈 곳 / 이끌어 주는 / 얼어붙은 별

풀잎 마르는 한밤 / 불빛 비추는 / 부드런 살갗

귀뚜라미는 / 죽고 나서도 / 울음소리 다듬고

겨울 한낮의 / 황야를 가로질러 / 유랑하는데

날카로운 바람은 / 벌판 끝자락 / 낙엽에서 와

작년과 올해 / 망자의 걸음걸음 / 멈추지 않고

지나쳐 가는 / 시대의 근저에는 / 눈이 소복이

한겨울에도 / 듀공[494] 등에는 / 약동하는 태양빛

---

494 Dugong. 남태평양 등지에서 서식하는 해양성 포유류. 신화에서 자주 나타나는 인어의 원형으로 보기
도 한다.

- 제43호

봄은 사무쳐 / 처마 끝을 적시는 / 비는 끝없고
젊은이들의 / 가지각색 데모에 / 땅벌레 나와
변변찮은 관 / 다채로이 물들인 / 동백나무 꽃
기러기 돌아가는 / 대양의 한가운데 / 그림자 두 개
우렁이 울음 / 사라질 그때까지 / 굳세게 살아
변해 간다면 / 바닷속 말미잘도 / 빠질 수 없네
무지 때문에 / 당연함을 못 믿는 / 활짝 핀 목련
어제 오늘도 / 승강이하는 / 새끼 밴 암고양이
원자력 발전 / 의존치 않는 / 가을날의 대나무
세상만사에 / 눈을 꼭 감고 / 운율만을 읊음은

- 제44호

부끄러운 것들을 / 고이 숨기고 / 장마에 들어
불나방 끓는 / 일장기는 천천히 / 나부끼는데
땅강아지 소리는 / 들리지 않고 / 연모심戀慕心만이
남자 죽음에 / 천지에 흩어지는 / 밤나무꽃 향
물매암이 눈길에 / 바짝 엎드린 / 불온함이여
요란한 매미 소리 / 몸 한가운데 / 울려 퍼지고
백합 향기가 / 풍기는 저 기개를 / 마음에 품고
무당벌레 9조는 / 어떤 일에도 / 죽지 않으니
오키나와의 / 붉은 노을을 / 같이 키워 나가세
거미 둘러싼 / 가을 언덕은 / 멀고 먼 곳 뒤덮고

다이도지 마사시 자선집

- 제45호

오랫동안 살아남아 / 길 잃어버린 / 억새풀 들판

행복 있음은 / 숨 거둔 자이기에 / 벼 익는 가을

경적 울림은 / 죽은 자 애도하는 / 마음 같을까

죽은 자들도 / 저 멀리서 보이는 / 단풍 오른 산

휘감아 오는 / 짙은 안개 저편엔 / 바다 끝자락

안개 긴 바다 / 아련한 마음 / 유골을 흩뿌리네

북쪽 저편에 / 서둘러 옮겨 가는 / 바다안개여

가을장마여 / 만가挽歌가 낮게 / 흘러가고 있으니

잠옷 무거워 / 뼈마디 삐걱이니 / 짙은 안개라

암 걸린 사형수라 / 나를 부르는 / 가을 저녁놀

연보

1948년	6월	5일	홋카이도 구시로釧路 시에서 출생.
1967년	3월		구시로 고료湖陵 고교를 졸업하고 지망 대학이 있는 오사카로 이주.
1968년	1월		도쿄로 가서 일을 하며 데모와 집회, 학습회 등에 참가.
1969년	4월		호세이法政 대학 문학부에 입학, 전공투 투쟁에 참가.
1971년	12월		아타미熱海의 〈흥아관음상興亞觀音像〉과 A급 전범이 안치된 〈순국 칠사의 비殉國七士の碑〉를 폭파.
1972년	4월		요코하마 시 쓰루미鶴見 구의 소지지總持寺 납골당을 폭파.
	10월		아이누 문화 유산을 수탈했던 홋카이도 대학 북방 문화 연구 시설과 아사히카와旭川 시의 〈풍설의 군상風雪の群像〉을 폭파.
1974년	8월	14일	천황 특별 열차 폭파 — 무지개 작전虹作戰을 기획했으나 직전에 중지.
			다음날 재일 조선인 문세광이 박정희 대통령을 저격하려 한 데 충격을 받다.
		30일	도쿄 마루노우치丸の内의 미쓰비시 중공업 본사 앞에 시한폭탄을 설치하고 폭파. 사망자 8명, 부상자 165명.
			동아시아반일무장전선 '늑대' 부대의 이름을 밝히고 그 후에 '대지의 엄니', '전갈'의 세 부대로 "침략 기업"을 잇따라 폭파.
1975년	5월	19일	8명이 일제 체포. '대지의 엄니'의 사이토 노도카斎藤和가 체포 직후에 음독자살.

1979년	11월		처음으로 다이도지와 가타오카(현재 마스나가益永) 도시아키에게 사형 판결.
1982년	7월		도피 중이었던 우가진 히사이치宇賀神寿一가 체포.
	10월		공소심에서 두 명에게 사형 판결.
1984년	2월		『새벽녘의 별을 올려다보며 ― 다이도지 마사시 옥중 서간집』 간행.
1987년	3월		최고재판소에서 상고 기각. 두 명에게 사형 판결이 확정.
			다이도지, 마스나가와 감옥 바깥의 친구들이 공동 원고로 티셔츠 소송을 제소.
판결 전날	5월		「다이도지 마사시 군과 사회를 잇는 교류지 기타코부시」 발신을 개시
1988년	9월		제1차 재심 청구서를 제출. 그 후 끊임없이 제5차 재심을 청구 중.
1995년	3월		초법규적 조치로 풀려나 국외에 있던 에키타 유키코가 루마니아에서 체포.
1997년	12월		『사형 확정 중』 간행.
1999년	12월		제1차 티셔츠 공소심에서 일부 승소 판결이 확정.
2001년	5월		『친구에게 ― 다이도지 마사시 하이쿠집』을 간행.
2004년	5월		다이도지 마사시의 모친, 다이도지 사치코 별세.
2005년	10월		사형 폐지를 위한 다이도지 사치코 기금 〈제1회 사형수 표현전〉을 개최.
2007년	1월		『까마귀의 눈 ― 다이도지 마사시 하이쿠집 II』 간행.

	7월		구 감옥법 개정으로 20년 만에 3인(후에 5인)의 친구와 면회가 실현.
2012년	4월		『한 기의 관―다이도지 마사시 하이쿠 전집』 간행.
2015년	11월		『지새는 달―다이도지 마사시 하이쿠집』 간행.
2017년	5월	24일	2010년부터 투병 중이던 다발성 골수종으로 인해 도쿄 구치소에서 사망.

다이도지 마사시, 『최종 옥중 통신』에 부쳐

오타 마사쿠니

이 책의 저자 다이도지 마사시는 1948년 6월, 홋카이도의 구시로釧路 시에서 태어났다. 아시아-태평양 전쟁에서 일본이 패전하고 3년 후였다. 그리고 2017년 5월 24일, 도쿄 고스게小菅의 도쿄 구치소 병동에 있는 집중 치료실에서 사망했다. 사인은 다발성 골수종으로, 향년 68세였다. 패전으로부터 72년이 흐른 때였다. 1975년 5월 19일, 연속 기업 폭파 사건의 용의자로 체포된 것은 그가 26세가 되던 해였다. 재판의 결과 사형이 확정된 것은 1987년. 따라서 68년간에 걸친 생애에서 42년을 옥중에서 보낸 셈이다.

그는 1960년대 후반 고등학교부터 대학까지 감수성이 풍부했던 청년 시기를 보냈다. 일본과 세계 각지에서도 기존의 체제에 "아니오!"를 내세우는 사회적이고 정치적인 운동이 고양되었던 시기였다. 베트남 전쟁에 대한 반전 운동, 미일 안보 체제라는 군사 동맹에 대한 비판, 관리 사회 체제의 거부, 대학 경영진의 부정 규탄, 문화적 요소를 광범위하게 포함한 카운터 컬처 운동…… 등이 사회에 휘몰아쳤다. 다이도지 마사시도 처음에는 그 소용돌이 속에 있었다. 그러나 시대는 다른 양상을 보이기 시작했다. 미국의 반전 운동 속에서 흑인과 선주 민족(인디언)이 독자적이고 중요한 역할을 수행함으로써 민족과 식민지 문제가 부상했다. 종래의 정통적인 반체제 이론과 운동의 중심이었던 마르크스-레닌주의로부터 조금 떨어진 위치에서 문제를 제기하고 있었던 식민지 출신의 과거와 동시대의 혁명 이론가들(자술리치,

술탄 갈리예프, 로이, 마리아테기, 말콤 X, 파농 등)의 문제 제기를 정면으로 받아들인 사람들이 생겨났다. 기성 사회주의 국가에 대한 비판에서 '신좌익'도 등장했다. 어디서든 권위주의적인 오소독시(정통성)에 대한 의문과 비판이 분출되고 있었다.

그때까지의 일본에서는 '피해자' 의식에 크게 의거했던 반전-평화 운동이 전개되고 있었다. 아시아-태평양 전쟁(15년 전쟁)의 중대한 출발점을 조선의 식민지화와 중국을 향한 군사 침략에서 찾는다면 일본의 가해성이 명백하게 드러난다. 그러나 15년 전쟁의 실마리를 까맣게 잊어버리고 후반의 미일 전쟁에만 초점을 맞춘다면 히로시마와 나가사키의 원폭 투하를 전면에 세워 피해자로만 행세할 수 있게 된다. '민족, 식민지'라는 관점을 도입하면 이러한 종류의 근대 일본론을 성립시킨 이론적인 근거는 무너진다. 이러한 역사적인 관점은 당시의 일본에서 아직 주류가 아니었다. 다이도지 마사시는 비주류 역사관을 선택했다. 홋카이도에서 태어난 '일본인'인 이상 선주 민족인 아이누족과의 관계에서 보이는 식민지 문제를 피할 수 없었다. 그의 부친은 전쟁 전 만주의 만주 철도 조사부에서 일했고, 미일 전쟁 개전 후에는 미얀마에 파견되어 자원 조사를 담당했다. 자신이 태어나기 3년 전까지 부친의 행적에서 보이는 아시아 침략 문제와 마주할 수밖에 없다는 것―그 후 그의 궤적을 결정한 '원점'은 그곳에 있다고 할 수 있을 것이다.

이 관점에 선 이후의 다이도지와 그 동료들의 움직임은 재빨랐다. 1971년에는 아시아 침략 전쟁의 추진자인 A급 전범을 기리는 비를 폭파했고, 이듬해에는 홋카이도에 있는 아이누 관련 시설에서 침략자를 칭송한다고 여겨지는 〈풍설의 군상〉 등을 폭파했다. 자신들의 의도를 무장 전쟁으로 표현하고자 했던 그들은 그 후 스스로를 동아시아반일무장전선 '늑대'라 칭하기로 결정했다. 자신들을 '해방 게릴라 병사'로 규정했던 '늑대'는 뒤에 나타날 '병사'들의 출현을 바라며 74년에 독본 『복복 시계腹腹時計』[495]를 출판하고 자신들의 입장을 표명했다. 피해자성에 의거한 전후

---

495 '腹腹'는 'はらはら'(하라하라)라고 읽히는데 이는 신체의 '배'를 의미하는 '하라'가 두 번 반복된 것으로, 의태어 '조마조마, 아슬아슬하다'라는 의미이기도 하다. 동아시아반일무장전선의 주된 투쟁 방법인 시한폭탄에 의해 '조마조마, 아슬아슬'하다는 의미를 담은 것이다. 또 한국어의 명령형인 '~하라'를 염두

다이도지 마사시, 『최종 옥중 통신』에 부쳐

의 반전, 평화 운동의 '기만성'을 지적했다. 전쟁이 끝난 후에도 아시아 각지에는 내전과 혁명, 침략, 군사 정권 등으로 상징되는 전란이 끊이지 않았는데 어떻게 일본 혼자서만 평화를 누려 올 수 있었는지 물었다. 전쟁 전의 식민지주의 지배와 침략 전쟁을 통해 거대한 부를 축적했던 대기업이 그 책임을 지지 않고 전후에도 경제 성장의 주도권을 잡음으로써 새로운 식민지주의를 실천하고 있음을 철저하게 비판했다.

역사를 인식하는 관점의, 눈부신 새로움이 그곳에 있었다. 전후의 반전, 평화 운동을 이론적으로 뒷받침했던 진보적, 좌익적 지식인들에 대한 비판을 내재하고 있었고, 일국 평화주의의 한계도 정확하게 비판하고 있었다. 역사의 과정에는 복잡다단한 요소가 뒤얽혀 있기에 이를 신중하게 판별하여 진실을 찾는 방법도 유효하지만, 과감하게 이 요소들을 잘라 냄으로써 얻을 수 있는 간결하고 근원적인 관점도 있을 수 있다. 『복복 시계』의 관점은 바로 후자였다. 하지만 이론을 적용함에 있어 이 방법을 그대로 현실의 행동에 응용하면 행동이 허용할 수 있는 폭은 극단적으로 좁아진다. 이론의 폭은 좁아도 행동 원리를 폭넓게 취하는 것. 그렇지 않으면 '좁고 일방향적인' 이론이 비극을 부른다는 사실을 우리는 이윽고 목도했다.

'늑대'는 1974년 8월 30일, 미쓰비시 중공업 빌딩 앞에 폭탄을 설치하고 건물의 상징적인 폭파를 시도했다. "미쓰비시를 필두로 한 일본 제국주의의 침략 기업과 식민자에 대한 공격"이라는 의미였다. 미쓰비시에서 일하는 사원을 포함하여 사람을 죽일 의도는 원래부터 없었기에 예고 전화를 걸어 사원을 피난시키라고 경고했다. 그러나 결과는 사망자 8명, 중경상자 165명에 달하는 대참사가 벌어졌다. 폭탄의 위력이 예상을 훨씬 뛰어넘었다는 것, 통유리가 부착된 현대식 빌딩들에서 떨어진 유리 파편이 통행자의 머리 위에 쏟아져 내렸던 것, 예고 전화의 효과가 없었다는 것―참사가 벌어진 이유는 여러 겹으로 쌓여 있었다.

에 둔 네이밍이기도 하다. 마쓰시타 류이치, 『봉화를 보라』, 가와데쇼보 신사, 1987년, 135쪽.

'늑대'들은 당황하여 망연자실했다. 그러나 일단 개시한 전쟁을 멈추지 않기 위해서는 자기비판을 하면 안 된다고 생각했다. 3주 후 그들은 성명을 발표했다. "'늑대'의 폭탄에 의해 폭사하거나 부상당한 인간은 '같은 노동자'도 '무관한 일반 시민'도 아니다. 그들은 일제의 중추에 기생하고 식민지주의에 참여했으며 식민지 인민의 피로 배를 불린 식민자이다"라고 일갈했다.

인간은 누구든 상황 속에서 변할 수 있는 가변적인 존재이다 ― 이런 확신이 있다면 사람은 사회 변혁 운동과 관계를 맺게 된다. 다이도지 마사시를 필두로 '늑대' 멤버도 마음 깊은 곳에서 그것을 자각하고 있었음은 후에 밝혀졌다. 그렇기에 여기에서는 『복복 시계』가 내포했던 '투쟁하는 자신의 절대화'의 뒷면에 있는, '싸우지 않는 타자의 전면 부정'이라는 논리가 그대로 현실에 응용되어 비극적인 결과를 가져왔다고 할 수 있을 것이다. 폭파 행위의 결과는 물론이고 이러한 내용이 담긴 협박 같은 성명을 발표해 버린 것이 후에 그들을 괴롭게 만들었다.

생각해 보면 다이도지 마사시는 그 후 보내게 되는 42년에 걸친 옥중 생활을 이 '괴로움'과 맞서면서 지냈다고 생각된다. 죽기 반년 전 구치소의 면회실에 나타난 그는 나를 향해 갑자기 "실제로 사람을 죽인 인간과 죽이지 않은 인간이란 완전히 다르다"고 했다. 지금 생각해 보면 이는 죽음이 멀지 않았음을 자각한 그가 꼭 이야기하고 싶었던 한마디였을 것이다.

여기에 이어질 듯한 말을, 그는 감옥에 유폐된 이후 다양한 사람들에게 보낸 서간에 써 왔다. 기존에 나온 바 있는 두 권의 서간집 『새벽녘의 별을 올려다보며』[496], 『사형 확정 중』 및 이 책 여기저기에 그것이 나타나 있다. 하지만 내 생각에 다이도지 마사시가 그 심경을 가장 잘 표현할 수 있었던 표현 수단은 하이쿠였다. 확정 사형수가 된 1987년 이후 부조리할 만큼 엄격한 일본의 사형수 처우 제도 하에서, 그와 면회나 편지 왕래를 나눌 수 있는 상대는 모친으로만 제한되었다. 그것은 시간

496　大道寺将司, 『明けの星を見上げて―大道寺将司獄中書簡集』, れんが書房新社, 1984.

다이도지 마사시, 『최종 옥중 통신』에 부쳐

이 지나고 나서 '완화'되었지만, 짧지 않은 시간 동안 서적의 차입도 막혀 있었다. 읽을 책도 없었던 그는 구치소에 비치되어 있는 책 중에서 우연히 마쓰오 바쇼와 마사오카 시키의 하이쿠집과 하이쿠론을 손에 넣었다. 이윽고 그 자신이 하이쿠를 쓰기 시작하는데, 후에 회고하기를 "몇만여 편의 하이쿠를 버렸다. 너무나 졸작이었기에."

　모친에게 보낸 편지에 하이쿠를 덧붙이게 된 것은 1996년부터였다. 이 책의 1999년 3월 6일자 편지에는 사형수의 하이쿠를 모은 『이공간의 하이쿠들』[497]을 소개하고 있다. 이 2년이 넘는 시간 동안 그의 하이쿠는 마이너 잡지에 게재되었는데, 이 하이쿠집에 그의 하이쿠 여섯 수도 게재되어 있음을 멋쩍게 언급하고 있다.

　이 책을 읽은 독자는 편지의 말미에 아무렇지도 않게 하이쿠를 붙이는 스타일이 그 후에도 일관되게 나타나고 있음을 눈치챌 수 있을 것이다. 사형수에게는 누구보다도 엄격한 제한이 따르지만 사람과의 면회와 편지라는, 인간 생활에 빼놓을 수 없는 정신적인 소통의 기쁨도 있다. 심술궂다고 생각될 정도로 폐쇄적인 감옥의 건물 구조로 인해 사람과 자연스럽게 접하는 조건도 막혀 있지만, 차입되는 꽃가지[498]와 함께 가끔씩 계절의 초목, 새의 노랫소리, 바람의 향기, 방 안으로 숨어들어 온 벌레나 나비 등에 마음이 설레기도 한다. 끝없는 전쟁과 계속되는 자연 재해를 신문으로 읽고 마음도 떨린다…… 진정, 감옥 안에서도 하이쿠를 노래하는 대상에 부족함이 느껴지지 않는다. 하지만 다이도지가 읊은 하이쿠의 특징은 미쓰비시 '가해'의 기억을 반복해서 노래해 왔다는 점에 있다고 생각한다. 전쟁에서 죽은 이와 해일로 죽은 이를 생각할 때 그의 눈 속에는 미쓰비시에서 죽은 사람이 떠오른다.

　　　눈을 감으면 / 죽은 자들의 음화陰畫 / 가을 해 질 녘

497　異空間の俳句たち編集委員会, 『異空間の俳句たち─死刑囚いのちの三行詩』, 海曜社, 1999.

498　원문은 "切り花"로, 꽃꽂이용으로 자른 꽃가지를 가리킨다. ─ 역자 주.

내가 잊지 못하는 하이쿠를 몇 가지 인용해 둔다.

희생자들께 / 어찌해야 사죄를 / 고추잠자리

봄날 천둥에 / 죽은 이들 목소리 / 무거움구나

마음 한편에 / 무수한 후회 / 보리 여무는 가을

죽음만으로 / 죗값을 치르려나 / 여름 풍뎅이

깊어진 가을 / 죽은 자에게 / 받지 못한 용서여

천둥소리에 / 소용없을 뉘우침 / 다시 넘치고

달팽이로다 / 눈동자에 스치는 / 사자死者의 잔영殘影

자신이 저지른 행위에 대한 반성을 이 정도까지 심화시킨 다이도지 마사시의 죽음을 마음속으로부터 애도한다. 그는 원통하게도 옥사했지만, 만약 그가 오래 살아 사회에 '복귀'해서 다른 삶을 살 수 있는 세상이었으면 좋았겠다고 나는 진심으로 생각한다.

하지만 현실의 우리는 정반대의 세계에 살고 있다. 전쟁과 평화, 휴머니즘과 테러, 게릴라와 테러리스트, 범죄와 형벌, 사형과 사면, 격차와 빈곤―우리의 눈앞에는 깊게 생각하고 맞서야 할 수많은 과제가 있다. 사회의 대세가 어떻든, '괴로움'이 있는 장소에서 이들 과제에 맞섰던 다이도지 마사시는 우리들이 미래의 열린사회를 향해 걸어가는 과정에 서 있던 하나의 지표가 될 것이라 믿는다.

다이도지 마사시, 『최종 옥중 통신』에 부쳐

최종 옥중 통신
最終獄中通信

제1판 1쇄 2022년 7월 29일

지은이 다이도지 마사시
옮긴이 강문희 · 이정민
펴낸이 연주희
편집 하성호
펴낸곳 에디투스
등록번호 제2015-000055호 (2015.06.23)
주소 경기도 성남시 분당구 황새울로351번길 10, 401호
전화 070-8777-4065
팩스 0303-3445-4065
이메일 editus@editus.co.kr
홈페이지 www.editus.co.kr

제작처 ㈜상지사피앤비

가격 22,000원

ISBN 979-11-91535-06-8 (03300)